Ekkehard Kaier

BASIC-Wegweiser für MSX-Computer

Mikrocomputer sind Vielzweck-Computer (General Purpose Computer) mit vielfältigen Anwendungsmöglichkeiten wie Textverarbeitung, Datei/Datenbank, Tabellenverarbeitung, Grafik und Musik. Gerade für den Anfänger ist diese Vielfalt häufig verwirrend. Hier bieten die Wegweiser-Bücher eine klare und leicht verständliche Orientierungshilfe.

Jedes Wegweiser-Buch wendet sich an Benutzer eines bestimmten Mikrocomputers bzw. Programmiersystems mit dem Ziel, Wege zu den grundlegenden Anwendungsmöglichkeiten und damit zum erfolgreichen Einsatz des jeweiligen Computers zu weisen.

Bereits erschienen:

BASIC-Wegweiser für den Apple II
und kompatible Computer
(Diskette 5.25": Applesoft BASIC)

MBASIC-Wegweiser für Mikrocomputer
unter CP/M und MS-DOS
(Disketten 5.25": IBM PC-MS DOS, Apple-CP/M, alphatronic PC-CP/M,
Schneider CPC464-CP/M)

BASIC-Wegweiser für den Commodore 64
(Diskette 5.25": Floppy 1541)

BASIC-Wegweiser für den IBM PC, PC XT,
Portable PC und PCjr
(Diskette 5.25": IBM PC-MS DOS)

BASIC-Wegweiser für den Commodore 16,
Commodore 116 und Commodore plus/4
(Diskette 5.25": Floppy 1541)

BASIC-Wegweiser für MSX-Computer
(Disketten: 3.5" und 5.25")

Turbo Pascal-Wegweiser für Mikrocomputer,
Grundkurs
(Disketten 5.25": Apple-CP/M, IBM PC-MS DOS, Commodore 128-CP/M,
MSX-DOS, Schneider CPC464-CP/M, Diskette 3.5": MSX-DOS)

Turbo Pascal-Wegweiser für Mikrocomputer,
Aufbaukurs
(Disketten wie Grundkurs)

BASIC-Wegweiser für den Commodore 128
(Diskette 5.25": Commodore-BASIC 7.0)

Ekkehard Kaier

BASIC-Wegweiser für MSX-Computer

Datenverarbeitung mit
MSX-BASIC unter MSX-DOS

Mit 101 Programmen, 2 Dateien,
29 Programmablaufplänen und Struktogrammen
sowie 170 Abbildungen

Friedr. Vieweg & Sohn   Braunschweig/Wiesbaden

Das in diesem Buch enthaltene Programm-Material ist mit keiner Verpflichtung oder Garantie irgend-
einer Art verbunden. Der Autor übernimmt infolgedessen keine Verantwortung und wird keine daraus
folgende oder sonstige Haftung übernehmen, die auf irgendeine Art aus der Benutzung dieses Programm-
Materials oder Teilen davon entsteht.

MSX ist ein eingetragenes Warenzeichen der Firma Microsoft Corporation.

Umschlaggestaltung: Peter Lenz, Wiesbaden

ISBN-13:978-3-528-04356-8   e-ISBN-13:978-3-322-83693-9
DOI: 10.1007/978-3-322-83693-9

Vorwort

Das vorliegende Wegweiser-Buch weist Wege zum erfolgreichen Einsatz von MSX-Computern.

Das Wegweiser-Buch vermittelt aktuelles Grundlagenwissen zur Datenverarbeitung bzw. Informatik:

— Was ist Hardware, Software und Firmware?
— Was sind Großcomputer und Mikrocomputer?
— Was sind Datenstrukturen und Programmstrukturen?
— Was sind Betriebssysteme und Anwenderprogramme?
— Was heißt ‚fertige Programm-Pakete einsetzen'?
— Was beinhaltet das eigene Programmieren?

Nach der Lektüre dieses Abschnitts sind Sie in der Lage, die MSX-Computer in den Gesamtrahmen der „Datenverarbeitung/Informatik" einzuordnen.

Das Wegweiser-Buch gibt eine erste Bedienungsanleitung:

— Wie bedient man Tastatur, Bildschirm, Floppy bzw. Disketteneinheit und Drucker des MSX-Computers?
— Wie erstellt man das erste Programm in der Programmiersprache MSX-BASIC?
— Welche Befehle umfaßt MSX-BASIC (zu jedem Befehl wird ein Beispiel angegeben)?
— Worin unterscheiden sich das Arbeiten in der BASIC-Ebene vom Arbeiten in der Betriebssystem-Ebene unter MSX-DOS?
— Welche Befehle umfaßt MSX-DOS (zu jedem Befehl wird ein Beispiel angegeben)?

Nach der Lektüre dieses Abschnitts können Sie Ihren MSX-Computer bedienen, Programme laufen lassen und einfache BASIC-Programme selbst erstellen und speichern.

Das Wegweiser-Buch enthält einen kompletten Programmierkurs mit folgenden grundlegenden BASIC-Anwendungen:

— Programme mit den wichtigen Ablaufstrukturen (Folge-, Auswahl-, Wiederholungs- und Unterprogrammstrukturen)
— Verarbeitung von Text, Ein-/Ausgabe und Tabellen
— Maschinennahe Programmierung (... Bit für Bit)
— Suchen, Sortieren, Mischen und Gruppieren von Daten
— Sequentielle Datei und Direktzugriff-Datei
— Grafik, Sprites und Musik.

Nach der Lektüre dieses Abschnitts können Sie die Sprachmöglichkeiten von MSX-BASIC zur Lösung Ihrer Probleme nutzen.

Das Wegweiser-Buch soll die System-Handbücher Ihres MSX-Computers keinesfalls ersetzen, sondern ergänzen:

In den Handbüchern werden die Programmiersprache MSX-BASIC, das Betriebssystem MSX-DOS, die Gerätebedienung, die technischen Eigenschaften (Hardware), spezielle Geräte oder Software beschrieben.

Das Wegweiser-Buch hingegen beschreibt die Grundlagen der Datenverarbeitung, um sie an zahlreichen Anwendungsmöglichkeiten in MSX-BASIC zu erklären und zu veranschaulichen.

Im Wegweiser-Buch werden deshalb für alle 101 Programm-Beispiele das BASIC-Listing (LIST) und die Ausführung (RUN) wiedergegeben und ausführlich kommentiert.

Die Abschnitte 2 und 3 des Wegweiser-Buches bauen aufeinander auf und sollten in dieser Abfolge gelesen werden. Abschnitt 1 hingegen kann parallel dazu bearbeitet werden.

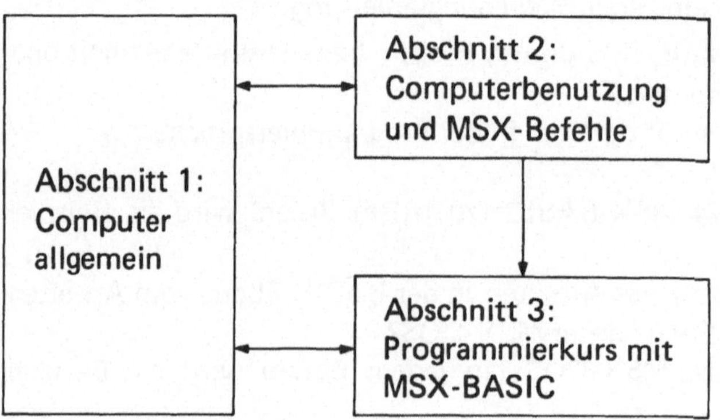

Für schnelle und eilige MSX-Computer-Besitzer: Das Wegweiser-Buch läßt sich auch als Nachschlagewerk benutzen. Aus diesem Grunde wurden das Inhalts-, Sachwort- und das Befehlsverzeichnis sehr detailliert aufgegliedert.

Heidelberg, Februar 1985

Ekkehard Kaier

Inhaltsverzeichnis

Tips für Einsteiger

Ist der MSX-Computer Ihr *erster* Computer? Haben Sie zuvor noch nicht mit BASIC programmiert? Wenn „ja", dann sollten Sie diese Seite lesen:

— Beginnen Sie mit der Lektüre von Abschnitt 2.1 auf Seite 78. Sie erfahren dann, wie man über die Tastatur Eingaben vornehmen kann, die der MSX-Computer über die Bildschirmausgabe beantwortet. Es ist von Vorteil, wenn Sie sich dazu an Ihren MSX-Computer setzen und die einzelnen Schritte ausprobieren.

— Im Anschluß daran können Sie Ihr erstes BASIC-Programm erstellen und abspeichern. Verfügen Sie über ein Diskettengerät (Floppy), fahren Sie mit Abschnitt 2.2 (Seite 87) fort. Soll das Programm auf einem Datenrecorder (Kassette) gespeichert werden, dann schlagen Sie Abschnitt 2.3 (Seite 93) auf. Das Programm hat den Namen VERBRAU1 und ermittelt den Durchschnittsverbrauch eines Pkw in Litern.

— Sie sind jetzt mit den Grundzügen der Bedienung des MSX-Computers vertraut und haben ein einfaches BASIC-Programm eingegeben und auf Diskette bzw. Kassette abgespeichert. Damit können Sie mit dem *Programmierkurs* in Abschnitt 3 (ab Seite 131) beginnen. Der Kurs knüpft an das bereits gespeicherte Programm VERBRAU1 an und geht Schritt für Schritt vor: von den grundlegenden Programmstrukturen bzw. Programmtypen über die Tabellenverarbeitung bis hin zur Verarbeitung von Datei, Grafik und Musik.

— Parallel zum Programmierkurs stehen Ihnen folgende Verzeichnisse zum Nachschlagen zur Verfügung:

> Befehlsverzeichnis der Programmiersprache MSX-BASIC
> in Abschnitt 2.4, Seiten 96—116.

> Befehlsverzeichnis des Betriebssystems MSX-DOS
> in Abschnitt 2.5, Seiten 117—128.

— Wollen Sie sich über den BASIC-Programmierkurs hinausgehend *allgemein* über die Datenverarbeitung bzw. Hardware, Software und Firmware informieren? Dann ist die Lektüre des Abschnittes 1 (ab Seite 1) sicher von Nutzen.

— Das Sachwortverzeichnis ab Seite 360 ist bewußt ausführlich dargestellt. Verwenden Sie es zum Nachschlagen.

1
Computer allgemein

1.1 Computer = Hardware + Software + Firmware

1.1.1 Überblick

Jeder Computer besteht aus Hardware (harter Ware), aus Software (weicher Ware) und aus Firmware (fester Ware). Dies gilt für Mikro- und Personalcomputer ebenso wie für Großcomputer.

Die H a r d w a r e umfaßt alles das, was man anfassen kann: Geräte einerseits und Datenträger andererseits. Das wichtigste Gerät ist die Zentraleinheit bzw. CPU (für Central Processing Unit), mit der periphere Einheiten als Randeinheiten verbunden sind; so z.B. eine Tastatur zur Eingabe der Daten von Hand, ein Drucker zur Ausgabe der Resultate schwarz auf weiß und eine Disketteneinheit zur langfristigen Speicherung von Daten auf einer Diskette als Datenträger außerhalb der CPU.

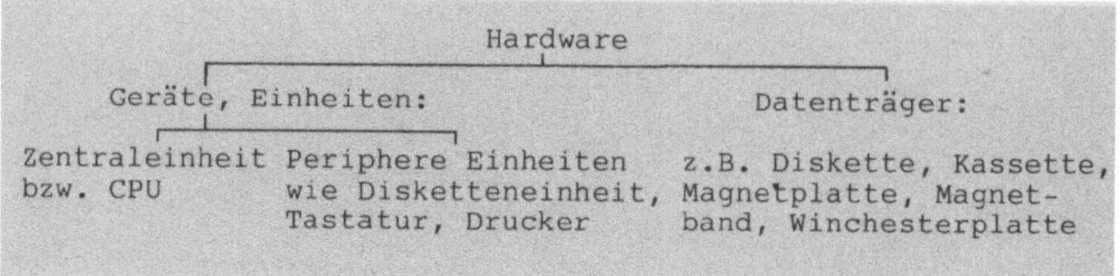

Die Hardware als harte Ware kann man anfassen

Die S o f t w a r e als zweite Komponente des Computers kann man im Gegensatz zur Hardware nicht anfassen. Software bedeutet soviel wie Information; sie umfaßt die Daten und auch die Programme als Vorschriften zur Verarbeitung dieser Daten. Ist die Hardware als festverdrahtete Elektronik des Computers fest und vom Benutzer nicht (ohne weiteres) änderbar, dann gilt für die Software genau das Gegenteil: Jeder Benutzer kann Programm wie Daten verändern, austauschen, ergänzen und auch zerstören.

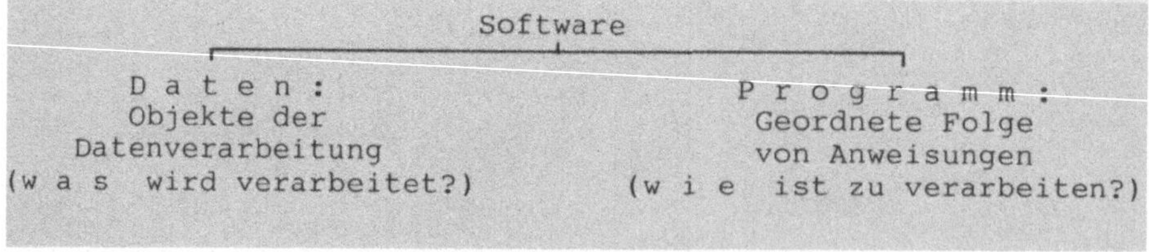

Die Software als weiche Ware kann man nicht anfassen

Die F i r m w a r e als dritte Komponente des Computers kann man der Hardware oder der Software zuordnen. Sie ist deshalb wie ein 'Zwitter' halb Hardware und halb Software. So ist z.B. das Rechenprogramm jedes Taschenrechners in einem speziellen Speicher ROM (Read Only Memory als Nur-Lese-Speicher) enthalten. Der Benutzer kann dieses Programm zwar laufen lassen und Information entnehmen und lesen (read), nicht jedoch abändern.

Für den Benutzer ist es wie Hardware fest. Für den Hersteller
des ROMs hingegen stellt es sich wie Software veränderbar dar,
da er den Speicher ROM ja programmieren kann und muß.
Ein anderes Beispiel: Für viele Mikrocomputer werden Module
mit fest im ROM gespeicherten Programmen bis zu 30.000 Zeichen
angeboten; der Anwender steckt ein Modul in den Eingabeschacht
seines Computers und befindet sich sogleich im Programm. Er
kann dieses Programm als Firmware zwar laufen lassen bzw. ausführen, nicht aber umprogrammieren und verändern.
Mit der Mikrotechnologie, mit dem Chip und dem IC (Integrated
Circuit für Integrierter Schaltkreis) hat die Firmware immer
mehr an Bedeutung gewonnen.

Die Hardware (fest verdrahtete Elektronik), die Software (frei
änderbare Daten und Programme) und die Firmware (hart für den
Benutzer und weich für den Hersteller) stellen die d r e i
g r u n d l e g e n d e n   Komponenten jedes Computers dar.
Darüberhinaus gibt es weitere ....ware: so die Orgware (Organisation von Aufbau und Ablauf), die Menware (Personen),
die Brainware (geistige Leistungen) und die Teachware (Lehren
und Lernen).

1.1.2 Kosten für die Computerleistung

Leistung bedeutet Arbeit pro Zeiteinheit. Bestand die Arbeit
des Computers früher im Rechnen, also im Umgang mit Zahlen
(Computer heißt wörtlich Rechner), so wird sie heute ergänzt
durch das Verarbeiten von Text allgemein. Die Zeiten werden
immer kürzer: so arbeiten Computer heute 200mal schneller als
vor 25 Jahren (Nanosekundenbereich, 1-milliardstel Sekunde).

Betrachtet man die Entwicklung der Computerkosten, so ist ein
zunehmendes Absinken der Kosten für die Hardware gegenüber
den Kosten für die Software festzustellen. Zwei Gründe dafür:
Einerseits verbilligt sich die Hardware immer mehr, sei es
durch die Massenproduktion, sei es durch Fortschritte in der
Mikrotechnologie. Bei entsprechender Entwicklung anderer In-
dustriezweige dürfte ein VW-Käfer nicht mehr als 50 DM kosten
und eine Boeing 767 nicht mehr als 1500 DM.
Andererseits verteuert sich die Software mehr und mehr,sei es
durch die Personalkostenintensität (Gehälter für Programmentwicklung, -pflege u. -wartung), sei es durch das immer höhere
Anspruchsniveau (Erfolgsrechnung heute bereits allwöchentlich
und früher nur einmal im Jahr zum Jahresabschluß).
Man spricht schon von einer Kostenrelation von '20% für Hardware' gegenüber '80% für Software'.

1.1.3 Geschichtliche Entwicklung des Computers

Erst 1941 stellte der deutsche Ingenieur Konrad Zuse erstmals
einen richtigen Computer vor und 1952 wurde erstmals ein Computer an ein pivates Wirtschaftsunternehmen in der BRD ausge-
liefert. In den 60er Jahren begann die Zeit der Großcomputer
und damit der System-Familien wie IBM/360 oder Siemens 4004.
Die 70er Jahre wurden geprägt von der Mikrotechnologie und

damit vom Mikrocomputer: die Hardware wurde immer kompakter,
schneller und preiswerter.
Zu Beginn der 80er Jahre hat man sich an den Preisverfall der
Hardware gewöhnt. Wen wundert es noch, daß Hardware-Preise im
Jahr um 25% - 40% sinken? Das Interesse verlagert sich mehr
und mehr auf die Software: Die Qualität der Programme wird
zum entscheidenden Problem der heutigen Datenverarbeitung.
Und in den 90er Jahren ....? Längst wird nicht mehr gelächelt
über "intelligente" Computer,die ähnlich dem menschlichen Gehirn selbständig Probleme lösen. Die "künstliche Intelligenz"
(abgekürzt KI) ist vor allem in Japan und den USA auf dem Vor-
marsch. Ein japanischer Anbieter hat bereits angekündigt, bis
1992 das erste marktreife Produkt herauszubringen.

1.2 Hardware = Geräte + Datenträger

1.2.1 Hardware im Überblick

1.2.1.1 Fünf Arten peripherer Geräte bzw. Einheiten

Um die Zentraleinheit bzw. CPU herum können bis zu fünf ver-
verschiedene periphere Einheiten gruppiert sein:

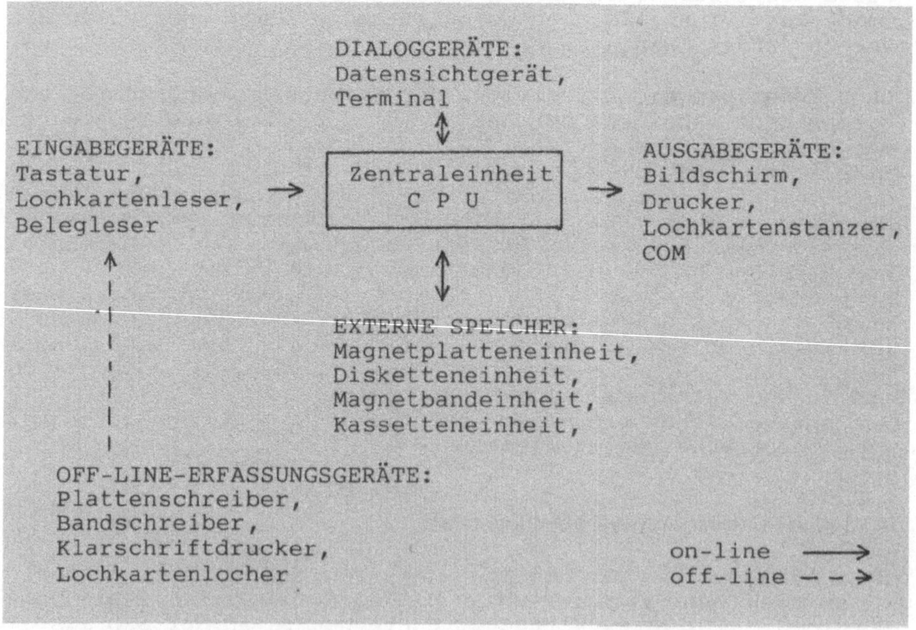

Eine Einheit im Zentrum (= CPU) und mehrere periphere
Einheiten um diese CPU herum (= Peripherie)

Die reinen   E i n g a b e g e r ä t e   dienen ausschließlich
der Eingabe von Information (Daten wie Programme) in die CPU.
Zu unterscheiden ist dabei die Direkteingabe von Hand (Tastatur) oder die Eingabe über einen Datenträger (z.B. über Scheck
mittels Klarschriftbelegleser).
Die reinen   A u s g a b e g e r ä t e   geben Information von
der CPU aus z.B. auf den Bildschirm, auf das Endlospapier vom
Drucker, auf Mikrofilm (COM für Computer Output on Microfilm).
film) oder auf Lochkarte.
Die D i a l o g g e r ä t e   übernehmen zwei Aufgaben: die
Eingabe (in die CPU hinein) wie auch die Ausgabe (aus der CPU
heraus). Das Bildschirmgerät bzw. Datensichtgerät besteht nur
aus Tastatur und Bildschirm, es ist das einfachste Terminal.
Terminal heißt soviel wie Datenendstation, Endpunkt des Benutzers zum Computer oder "Benutzerschnittstelle" und bezeichnet
das Zugangsmedium des Benutzers zur CPU. Der Zugang kann dabei
die Eingabe, die Ausgabe oder beides umfassen; er kann mecha-
nisch, visuell, manuell und akustisch erfolgen. Ein Terminal
umfaßt danach eine oder mehrere periphere Einheiten mit unterschiedlichen Datenträgern.
Die E x t e r n e n   S p e i c h e r   übernehmen zusätzlich
zur Ein- und Ausgabe von Information auch deren Speicherung.
Während der Hauptspeicher als interner Speicher der CPU Information nur kurzfristig zur Verarbeitungszeit aufnimmt, so dienen die externen Speicher der langfristigen Aufbewahrung von
Daten und Programmen sowie der Datensicherung (Back-Up).

Eingabegeräte, Ausgabegeräte, Dialoggeräte u. Externe Speicher
zählen zur O n - l i n e - P e r i p h e r i e , weil die
Verbindung zur CPU on-line ist, d.h. eine direkte Kabelverbin-
dung die Übertragung von Information ermöglicht. Im Gegensatz
dazu tritt bei der Off-line-Peripherie an die Stelle der Übertragung der Transport von Daten (samt Datenträgern), da keine
direkte Verbindung zwischen dem peripheren Gerät und der CPU
besteht.

D a t e n e r f a s s u n g   heißt, Information computerlesbar
machen. Bei Off-line-Erfassungsgeräten besteht zum Zeitpunkt
der Datenerfassung keine direkte Verbindung zur CPU: die Daten
werden auf einem im Erfassungsgerät mitlaufenden Datenträger
gespeichert. Geschieht die Erfassung hingegen on-line, dann
ist die Erfassung gleichbedeutend mit der Eingabe.

1.2.1.2 Drei Gruppen von Datenträgern

Nach den Geräten der Hardware (CPU, Peripherie) kommen wir nun
zu den D a t e n t r ä g e r n ; diese müßten eigentlich In-
formationsträger heißen, da sie nicht nur Daten speichern bzw.
tragen, sondern auch Programme.
Man unterscheidet gelochte, magnetische und optische Datenträger - je nachdem, ob die Information durch Lochungen, magnetisierte Punkte oder Lichtmarkierungen (hell/dunkel, Laser) dargestellt wird.

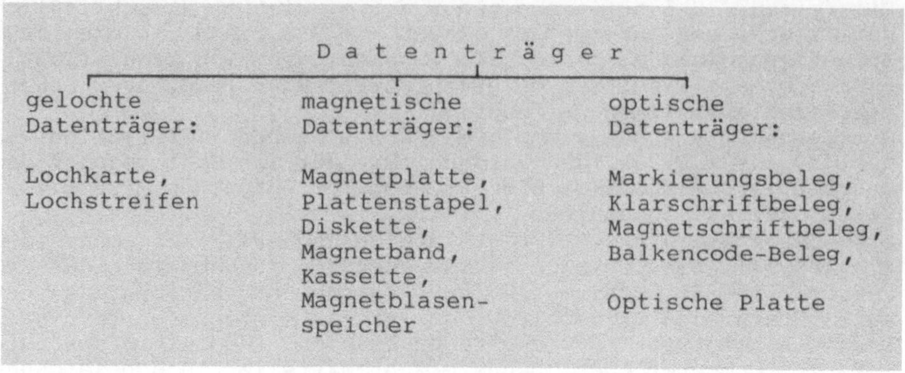

<pre>
                    D a t e n t r ä g e r
          ┌──────────────────────┴──────────────────────┐
gelochte   magnetische   optische
Datenträger: Datenträger: Datenträger:

Lochkarte,   Magnetplatte,   Markierungsbeleg,
Lochstreifen   Plattenstapel,   Klarschriftbeleg,
                        Diskette,   Magnetschriftbeleg,
                        Magnetband,   Balkencode-Beleg,
                        Kassette,
                        Magnetblasen-   Optische Platte
                        speicher
</pre>

Datenträger zur Aufbewahrung von Daten und Programmen

Die Lochkarte und der vom Fernschreiber übernommene Lochstrei-
fen werden zunehmend durch magnetische Datenträger ersetzt.

Die Magnetplatte als   W e c h s e l p l a t t e (in Platten-
einheit auswechselbar) hat meistens 37 cm Durchmesser. Beim
Magnetplattenstapel sind z.B. 6 solcher Einzelplatten zu einem
Stapel fest übereinander montiert mit einer Speicherkapazität
bis 300.000.000 Zeichen (=150.000 DIN A4-Seiten). Die Diskette
bzw. Floppy Disk als verkleinerte Form der Magnetplatte wird
als Wechselplatte zur einseitigen oder auch zweiseitigen Speicherung bei einfacher oder doppelter (2D) Aufzeichnungsdichte
abgeboten. Derzeit sind drei Disketten-Größen verbreitet: Die
Maxi-Diskette mit 8" = ca. 20 cm, die Mini-Diskette mit 5.25"
= ca. 13 cm und die Mikro-Diskette mit 3.5" = ca. 9 cm Durchmesser. Disketten erreichen Kapazitäten von 1.000.000 Zeichen
(=500 DIN A4-Seiten) und mehr.

Die Winchester-Platte ist als F e s t p l a t t e fest mit
dem Gerät verbunden und somit nicht auswechselbar. Als Kunst-
stoffplatte ist sie in den Größen 14", 8" und 5.25" im Handel.
Aufgrund der hohen Umdrehungszahl (mehrere 1000 mal/min gegenüber 360 mal/min bei der Diskette) wird eine große Zugriffsge-
schwindigkeit wie auch Kapazität erreicht: über 50.000.000
Zeichen/Platte sind möglich (=25.000 DIN A4-Seiten).

Das Magnetband als d e r typische Massendatenspeicher (1,27 cm
breit und 730 m lang) kann bis ca. 35.000.000 Zeichen (=17.500
DIN A4-Seiten) aufnehmen. In seiner verkleinerten Form als Da-
tenkassette werden ca. 300.000 Zeichen (=150 DIN A4-Seiten)
erreicht; erhältlich ist die Normalkassette, die 1/4-Zoll-Kas-
sette und die 1/8-Zoll-Kassette.

Der Magnetblasenspeicher (Bubble Memory) arbeitet ohne mechanische Teile und wird den herkömmlichen Medien (Band, Platte)
demnächst Konkurrenz machen.

Zu den optischen Datenträgern, die der direkten Beleglesung
dienen: Beim Markierungsbeleg (Erhebungen, TÜV, Bestellungen)
werden Ja/Nein-Markierungen mit Bleistift ausgefüllt und vom
Belegleser optisch eingelesen.

Beim Klarschriftbeleg (Scheck, Zahlkarte) wird optisches Zei-
chen-Erkennen (OCR für Optical Character Recognition) dadurch
erreicht, daß speziell für die DV genormte OCR-Schriften verwendet werden wie OCR-A, OCR-B und IBM-407.
Beim Magnetschriftbeleg (Post-Briefverteilung) werden einzelne
Zeichen mit senkrechten Balken aus magnetisierter Farbe dargestellt: jeweils 7 Balken bei der CMC-7-Schrift, Dick-Dünn-Ab-
weichungen bei der E-13-B-Schrift des US-Banksystems.
Seit der Vereinbarung des Europa-Artikel-Nummern-Codes (EAN-
Code) im Jahre 1977 findet sich dieser Balkencode -auch Bar-
oder Strichcode genannt- zunehmend auf Warenpackungen. Durch
Abtasten mit einem Lesegerät bzw. Scanner (to scan = abtasten)
wird die Artikelnummer entschlüsselt.

Bei der optischen Platte tritt an die Stelle des Schreib-/Le-
sekopfs der herkömmlichen Magnetplatteneinheiten der Laser-
lichtstrahl. Dabei sind die gespeicherten Daten nicht mehr änderbar; aufgrund des niedrigen Preises wird einfach auf eine
zweite optische Platte kopiert. Die Kapazität liegt bei über
100.000.000 Zeichen (=50.000 DIN A4-Seiten), ist also äußerst
hoch.

1.2.2 Verarbeitung von Information in der CPU

1.2.2.1 Analogie der Datenverarbeitung bei Mensch und Computer

Die Datenverarbeitung beim Computer vollzieht sich analog zur
Datenverarbeitung beim Menschen: die CPU als 'Gehirn des Computers' ist analog zum menschlichen Gehirn aufgebaut.

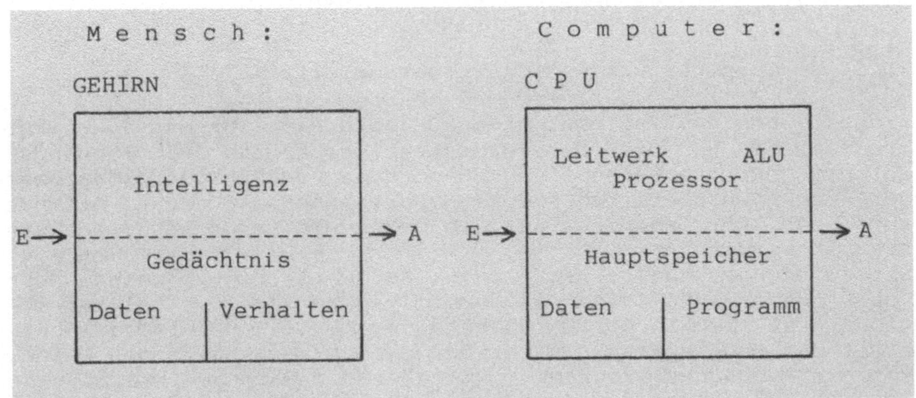

Grundmodelle der Datenverarbeitung bei Mensch und Computer

Der Eingabe (E) beim Menschen (Datenaufnahme über Auge, Ohr,
Nase) entspricht die computerlesbare Eingabe von der Tastatur.
Die Intelligenz des Computers wird durch einen Prozessor ver-
körpert, der die arithmetischen und logischen Grundoperationen
durchführt (ALU für Arithmetic Logical Unit) sowie das Gesamt-
system steuert (Steuer- bzw. Leitwerk).

Neben der Intelligenz (Prozessor) als steuerndem bzw. aktivem
Teil des Gehirns nun zum Gedächtnis (Hauptspeicher) als auf-
nehmendem bzw. passivem Teil: den menschlichen Verhaltensab-
läufen - sicher äußerst vage - vergleichbar sind die Computer-
programme als Anweisungsfolgen " w i e zu verarbeiten ist" ,
während die gespeicherten Daten angeben " w a s verarbeitet
wird".
Die Ausgabe (A) bzw. Datenwiedergabe (z.B. durch Sprechen und
handschriftlich) erfolgt beim Computer in computerlesbarer
Form (z.B. Ausgabe der Lohndaten auf Diskette) und/oder men-
schenlesbarer Form (z.B. am Bildschirm oder Drucker).

Mensch wie Computer sind datenverarbeitende Systeme, die durch
die 3-Schritt-Folge "Eingabe -> Verarbeitung -> Ausgabe" (kurz
EVA-Prinzip genannt) gekennzeichnet werden können.

Als CPU dient beim Personalcomputer bzw. Mikrocomputer ein IC
auf einem ca. 0.5 cm langen Silicium-Chip. Ein weiterer IC ist
für den Hauptspeicher (auch Arbeitsspeicher genannt) vorgesehen. Öffnet man den Computer, dann wird man diese und weitere
Chips sehen, die auf Kunststoffplatinen angeordnet und über
aufgedruckte Leiterbahnen miteinander verbunden sind.

Für Skeptiker: Die hier dargestellte Analogie der Datenverarbeitung bei Mensch und Computer bedeutet nicht, daß Computer
künstliche Menschen sind, sondern daß sie ihm im Grundaufbau
nachgebaut sind. Das einzig Menschliche an Computern ist, daß
sie vom Menschen konstruiert sind. Sonst sind Computer dumm;
sie können nur so arbeiten, wie ihnen durch die Programme vor-
geschrieben wurde. Diese Programme haben zudem etwas äußerst
unmenschliches an sich: sie beinhalten vornehmlich sich oft
wiederholende, routinemäßig ablaufende und stupid geistestö-
tende Tätigkeiten, die von Computern aber sehr schnell, exakt
und beliebig oft ausgeführt werden können.

1.2.2.2 Computer als speicherprogrammierte Anlage

Früher -und das ist erst etwa 30 Jahre her- war das jeweilige
Programm als Hardware festverdrahtet: so konnte der Buchungs-
automat nur die Buchhaltung besorgen, der Fakturiertautomat
nur Rechungen schreiben und der Sortierautomat nichts als nur
sortieren. Für jede neue Aufgabe mußte ein neuer Automat ange-
schafft werden.
Diesem sicher unwirtschaftlichen Hardware-Prinzip machte John
von Neumann (1903-1957) mit der folgenden ohne Zweifel revolu-
tionärsten Idee in der Geschichte der EDV ein Ende:danach ent-
hielt der Hauptspeicher nicht nur die zu verarbeitenden Daten,
sondern auch das Programm. Da neben den Daten (w a s wird
verarbeitet) auch das Programm (w i e ist zu verarbeiten)
geändert und ausgetauscht werden konnte, wurde ein und derselbe Computer (Hardware bzw. Gerät unverändert) zum universellen
Problemlösungsinstrument (Software bzw. Programm änderbar).
Die oben angeführten Aufgaben der Buchhaltung, Fakturierung
wie Sortierung ließen sich von e i n e m Computer mit den
entsprechenden Programmen lösen.
Das Prinzip der S p e i c h e r p r o g r a m m i e r u n g
hatte das Hardware-Prinzip abgelöst: e i n Computer mit vielen
austauschbaren Programmen dient heute v i e l e n Aufgaben.

1.2.2.3 Computerrechnen im Dual-System Bit für Bit

Das Rechnen vollzieht sich in der ALU als Bestandteil der CPU.
Wie ist dies möglich, wo der Computer doch nur Binärzeichen
(binär bedeutet zweiwertig) mit den zwei möglichen Zuständen
0 (kein Strom) und 1 (Strom) unterscheiden kann? Er rechnet
im 2er-System bzw. Dual-System und nicht wie wir Menschen im
10er-System bzw. Dezimal-System.
Addieren wir 5+9 = 14, so erfolgt das berühmte "1 im Köpfchen"
bei 10, da wir im 10-er System denken. Der Computer führt den
Übertrag nicht bei 10 durch, sondern bei 2, da er gelernt hat,
im 2er-System zu funktionieren. Woher aber weiß er, wie groß
Stellenergebnis und -übertrag sind? Er weiß es durch folgenden
Trick: Die Addition ist auf die logischen Grundoperationen
"logisch UND" und "logisch ODER" zurückführbar, und diese Operationen lassen sich als Schalter in der ALU darstellen. Damit
benötigt ein Computer im Grunde nur so wenige Schalter, wie
logische Operationen darzustellen sind.

```
5 + 9 dezimal:            5 + 9 dual:        duale Addition
                                             allgemein:
   3   2   1   0           3   2   1   0
  10  10  10  10           2   2   2   2     0 + 0 = 0 behalte 0
                                             0 + 1 = 1 behalte 0
   0   0   0   5           0   1   0   1     1 + 0 = 1 behalte 0
   0   0   0   9           1   0   0   1     1 + 1 = 0 behalte 1
  --------------          -------------
   0   0   1   4           1   1   1   0
                                               logisch
  1*8 + 1*4 + 1*2 + 0*1 = 14                    ODER
  1*10 + 4*1          = 14
  also: dual 1110 gleich dezimal 14            logisch UND
```

Dezimale Addition 5+9 (links), duale Addition 5+9 (rechts)

Das Binärzeichen wird als Bit (Binary Digit) abgekürzt. Die
4-Bit-Folge 1110 als Bitmuster bezeichnet die Dezimalzahl 14.

1.2.3 Speicherung von Information intern im Hauptspeicher

Information (Daten, Programme) setzt sich zusammen aus Zeichen
wie Buchstaben, Ziffern und Sonderzeichen. Da der Computer nur
ein Bit mit den beiden Werten 0 und 1 unterscheiden kann, muß
jedes Zeichen als Bitmuster gespeichert werden, z.B. der Buchstabe K durch das Bitmuster 01001011 als 8-Bit-Folge. Auf den
Datenträgern werden Bits meist durch magnetisierte Punkte dargestellt. Im Hauptspeicher dagegen werden Bits durch Schalter
dargestellt, die auf 'aus' für 0 oder auf 'ein' für 1 stehen
können; der Hauptspeicher als elektronischer Speicher besteht
aus ICs, deren Schalterstellungen den Bitwerten entsprechen.
Auf die externe Speicherung auf Datenträgern geht Abschnitt
1.2.4 ein; dieser Abschnitt wendet sich der internen Speicherung im Hauptspeicher (auch Arbeitsspeicher genannt) zu.

1.2.3.1 Informationsdarstellung im ASCII und EBCDI-Code

Im Hauptspeicher wird Information vorherrschend im ASCII (für American Standard Code for Information Interchange) zu jeweils sieben Bits/Zeichen gespeichert. Jedes ASCII-Zeichen wird somit als Siebenbitmuster dargestellt. Im ASCII werden dadurch 128 (2 hoch 7) Möglichkeiten computerlesbar erfaßt.
Unabhängig vom Code faßt man jeweils 8 Bits zu einer Einheit zusammen, die man   B y t e   nennt. Beim ASCII als 7-Bit-Code ist das 8. Bit eines Byte prinzipiell frei; je nach Anwwendung wird es verschieden behandelt (z.B. stets 0 oder zur Aufnahme eines Prüfbits).
Beispiel: 7.25 DM soll im ASCII dargestellt werden, also zwei Buchstaben (DM), drei Ziffern (725) und zwei Sonderzeichen (. und Blanc).   Man erhält demnach die folgenden sieben Bytes
00110111 00101110 00110010 00110101 00100000 01000100 01001101
mit dem Achtbitmuster 00100000 als 5. Byte für das Leerzeichen bzw. Blanc.

IBM-Großcomputer verwenden nicht den ASCII, sondern den EBCDI-Code (Extended Binary Coded Decimal Interchange Code), der als 8-Bit-Code 256 (2 hoch 8) verschiedene Möglichkeiten erfaßt.

1.2.3.2 Hexadezimale Darstellung von Zeichen

Die 7 Bytes für 7.25 DM sind nicht gerade leicht zu entschlüsseln. Um der besseren Lesbarkeit willen wird man sich Zeichen auf dem Bildschirm oder Drucker nicht als Bitmuster ausgeben lassen, sondern   h e x a d e z i m a l   (auch sedezimal oder kurz hex genannt).

Die hexadezimale Darstellung ist umseitig wiedergegeben.

1.2.3.3 Hauptspeicher als RAM und ROM

Der Speicher RAM ist ein Schreib-Lese-Speicher (Random Access Memory für Direkt-Zugriff-Speicher); der Benutzer kann in den RAM Information schreiben bzw. eingeben wie auch aus dem RAM Information lesen bzw. ausgeben. Insbesondere bei Personalcomputern ist der Hauptspeicher als RAM ausgebildet, um das Anwenderprogramm und die zu verarbeitenden Daten aufzunehmen.
Häufig ist ein zusätzlicher Teil des Hauptspeichers als Speicher ROM vorgesehen (vgl. Abschnitt 1.1.1). Auf diesen Nur-Lese-Speicher (Read Only Memory) kann der Anwender nur lesend zugreifen. Im ROM als Festspeicher werden z.B. Steuerungsprogramme - vom Hersteller fest eingeschmolzen - bereitgestellt, die wir zwar anwenden, aber nicht verändern können.

Die Informationsdarstellung durch die Codes ASCII sowie EBCDI gilt für den Hauptspeicher allgemein - unabhängig, ob er nun als Speicher RAM oder als Speicher ROM ausgebildet ist.

Hex:	Dezimal:	Binär:
0	0	0000
1	1	0001
2	2	0010
3	3	0011
4	4	0100
5	5	0101
6	6	0110
7	7	0111
8	8	1000
9	9	1001
A	10	1010
B	11	1011
C	12	1100
D	13	1101
E	14	1110
F	15	1111

Hexadezimale Dar-
stellung von
genau 16 Zeichen

Darstellung von 7.25 DM im
ASCII hexadezimal:
37 2E 32 35 20 44 4D

Darstellung von 7.25 DM im
EBCDI-Code hexadezimal:
F7 4B F2 F5 21 C4 D4

Die hexadezimale Darstellung
von 7.25 DM im ASCII sowie
im EBCDI-Code ist wesentlich
besser lesbar als die zugehörige Bitmusterdarstellung.

Die Übersetzung binär - hex
besorgt der Computer selbst.

Die hexadezimale Darstellung
stellt nur eine Lesehilfe
dar. Im Hauptspeicher werden
die Daten nach wie vor binär
gespeichert und aufgerufen.

Hexadezimale Darstellung	ASCII (7 bit)	EBCDIC (8 bit)
⋮		
21	blank	
22	!	
23	"	
24	$	
25	%	
26	&	
27	'	
28	(	
29	)	
2A	*	
2B	+	
2C	,	
2D	-	
2E	.	
2F	/	
30	0	
31	1	
32	2	
33	3	
34	4	
35	5	
36	6	
37	7	
38	8	
39	9	
3A	:	
3B	;	
3C	<	
3D	=	
3E	>	
3F	?	
40	@	blank
41	A	
42	B	
43	C	
44	D	
45	E	
46	F	
47	G	
48	H	
49	I	
4A	J	¢
4B	K	.
4C	L	<
4D	M	(
4E	N	+
4F	O	|
50	P	&
51	Q	
52	R	
53	S	
54	T	
55	U	
56	V	
57	W	
58	X	
59	Y	
5A	Z	!
5B	[	$
5C	\	*
5D	]	)
5E	^	;
5F	_	¬
60	`	-
61	a	/
62	b	

Hexadezimale Darstellung	ASCII (7 bit)	EBCDIC (8 bit)
63	c	
64	d	
65	e	
66	f	
67	g	
68	h	
69	i	
6A	j	
6B	k	,
6C	l	%
6D	m	_
6E	n	>
6F	o	?
70	p	
71	q	
72	r	
73	s	
74	t	
75	u	
76	v	
77	w	
78	x	
79	y	
7A	z	:
7B	{	#
7C	|	@
7D	}	'
7E	~	=
7F		"
80		
81		a
82		b
83		c
84		d
85		e
86		f
87		g
88		h
89		i
8A		
8B		
8C		
8D		
8E		
8F		
90		
91		j
92		k
93		l
94		m
95		n
96		o
97		p
98		q
99		r
9A		
9B		
9C		
9D		
9E		
9F		
A0		
A1		
A2		
A3		s
A4		t
A5		u
A6		v
A7		w

Hexadezimale Darstellung	ASCII (7 bit)	EBCDIC (8 bit)
A8		x
A9		y
AA		z
⋮		
C0		
C1		A
C2		B
C3		C
C4		D
C5		E
C6		F
C7		G
C8		H
C9		I
CA		
CB		
CC		
CD		
CE		
CF		
D0		
D1		J
D2		K
D3		L
D4		M
D5		N
D6		O
D7		P
D8		Q
D9		R
DA		
DB		
DC		
DD		
DE		
DF		
E0		
E1		
E2		S
E3		T
E4		U
E5		V
E6		W
E7		X
E8		Y
E9		Z
EA		
EB		
EC		
ED		
EE		
EF		
F0		0
F1		1
F2		2
F3		3
F4		4
F5		5
F6		6
F7		7
F8		8
F9		9
⋮		

Die Codes ASCII und EBCDI

Bei Mikrocomputern bzw. Personalcomputern findet man meistens
den ASCII.
Der EBCDI hingegen wird bei größeren DV-Systemen verwendet.

1.2.3.4 Byte als Maßeinheit für die Speicherkapazität

Das Byte dient einerseits zur Darstellung von Zeichen und andererseits zur Angabe der Speicherkapazität

    1 KB = 1 Kilo-Byte = 2^{10} Bytes = 1024 Bytes = ca. eintausend
           Zeichen Speicherkapazität

    1 MB = 1 Mega-Byte = 1000 KB = 1.024.000 Bytes = ca. eine
           Million Zeichen Speicherkapazität

Die Angabe '64 KB RAM' oder auch einfach '64 K RAM' bedeutet, daß dem Benutzer ein Hauptspeicherplatz von ca. 64.000 Zeichen Größe für Programm und Daten zur Verfügung steht.

1.2.4 Speicherung von Information extern auf Datenträgern

1.2.4.1 Kassette und Magnetband

Auf K a s s e t t e werden Daten Bit für Bit hintereinander, d.h. b i t s e r i e l l , aufgezeichnet. Dies ist bei Audiokassettenlaufwerken der Fall wie bei den eigens für den Computereinsatz entwickelten Recordern. Die 8 Bits 01001101 für den Buchstaben M stehen auf Kassette also hintereinander. Auf das wesentlich breiteren M a g n e t b a n d hingegen passen die Bits nebeneinander: demnach liegt beim Magnetband eine b i t p a r a l l e l e Aufzeichnung vor.

Zu unterscheiden sind Start-/Stop-Geräte und Streaming-Geräte: Bei den Start-/Stop-Geräten wird b l o c k w e i s e gespeichert, wobei jeder Block durch Klüfte (Gaps) als Leerräume vom nächsten Block getrennt ist. Commodore-Kassetten 2/3000 haben z.B. folgendes Aufzeichnungsformat:
    - 10 Sek. Vorspann (leader)
    - 192 Zeichen Fileüberschrift (header)
    - 2 Sek. Kluft (Gap bzw. Vorspann)
    - 192 Zeichen Daten (=1. Datenblock)
    - 2 Sek. Kluft
    - 192 Zeichen Daten (=2. Datenblock)
    - ...
    - ...
    - 192 Zeichen Daten (=n. Datenblock)
    - EOF-Zeichen als Marke für End Of File

    - 10 Sek. Vorspann (leader)
    - 192 Zeichen Fileüberschrift (header)
    - Programmblock mit 10 KB
      bis 32 KB Zeichen
    - EOF-Zeichen

Datenfile (Datendatei) mit 192 Zeichen je Block.

Programmfile mit max 32.000 Zeichen je Block.

Leerräume bzw. Klüfte kosten Speicherplatz. Sie sind erforderlich, da nur bei gleichmäßiger Bandgeschwindigkeit gelesen und geschrieben werden kann. Die Übertragungsraten liegen zwischen 250 und 1500 Baud bzw. bps (Bits pro Sekunde bei serieller und Bytes (Zeichen) pro Sekunde bei paralleler Aufzeichnung).

Bei den S t r e a m i n g - Geräten entfallen die Klüfte und
Start-/Stop-Marken. Die Daten 'strömen' (to stream) ohne Stops
in der kompletten Bandlänge in den Hauptspeicher. Streaming-
Laufwerke werden hauptsächlich zur Datensicherung (Back-Up)
von Plattendaten (Diskette,Winchesterplatte) verwendet. Streamer sind billiger, schneller und speicherplatzsparender als
Start-/Stop-Cartridges; die kleinste Zugriffseinheit aber ist
das gesamte Band (vgl. Abschnitt 1.2.4.5).

Wichtige Einsatzgebiete des Bandes sind die Langzeitarchivie-
rung, die Datensicherung (Back-Up), der Daten- und Programm-
austausch sowie -vertrieb (Postversand), die Ersterfassung von
Daten, die Speicherung von Datenbeständen mit Reihenfolgever-
arbeitung (z.B. Inventar) und die Programmspeicherung. Im Hinblick auf die Kosten je abgespeichertem Byte schneidet kein
Datenträger besser ab als das Magnetband als d e r typische
M a s s e n s p e i c h e r .
Muß häufig auf Einzeldaten direkt zugegriffen werden, dann
scheidet das Band (großes Magnetband wie kleine Kassette) aus.

1.2.4.2 Diskette, Winchesterplatte und Magnetplatte

Die Speicheroberfläche der Platte als Direktzugriff-Speicher
ist stets ähnlich organisiert - ob sie als Diskette im Maxi-,
Mini- oder Mikroformat eingesetzt wird, als Festplatte in Win-
chster-Technologie, als große Magneteinzelplatte oder als Magnetplattenstapel. Am Beispiel des Softsektor-Formats IBM 3740,
das bei Mini-Disketten fast zum Standard geworden ist, wollen
wir die Speicherorganisation der Platte genauer erklären.

Eine neu gekaufte Diskette ist leer, sie ist weder beschrieben
noch irgendwie unterteilt. Beim Softsektor-Format IBM 3740 ist
die Formatierung (Form der Speicheroberfläche festlegen) bzw.
Sektorierung (Oberfläche in Sektoren als Abschnitte einteil-
len) s o f t w a r e m ä ß i g durch ein spezielles Programm
wie folgt vorzunehmen:
- 77 kreisrunde Spuren vorsehen; bei 2seitiger Diskette bilden
  gegenüberliegende Spuren je einen Zylinder.
- Jede Spur in gleichlange Sektoren (Abschnitte) gliedern: 26,
  15 oder 8 Sektoren/Spur, je nach der Sektorlänge von 128,
  256 oder 512 Bytes.
- Spuren numerieren von Spur 00 (außen) bis Spur 76 (innen).
- Verwendung festlegen: Spur 00 für Inhaltsverzeichnis, Spuren
  01-74 für Benutzerinformation, Spuren 75-76 Fehlerreserve.
- Die Sektoren durch Klüfte bzw. Gaps trennen, um auf den Sek-
  tor als kleinste Z u g r i f f s e i n h e i t bei 360 Um-
  drehungen/Minute fehlerfrei zugreifen zu können.
- Die Sektoren unterteilen in ID-Feld (=Identifikationsfeld
  als Adreßfeld) und Daten-Feld (=Benutzerinformation 128, 256
  oder 512 Bytes lang).

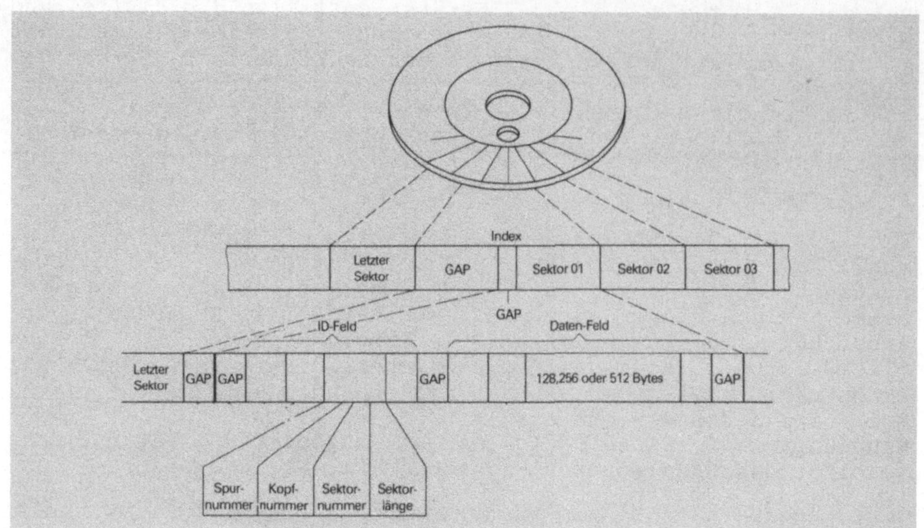

Speicherorganisation der Platte am Beispiel des
Softsektor-Formates IBM 3740 für Disketten

Eine Spur hat weder Anfang noch Ende. Wenn eine Lichtschranke
das I n d e x l o c h überfährt, wird durch einen Impuls der
'Spurbeginn' angezeigt.
Im Gegensatz zur hier erklärten Softsektorierung wird bei der
h a r d s e k t o r i e r t e n Diskette die Einteilung hardwaremäßig bereits vom Hersteller vorgenommen.

Bei Einzelplatten wird b i t s e r i e l l auf Spuren aufgezeichnet. Die 8 Bits 01001101 für M im ASCII stehen also der
Reihe nach hintereinander (z.B. auf Spur 34).
Beim Magnetplattenstapel kann zylinderweise auf den jeweils
unmittelbar übereinanderliegenden Spuren aufgezeichnet werden.

1.2.4.3 Klarschriftbeleg als Druckerausgabe

Auf einem Klarschriftbeleg wird Information in einer für den
Menschen s o w i e den Computer lesbaren Form extern gespeichert (vgl. Abschnitt 1.2.1.2). Hier die Zeichendarstellung
bei der heute besonders weit verbreiteten Klarschrift OCR-A:

ABCDEFGHIJKLMNOPQRSTU
VWXYZ   0123456789

Klarschriftbelege werden durch Klarschriftdrucker erstellt,
bei denen es sich vornehmlich um Typenraddrucker handelt. Hier
eine kleine Übersicht der Druckertypen a l l g e m e i n :

- Zu unterscheiden sind mechanische Drucker (impact) und nicht
  mechanische Drucker (non-impact), serielle Drucker (Zeichen
  für Zeichen drucken) und Zeilendrucker (zeilenweise drucken)
  sowie in einer Richtung und vor/rückwärtsschreibende Geräte.
- Bei den mechanischen Drucker überwiegen Typenraddrucker und
  Matrixdrucker.

- Der T y p e n r a d d r u c k e r hat Typen an Armen (Spei-
  chen) des Typenrades befestigt. Die Räder lassen sich aus-
  wechseln - und damit auch die Schrifttype sowie die Zeichen-
  dichte (z.B. 1/10" = 132 Zeichen/Zeile, 1/12" = 158 Zeichen/
  Zeile, 1/15" = 198 Zeichen/Zeile).
  Typenraddrucker werden dort eingesetzt, wo es auf die Druck-
  qualität ankommt: z.B. in der Textverarbeitung und der Klar-
  schrifterfassung. Man nennt die auch 'Schönschreibdrucker'.
- Der M a t r i x d r u c k e r erzeugt Zeichen in Form einer matrixförmigen Anordnung von Einzelpunkten. Je mehr Roh-
  re bzw. Nadeln pro Matrix (z.B. 7*9- und 7*5-Matrix), desto
  besser ist das Druckbild. Kann man Matrixpunkte einzeln ansteuern, läßt sich der Matrixdrucker zur Ausgabe von Grafik
  (wie Kurven und Bildern) verwenden.
- Nicht-mechanische anschlagsfreie Drucker arbeiten leiser
  und schneller als Impact-Drucker: dabei handelt es sich um
  T i n t e n s t r a h l d r u c k e r (Ink-Jet) oder um
  elektrofotografische Verfahren kombiniert mit Laserstrahlen;
  beide Druckertypen arbeiten mit Normalpapier.
  Spezialpapier benötigen die T h e r m o d r u c k e r (wär-
  meempfindliches Papier), die elektrostatischen Drucker (Die-
  lektrikum auf dem Papier) und die Elektroerosionsdrucker
  (Kondensatorpapier).

1.2.4.4 Schnittstellen als Bindeglieder CPU - Peripherie

Soll der Informationsaustausch zwischen der CPU und den ange-
schlossenen Peripheriegeräten bzw. Datenträgern klappen, dann
müssen die Einheiten zueinander passen, d.h. kompatibel (oder
besser: steckerkompatibel) sein. Genau als solche Steckverbin-
dungen kann man sich die S c h n i t t s t e l l e n (engl.
Interfaces) vorstellen. Damit Geräte verschiedener Hersteller miteinander verbunden werden können, müssen die Schnittstellen der Geräte genormt sein. Die vier bei Personalcomputern zumeist anzutreffenden Schnittstellen sind die V.24-,
die TTY-, die Centronics- und die IEC-Bus-Schnittstelle.

- Die V.24-Schnittstelle ist eine asynchrone, serielle Schnittstelle: asynchron bedeutet, daß 2 Geräte trotz verschiedenen Arbeitsgeschwindigkeiten einander angepaßt werden können; seriell heißt, daß Bit für Bit nacheinander übertragen
  werden. Die US-Schnittstelle RS-232-C entspricht der V.24.
  Beide Interfaces findet man in der Datenfernverarbeitung.

- Als weitere serielle Schnittstelle wurde die TTY-Schnitt-
  stelle vom Fernschreiber (Teletype) übernommen zum Anschluß
  von Bildschirm und Drucker.

- Nach dem Druckerhersteller Centronics benannt ist eine weitere Schnittstelle, mit der Drucker anderer Fabrikate ausgerüstet sind. Als p a r a l l e l e Schnittstelle werden
  alle Bits eines Zeichens (Byte) über 8 parallele Leitungen
  übertragen (gleichwohl: bitparallel, aber zeichenseriell).
  Die Centronics-Schnittstelle ist heute zum Quasi-Standard
  bei Druckern geworden; dabei wird zumeist ein 36-poliger
  AMP-Stecker verwendet mit nur teilweise genormter Pinbele-
  gung (exakte Belegung der Pins dem Handbuch zu entnehmen).

- Die IEC-Bus-Schnittstelle umfaßt 8 Daten-, 3 Quittungs- und
  5 Steuerleitungen, um bis zu 15 Peripheriegeräte an einen
  Computer anzuschließen.

Exakt beschriebene Schnittstellen gehen einher mit dem Trend
zur 'Mixed Hardware' als dem Zusammenschluß von Peripheriegeräten unterschiedlicher Herstellermarken. Dies wiederum führte
zur steten Ausweitung des OEM-Marktes (Original Equipment Ma-
nufacturer). Ein OEM ist ein Gerätehersteller, der seine Pro-
dukte nicht (nur) an Endabnehmer verkauft, sondern ebenso an
andere Hersteller; auf dem OEM-Markt besorgen sich Computer-
hersteller Peripherie-Geräte, die sie in ihr System integrieren. So kann sich z.B. hinter dem IBM-Typenschild eines Druck-
ers, den IBM für seinen Personalcomputer anbietet, durchaus
ein EPSON-Drucker verbergen.

1.2.4.5 Back-Up-Systeme zur Datensicherung

Für Personalcomputer -autonom als Stand-alone-Systeme genutzt-
bietet sich folgender Mix für die externen Speichergeräte an:

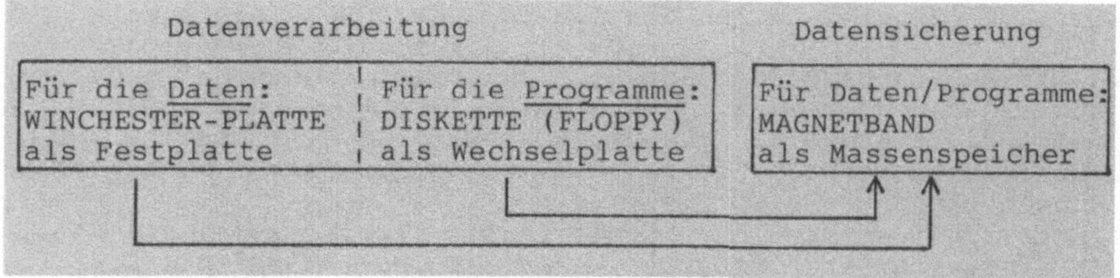

Externspeicher zur Datenverarbeitung und zur Datensicherung

Festplatten-Laufwerke bringen dem Anwender von Personalcomputern die gewünschten hohen Speicherkapazitäten, zugleich aber
auch das Problem der Datensicherung bzw. des Back-Up (1 DIN-
A4-Seite = ca. 2 KBytes; 20 MBytes auf einer Festplatte = ca.
10 Karl-May-Bücher; 1 MBytes eintippen = ca. 10 Manntage). Bei
Programm- oder Bedienungsfehler, Defekt des Externen Speichers
oder des Computers selbst könnten die Daten zerstört werden;
deshalb müssen Sicherungskopien der Daten erstellt werden. Bei
Back-Up-Systemen als Reserve- bzw. Sicherungssysteme (Back-Up
heißt: Zeichen für Zeichen z.B. auf Band kopieren) gibt es
Disketten, Wechselplatten und Bänder als Sicherungsdatenträger
(letztere im Start-Stop- sowie im Streaming-Betrieb (Abschnitt
1.2.4.1)). Mit dem zunehmenden Umfang der zu sichernden Datenbestände wird sich das Magnetband als Streamer durchsetzen: so
kann ein Cartridge-Tape-Streamer den Inhalt einer 20-MB-Fest-
platte in wenigen Minuten kopieren und damit sichern.

Bei dieser Art der Datensicherung werden die Sicherungskopien
in einem gesonderten Arbeitsgang z.B. allabendlich oder zweimal je Woche durchgeführt. Anders geht das L o g g i n g vor,
bei dem sämtliche über Tastatur eingegebenen Daten von einem

Datensicherungsprogramm automatisch auf einer Zusatzdatei mit-
geschrieben werden; diese Datei wird auch 'Log-Datei' genannt.
Die Datensicherung wird also bereits im Rahmen der Datenerfassung vorgenommen - dieser Erfassung wenden wir uns jetzt zu.

1.2.5 Verfahren der Datenerfassung

D a t e n e r f a s s u n g   heißt, Daten in computerlesbare
Form bringen (vgl. Abschnitt 1.2.1.1) und umfaßt den Weg von
der Entstehung der Daten bis zu deren Eingabe in die CPU. Da
im kaufmännischen Bereich ca. 90% des Zeitaufwandes auf diesen
Weg entfallen, ist der Kostenanteil der Datenerfassung relativ
hoch anzusetzen.
Die unterschiedlichen   V e r f a h r e n   der Datenerfassung
werden festgelegt durch vier Faktoren:
1) Anzahl der S t u f e n , die die Daten von der
   Entstehung bis zur Eingabe durchlaufen.
2) Verbindung zwischen Erfassungsgerät und CPU zum Zeitpunkt
   der Erfassung: o f f - l i n e oder o n - l i n e .
3) Z e n t r a l e oder d e z e n t r a l e Durchführung
   der Erfassung.
4) Erfassungsgerät mit eigener I n t e l l i g e n z ausgestattet oder nicht.
Auf diese Faktoren wollen wir nun im Überblick näher eingehen.

Zunächst ist eine einstufige, zweistufige und dreistufige Datenerfassung zu unterscheiden.

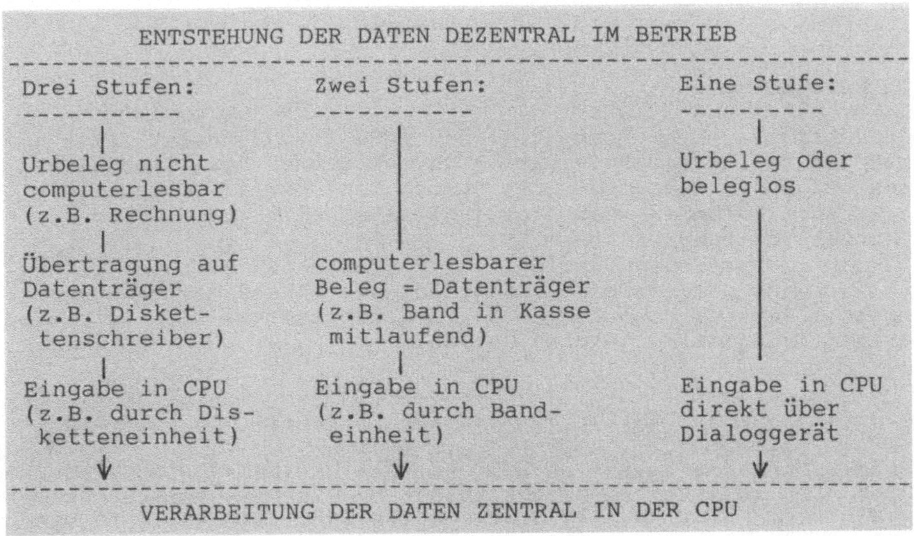

Die 'klassische Datenerfassung' durchläuft drei Stufen: Erstellen des Urbelegs, Übernehmen auf Datenträger und Eingeben

in die CPU. Werden Urbeleg und Datenträger gleichzeitig erstellt, dann verkürzt sich das Vorgehen auf zwei Stufen. Mit
der Bildschirmerfassung sowie der Erfassung über Scanner bzw.
Lesestift kommt man zur einstufigen Direkterfassung. Beispiel:
POS - System (Point-of-Sales-System, Verkaufspunkte-System).

Bei der Off-line-Erfassung erfolgen Erfassung und Verarbeitung vollständig getrennt voneinander. Beim Datensammelsystem
z.B. wird zunächst von mehreren Erfassungsplätzen ein gemeinsamer Datenträger erstellt, der dann später zur Verarbeitung
weitergegeben wird.
Bei der On-line-Erfassung gelangen die Daten direkt in die CPU
(an die Stelle des Datenträgertransports tritt also die Datenübertragung). Der große Vorteil der on-line gegenüber der off-
line durchgeführten Erfassung liegt in der Zeitersparnis. Als
nachteilig kann sich der Umstand auswirken, daß während der
Erfassung die CPU für andere Arbeiten blockiert ist.

Dezentrale Erfassung heißt, Daten am Ort ihrer Entstehung zu
erfassen - z.B. im Lager und beim Verkauf. Die mobile Datenerfassung über tragbare Personal- u. Mikrocomputer zählt hierzu.
Bei der zentralen Erfassung hingegen bringt man alle Urbelege
an eine bestimmte Stelle (Beispiel: Datensammelsystem).

Datenerfassungsgeräte werden zunehmend mit eigener Intelligenz
ausgerüstet. Oder anders ausgedrückt: Zur Erfassung greift man
immer häufiger auf Mikrocomputer zurück, die z.B. wahlweise
on-line an einen Großcomputer angeschlossen sind und off-line
als selbständige Computereinheit (Stand-alone-System) genutzt
werden.

1.2.6 Computertypen

Zunächst: Wenn vom 'Computer' die Rede ist, dann ist damit immer der frei programmierbare Allzweckrechner bzw. General-Pur-
pose-Computer gemeint, nicht jedoch der Spezial-"Computer" wie
z.B. eine Datenbank-Maschine (vgl. Abschnitt 1.3.5.6) oder ein
Textverarbeitungs-Automat.
Zu den zahlreichen Typologien für Computer soll hier keinesfalls eine weitere hinzugefügt werden. Anhand der beiden Extreme 'Personalcomputer' und 'Großcomputer' soll allein eine
Orientierungshilfe gegeben werden.

1.2.6.1 System-Konfigurationen für Personal- und Großcomputer

Eine System-Konfiguration gibt an, wie periphere Einheiten um
eine CPU zu einem funktionsfähigen DV-System zusammengestellt
sind. Zunächst eine Gerätezusammenstellung, wie sie für Personalcomputer typisch ist. Die Geräte werden dabei zeichnerisch

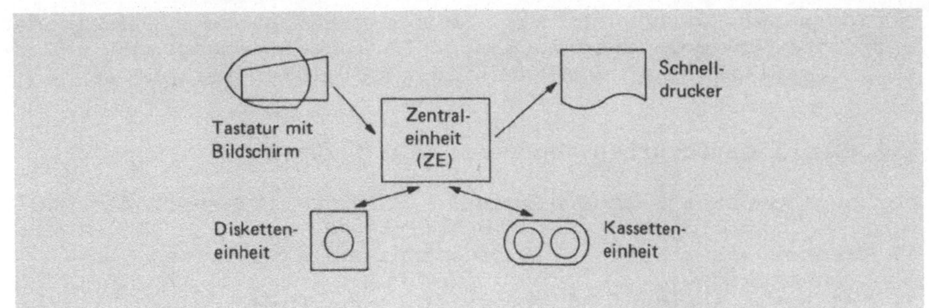

Für Personalcomputer typische System-Konfiguration

durch Sinnbilder dargestellt, die nach DIN 66001 genormt sind.
Der Personalcomputer -für den persönlichen Gebrauch und durch-
aus auch zur beruflichen Nutzung gekauft- soll hier nicht von
Bezeichungen wie Privat-Computer, Tischcomputer, Heimrechner,
Spielcomputer und Kleinrechner abgegrenzt werden; dazu schrei-
tet die Entwicklung viel zu schnell voran. Vielmehr soll der
P e r s o n a l c o m p u t e r als extremes Gegenstück zur
Kategorie der G r o ß c o m p u t e r aufgefaßt werden , die
z.B. mit je fünf Band- und Platteneinheiten als Externspeicher
ausgerüstet sein können. Großcomputer werden in Rechenzentren

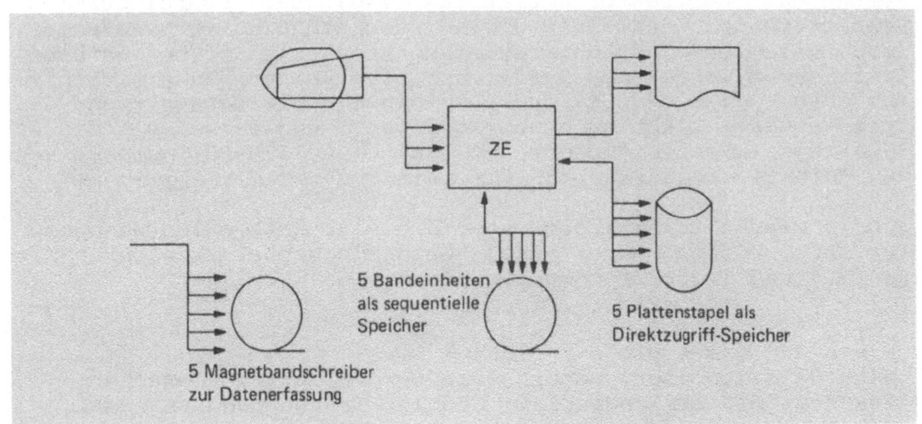

Für Großcomputer typische System-Konfiguration

betrieben - sei es im unternehmenseigenen Rechenzentrum oder
im Sevice-Rechenzentrum von einem freien, herstellereigenen
bzw. kooperativen DV-Dienstleistungsunternehmen. Die Sinnbilder für Band und Platte werden oft auch für Kassette und Diskette verwendet.
Zwischen dem Personalcomputer als unterem und dem Großcomputer
als oberem Extrem gibt es zahlreiche Abstufungen wie z.B. An-
lagen der Mittleren Datentechnik (MDT), Minicomputer, Büro-
Computer oder auch Small-Business-Computer. Ebenso können mehrere Computer zu einem Rechnerverbund vernetzt sein (Netzwerk)
mit Satelliten-Computern, die selbständig als Stand-alone-
System und/oder on-line mit einem Haupt-Computer arbeiten. Dabei sind Personalcomputer häufig Teil eines Großcomputers.

Großcomputer werden oft als   M a i n f r a m e s   bezeichnet
und damit von der   anschließbaren Peripherie abgegrenzt.   Personalcomputer zählen immer häufiger zu dieser Peripherie.

1.2.6.2 Eigenschaften von Personalcomputern

Personalcomputer weisen allgemein folgende Eigenschaften auf:

1) Autonom arbeitendes DV-System mit zumindest einem
   Externspeicher.
2) CPU mit mindestens 64 KB RAM für Benutzerdaten und
   Benutzerprogramme.
3) Verfügbarkeit mindestens einer höheren Programmiersprache (Basic, Pascal, Forth, ...).
4) Möglichkeit, in Maschinensprache (Assembler) zu
   programmieren.
5) Betriebssystem ermöglicht Dialog zwischen
   Benutzer und Computer.
6) Exakt beschriebene Schnittstellen.

Wünschenswert ist, daß Personalcomputer hardwaremäßig wie auch
softwaremäßig kompatibel sind. So sollten Programmiersprachen
wie Basic und Pascal genormt sein, für die Externspeicher ein-
heitliche Aufzeichnungsformen übernommen werden (z.B. für Disketten das Softsektor-Format IBM 3740) und übereinstimmende
Schnittstellen definiert sowie steckermäßig vorgesehen sein
(z.B. gesamten Systembus an eine Steckerleiste herausführen,
damit der Anwender das System später erweitern kann). Doch warum auch soll eine CBM-Floppy zu einem Apple passen, wenn ein
Opel-Vergaser nicht zu einem Ford paßt; und warum soll das BA-
SIC-Programm eines Alphatronic auf einem IBM-PC laufen, wenn
das Motoröl eines VW nicht für einen Mercedes geeignet ist?

Häufig werden für Mikrocomputer die vier Kategorien Handcompu-
ter (HC), Videocomputer (VC), Personalcomputer im engeren Sinne (PC) und Tragbare Computer (Portables) gebildet.

H a n d c o m p u t e r   (HC) :
Hand-Held-Computer, Pocket-Computer, Briefcase-Computer.
Tastatur mit Zeilendisplay, Module. Taschenrechnerformat.

V i d e o c o m p u t e r   (VC):
Tastatur mit Videoanschluß; zunehmend Diskettenlaufwerke
anschließbar. Ausbaumöglichkeit in Richtung PC.

P e r s o n a l c o m p u t e r   (PC):
Tastatur, Diskette und/oder Hard-Disk, Monitor. Zunehmend
16-Bit-Mikroprozesor. Monitor. Mehrere Betriebssysteme.

P o r t a b l e   C o m p u t e r :
Tastatur, CPU, Diskette und Monitor als eine Einheit, als
Koffer tragbar.

              Vier Kategorien von Mikrocomputern

Daneben unterscheidet man nach der Nutzungsart Homecomputer
(privat) und professionelle Computer (beruflich).

Die VCs müssen an einen Bildschirm angeschlossen werden. Dies
kann ein normales Fernsehgerät sein, das jedoch aufgrund der
geringen Auflösung (960 Zeichen pro Bild) für Grafik wie auch
längere Benutzung nur bedingt geeignet ist. Auch VCs benötigen
einen Monitor (ca. 2000 Zeichen pro Bild), der eine wesentlich
ruhigere Bildwiedergabe bietet.
Die Portables -Neuentwicklungen oder aber Abkömmlinge von bereits bewährten PCs- werden häufig zur mobilen Datenerfassung
eingesetzt.
Vergleicht man den Markt der Mikros mit dem der PKWs, so stellen die PCs die 'normalen' Limousinen dar, während HCs, VCs
und Protables dann die Minis, Cabrios usw. ausmachen.

1.2.6.3 Personalcomputer im Computer-Netzwerk

Sinkende Hardware-Kosten und eine ständig zunehmende Zahl von
Informationsquellen führen immer häufiger zur Vernetzung mehrerer Personalcomputer zu einem l o k a l e n   N e t z . Das
Attribut 'lokal' verweist auf einen begrenzten Wirkungsbereich
wie eine Abteilung oder ein Gebäude (sog. Inhouse-Netz); auch
hierzulande spricht man dabei von LANs (Local Area Network).

Es gibt Netze mit Stern-, Ring- oder Bus-Struktur. Bei stern-
förmiger Anordnung ist jeder Computer mit einer zentralen Einheit verbunden, die verwaltet und die Netz-Leistung begrenzt;
fällt sie aus, so bricht das gesamte Netz zusammen. Die Ring-
Anordnung ist billiger, doch auch hier führt der Ausfall einer
Station zum Ausfall des gesamten Netzes. Dies ist nicht so bei
der Bus-Anordnung als weitverbreitetem Konzept: über eine Sam-
melschiene kann jede Station mit jeder Station in Kontakt treten. Das von Xerox, Intel und DEC entwickelte Netz 'Ethernet'
weist eine Bus-Struktur auf und stellt durch seine große Verbreitung einen Quasi-Standard dar.
Es gibt Netze mit und ohne Master-Controller. Der Masterbild-
schirm weist die höchste Priorität auf und ist zumeist softwaremäßig ansteuerbar; gegenüber der hardwaremäßigen Verdrahtung
ist dies bei Ausfall des Masterbildschirms (andere Station als
Master ansteuern) von Vorteil.
EIn Netz verfügt oft nur über einen oder zwei Drucker, die mit
Drucker - S p o o l i n g angesteuert werden. Anstatt Daten
direkt auf den Drucker auszugeben, 'drucken' die Stationen
auf eine Platte (Zwischenspeicher), deren Information automatisch durch ein Spooler(-programm) ausgedruckt wird.
Spool steht für 'simultaneous peripheral operations on-line'.

Personalcomputer finden nicht nur intern im lokalen Netz Verwendung, sondern ebenso im ö f f e n t l i c h e n   N e t z
extern. So im BTX-Netz als BTX-Editierplatz des Informations-
anbieters, als BTX-Terminal des Konsumenten oder als Kommuni-
kationssystem für kleinere Firmen.
Nach Datex, Datex-L, Telex, Teletex und BTX werden Personalcomputer sicher auch in dem von der Post geplanten Netz ISDN
(Integrated Services Digital Network) eingesetzt werden, das
Daten, Text, Standbilder wie auch Sprache übermitteln wird.

Personalcomputer werden von Beginn an primär als S t a n d -
A l o n e - S y s t e m autonom für sich alleine verwendet.
Man spricht auch vom Single-User-Betrieb.
Vernetzt man mehrere Personalcomputer, so gelangt man zu einem
M u l t i - U s e r - B e t r i e b , bei dem mehrere User
(Benutzer) über ihre PCs als Terminals verbunden sind.
Single-User-Betrieb wie auch Multi-User-Betrieb können unter
M u l t i t a s k i n g laufen; dabei werden mehrere Aufgaben
als Tasks quasi gleichzeitig durch e i n e CPU abgearbeitet.
Multiusing und Multitasking stellen hohe Anforderungen an das
Betriebssystem (z.B. MP/M und Concurrent CP/M; siehe Abschnitt
1.3.6.6).

1.3 Software = Daten + Programme

1.3.1 Software im Überblick

Software ist I n f o r m a t i o n und wird unterteilt in
D a t e n und P r o g r a m m e (vgl. Abschnitt 1.1.1). Auf
diese beiden Komponenten der Software wollen wir nun eingehen.

1.3.1.1 Begriffsbildungen für Daten

Sieben wichtige Begriffspaare für D a t e n wollen wir näher
betrachten.

S t a m m d a t e n bleiben normalerweise über einen längeren
Zeitraum hinweg konstant (z.B. Artikelstammdaten, Kundenstamm-
daten, Personalstammdaten), Ä n d e r u n g s d a t e n dienen der Anpassung von Stammdaten.
Im Gegensatz zu Stammdaten erfahren B e s t a n d s d a t e n
oftmalige Änderungen, die durch B e w e g u n g s d a t e n
vorgenommen werden (Zugang für + und Abgang für -); letztere
werden kurz auch als Bewegungen bezeichnet. Die Lagerbestands-
fortschreibung nach der Formel 'Anfangsbestand + Zugänge - Ab-
gänge ergibt Endbestand' gehört in diese Kategorie von Daten.
O r d n u n g s d a t e n legen eine Speicherungs-, Sortier-
bzw. Verarbeitungsfolge fest, M e n g e n d a t e n hingegen
eine Anzahl (Stück, Größe, Gewicht, Preis).
Mit n u m e r i s c h e n D a t e n bzw. Zahldaten rechnet
jeder Computer, nicht jedoch mit T e x t d a t e n . Letztere
umfassen beliebige Zeichen, die stets zwischen Gänsefüßchen
oder Hochkommata stehen, und werden auch als alphanumerische
Daten, als Zeichenkettendaten oder als Strings bezeichnet.
U n f o r m a t i e r t e D a t e n weisen keine einheitli-
che Form auf. In der kommerziellen Datenverarbeitung überwiegen f o r m a t i e r t e D a t e n : auf einem Rechnungs-
formular stehen z.B. die Dezimalpunkte der DM-Beträge untereinander, jeweils auf 2 Nachkommastellen gerundet.

```
Begriffspaar:              Beispiel:
-----------                ---------
1) Stammdaten              1019 als Kundennummer
   oder
   Änderungsdaten          1019007 als neue Kundennummer im
                                   Postleitzahlgebiet 7
2) Bestandsdaten           256 als Lagermenge
   oder
   Bewegungsdaten          70 Stück als Lagerbestandszugang

3) Ordnungsdaten           6 für Artikelfarbe 'gelb'
   oder
   Mengendaten             8 kg als Bestellmenge

4) Numerische Daten        Zahl 10950.25 als Rechnungspreis
   oder
   Textdaten               "Gulden" als Währungsbezeichnung

5) Unformatierte Daten     Zwei ungeordnete Positionen 265.65 DM
   oder                                                    9 DM
   Formatierte Daten       Zwei geordnete Positionen    265.65 DM
                                                          9.00 DM
6) Einfache Datentypen     50 als  e i n e  Menge
   oder
   Strukturierte Datentypen bzw. Datenstrukturen
                           50 24 98 33 102 als  f ü n f  Mengen
7) Im Programm gespeicherte Daten   6% als Rabattsatz
   oder
   Getrennt vom Programm gespeicherte Daten bzw. Dateien
                           Kunden d a t e i  mit 2680 Kunden
```

Sieben Begriffspaare für Daten

Mit die wichtigste Unterscheidung ist die von einfachen Datentypen und Datenstrukturen:
E i n f a c h e   D a t e n t y p e n   bestehen aus jeweils
nur einem einzigen Datum, so aus einer Ganzzahl (INTEGER), aus
einer Dezimalzahl (REAL) oder aus einem Textwort (STRING). Die
D a t e n s t r u k t u r e n   als strukturierte Datentypen
hingegen umfassen jeweils mehrere Daten, die unterschiedlich
z.B. als Feld (ARRAY), Verbund (RECORD) oder Datei (FILE) angeordnet sein können. In Abschnitt 1.3.5 werden die Datentypen
im Zusammenhang mit der Datei genauer erklärt.

Einzeldaten und kleinere Datenbestände lassen sich innerhalb
eines Programmes speichern, so z.B. der Rabattsatz in einem
Rechnungsschreibungsprogramm. Die umfangreichen in der kommerziellen Datenverarbeitung zu verarbeitenden Datenbestände werden g e t r e n n t vom Programm als D a t e i auf Platte
oder Band als externem Speicher untergebracht.

1.3.1.2 Begriffsbildungen für Programme

Man unterscheidet Anwenderprogramme sowie Systemprogramme.

Programme
├── Anwenderprogramme
└── Systemprogramme

vom Anwender selbst erstellt	von Software-haus fremd bezogen	Steuer-pro-gramm	Dienst-pro-gramm	Übersetzer-programm
z.B. eigene Rechnungs-schreibung	z.B. Tabellen-kalkulation	z.B. Dialog Mensch-Computer	z.B. Sortier-programm	z.B. BASIC, PASCAL, Cobol, FORTH, C

Anwenderprogramme (Problem) und Systemprogramme (Computer)

A n w e n d e r p r o g r a m m e lösen die konkreten Probleme des jeweiligen Anwenders und werden auch Benutzer- bzw.
Arbeitsprogramme genannt oder unter der Bezeichnung Anwender-
Software zusammengefaßt. Anwenderprogramme können vom Anwender
selbst erstellt und programmiert oder fremd von einer Softwarefirma bezogen sein. Zwischen diesen beiden Extremen gibt
es zahlreiche Abstufungen: so z.B. im Falle der individuellen
Anpassung standardisierter Anwender-Software. Auf das Anpassen
wie auch Erstellen von Anwenderprogrammen gehen die Abschnitte
1.3.7 und 1.3.8 näher ein.

Gegenstück sowie Ergänzung zu den Anwenderprogrammen sind die
S y s t e m p r o g r a m m e , deren Gesamtheit als Betriebssystem bezeichnet wird, da sie den geordneten B e t r i e b
des jeweiligen DV - S y s t e m s gewährleisten. Ganz allgemein wird das Betriebssystem oft als OS (Operating System) und
als DOS (Disk Operating System, da plattenorientiert) bezeichnet. Jedes Betriebssystem umfaßt drei Arten von Systemprogrammen:
Die S t e u e r p r o g r a m m e steuern das Zusammenwirken
der Peripherie mit der CPU und die Ausführung eines Programms.
Die D i e n s t p r o g r a m m e bzw. Utilities sind zwar
nicht unbedingt notwendig, werden aber als unerläßlicher Kom-
fort zum einfachen und benutzerfreundlichen Betrieb des Computers angesehen (ein Programm zur Herstellung einer Diskettenkopie gehört eben einfach 'dazu'). Steuer- und Dienstprogramme
bilden oft eine Einheit: ein E d i t o r z.B. dient zumeist
nicht nur dem Eintippen und Bearbeiten von Programmtext über
einen Bildschirm, dem sog. Editieren also, sondern ebenso dem
Abspeichern dieser Texteingabe auf Diskette oder Band, und damit der Ein-/Ausgabesteuerung.
Ein   Ü b e r s e t z e r p r o g r a m m   übersetzt ein in
einer Programmiersprache wie z.B. BASIC codiertes Anwenderprogramm in die Muttersprache des Computers, bzw. in die 0/1-Form.
Das ist vergleichbar mit der Tätigkeit eines Dolmetschers,
der Sätze aus einer Fremdsprache (z.B. Englisch) in die eigene Muttersprache (z.B. Deutsch) übersetzt. Ein Computer versteht so viele Fremdsprachen bzw. Programmiersprachen, wie
Übersetzerprogramme vorhanden sind. Die meisten Personalcomputer verstehen die Programmiersprachen BASIC und z.T. PASCAL,
da die zugehörigen Übersetzerprogramme beim Kauf automatisch
mitgeliefert werden.

Was für das Auto das Benzin bedeutet, um von Astadt nach Bdorf
fahren zu können, das bedeutet für die Computer-Hardware das
B e t r i e b s s y s t e m , um ein Anwenderprogramm ausführen zu können. In Abschnitt 1.3.6 wenden wir uns dem Betriebssystem genauer zu.

Wie für Daten allgemein Datenstrukturen unterschieden wurden,
so werden für Programme (Anwender- wie Systemprogramme) üblicherweise vier P r o g r a m m s t r u k t u r e n definiert.

```
(1) Folgestrukturen:           Lineare Prgramme
(2) Auswahlstrukturen:         Verzweigende Programme
(3) Wiederholungsstrukturen:   Programme mit Schleifen
(4) Unterprogrammstrukturen:   Programme mit Unterabläufen
```

Vier grundlegende Programmstrukturen

Diese Programmstrukturen werden als 'Bausteine der Software'
bezeichnet, da die Analyse noch so komplexer Programmabläufe
stets zu diesen Strukturen als Grundmuster führt. Abschnitt
1.3.3 erklärt diese Programmstrukturen an kleinen Beispielen
und Abschnitt 1.3.4 im Zusammenhang mit den Datenstrukturen.

1.3.2 Datentypen und Datenstrukturen

Im vorangehenden Abschnitt wurden sieben Daten-Begriffe angeführt, darunter der Begriff des D a t e n t y p s . Dieser
Begriff ist grundlegend für die Programmierung. Wir wollen ihn
erklären: es gibt einfache und strukturierte, statische und
dynamische sowie standardmäßig vorhandene und benutzerseitig
definierbare Datentypen.

1.3.2.1 Einfache Datentypen als 'Moleküle'

Einfache Datentypen lassen sich nicht weiter zerlegen und werden deshalb auch als elementare, skalare sowie unstrukturierte
Datentypen bezeichnet. Diese Typen enthalten deswegen stes nur
ein einziges Datum und stellen sozusagen die 'Moleküle' der

Bezeichnung:		Beispiel:	Wertebereich:
CHAR	Einzelzeichen	D	Zeichen (numerisch, al-pha, Sonderzeichen)
INTEGER	Ganzzahl	126	Ganze Zahlen
REAL	Dezimalzahl	126.75	Zahlen mit Dezimalpunkt
STRING	Text, Zeichen-kette	"DM-Wert"	Gesamter Zeichen-vorrat des Computers
BOOLEAN	Logisch	1	Wahrheitswerte TRUE (1, wahr), FALSE (0,unwahr)

Fünf einfache bzw. elementare Datentypen

Daten dar, da sie vom Programmierer nicht - so ohne weiteres -
unterteilt werden können.
Der Datentyp CHAR umfaßt nur e i n Zeichen. Als STRING (Text)
gilt alles, was zwischen Gänsefüßen steht, also auch der Text
"99.50 DM Endsumme". Numerische Typen sind INTEGER oder REAL.
Der Datentyp BOOLEAN kennt nur die 2 Werte TRUE (z.B. Stammkunde) oder FALSE (kein Stammkunde).

1.3.2.2 Datenstrukturen als strukturierte Datentypen

Strukturierte Datentypen sind neben anderen der ARRAY (Liste)
und der RECORD sowie das FILE. Dabei werden mehrere Daten unter einem Namen zusammengefaßt abgelegt. Der ARRAY wird auch
als Feld, Tabelle und Bereich bezeichnet und enthält Komponen-

Bezeichnung:	Beispiel:	Kennzeichen:
ARRAY (eindimensional) Vektor	12 3 44 56 21	Komponenten alle mit denselben Datentypen (hier 5 Mengen)
ARRAY (zweidimensional) Matrix	33.5 36.7 11.2 24.0 9.1 74.5 10.5 10.0 3.0 99.5 3.6 9.0	Komponenten alle mit denselben Datentypen (hier 4*3=12 Preise in 4 Zeilen u. 3 Spalten)
RECORD Verbund, auch Satz	101 (=Nr.) FREI (=NAME) 65000 (=UMSATZ)	Komponenten mit unter- schiedl. Datentypen (hier: INTEGER, STRING u. REAL (Kundensatz))
SET Menge	() (1) (2) (12) für SET OF 1..2	Komponenten sind Teil- mengen der Grundmenge
FILE Datei	über 1000 Sätze der KUNDENDATEI	Datei als Sammlung von Datensätzen auf einem Externspeicher

Vier wichtige Datenstrukturen

ten bzw. Elemente gleichen Typs. Beim eindimensionalen ARRAY
sind die Elemente in Reihe angeordnet wie im Beispiel die 5 Wo-
chentagabsatzmengen 12, 3, 44, 56 und 21 , während sich der
zweidimensionale ARRAY in zwei Richtungen ausdehnt: waagerecht
in Zeilen (hier 4 Zeilen) und senkrecht in Spalten (hier 3
Spalten). Es gibt nicht nur Integer-Arrays (alle Elemente sind
ganzzahlig) und Real-Arrays (alle Elemente sind Kommazahlen),
sondern z.B. auch String-Arrays wie 'MO, DI, MI, DO, FR, SA'
oder 'HAMMER, MEISEL, SAEGE' (alle Elemente sind Textworte).

Im Gegensatz zum ARRAY können im RECORD auch Daten verschiedener Datentypen abgelegt sein. Der oben wiedergegebene RECORD
verbindet drei Komponenten vom Typ INTEGER (Kundennummer ganzzahlig), STRING (Kundenname stets Text) und REAL (Kundenumsatz
als Dezimalzahl) - deshalb auch die Bezeichnung 'Verbund'. In

der kommerziellen DV entspricht diese Datenstruktur häufig den
Datensätzen bzw. Komponenten von Dateien wie hier der Kundendatei.

Unter einer Datei versteht man allgemein eine Sammlung von Datensätzen, die getrennt vom Programm auf einem Externspeicher
(Diskette, Platte, Kassette, Band) als selbständige Einheit
gespeichert sind. Die Datensätze stellen die Datei-Komponenten
dar und weisen alle denselben Datentyp auf, d.h. sie sind alle
z.B. vom Typ RECORD oder alle vom Typ ARRAY. Eine Datei bzw.
ein FILE kann viel größer sein als der im Hauptspeicher verfügbare Speicherplatz.

1.3.2.3 Statische und dynamische Datentypen

Datenstrukturen können statisch oder aber dynamisch vereinbart
sein.
S t a t i s c h e Datentypen behalten während der Programmausführung ihren Umfang unverändert bei. Beispiel: Beim Beginn
eines Programms wird vereinbart, daß ein eindimensionales Feld
bzw. Array mit 5 Elementen zur späteren Aufnahme und Verarbeitung der Absatzmengen für die 5 Wochentage Mo - Fr eingerich-
tet wird. Statisch heißt, daß die Anzahl der Feldelemente während der Programmausführung gleich bleibt, während sich ihre
jeweiligen Inhalte ändern können.

Bei d y n a m i s c h e n Datentypen muß die Anzahl der Komponenten nicht bereits beim Schreiben des Programms festgelegt
werden, sondern erst im Zuge der Programmausführung. Die Datei
bzw. das FILE ist stets als dynamischer Datentyp vereinbart.
Warum? Beim Anlegen einer Kundendatei werden z.B. 455 Kunden
in 455 Datensätzen auf Diskette erfaßt. Diese Zahl von 455 Da-
teikomponenten muß veränderbar sein, um neue Kunden aufnehmen
und Ex-Kunden löschen zu können. Da die Änderungen aber 'tri-

```
                        Datenstrukturen
                              |
        ┌─────────────────────────────────────────┐
      STATISCH                          DYNAMISCH
Werte ändern sich, niemals     Werte sowie Struktur (Anzahl,
aber die Anzahl.               Aufbau) ändern sich.

Anzahl der Komponenten         Anzahl und Aufbau der Kompo-
ist konstant.                  nenten ist variabel.
Belegter Speicherplatz         Belegter Speicherplatz
ist konstant.                  ist variabel.

unstrukturiert:                unstrukturiert:
Char, Integer, Real,           Zeiger als Hilfsmittel.
String, Boolean                strukturiert:
strukturiert:                  Datei (File),
Feld (Array),                  Stapel (Stack), Schlange,
Menge (Set),                   Gekettete Liste (Linked List),
Verbund (Record).              Binäre und andere Bäume,
                               Rekursive Datenstrukturen.
```

Einige dynamische Datentypen

vialer Natur" sind (so Niklaus Wirth, der Erfinder von PASCAL),
zählt man eine Datei zu den statischen Datenstrukturen. Die
dynamischen Datenstrukturen können vom Programmierer selbst
durch Verknüpfung der standardmäßig angebotenen Datentypen
konstruiert werden. Das heißt, daß alle dynamischen Strukturen
auf einer tieferen Komponenten-Ebene irgendwo wieder statisch
sind; Listen- (z.B. verkettete Liste) und Baumstrukturen gehören dazu. Zeiger (auch Pointer, Verweis, Referenz genannt)
werden dabei als Hilfsmittel zur Strukturierung verwendet. Auf
Zeiger bzw. Listen gehen wir in Abschnitt 3.13 ein. Die Rekur-
sion als Ablauf, der sich selbst aufruft bzw. zur Ausführung
bringt, bildet (generiert) dynamisch lokale Variable und wird
deshalb häufig im Zusammenhang mit dynamischen Datenstrukturen
genannt.

1.3.2.4   Vordefinierte und benutzerdefinierte Datentypen

Die bislang dargestellten einfachen und strukturierten Datentypen sind v o r d e f i n i e r t in dem Sinne, daß sie als
Standardtypen vom DV-System bereitgestellt werden. Daneben gestatten einige Programmiersprachen wie z.B. PASCAL dem Programmierer, selbst eigene Datentypen zu definieren, die dann
eben als b e n u t z e r d e f i n i e r t bezeichnet werden.

Eine einfache Möglichkeit dafür besteht darin, alle Werte auf-
zuzählen, die der Datentyp umfassen soll - deshalb der Begriff
A u f z ä h l u n g s t y p . (Mo,Di,Mi,Do,Fr,Sa,So) ist ein
solcher Aufzählungstyp für die Wochentage wie auch (6800,6830,
6900,6907) für einige Postleitzahlbezirke.

Eine weitere Möglichkeit bietet sich dem Benutzer dadurch, daß
er einen Datentyp als Unterbereich z.B. eines vordefinierten
Datentyps definiert - einen U n t e r b e r e i c h s t y p .
Drei Beispiele: 0..7 umfaßt als Unterbereichstyp des Datentyps
INTEGER die 8 Ganzzahlen 0,1,2,...,7.
"A".."Z" umfaßt als Unterbereich des Datentyps CHAR alle Groß-
buchstaben.
Di..Fr umfaßt als Unterbereichstyp des obigen Aufzählungstyps
vier Werktage. Angegeben wird also stets das kleinste und das
größte Element des gewünschten Unterbereiches.

Neben den Aufzählungs- und Unterbereichstypen zählen auch die
Zeigertypen zur Kategorie der benutzerdefinierten Datentypen.

1.3.2.5   Datentypen bei den verschiedenen Programmiersprachen

Es hängt vom jeweiligen Programmier-System ab, mit welchen Datentypen Sie arbeiten können.
Unstrukturierte Programmiersprachen wie BASIC lassen den Programmierer weitgehend allein bei der Bildung von Datenstrukturen, oder anders: sie unterstützen ihn kaum. Bei BASIC fehlen
der Verbund bzw. Record (was gerade bei der Dateiverarbeitung
von Nachteil ist) wie auch die benutzerdefinierten Typen.
Strukturierte Programmiersprachen stellen die oben angeführten
Datentypen bereit. Aber auch hier gibt es Unterschiede. So ist

PASCAL -was die standardmäßige Vorgabe von Datentypen angeht-
eher sparsam, aber die wenigen Datentypen können sehr flexibel
zum Entwurf komplexer Datenstrukturen genutzt werden. Sprachen
wie ADA und auch MODULA 2 sind weniger sparsam ausgestattet.

1.3.3 Programmstrukturen

Die vier Programmstrukturen Folge, Auswahl, Wiederholung und
Unterprogramm sind die grundlegenden Ablaufarten der Informatik überhaupt. Grundlegend in zweifacher Hinsicht:
Zum einen gelangt man beim Auseinandernehmen noch so umfangreicher Programmabläufe immer auf die vier Programmstrukturen
als Grundmuster (A n a l y s e von Programmen).
Zum anderen kann umgekehrt jeder zur Problemlösung erforderli-
che Programmablauf durch geeignetes Anordnen dieser vier Programmstrukturen konstruiert werden (S y n t h e s e von Programmen).

1.3.3.1 Folgestrukturen

Jedes Programm besteht aus einer Aneinanderreihung von Anweisungen an den Computer (vgl. Abschnitt 1.1.1). Besteht ein be-
stimmtes Programm nur aus einer F o l g e s t r u k t u r ,
dann wird Anweisung für Anweisung wie eine Linie abgearbeitet.
Man spricht deshalb auch vom linearen Ablauf bzw. unverzweig-
ten Ablauf, vom Geradeaus-Ablauf oder von einer Sequenz. Das
Beispiel zeigt ein Programm, bei dem 5 Anweisungen in Folge
ausgeführt werden: Über Tastatur wird ein Rechnungsbetrag eingegeben, um nach der Berechnung den Skonto- und Überweisungs-
trag als Ergebnis am Bildschirm auszugeben. Das Ablaufbeispiel
wird als Entwurf, als Dialogprotokoll sowie als Struktogramm
dargestellt.

Erst Anweisung 1 ausführen, dann Anweisung 2, dann ...

Beispiel in Entwurfsprache: Allg. Ablauf in Entwurfsprache:

```
Ausgabe    Fragestellung          Anweisung 1
Eingabe    RECHNUNGSBETRAG        Anweisung 2
berechne   SKONTOBETRAG           Anweisung 3
berechne   UEBERWEISUNGSBETRAG    Anweisung 4
Ausgabe    der Ergebnisse         Anweisung 5
```

Beispiel als Dialogprotokoll: Allg. Ablauf als Struktogramm:

```
RUN
RECHNUNGSBETRAG =?                    Anweisung 1
200                                  Anweisung 2
SKONTOABZUG:      6 DM
UEBERWEISUNG: 194 DM                 ...
```

Ablauf mit einer Folgestruktur

Um unabhängig von den Formalitäten der vielen Programmiersprachen Programmabläufe beschreiben zu können, verwenden wir eine einfache **E n t w u r f s p r a c h e** (auch algorithmischer Entwurf oder Pseudocode genannt), die umgangssprachlich formuliert wird. Im Beispiel werden die umgangssprachlichen Anweisungsworte 'Ausgabe', 'Eingabe' und 'berechne' verwendet. Die Beschreibung von Abläufen mittels einer Entwurfsprache ist in der Informatik weit verbreitet.

Das **D i a l o g p r o t o k o l l** zum Ablaufbeispiel gibt den 'Dialog' zwischen Benutzer (der Werte eintippt) und Computer (der Information ausgibt) wieder, wie er bei der Programmausführung am Bildschirm erscheint bzw. protokolliert wird. Im Beispiel gibt der Benutzer den Befehl RUN ein, worauf der Computer mit der Ausgabe RECHNUNGSBETRAG =? antwortet; nach der Benutzereingabe von 200 rechnet der Computer (im Dialogprotokoll nicht sichtbar) mit 3%, um dann Skonto- und Überweisungsbetrag in zwei Ausgabezeilen am Bildschirm anzuzeigen.

Neben dem Entwurf und dem Dialogprotokoll ist das Programmbeispiel zeichnerisch als **S t r u k t o g r a m m** dargestellt.

1.3.3.2 Auswahlstrukturen

Die **A u s w a h l s t r u k t u r e n** dienen dazu, aus einer Vielzahl von Möglichkeiten bestimmte Fälle auszuwählen: hier sind es die beiden Fälle 'Skontoabzug bei Bezahlung in weniger als 8 Tagen nach Rechnungserhalt (Bedingung TAGE<8 erfüllt)' sowie 'Zahlung rein netto bei späterer Überweisung (Begingung TAGE<8 nicht erfüllt)'. Dieses Beispiel bezeichnet man deshalb auch als **Z w e i s e i t i g e   A u s w a h l** .

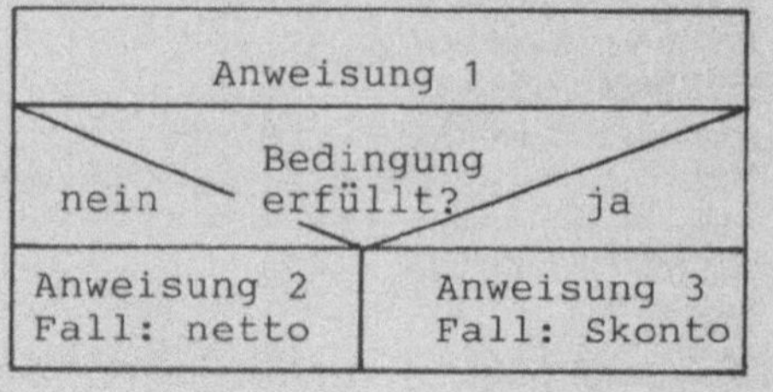

Wenn Bedingung 1 erfüllt ist, dann führe Anweisung 2 aus, sonst führe Anweisung 3 aus, um dann gemeinsam fortzufahren.

Beispiel in Entwurfsprache:	Allg. Ablauf in Entwurfsprache:

Ausgabe der Fragestellung
wenn TAGE<8
  dann überweise mit Skonto
  sonst überweise rein netto
Ende-wenn
	Anweisung 1
	wenn Bedingung 1 erfüllt
	  dann Anweisung 2
	  sonst Anweisung 3
	Ende-wenn

2 Bsp. als Dialogprotokoll:

```
RUN
ANZAHL DER TAGE =?
6
SKONTOABZUG MÖGLICH

RUN
ANZAHL DER TAGE =?
14
ZAHLUNG REIN NETTO
```

Allg. Ablauf als Struktogramm:

Ablauf mit einer Auswahlstruktur

Daneben gibt es die E i n s e i t i g e A u s w a h l mit
nur einem Fall und die M e h r s e i t i g e A u s w a h l
bzw. Fallabfrage mit mehr als zwei Fällen.
Auswahlstrukturen werden auch als Alternativstrukturen, Abläufe mit (Vorwärts-)Verzweigungen bzw. als Selektion bezeichnet.

1.3.3.3 Wiederholungsstrukturen

W i e d e r h o l u n g s s t r u k t u r e n führen zu Pro-
grammschleifen, die mehrmals durchlaufen werden. Im Beispiel
wird die Anweisungsfolge 'Eingabe', 'berechne', 'berechne' und
'Ausgabe' wiederholt durchlaufen, bis die Bedingung RECHNUNGS-
BETRAG = 0 erfüllt ist, die über Tastatur als Signal zum Been-

Wiederhole die Anweisungen 1,2,3,... immer wieder, bis eine
bestimmte Bedingung zum Beenden der Schleife erfüllt ist.

Beispiel in Entwurfsprache: Allg. Ablauf in Entwurfsprache:

```
  Ausgabe Überschrifttext          Anweisung 0
  wiederhole                       wiederhole
    Eingabe RECHNUNGSBETRAG          Anweisung 1
    wenn BETRAG=0 dann Ende          Anweisung 2
    berechne Skontobetrag            ...
    berechne ÜBERWEISUNGSBETRAG      Anweisung n
    Ausgabe Ergebnis                 wenn Bedingung dann Ende
  Ende-wiederhole                    Anweisung n+1
  Ausgabe Hinweis Programmende       Anweisung n+2
                                     ...
Beispiel als Dialogprotokoll:     Ende-wiederhole

RUN
PROGRAMM MIT SCHLEIFE
RECHNUNGSBETRAG =?                 Allg. Ablauf als Struktogramm:
100
UEBERWEISUNGSBETRAG: 97 DM
RECHNUNGSBETRAG =?
200
UEBERWEISUNGSBETRAG: 194 DM
RECHNUNGSBETRAG =?
0
PROGRAMMENDE
```

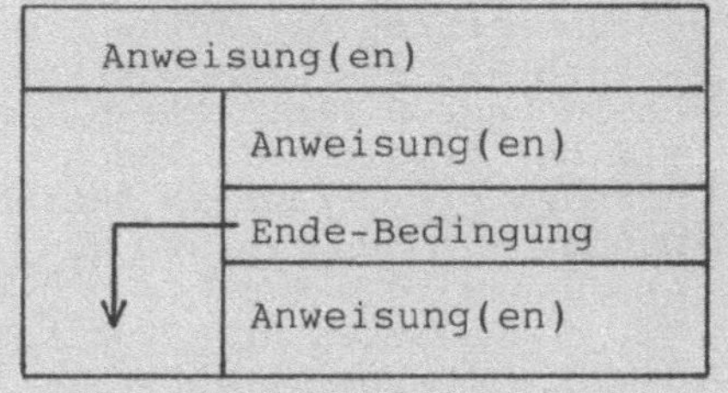

Ablauf mit einer Wiederholungsstruktur

den der Schleife eingetippt wird. Wiederholungsstrukturen werden auch als Repetitionen und Iterationen bezeichnet. Auf die
verschiedenen Schleifentypen wie
    - abweisende und nicht-abweisende Schleife
    - Zählerschleife
    - offene und geschlossene Schleife
gehen wir in Abschnitt 3.1.3 an Beispielen ausführlicher ein.

1.3.3.4 Unterprogrammstrukturen

U n t e r p r o g r a m m s t r u k t u r e n bieten sich immer dann an, wenn eine Aufgabe während eines Programmablaufes
mehrmals benötigt wird, so z.B. die im Beispiel wiedergegebene
Aufgabe 'Runde kaufmännisch auf zwei Dezimalstellen'. Auch zur

Führe Anweisungen A1 aus, unterbreche Tätigkeit A, um Anweisungen B auszuführen, kehre zurück und fahre mit der Ausführung der Anweisungen A2 fort (A im Haupt-, B im Unterprogramm).

Beispiel in Entwurfsprache:

```
 Eingabe    RECHNUNGSBETRAG
 berechne   SKONTOBETRAG
 Aufruf     Unterprogramm RUNDEN ──────> runde    BETRAG auf 2stellig
┌berechne   UEBERWEISUNGSBETRAG            ersetze BETRAG durch den
│Ausgabe    Ergebnis                               gerundeten BETRAG┐
└                             <──────                                ┘
 rufendes (Haupt-)Programm              aufgerufenes Unterprogramm
```

Ablauf mit Unterprogrammstruktur

übersichtlichen Gliederung eines komplexen Programmes und zur
Programmentwicklung im Team (jeder Mitarbeiter entwickelt einen Teil des Programmes) werden Unterprogramme verwendet.
Auf die möglichen Unterprogrammarten wie Prozeduren und Funktionen gehen wir in Abschnitt 3.1.4 konkret an Beispielen ein.

1.3.3.5 Mehrere Strukturen in einem Programm

Die meisten Programme umfassen natürlich mehrere dieser Strukturen. Dabei sind zwei Anordnungsprinzipien zu unterscheiden.
Programmstrukturen können entweder hintereinander oder aber
geschachtelt angeordnet sein.
- Anordnung h i n t e r e i n a n d e r :
  Mit der jeweils folgenden Struktur wird erst dann begonnen,
  nachdem die gerade in Ausfühung befindliche Struktur beendet
  wurde.
- Anordnung g e s c h a c h t e l t :
  Mit der äußeren Struktur kann erst fortgefahren werden,nach-
  dem die innere Struktur vollständig ausgeführt wurde. Teil-
  weises Einschachteln bzw. Überlappen von Programmstrukturen
  ist folglich nicht erlaubt.

1.3.4 Datenstrukturen und Programmstrukturen als Software-Bausteine

In den beiden vorangegangenen Abschnitten haben wir die wesentlichen Datenstrukturen (w a s wird verarbeitet?) sowie Programmstrukturen (w i e ist zu verarbeiten?) allgemein darge-

stellt. Diese Strukturen mit ihren unterschiedlichen Ausprägungen können als S o f t w a r e - B a u s t e i n e aufgefaßt werde, da aus ihnen bausteinartig die zur Lösung eines Problems erforderlichen Abläufe gebildet werden.

```
────────────D a t e n s t r u k t u r e n────────

    einfach:                          strukturiert:
CHAR, Zeichen                     ARRAY (Feld, Bereich)
INTEGER, Ganzzahl                 RECORD, Verbund
REAL, Dezimalzahl                 SET, Menge
STRING, Text                      FILE, Datei
BOOLEAN, Logisch                  benutzerdefinierte Daten

     ┌─────────────────────────────────────────┐
     │ S O F T W A R E  -  B A U S T E I N E   │
     └─────────────────────────────────────────┘

Folge:                            Wiederholung:
linearer Ablauf                   nicht-abweisend,
                                  abweisend, Zählerschleife

Auswahl:
einseitig, zweiseitig,            Unterprogramm:
mehrseitig (Fallabfrage)          Prozedur, Funktion

────────────P r o g r a m m s t r u k t u r e n────
```

      Daten- und Programmstrukturen als Software-Bausteine

Wie werden Daten(-strukturen) im Hauptspeicher abgelegt und verarbeitet? Wie werden Programm(-strukturen) abgespeichert? Wie sind Programme aufgebaut? Zu diesen Fragen kommen wir nun.

1.3.4.1 Modell des Hauptspeichers RAM als Regalschrank

In dem als Speicher RAM ausgebildeten Hauptspeicher befinden sich die zur Verarbeitung benötigten Daten und Programme. Den RAM können wir uns als Regalschrank mit sehr vielen Speicherstellen vorstellen, in die je ein Zeichen abgelegt werden kann. Ein RAM mit 64 KB (vgl. Abschnitt 1.2.3.4) umfaßt genau 65536 solcher Speicherstellen (64 * 1024), die von 0 an fortlaufend durchnumeriert sind, wobei die Nummern 0,1,2, ... ,65535 die tatsächlichen A d r e s s e n der Speicherstellen darstellen.

Soll ein Rechnungsbetrag über 200.50 DM von Adresse 2210 oder von Adresse 58934 an gespeichert werden? Um diese tatsächlichen Adressen müssen wir uns zumeist nicht kümmern. Wie allen Daten geben wir dem Rechnungsbetrag einen Namen, z.B. BETRAG, der dann als s y m b o l i s c h e A d r e s s e zur Speicherung dient. Der Computer sucht sich selbständig einen für BETRAG freien Speicherplatz und legt die 200.50 dorthin ab. Wo soll das zugehörige Programm abgespeichert werden? Auch darum brauchen wir uns nicht zu kümmern. Wir geben dem Programm einen Namen wie z.B. RECHNUNG1 , und der Computer reserviert selbständig die notwendige Anzahl von Speicherstellen und bestimmt dann einen geeigneten Speicherort.
Daten wie Programme werden also über ihre Namen angesprochen.

Wieder zum Modell des RAM als Regalschrank:
Einige Regale sind leer. In ihnen ist nichts gespeichert. Auf
anderen Regalen aber befinden sich Schachteln, und zwar Daten-
Schachteln mit Daten als Inhalt sowie Programm-Schachteln mit
Anweisungen als Inhalt. Jede Schachtel ist mit dem von uns jeweils gewählten Namen beschriftet.Durch Angabe dieser Namen ist
es uns möglich, Inhalte von Schachteln zu lesen und zu ändern.
Für die ausreichende Größe einer Schachtel (=Anzahl von Speicherstellen) sowie das passende Regal (=tatsächliche Adresse)
sorgt der Computer selbst.

1.3.4.2 Daten als Variablen und Konstanten

Daten sprechen wir mit N a m e n an. Dies gilt für veränder-
liche bzw. variable Daten, für V a r i a b l e n , wie auch
für feste bzw. konstante Daten, also für K o n s t a n t e n .

Das Einrichten von Daten-Schachteln bezeichnet man als Dekla-
ration oder als V e r e i n b a r u n g . Für eine Variable
müssen wir vereinbaren, welchen Namen (z.B. den Namen BETRAG)
und welchen Datentyp (z.B. Dezimalzahl bzw. REAL) sie haben
soll. Mit dem Datentyp wird der W e r t e b e r e i c h angegeben. Den Inhalt als den W e r t der Variablen können wir
dann später im Rahmen des jeweiligen Wertebereichs (z.B. der

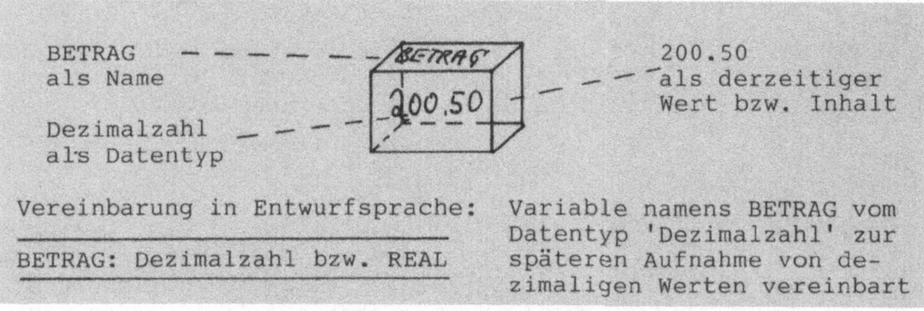

Vereinbarung in Entwurfsprache: Variable namens BETRAG vom
                                 Datentyp 'Dezimalzahl' zur
BETRAG: Dezimalzahl bzw. REAL   späteren Aufnahme von de-
                                 zimaligen Werten vereinbart

Name, Datentyp und Wert kennzeichnen eine Variable

Dezimalzahlen) beliebig verändern. Jede Variable weist somit
die drei Komponenten Name, Datentyp (=Wertebereich) und Inhalt
bzw. Wert (= augenblicklicher Schachtelinhalt) auf. Schachteln
können sehr klein (wie die für den BETRAG) oder auch sehr umfangreich (wie z.B. ein String-Array mit 100 Zeilen und mit 5
Spalten für 100*5=500 Artikelmengen) sein.

Für eine K o n s t a n t e müssen wir einen Namen vereinbaren (z.B. den Namen S1 für den Skontosatz) und einen konstanten Wert (z.B. 3 %).

Die Vereinbarungen von Variablen und von Konstanten werden vom
Programmierer im Rahmen der Programmerstellung getroffen; sie
stehen am Anfang: der Computer muß eine Daten-Schachtel zuerst einrichten, um dann mit ihr gemäß den im Programm weiter
angegebenen Anweisungen arbeiten zu können.

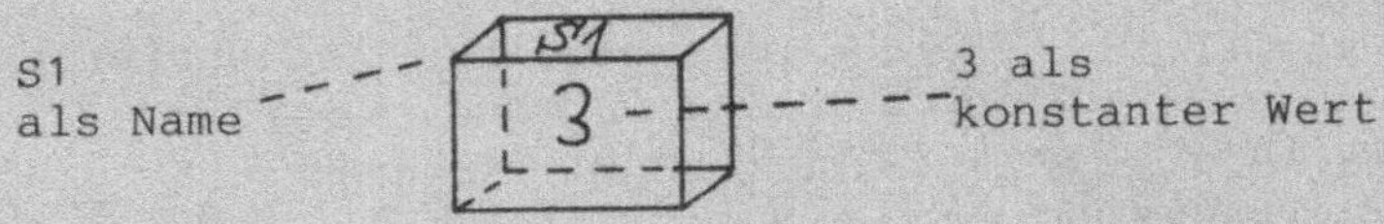

S1
als Name ----   ---- 3 als
                          konstanter Wert

Vereinbarung in Entwurfsprache: In Konstante namens S1
_______________________________   wird die Zahl 3 fest ge-
    S1 = 3   speichert als %-Satz

Name und fester Wert kennzeichnen eine Konstante

1.3.4.3 Programm mit Vereinbarungsteil und Anweisungsteil

Jedes Programm weist neben dem Programmnamen zwei weitere Bestandteile auf: den Vereinbarungsteil und den Anweisungsteil.

Der Programmname dient zum Aufrufen des Programms im RAM als
dem Internen Speicher wie auch auf Diskette bzw. Kassette als
Externen Speichereinheiten.
Im Vereinbarungsteil legt der Programmierer
fest, welche Variablen und Konstanten einzurichten sind. In
Abschnitt 3 werden wir sehen, daß ggf. auch selbstdefinierte
Datentypen sowie Unterprogramme (Prozeduren und Funktionen)
vereinbart werden können.
In den Programmiersprachen wird unterschiedlich vereinbart. So
muß in PASCAL der Vereinbarungsteil in jedem Fall programmiert
werden. In BASIC können Vereinbarungen auch durch die Wahl der
Variablen getroffen werden.

```
Programm ......                  1. Programmname
                                    ------------

Vereinbarungsteil                2. Vereinbarungsteil:
  - von Konstanten        .         ------------------
  - von selbstdefinierten Typen   Bedeutung aller Namen
  - von Variablen                 festlegen
  - von Funktionen                ( w a s  wird später
  - von Prozeduren                verarbeitet?)

Anweisungsteil                   3. Anweisungsteil:
  - zur Eingabe                     ---------------
  - zur Ausgabe (z.B. Drucker)    Anweisungen festlegen
  - zur Wertzuweisung             ( w i e  ist zu
  - zur Ablaufsteuerung (z.B. IF) verarbeiten?)

End.
```

Name, Vereinbarungsteil und Anweisungsteil als Bestandteile
eines jeden Programms

Der Anweisungsteil als Folge von Anweisungen
an der Computer enthält das eigentliche Programm. Auf die einzelnen Anweisungsarten zur Eingabe, Ausgabe, Wertzuweisung und
Ablaufsteuerung gehen wir in Abschnitt 3.1 an Beispielen ein.

1.3.5 Datei und Datenbank

Eine Datei stellt die typische Datenstruktur zur langfristigen
Speicherung von Massendaten in der kommerziellen DV dar. Am
Beispiel der in Abschnitt 1.3.2.2 bereits angesprochenen Kun-
dendatei wollen wir auf die D a t e i v e r a r b e i t u n g
eingehen (man spricht dabei auch von Dateiverwaltung oder von
File Handling (File für Datei)).
Diese Kundendatei ist bewußt sehr einfach aufgebaut:
Zu jedem der derzeit 1580 Kunden einer Handelsfirma werden die
drei Angaben NUMMER, NAME und UMSATZ als Kundendatei auf einem
Externspeicher abgelegt. Man sagt auch: Die Kundendatei umfaßt
derzeit 1580 Datensätze (Kundensätze bzw. Sätze), wobei jeder
Satz aus drei Datenfeldern als Komponenten besteht. Für diese
Felder wiederum sind Variablen mit unterschiedlichen Datenty-
pen vereinbart: eine Variable namens NUMMER für die Kundennum-
mer ganzzahlig, eine Variable NAME als Text und eine Variable
UMSATZ für den getätigten DM-Umsatz vom Datentyp Dezimalzahl.
Die Datensätze stellen jeweils Verbunde (Records) dar. Der Da-

```
4 Datensätze ausgedruckt:       Datensatz als Verbund vereinbart:

(1) 101 FREI          6500.00    KUNDSATZ: Verbund bzw. Record
(2) 104 MAUCHER        295.60        NUMMER: Ganzzahl
(3) 109 HILDEBRANDT   4590.05        NAME:   Text
(4) 110 AMANN         1018.75        UMSATZ: Dezimalzahl
... ... ...             ...          Ende-Verbund

Vereinbarung der Datei:

KUNDDATEI: Datei (File) mit Datensätzen vom Typ KUNDSATZ
```

Vereinbarung und Inhalt der KUNDDATEI

tensatz hat den Namen KUNDSATZ und die Datei heißt KUNDDATEI.
Wie die obigen 4 Sätze zeigen, sollen die Kunden nach Kundennummern aufsteigend sortiert gespeichert sein. Mit (1),(2),...
werden die Datensatznummern innerhalb der Datei angegeben.

```
Eine Datei umfaßt mehrere Datensätze. Jeder Satz hat mehrere
Datenfelder. Jedes Feld besteht aus mehreren Zeichen und jedes
Zeichen wird als Byte  als Kombination von 8 Bits gespeichert.

     Datei (File)                 ... namens KUNDDATEI mit
                                  derzeit 1580 Datensätzen.
     Datensatz (Record)           ... mit drei Datenfeldern
                                  NUMMER, NAME und UMSATZ.
     Datenfeld (Field)            ... NAME mit 11 Zeichen
                                  maximal.
     Zeichen, Byte (Character)    ... "R" als zweites Zeichen
                                  von "FREI".
     Bit (0 oder 1)               ... 0 als 1. Bit im Byte
                                  01010010 für "R".
```

Aufbau einer Datei: Datei-Satz-Feld-Zeichen-Bit

1.3.5.1 Zugriffsart, Speicherungsform und Verarbeitungsweise

Auf eine Datei wird stets datensatzweise zugegriffen, sei es
in den RAM hin e i n (Lesen = E i n gabe) oder aus dem RAM
hin a u s (Schreiben = A u s gabe). Entsprechend spricht man
vom lesenden Zugriff (vom Externspeicher in den RAM) oder vom
schreibenden Zugriff (vom RAM auf den Externspeicher). Ist ohne weiteren Zusatz vom Z u g r i f f die Rede, so meint man
damit das Lesen von Sätzen. Zwei Z u g r i f f s a r t e n
sind zu unterscheiden: der direkte und der indirekte Zugriff.

Der d i r e k t e Z u g r i f f läßt sich mit der Schall-
platte vergleichen: Will man z.B. das 7. Musikstück hören, kann
der Tonarm direkt bei diesem gewünschten Stück aufgesetzt werden. Entsprechend kann bei der Platte (Magnetplatte, Diskette)
in der DV ein bestimmter Datensatz direkt durch Angabe seiner
Datensatznummer als Adresse bzw. 'Hausnummer' in den RAM gelesen werden.
Der i n d i r e k t e Z u g r i f f ist -wie beim Tonband-
umständlicher: das Tonband muß z.B. zum 7. Musikstück gespult
werden; wir können nur in der Reihenfolge zugreifen, in der
früher einmal aufgenommen wurde. Dementsprechend muß in der DV
Datensatz für Datensatz gelesen werden, bis z.B. der 7. Kunde
gefunden ist.
Wir halten fest: Beim Band (Magnetband, Kassette) kann nur indirekt auf den Datensatz einer Datei zugegriffen werden, während bei der Platte (Magnetplatte, Winchesterplatte, Diskette)
auch direkt zugegriffen werden kann. Die Platte wird deshalb
auch D i r e k t z u g r i f f - S p e i c h e r genannt,
im Gegensatz zum Band als s e q u e n t i e l l e m Speicher
(Sequenz = Reihenfolge).

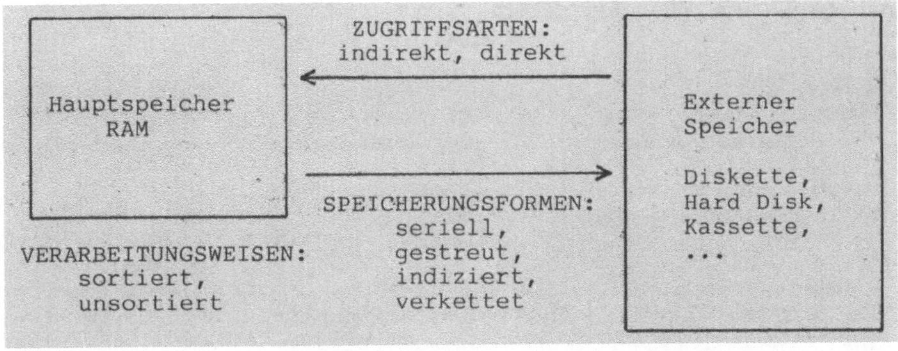

Zugriff, Speicherung und Verarbeitung der Datei

Der Begriff der S p e i c h e r u n g s f o r m bezieht sich
auf das Abspeichern bzw. Schreiben von Sätzen aus dem RAM auf
die Datei.
S e r i e l l speichern heißt starr fortlaufend speichern:
der nächste Neu-Kunde wird als nächster Kunde hinter den zuvor
gerade geschriebenen Datensatz gespeichert.
G e s t r e u t speichern heißt, daß die Sätze zufällig über
die Plattenoberfläche hinweg streuend abgelegt werden. Zur Erklärung folgendes Beispiel: In einem Betrieb seien die Kunden-

nummern 101,104,109,110,...,50000 vergeben. Würde man nach dem
Verfahren "Kundennummer ergibt Datensatznummer" vorgehen, so
würde man auf der Platte 50000 Speicherorte für die nur 1580
Kundensätze zu reservieren haben - wahrlich verschwenderisch.
Was tun? Man versucht, die Anzahl der Speicherorte durch die
Wahl eines geeigneten Adreßrechungsverfahrens zu verdichten wie
z.B. mit dem Divisions-Rest-Verfahren. Das führt dann dazu,daß
Kunde 48236 als 237. Satz und Kunde 3973 als 1831. Satz abgelegt ist, daß also gestreut gespeichert ist. Der Nachteil solcher Verfahren: Für mehrere Kundennummern kann sich ein und
dieselbe Datensatznummer ergeben.

Nach der seriellen Speicherung und der gestreuten Speicherung
nun zur i n d i z i e r t e n Speicherung als dritter Form.
Zur Erklärung folgendes Beispiel: Zusätzlich zu unserer Kundendatei wird in einer I n d e x d a t e i zu jedem Namen
die Datensatznummer gespeichert, unter der dieser Name in der
Kundendatei zu finden ist: Kunde MAUCHER so z.B. als 2. Satz.
Wie die Kundendatei (zur Unterscheidung Haupt- oder Datendatei
genannt) 4 Kundensätze hat, so hat auch die Indexdatei 4 In-
dexsätze. Dann wird diese Indexdatei nach Namen sortiert abgespeichert. Möchte man sich nun später alle Kunden nach Namen
sortiert ausdrucken lassen,geht man wie folgt vor:
    1. Indirekter Zugriff auf den jeweils nächsten Indexsatz der
       sortierten Indexdatei.
    2. Direkter Zugriff auf den Kundensatz, dessen Datensatznum-
       mer gerade zuvor aus der Indexdatei gelesen wurde.
    3. Mit 1. fortfahren, bis Ende der Indexdatei erreicht ist.
Eine Indexdatei kann als Inhaltsverzeichnis aufgefaßt werden,
das - ähnlich den Seitenangaben in einem Buchinhaltsverzeich-
nis - die Satznummern der zugehörigen Datendatei anzeigt (in-
dizieren bedeutet anzeigen). Zu unserer Kundendatei sind zumindest drei Indexdateien möglich: je eine für die NUMMER, für
den NAMEn und für den UMSATZ.

Kundendatei mit den ersten 4 Datensätzen:		Indexdatei für NAME unsortiert:		Indexdatei für NAME sortiert:	
101 FREI	6500.00	FREI	1	AMANN	4
104 MAUCHER	295.60	MAUCHER	2	FREI	1
109 HILDEBRANDT	4590.05	HILDEBRANDT	3	HILDEBRANDT	3
110 AMANN	1018.75	AMANN	4	MAUCHER	2

Hauptdatei mit hier 3   Indexdateien mit stets 2 Datenfeldern:
Datenfeldern NUMMER,   NAME als Schlüsselfeld und SATZNUMMER
NAME und UMSATZ.   (der Hauptdatei) als Adreßfeld.

Kundendatei als Datendatei mit zwei Indexdateien

Das Anlegen einer Indexdatei gestattet einen schnellen Zugriff
sowie vielseitige Verarbeitungsarten.
Zunächst zur Geschwindigkeit: In der kaufmännischen Praxis ist
ein Kundensatz mit z.B. 300 Zeichen viel länger als unser Bei-
spielsatz, der Indexsatz hingegen unverändert kurz, da er ja
nur die beiden Komponenten NAME als Schlüsselfeld und SATZNR
als Adreßfeld umfaßt. Das Durchsuchen oder Sortieren einer Indexdatei geht somit schneller vonstatten als das der zugehöri-

den Datendatei. Zumal die Indexdatei aufgrund ihres geringen
Umfanges dabei komplett im Hauptspeicher gehalten werden kann,
während die Datendatei aufgrund ihrer Größe zum Sortieren wiederholt ein- und ausgelagert werden muß.
Ein zweiter Vorteil besteht in der Vielseitigkeit: Hat man zu
den Schlüsseln NAME, UMSATZ, PLZ, WOHNORT, VERTRETER, RABATT,
KUNDESEIT, OFFENERPOSTEN je eine Indexdatei sortiert angelegt,
so können die Kunden jederzeit nach diesen 8 Ordnungsbegriffen
sortiert in einer Übersicht ausgedruckt werden. Ebenso kann
e i n bestimmter Kunde über schnelle Suchverfahren wie etwa
über das 'binäre Suchen' am Bildschirm angezeigt werden.

Als vierte Speicherungsform wurde oben die v e r k e t t e t e
Speicherung genannt. Dazu folgendes Beispiel: Der Kundensatz
wird um 2 Datenfelder erweitert, in denen Zeiger bzw. Pointer
gespeichert sind, die auf den jeweils nächsten Kundensatz zei-

	Kunden- nummer:	Kunden- name:	Kunden- umsatz:		Zeiger für Name:	Zeiger für Umsatz:
(1)	101	FREI	6500.00		3	0
(2)	104	MAUCHER	295.60	A	0	4
(3)	109	HILDEBRANDT	4590.05		2	1
(4)	110	AMANN A	1018.75		1	3

Kundendatei mit Verkettung über zwei Zeigerfelder

gen. Das erste Zeigerfeld verkettet die Sätze nach Namen aufsteigend sortiert: Nach dem Lesen von AMANN (A für Ankeradres-
se) verweist Zeigerfeldinhalt 1 auf FREI, der dann eingelesen
wird; dann zeigt Zeiger 3 auf HILDEBRANDT als 3. Satz, worauf
mit Zeiger 2 auf MAUCHER zugegriffen wird, dessen Zeiger 0 das
Ende der Kette signalisiert. Über diese Kette 3-0-2-1 können
die Kunden rasch alphabetisch geordnet aufgelistet werden. Die
zweite Kette 0-4-1-3 verkettet Kunden nach deren Umsatz geordnet.
Das Beispiel zeigt, daß über die verkettete Speicherung beliebig viele l o g i s c h e Ordnungen gebildet werden können,
ohne die Datensätze dazu p h y s i s c h auf dem Externspeicher umspeichern zu müssen.

Nach den zwei Zugriffsarten und den vier Speicherungsformen
nun zu den zwei V e r a r b e i t u n g s w e i s e n , zur
sortierten und zur unsortierten Verarbeitung:
Eine Datei s o r t i e r t verarbeiten heißt, daß eine physisch oder logisch zusammenhängende Folge von Datensätzen verarbeitet wird wie z.B. beim Auflisten des gesamten Dateiinhaltes oder bei der Gehaltsabrechnung für alle Angestellten eines
Betriebs. Wenn die Bewegungsdatei (Lagerzugänge und -abgänge)
genauso sortiert vorliegt wie die Bestandsdatei (Artikel insgesamt), wird von einer sortierten Verarbeitung gesprochen.
Bei der u n s o r t i e r t e n Verarbeitung werden einzelne
Sätze einer Datei ggf. mehrmals direkt angesprochen wie z.B.
beim Verarbeiten einzelner Kundenaufträge oder beim Auskunfts-
erteilen über den derzeitigen Kontostand.

1.3.5.2 Vier Organisationsformen von Dateien

Je nach Kombination von Zugriffsart (Eingabe eines Datensatzes
vom Externspeicher in den Hauptspeicher RAM), Speicherungsform
(Ausgabe vom RAM auf den Externspeicher) und Verarbeitungsweise (Verarbeitung intern im Hauptspeicher) kann eine Vielzahl
von Datei - Organisationsformen unterschieden werden. Folgende
vier O r g a n i s a t i o n s f o r m e n   werden heute am
häufigsten genannt - wenn auch kaum einheitlich ausgelegt.

S e q u e n t i e l l e   D a t e i :
Indirekter Zugriff, serielle Speicherung und sortierte
Verarbeitung bei (zumeist) sortierter Speicherungsfolge.
Typische Band-Datei (Magnetband, Kassette).

D i r e k t z u g r i f f - D a t e i :
Direkter Zugriff, oft gestreute Speicherung und unsortierte
wie ggf. sortierte Verarbeitung.
Typische Platten-Datei (Magnetplatte, Diskette).
Bezeichnungen: Random-Datei, Relative Datei.

I n d e x - s e q u e n t i e l l e   D a t e i :
Kombination von sequentieller und Direktzugriff-Datei.
Alle Zugriffsarten, Speicherungsformen und Verarbeitungs-
weisen; kennzeichnend ist die indizierte Speicherung.

V e r k e t t e t e   D a t e i :
Indirekter Zugriff, verkettete Speicherung und sortierte
Verarbeitung.

Vier Organisationsformen von Dateien

Die rein sequentiell organisierte Datei wird mit der zunehmenden Verbreitung von Wechselplatte, Festplatte und Diskette immer mehr durch die Direktzugriff-Datei und die index-sequenti-
elle Datei verdrängt.

1.3.5.3 Grundlegende Abläufe auf Dateien

Die Dateiverarbeitung umfaßt viele Abläufe: So müssen Daten
zunächst einmal erfaßt bzw. computerlesbar gemacht werden, um
sie dann auf einem Externspeicher abzulegen, später wieder zu
suchen, abzuändern, auszudrucken, zu löschen usw. Zusammenfassend können wir hierzu 11 grundlegende Abläufe zum Einrichten,
Verwalten und Auswerten von Dateien unterscheiden. Jedes kommerzielle Datei-System mit dem Anspruch auf eine universelle
Verwendbarkeit wird diese Abläufe bereitstellen.

In Abschnitt 1.3.1.1 wurden Bestands- und Bewegungsdaten sowie
Stamm- und Änderungsdaten unterschieden. Entsprechend gibt es
dem Inhalt nach vier Dateiarten: die Bestandsdatei (z.B. Arti-
kelbestandsdatei), die Bewegungsdatei (z.B. Zu-/Abgänge von
Artikellagerbeständen), die Stammdatei (z.B. Kundenstammdatei)
und die Änderungsdatei (z.B. Änschriftsänderung von Kunden).

1. **A n l e g e n :**
    Datei auf einem Externspeicher leer einrichten.

2. **N e u   s c h r e i b e n :**
    Datensätze erfassen und neu in die Datei hinzufügen.

3. **L e s e n :**
    Einen oder mehrere Datensätze in den Hauptspeicher
    lesen und am Bildschirm anzeigen oder am Drucker
    auflisten.

4. **B e w e g e n :**
    Zu- und Abgänge mengenmäßig (Lagerbestandsfortschrei-
    bung) oder wertmäßig (Kontoführung) aktualisieren.

5. **Ä n d e r n :**
    Sätze löschen (entfernen) oder inhaltlich abändern.

6. **S o r t i e r e n :**
    Sätze in auf- oder absteigende Sortierfolge bringen.

7. **M i s c h e n :**
    Dateien zu einer Datei sortiert zusammenfügen.

8. **K o p i e r e n :**
    Datei abbildgetreu (Back-Up) oder verändert kopieren.

9. **A u s w ä h l e n :**
    Sätze, die bestimmten Bedingungen genügen, heraussuchen
    bzw. selektieren.

10. **K l a s s i f i z i e r e n :**
    Datei nach bestimmten Größenklassen auswerten.

11. **V e r d i c h t e n :**
    Sätze nach Merkmalen gruppieren und Gruppensummen
    bilden (Gruppenwechsel).

Grundlegende Abläufe (Algorithmen) auf Dateien

Die elf grundlegenden Abläufe beziehen sich auf diese vier Da-
teiarten gleichermaßen. Man spricht auch von den grundlegenden
D a t e i - A l g o r i t h m e n (ein Algorithmus ist eine
Folge von Anweisungen, die in einer endlichen Schritt-Anzahl
zur Lösung eines Problems führt).
Zum Ablauf 'Bewegen': Bewegungen werden in der Regel gesammelt
(gestapelt), als Bewegungsdatei gespeichert und dann z.B. zum
Wochenende in einem Arbeitsgang verarbeitet.
Zum Ablauf 'Ändern': Sätze können tatsächlich (=physisch) oder
nur durch eine bestimmte Markierung wie BESTAND=-99 (=logisch)
gelöscht werden; die Inhaltsänderung kann ein oder mehrere
Datenfelder betreffen.
Zum Ablauf 'Sortieren': Es kann intern im RAM und/oder extern
auf Band bzw. Platte sortiert werden. Dabei werden die Datensätze selbst oder aber nur deren Adressen (Speicherplätze) in
eine neue Reihenfolge gebracht.

Zum Ablauf 'Kopieren': Beim Back-Up duplizieren wir eine Datei unverändert. Ebenso läßt sich eine Datei als Kopie von einer anderen Datei bei gleichzeitigem Ändern (Verkürzen, Erweitern Modifizieren) erstellen.
Zum Ablauf 'Auswählen': Hat die Datei n Sätze, so kann man genau einen Kunden (110), mehrere vorgegebene Sätze (Kunden 101, 104 und 110) oder eine unbestimmte Satzanzahl (alle Kunden unter 10.000 DM Umsatz) auswählen.
Zum Ablauf 'Klassifizieren': Hier wird z.B. eine Artikeldatei nach Lagerorten und Umschlagshäufigkeit tabellarisch ausgewertet.
Zum Ablauf 'Verdichten': Gruppenwechsel kann einstufig (Absatz je Vertreter) oder zweistufig (Absatz je Vertreter u. Artikel) vorgenommen werden.

1.3.5.4 Datei öffnen, verarbeiten und schließen

Beim Lesen, Schreiben oder Ändern einer Datei geht man immer in drei Schritten vor:

1. Datei ö f f n e n :
   Verbindung zwischen Datei und Programm herstellen
   (Dateiname, Zugriffsart, Verbindungskanal usw.).
2. Datei v e r a r b e i t e n :
   Lesen (eingeben), schreiben (ausgeben) und/oder
   ändern (ein-/ausgeben bzw. überschreiben).
3. Datei s c h l i e ß e n :
   Verbindung ordnungsgemäß beenden
   (Dateiende EOF (End of File) kennzeichnen, Directory
   (Inhaltsverzeichnis) auf Datei rückübertragen).

Bei komplexen Datei-Algorithmen sind für diese drei Schritte jeweils gesonderte Unterprogramme vorgesehen, die Programmvorlauf, Programmtreiber und Programmabschluß genannt werden.

Zum Schritt 2 eine Anmerkung: Ist eine Datei auf Kassette abgespeichert, liest man nach dem Eröffnen häufig die Datei in einem Arbeitsgang k o m p l e t t in den Hauptspeicher, um sie dort z.B. als Array (Feld, Bereich, Tabelle) verarbeiten zu können. Erst unmittelbar vor dem Schließen wird die aktualisierte Datei dann - wiederum komplett - auf die Kassette zurückgeschrieben. Man bezeichnet dies als dateiweisen Datenverkehr.
Ist die Datei größer als der im RAM intern verfügbare Speicherplatz, dann ist dieses Vorgehen nicht möglich. Als Gegenstück kann man mit Schritt 2 je einen Datensatz e i n z e l n in den RAM übertragen und umgekehrt (datensatzweiser Datenverkehr).
Zwischen diesen beiden Extremen - Datenverkehr dateiweise oder datensatzweise - gibt es natürlich zahlreiche Abstufungen.

1.3.5.5 Eine oder mehrere Dateien verarbeiten

In der kaufmännischen Praxis wird man nur selten e i n e Datei einzeln verarbeiten. Vielmehr sind zumeist m e h r e r e Dateien in ein System eingebunden; man spricht dann häufig von

einer D a t e i v e r k e t t u n g . Dazu ein Beispiel: In
einer Lagerverwaltung sind die 'Artikelstammdatei', 'Bestandsdatei', 'Bestelldatei (Einkauf)' und 'Auftragsdatei (Verkauf)'
verkettet, um von einem Programm(-paket) verwaltet zu werden;
D a t e n v e r w a l t u n g s - S y s t e m ist die oft
verwendete Bezeichnung hierfür.
Wird nicht nur die Aufgabe der Lagerverwaltung gelöst, sondern
werden sämtliche betrieblichen Aufgaben in einem Datei-System
eingebunden, dann spricht man oft von i n t e g r i e r t e r
Datenverarbeitung.

1.3.5.6 Datenbank

Bei isolierter Verarbeitung einzelner Dateien wie auch bei der
Dateiverkettung ist nicht zu vermeiden, daß ein Datum mehrfach
in verschiedenen Dateien gespeichert ist; man spricht von der
D a t e n r e d u n d a n z . So kann z.B. ein Kunde samt Kun-
denanschrift in der Kundenstammdatei, der Offene-Posten-Datei
und der Weihnachtsgeschenkedatei dreifach gespeichert sein. Um
dies zu vermeiden, faßt man sämtliche Daten in e i n e r ge-
meinsamen Datenbasis zusammen, die D a t e n b a n k genannt
wird. Eine solche Datenbank kann - für sich alleine genommen -
ebenfalls als Verkettung von Dateien angesehen werden. Daß wesentlich neue dabei ist, daß auf a l l e Elemente der Datenbank
über ein D a t e n b a n k m a n a g e m e n t s y s t e m
(DBMS) zentral zugegriffen wird. Das DBMS besteht aus mehreren Systemprogrammen zur Durchführung von Aufgaben wie dem
Ändern von Daten der Datenbank, dem gleichzeitigen Zugriff
mehrerer Benutzer, dem Abfragen von Daten, dem Überprüfen der
Zugriffsberechtigung usw..

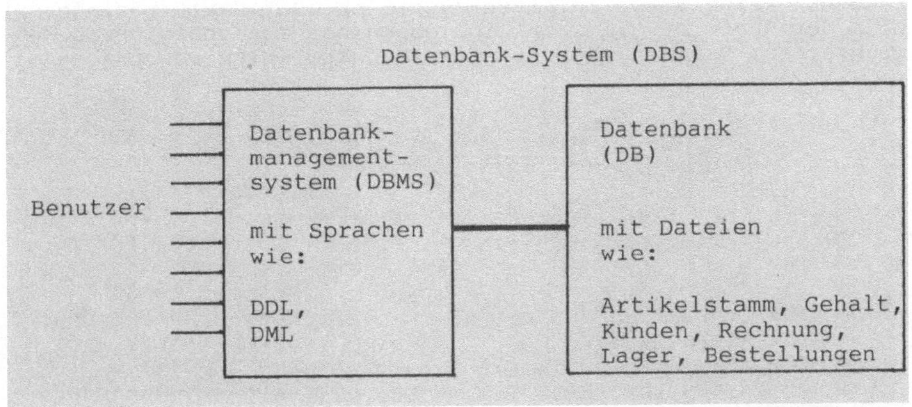

Das Datenbank-System besteht aus Datenbank und DBMS

Mit dem DBMS werden dem Benutzer unter anderem zwei sprachli-
che Hilfsmittel zur Verfügung gestellt:
Zum einen die Daten-Definitions-Sprache DDL (Data Definition
Language) zum Aufbau und zur Pflege der Datenbank. Mit der DDL

werden z.B. die Datensätze definiert (Name, Anzahl, Datentyp,
Länge der Satzkomponenten). Sie richtet sich mehr an den Programmierer bzw. an den Datenbankverwalter.
Zum anderen eine Daten-Manipulations-Sprache DML (Data Manipulation Language) zur eigentlichen Behandlung der Daten. Diese
DML richtet sich mehr an den Sachbearbeiter, der ein Abfrage
wie 'Drucke eine Übersicht aller Kunden aus, die offene Rechnungen über DM 5000.- zu begleichen haben'laufen läßt. Die DML
wird auch als Abfragesprache bzw. Query-Language bezeichnet.
Datenbank-Sprachen weisen wie Programmiersprachen zumeist eng-
lische Anweisungsworte auf wie etwa FIND zur Suchanfrage, READ
zum Lesen, WRITE zum Schreiben, DELETE zum Entfernen, INSERT
zum Einfügen von Datensätzen.

Das herkömmliche D a t e i - S y s t e m unterscheidet sich
in zumindest 3 Punkten vom D a t e n b a n k - S y s t e m :

- R e d u n d a n z f r e i h e i t :
  In der Datenbank werden die Daten möglichst redundanzfrei
  abgelegt, d.h. nicht mehrfach gespeichert.
- V i e l f a c h e   V e r w e n d b a r k e i t :
  In der Datenbank werden die Daten vielfach verwendbar abge-
  legt, um vielen Benutzern einen möglichst einfachen Direkt-
  zugriff zu gestatten.
- D a t e n u n a b h ä n g i g k e i t :
  Die Programme bzw. Zugriffspfade arbeiten datenunabhängig in
  dem Sinne, daß bei der Änderung der Daten keine Änderung des
  Programms notwendig wird.

Zwei grundlegende Datenbank-Systeme sind zu unterscheiden: das
strukturierte und das unstrukturierte Datenbank-System. Strukturiert bedeutet, daß in der Datenbank selbst Information zum
Verweisen auf weitere Information abgespeichert ist; damit muß
bei Anfragen stets entlang der vorgegebenen Pfade vorgegangen
werden. Im Gegensatz dazu gibt es bei der unstrukturierten Datenbank keine vordefinierten Zugriffspfade; damit verlangsamt
sich der Zugriff, gleichzeitig jedoch hat man unbegrenzte Möglichkeiten, Daten nach bestimmten Suchkriterien abzufragen.

```
                 Datenbank - System (DBS)
         ┌───────────────────┴───────────────────┐
    STRUKTURIERT:                      UNSTRUKTURIERT:
  Suchbegriffe, Zugriffspfade      Verknüpfung der Information
  festgelegt und gespeichert.      erst im Moment der Abfrage.


  - Hierarchisches DBS: Daten       - Invertierte Dateien: Zugriff
    baumartig verkettet.              über Index-Listen.
  - Netzwerk-Modell (CODASYL):      - Relationen-Modell: Anordnung
    Netz von Zugriffspfaden.          der Daten in Tabellenform.
```

Strukturiertes und unstrukturiertes Datenbank-System

Beim Netzwerk-Modell gemäß dem CODASYL-Ausschuß (COnference of
DAta SYstem Language in den USA im Jahre 1971) sind die in der
Datenbank abgelegten Daten in Datentypen (Item Types) sowie in

Datensatztypen (Record Types) zu gliedern, wobei zwischen den
verschiedenen Datensatz-Typen sogenannte Beziehungstypen (Set
Types) definiert werden.
Bei der r e l a t i o n a l e n D a t e n b a n k als Gegenstück zum Netzwerk-Modell werden nur Datensätze im herkömmlichen Sinne unterschieden, wobei die einzelnen Datensatzkom-
ponenten bzw. Datenfelder in Beziehung zueinander stehen wie
die Zeilen und Spalten einer Matrix (Tabelle bzw. zweidimensionaler Array). Dazu als Beispiel unsere Kundendatei von Abschnitt 1.3.5:

```
 101 FREI          6500.00      Matrix mit n Zeilen und 3 Spalten.
 104 MAUCHER        295.60      Jeder Zeile entspricht ein Daten-
 109 HILDEBRANDT   4590.05      satz, jeder Spalte ein Datenfeld.
 110 AMANN         1018.75      Zugriffsbeispiel: Matrix(2,3) er-
 ... ...               ...      gibt 295.60 (2. Zeile, 3. Spalte).
```

Das Relationen-Modell ist weit anschaulicher als das Netzwerk-
Modell. Komplexe Datenstrukturen allerdings lassen sich in einer "flachen Matrix" nur schwer darstellen.

Ursprünglich lag die Aufgabe eines Datenbank-Systems in der
Informationswiedergewinnung (= Information Retrieval) bzw. in
der Auskunftserteilung. Zunehmend werden kommerzielle Datenbank-Systeme angeboten, die darüberhinaus andere Aufgaben wie
das Rechnen (sogenannte 'rechnende Datenbanken') oder z.B. die
Textverarbeitung übernehmen.

"... eine dedizierte D a t e n b a n k - M a s c h i n e ,
die mit einem Host-Computer günstiges Datenmanagement bietet".
Was beinhaltet eine solche Anzeige?
Eine Datenbank-Maschine ist kein Allzweck-Computer, sondern
ein Automat, dessen Hardware ausschließlich auf die Verwaltung
einer Datenbank ausgerichtet bzw. dediziert ist. Darüberhinaus
gibt es kein 'normales' Betriebssystem, sondern nur ein Soft-
warepaket, das immer im Speicher resident ist und dabei sämtliche Funktionen einer relationalen Datenbank übernimmt. Damit
sind wir bei der Begründung: Relationale Datenbanken benötigen
viel Speicherplatz sowie CPU-Zeit, der Personalcomputer wird
allzuleicht überlastet. Deshalb die Hinwendung von der "Soft-
ware-Datenbank" zur "Hardware-Datenbank-Maschine", die an den
Personalcomputer als Host bzw. Wirt und Gastgeber (vgl. auch
Abschnitt 1.3.6.5) angeschlossen wird. Diese Lösung hat die
folgenden Vorteile: Der PC als Host wird durch die Datenbank
belastet; die Größe der Datenbank ist unabhängig von der Größe
des Personalcomputers.

1.3.6 System-Software (Betriebssystem)

Das Betriebssystem mit seinen Steuer-, Dienst- und Übersetzer-
programmen (vgl. Abschnitt 1.3.1.2) dient als Mittler zwischen
dem Anwender(-programm) und dem Computerkern (Hardware).

1.3.6.1 Betriebssystem als Firmware (ROM) oder als Software

Hinsichtlich der Speicherung des Betriebssystems gibt es zwei
extreme Möglichkeiten, die gerade für Personalcomputer von Interesse sind:
Auf der einen Seite ist das Betriebssystem fest in ROMs untergebracht (ROM als Festspeicher enthält die Systemprogramme als
Firmware) und steht beim Einschalten des Computers unmittelbar
zur Verfügung. Diese Möglichkeit ist vorteilhaft, wenn man nur
mit einer einzigen Programmiersprache arbeiten möchte. 'Reine
BASIC-Maschinen' z.B. sind oft so aufgebaut und sehr einfach
zu bedienen.
Auf der anderen Seite ist das Betriebssystem als Software auf
einem Externspeicher (Diskette, Hard Disk) gespeichert und muß
beim Einschalten des Computers vom Benutzer in den Internspeicher geladen werden. Diese umständlichere Art der Bedienung
(Handling) hat für den Benutzer jedoch den Vorteil, daß leicht
z.B. auf eine andere Programmiersprache wie COBOL, PASCAL oder
FORTH umgerüstet werden kann: er muß nur das zugehörige Übersetzerprogramm für COBOL, PASCAL bzw. FORTH von einer Diskette
in den RAM laden.
Personalcomputer mit mehreren Betriebssystemen (z.B. MS-DOS,
CP/M und UCSD) haben diese stets als Software gespeichert.

Zwischen der reinen Firmware-Lösung (Betriebssystem im ROM)
und der reinen Software-Lösung (Betriebssystem auf Diskette)
als Extremen gibt es natürlich Zwischenlösungen. So kann beim
Einschalten des Computers z.B. die Sprache BASIC aus dem ROM
automatisch für den Benutzer mit der Möglichkeit zur Verfügung
gestellt werden, später aus BASIC 'auszusteigen',um ein anderes
Betriebssystem bzw. Sprachmittel softwaremäßig zu laden.

1.3.6.2 Beispiel: Betriebssystem unterstützt Computer-Start

Die Funktion des Betriebssystems läßt gut sich am Beispiel des
Startens eines Personalcomputers veranschaulichen. Man geht in
drei Schritten vor.

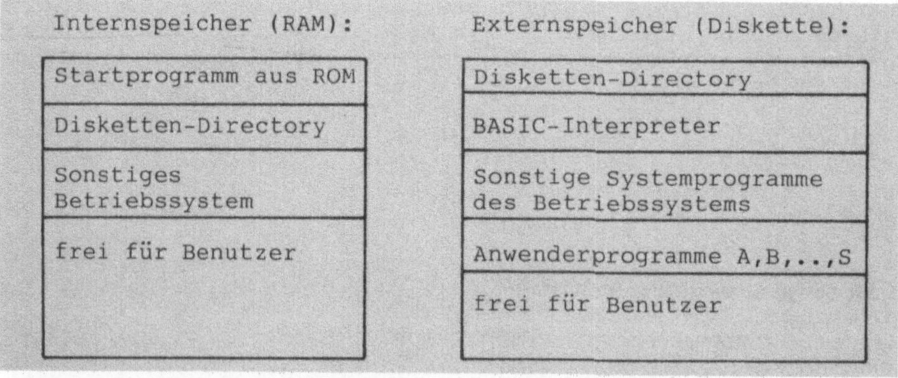

Schritt (1): 'Computer einschalten' und Betriebssystem

S c h r i t t   (1) : Gerät anschalten. Aus einem ROM als Nur-
Lese-Speicher wird automatisch ein Startprogramm zur Ureingabe
in den Hauptspeicher gebracht. Dieses lädt die Datei-Directory
(Verzeichnis der auf Diskette gespeicherten Dateien sowie Programme) ebenfalls in den RAM wie auch das Betriebssystem mit
seinen Programmen. Das Betriebssystem zeigt nun dem Benutzer am
Bildschirm durch ein Zeichen an, daß der Computer betriebsbe-
reit ist. Der Benutzer befindet sich auf der Betriebssystem-
Ebene (System Mode).

S c h r i t t   (2) : Der Benutzer hat sich entschieden, BASIC
zu laden und tippt den entsprechenden Betriebssystem-Befehl
ein. Das Betriebssystem prüft in der Disketten-Directory nach,
ob auf der Diskette das BASIC-Übersetzerprogramm auch vorhanden ist und lädt es zusätzlich in den RAM. Dies entspricht der
oben angesprochenen Software-Lösung; bei der Firmware-Lösung
würde Schritt (2) automatisch als Teil einer starren Befehls-
folge nach dem Einschalten ablaufen.

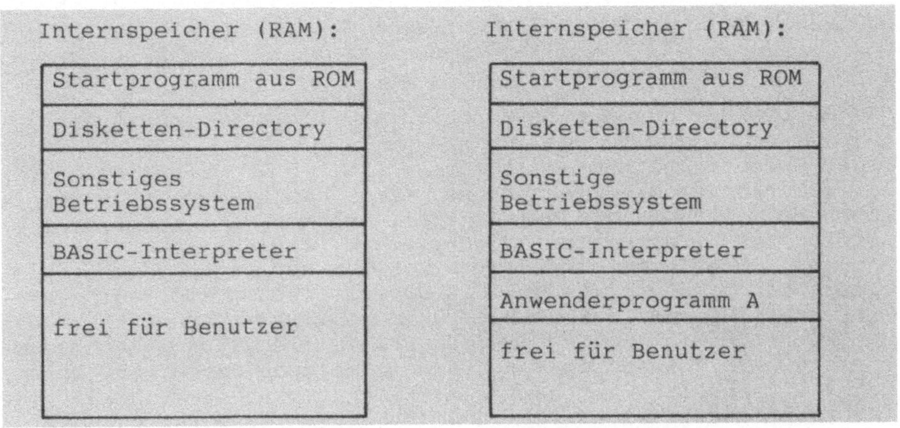

     (2) 'BASIC laden' (links) und (3) 'Prog. A laden' (rechts)

S c h r i t t   (3) : Der Benutzer kann sich jetzt ein auf der
Diskette enthaltenes Anwenderprogramm in den RAM laden wie im
Beispiel das Programm A. Das Übersetzerprogramm (ein Interpre-
ter, wie im folgenden Abschnitt zu zeigen) ruft zum Laden das
Betriebssystem auf, welches nach dem Ladevorgang wiederum die
Kontrolle an das Übersetzerprogramm zurückgibt.
Anschließend kann der Benutzer in einem Schritt (4) das Anwen-
derprogramm A ausführen lassen.

1.3.6.3 Übersetzerprogramme

Ein Computer versteht soviele Programmiersprachen (=Fremdspra-
chen) wie Übersetzerprogramme vorhanden sind. Die Übersetzerprogramme wandeln Programmiersprache in die Maschinensprache
(=Muttersprache des Computers) um.
Es gibt m a s c h i n e n o r i e n t i e r t e Programmiersprachen, bei denen als "1-zu-1-Sprachen" dann meist 1 Fremd-

sprachenanweisung zu 1 Maschinenbefehl führt; sie heißen auch
Assembler(-sprachen).
Das Gegenstück sind die p r o b l e m o r i e n t i e r t e n
Programmiersprachen als "1-zu-mehr-Sprachen". Bei ihnen wird
1 Fremdsprachenanweisung in mehrere Maschinensprachenbefehle
übersetzt wird. Die zugehörigen Übersetzerprogramme sind entweder Compiler oder aber Interpreter.

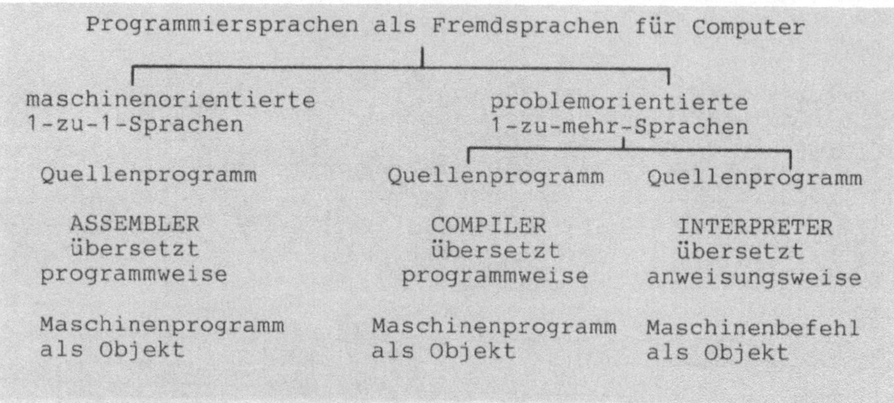

Maschinen- und problemorientierte Programmiersprachen

Jeder Computer hat seine eigene m a s c h i n e n o r i e n -
t i e r t e Programmiersprache, die - obwohl von Computer zu
Computer z.T. verschieden aufgebaut - stets A s s e m b l e r
heißt. Das in Assembler geschriebene Programm (auch Quellenprogramm, Quellcode oder Source-Listing genannt) kann der Computer noch nicht verstehen. Ein Übersetzerprogramm, das (verwirrend?) ebenfalls Assembler genannt wird, übersetzt nun das
Quellenprogramm in die für die CPU verständliche Maschinensprache als Objektprogramm. Das eigentliche Maschinenprogramm
steht als Abfolge hexadezimaler Bytes computerverständlich im
Internspeicher; da es für uns nur schwer lesbar ist, wird es
vom Assembler zur Kontrolle als Assembler-Listing ausgegeben.

I n t e r p r e t e r und C o m p i l e r als Übersetzerprogramme arbeiten analog zum menschlichen Sprachübersetzer
wie folgt:
Ein Interpreter (to interprete = auslegen) arbeitet wie ein
Simultan-Dolmetscher: Der Dolmetscher übersetzt Satz für Satz,
um das Ergebnis sofort mitzuteilen. Ein Interpreter übersetzt
Anweisung für Anweisung, um jede Anweisung sofort auszuführen.
Ein Compiler (to compile = zusammensetzen) hingegen arbeitet
wie ein 'normaler' Fremdsprachenübersetzer: Dieser übersetzt
das gesamte Fremdsprachenschriftstück zu einem bestimmten Ter-
min. Entsprechend übersetzt ein Compiler das gesamte Anwenderprogramm komplett in einem Arbeitsgang: Das in einer sogenannten Hochsprache verfaßte Programm wird in einem gesonderten
Compilierungslauf in ein lauffähiges Maschinenprogramm übersetzt.
Die Vorteile eines compilierenden Systems (z.B. Objektprogramm
in 0/1-Form ablauffähig auf Externspeicher abgelegt, Programmausführung sehr schnell) und seine Nachteile (z.B. eine Feh-

lerkorrektur erfordert die komplette Neuübersetzung, Speicher-
bedarf für Quelle, Übersetzer und Objekt sehr groß) sind stets
abzuwägen.
Günstig ist: Programmentwicklung sowie Programmtest mit einem
Interpreter und dann abschließende Compilierung des Programms.

Gerade bei Personalcomputern lassen sich Interpreter und Compiler kaum mehr streng trennen. So gibt es compilierende Interpreter und interpretierende Compiler.
Zum 'compilierenden Interpreter' ein Beispiel:
Die große Softwarefirma Microsoft hat solche Zwischenlösungen
als BASIC-Interpreter z.B. für Apple, CBM, TRS-80 entwickelt.
Dabei werden die BASIC-Zeilen beim Eintippen -für den Benutzer
unbemerkt- in einen sogenannten Zwischencode übersetzt (PRINT
wird z.B. als hexadezimal BA bzw. dezimal 186 zwischengespei-
chert, nicht aber in fünf ASCII-Zeichen bzw. Bytes als PRINT).

Zum 'interpretierenden Compiler' ebenfalls ein Beispiel:
Der unter dem Betriebssystem UCSD laufende PASCAL-Compiler
übersetzt den Quellcode in e i n e m getrennten Übersetzungslauf in einen Zwischencode (P-Code genannt für Pseudo-Code),
der dann zur Ausführungszeit durch einen Interpreter weiter
übersetzt wird.

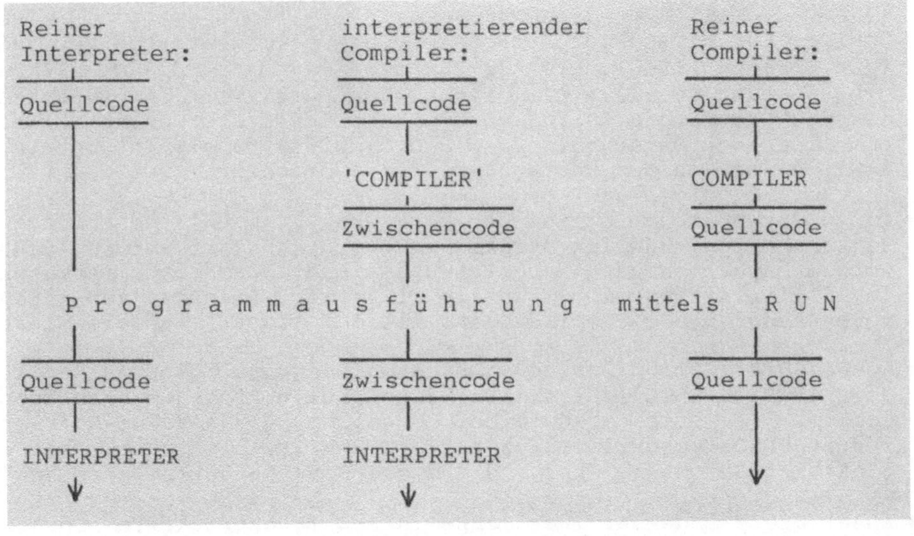

Interpreter und Compiler mit Zwischenlösungen

1.3.6.4 Programmiersprachen

Es gibt mehrere Hundert Programmiersprachen. Die wichtigsten
Sprachen werden in Stichworten beschrieben:

- ADA: Diese nach Lady Ada Augusta benannte Sprache wurde 1980
  vom US - Verteidigungsministerium herausgebracht (wie früher
  COBOL) und wird als Universalsprache eine vielleicht ebenso
  große Verbreitung finden wie COBOL. ADA-Subsets laufen bereits
  auf Personalcomputern.

- ALGOL 60: Diese 'ALGOrithmic Language' gibt es seit 1960. Sie
  wird vornehmlich im Hochschulbereich eingesetzt.

- APL: 'A Programming Language' gilt als eines der mächtigsten
  und knappsten Sprachmittel. Berühmt sind die APL-Einzeiler mit
  ihren Kurz-Operatoren (griechische Symbolik). Auf Personalcomputern mit 16-Bit-Prozessoren läuft APL stets als Interpreter.

- ASSEMBLER: Die maschinenorientierten Assembler-Sprachen (vgl.
  Abschnitt 1.3.6.3) gehören eigentlich nicht in diese Übersicht
  von Hochsprachen bzw. 1-zu-Mehr-Sprachen. Makros als Gruppen
  von Einzelbefehlen jedoch machen das maschinennahe Arbeiten in
  Assembler etwas weniger mühsam.

- BASIC: Für diese auf Personalcomputern am weitesten verbrei-
  tete Sprache (Beginners All Purpose Symbolic Instruction Code)
  gibt es fast so viele Dialekte wie Computertypen. Am weitesten
  ist das "Microsoft-BASIC" verbreitet. BASIC gibt es sowohl als
  compilierende Sprache (z.B. C-BASIC) wie auch als Interpreter.
  BASIC gehört zu den unstrukturierten Sprachen.

- C: In der Sprache C ist das Betriebssystem UNIX geschrieben.
  Es kann PASCAL-ähnlich strukturiert programmiert werden, dabei
  werden aber weniger Datentypen und mehr Operatoren (etwa wie
  in APL) bereitgestellt. Gut in C: Zeiger (Pointer) zur Adreß-
  verkettung. Die C-Compiler sind leider nicht standardisiert.

- COBOL: Die 'Common Business Oriented Language' gibt es bereits
  seit 1959. COBOL ist d i e kommerzielle Programmiersprache,
  genormt, äußerst umfangreich. Ungefähr 50% aller US-Software
  ist in COBOL geschrieben. Zitat: "COBOL ist nicht gut, aber es
  gibt viele Programmierer, die diese Sprache gut beherrschen".

- ELAN: Diese Ende der 70er Jahre in Berlin entwickelte Sprache
  unterstützt das strukturierte Programmieren und wird im Schul-
  bereich in Konkurrenz zu PASCAL eingesetzt.

- FORTH: Dies ist eine interpretierende Sprache, die jedoch zunächst den FORTH-Text in einen Zwischencode übersetzt (siehe
  Abschnitt 1.3.6.3). FORTH gibt es auch für kleinere Computer.

- FORTRAN: Der 'FORmula TRANslator' entstand 1950 und gilt als
  die wichtigste Hochsprache zur Lösung math/naturwissenschaft-
  licher Probleme. Wie COBOL ist FORTRAN eine typische Großcom-
  putersprache. BASIC ist ein FORTRAN-Abkömmling.

- LISP: Der LISP-Interpreter wird insbesonders von Wissenschaftlern verwendet, die sich mit der 'Künstlichen Intelligenz' beschäftigen (Nachahmung des menschl. Gehirns durch die CPU, Abschnitt 1.1.3). Eine LISP-Variable hat als 'Atom' neben Namen und Wert vom Programmierer frei zu vereinbarende Merkmale, die als Liste geführt werden (deshalb: LISP für LISt Processor).

- LOGO: "Anders als die anderen Sprachen". Diese Aussage trifft für APL (im Hinblick auf die komprimierte Problembeschreibung über mächtige Operatoren) sowie für LOGO (im Hinblick auf die kindgerechte Schildkrötengrafik) zu. Bei den "Turtle Graphics" kann die am Bildschirm kriechende Schildkröte zum Zeichnen von Bildern gesteuert werden. LOGO-Interpreter kommen mit wenig Platz aus und sind zunehmend für Personalcomputer erhältlich.

- MODULA 2: Diese Sprache wurde von Niklaus Wirth als Nachfolgesprache zu PASCAL entwickelt. Besondere Merkmale: Typische 'Hochsprachen-Anwendungen' sind ebenso möglich wie maschinennahe Programmierung; ausgereifte Modularisierung (Module als Bausteine -anders als in PASCAL- separat speicherbar in Modul-Bibliothek); Compiler kann Maschinencode erzeugen zwecks Einbrennen in PROMs (damit Nutzung als Entwicklungssprache für Mikrocomputerprodukte). Es wird erwartet, daß sich MODULA 2 durch ihre Kompaktheit als Alternative zu ADA behaupten wird.

- PASCAL: "PASCAL erzieht zum klaren Programmieren" - aus diesem Grunde halten gerade die Lehrer so viel von dieser von Niklaus Wirth 1972 erstmalig beschriebenen Sprache. PASCAL ist nach dem Mathematiker und Philosophen Blaise Pascal (1623-1662) benannt und gilt als d i e Sprache für das strukturierte Programmieren. Leider ist nur das ursprüngliche Wirth'sche PASCAL standardisiert, nicht aber die später notwendig gewordenen Erweiterungen (wie Grafik-, Text- und Dateiverarbeitung; Wirth beschrieb so z.B. nur die sequentielle Banddatei). So sind die sehr zahlreichen auch für Personalcomputer verfügbaren PASCAL-Compiler oft nicht kompatibel: etwa ALCOR-PASCAL, JRT-PASCAL, PASCAL/MZ+, PASCAL/Z, ProPASCAL, TCL-PASCAL, SCHTAC-PASCAL und UCSD-PASCAL, wobei sich letzteres fast zum Ersatz-Standard entwickelt hat.

- PILOT: Diese 'Programmed Inquiry Learning or Teaching' ist für Personalcomputer als BASIC-Ersatz für Lehr-/Lernzwecke entwickelt worden. PILOT arbeitet ausschließlich interpretierend. PILOT wird eingesetzt im Rahmen des Computer-unterstützten Unterrichts (CUU) bzw. der Computer Aided Instruction (CAI).

- PL/1: Die 'Programming Language 1' wurde von der IBM für Großcomputer entwickelt und umfaßt die Sprachelemente von COBOL und FORTRAN zusammen - aber modern strukturiert. Wertmäßig dürfte die in PL/1 geschriebene Software nach der COBOL-Software den zweiten Platz einnehmen. Für PCs gibt es PL/1 (noch?) nicht.

- Diese Auswahl kann keinesfalls vollständig sein. Die Liste von Programmiersprachen ließe sich fortsetzen: BCPL, COMAL, CORAL, DIBOL, EUCLID, MUMPS, PEARL, PL/M, PROLOG, RPG II, SIMULA 67, SNOBOL, STOIC, ...
Abschließend: Vermutlich werden in 10 Jahren Programmiersprachen überwiegen, die heute noch nicht einmal entworfen sind.

1.3.6.5 Herstellerabhängige und unabhängige Betriebssysteme

Die Abkürzung DOS steht für 'Disk Operating System'. Es ist
ein Systemprogramm, das alle mit der Diskette verbundenen Ein-
und Ausgaben kontrolliert. Die Bezeichnung DOS findet sich als
Namensbestandteil zahlreicher Betriebssysteme.
Das DOS für den Apple wie auch das TRS-DOS der TRS-80-Model-
le von Tandy sind Beispiele für Betriebssysteme, welche vom
Personalcomputer-Hersteller speziell auf das eigene Gerät hin
zugeschnitten wurden. H e r s t e l l e r a b h ä n g i g e
Systeme findet man vornehmlich bei kleineren Personalcomputern
mit 8-Bit-Mikroprozessoren.

Personalcomputer der 16-Bit-Klasse und 32-Bit-Klasse arbeiten
überwiegend mit h e r s t e l l e r u n a b h ä n g i g e n
Betriebssystemen, die von Software-Produzenten entwickelt wur-
den. So mit CP/M und MS-DOS der beiden Software-Giganten Digital Research und Microsoft, mit UCSD der Universität von San
Diego in Californien, mit UNIX, XENIX, OASIS, ...
Wie kam es dazu? Früher baute jeder Hersteller sein eigenes
Betriebssystem, um es mit dem Computer als Einheit anzubieten.
Um das Betriebssystem herum wurde ein großer Schleier gelegt -
ein Übernehmen oder Anpassen an einen anderen Computer war somit unmöglich. Dies änderte sich erst, als die Software-Firma
Digital Research ihr 'Control Program for Microcomputers', genannt CP/M, als herstellerunabhängiges Software-Produkt anbot:
mit einer exakten Beschreibung der Verbindung (Schnittstellen)
des Betriebssystems zur Computerhardware. Nun begannen immer
mehr Hersteller, CP/M-fähige Computer zu produzieren. Mit der
raschen Verbreitung von CP/M nahmen solche Programme zu, die
CP/M-verträglich waren. Ursprünglich wurde CP/M für den Mikro-
prozesor 8080 und später für den Z-80-Prozessor eingesetzt,
deshalb die Bezeichnung CP/M-80.
Die Variante CP/M-86 wurde für den 8086-Prozessor entwickelt.
Über das BIOS (Basic Input-Output System) als dem adaptierba-
ren Teil des CP/M läßt sich dieses prozessorabhängige System
an Computer anpassen, die eine CPU haben, welche z.B. den Code
des Intel 8088 verarbeiten.

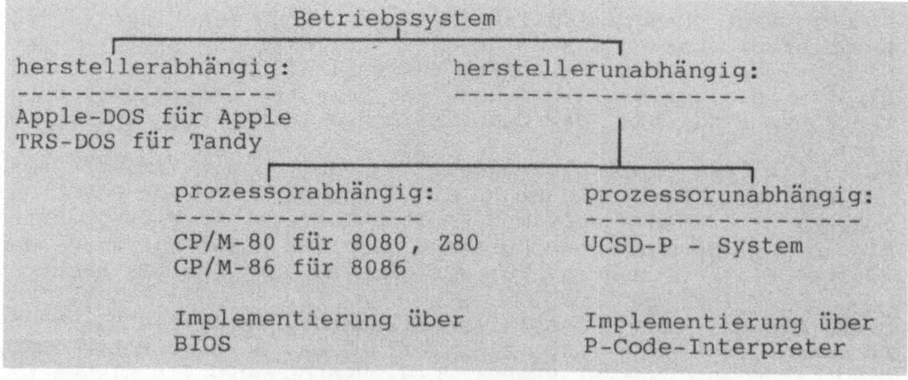

Herstellerabhängige und -unabhängige Betriebssysteme

1.3.6.6 Einige Betriebssysteme kurzgefaßt

Auf die Betriebssysteme CP/M, MS-DOS, UNIX und USCD wollen wir kurz eingehen.

Zunächst zu CP/M von Digital-Research:
CP/M war das erste Betriebssystem für PCs, wurde seit 1974 angeboten und entwickelte sich schon bald zum Quasi-Standard für 8-Bit-Computer mit den CPUs 8080, 8085 und Z-80. Im Hinblick auf die 80er-CPUs bezeichnet man dieses Betriebssystem oft als CP/M-80.
Für 16-Bit-Computer mit der CPU 8086 von Intel entwickelte Digital Research das Betriebssystem CP/M-86. Da CP/M-80 zum Teil in Assembler geschrieben ist, stellt CP/M-86 eine Neuentwicklung dar (die CPU 8086 arbeitet in einem anderen Code als die CPUs der 80er Serie). Deshalb auch die Probleme bei der Kompatibilität zwischen CP/M-80 und CP/M-86.
Für den Multi-User-Betrieb bietet Digital Research die Systeme MP/M-80 sowie MP/M-86 (Multiprogramming Monitor for Microcomputer) an.
Das Betriebssystem CONCURRENT CP/M wurde für den Single-User-Betrieb unter Multi-Tasking entworfen: mehrere Aufgaben können als Tasks gleichzeitig auf e i n e m PC bearbeitet werden.
MP/M sowie CONCURRENT CP/M erweitern den Leistungsumfang des CP/M um die jeweiligen Funktionen des Multi-Using bzw. Multi-Tasking.
Das Betriebssystem PERSONAL CP/M läßt sich in einem ROM unterbringen und eignet sich deswegen auch für PCs ohne Diskettenlaufwerk. PERSONAL CP/M wurde eigens für kleinere PCs entwickelt und unterstützt sowohl 8-Bit-CPUs als auch 16-Bit-CPUs.

Zu MS-DOS von Microsoft:
Als Konkurrenprodukt zu CP/M-86 von Digital Research brachte die Softwarefirma Microsoft das Betriebssystem MS-DOS heraus.
IBM wählte für seinen PC als Betriebssystem MS-DOS, und zwar in einer Version, die den Namen PC-DOS erhielt und hardwareabhängiger ist als MS-DOS selbst. Durch die Wahl dieses Betriebssystems wurde MS-DOS sehr populär.
Für den "PC jr." von IBM wurde das Betriebssystem MS-DOS 2.1 entwickelt. In seiner Funktionalität steht es auf einer Stufe mit MS-DOS 2.0 oder MS-DOS 2.11, es kann aber ohne Diskettenlaufwerk eingesetzt werden (viele Teile von MS-DOS 2.1 sind im ROM untergebracht und nicht im RAM).
Die Version MS-DOS 3.0 ist für Multi-Using und für Multi-Tasking konzipiert.

Zum Betriebssystem UNIX:
Im Gegensatz zu CP/M sowie MS-DOS ist das Betriebssystem UNIX nicht in Assembler, sondern fast vollständig in der Sprache C geschrieben. Damit ist UNIX auf alle PCs übertragbar, die über einen C-Compiler verfügen. UNIX wurde von Wissenschaftlern für Wissenschaftler geschrieben - entsprechend profihaft wie kompliziert ist seine Benutzung. Deshalb wurden viele von UNIX abgeleitete und leichter bedienbare Betriebssysteme entwickelt wie ZEUS von Zilog, GENIUS von National, REGULUS von Motorola und XENIX von Microsoft.
Das bekannteste UNIX-Derivat ist XENIX. Es unterstützt Multi-Using wie auch Multi-Tasking.

Zum Betriebssystem UCSD:
UCSD ist die Abkürzung für University of California San Diego.
Früher stand UCSD für das Programmiersprachsystem UCSD-Pascal,
während es heute als umfassendes Betriebssystem mehrere Über-
setzer anbietet wie BASIC-Compiler, FORTRAN 77-Compiler, LISP-
Interpreter, MODULA-2-Compiler und natürlich PASCAL-Compiler.
UCSD (auch als UCSD-P oder UOS für Universal Operating System
bezeichnet) unterscheidet sich von CP/M und MS-DOS durch drei
Merkmale:
- Konsequente Menüsteuerung anstelle einer Kommandosteuerung
  und damit enge Benutzerführung.
- Bereitstellung einer komfortablen und abgeschlossenen Pro-
  grammentwicklungsumgebung (mit Editor, Filer, Compiler, ...)
  anstelle einer reinen Laufzeitumgebung.
- Hervorragende Portabilität durch die Mitnahme der Computer-
  architektur.
Das UCSD-Betriebssystem ist prozessorunabhängig und damit für
Personalcomputer jeglichen Prozessortyps einsetzbar.
Wie ist dies möglich? UCSD benutzt den jeweiligen Personalcomputer als Host-Computer im Sinne eines Wirtes bzw. Gastgebers.
Es arbeitet also nicht unmittelbar mit dem Personalcomputer,
sondern mit einem Pseudo-Computer. Gibt der Benutzer z.B. ein
Quellenproggramm in PASCAL ein, so übersetzt der Compiler dieses Textfile in einen Zwischencode (vgl. Abschnitt 1.3.6.3),
der P-Code genannt wird, um das resultierende P-Code-File dann
ebenfalls abzuspeichern. Soll dieses Programm nun ausgeführt
werden, so wird es von einem P-Code-Interpreter vom P-Code in
die Maschinensprache des jeweiligen Personalcomputers als Host
übersetzt. Der Compiler ist fester Bestandteil des Betriebssystems und selbst in PASCAL geschrieben. Der P-Code-Interpreter dagegen ist in der Maschinensprache des Hosts geschrieben.
Soll UCSD auf einem Personalcomputer implementiert werden, so
ist u.a. nur ein P-Code-Interpreter für die entsprechende CPU
zu schreiben. Da UCSD auf einem P-Computer als abstraktem Computer läuft, der allein softwaremäßig auf dem Personalcomputer
als Host nachgebildet wird, ist eine rasche Verfügbarkeit dieses Betriebssystems auf neuen Personalcomputern zu erwarten.

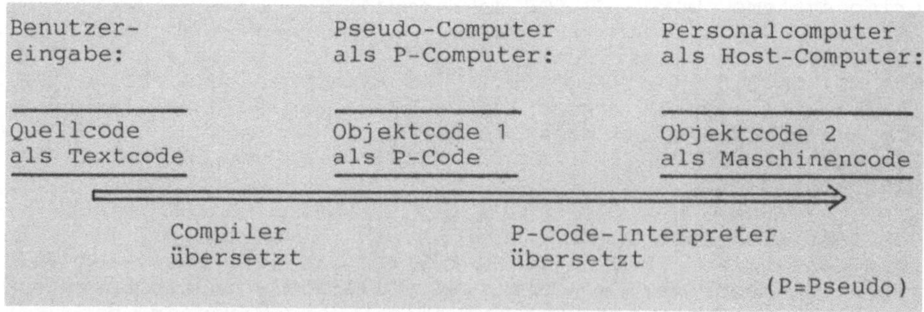

UCSD behandelt den Personalcomputer als Host bzw. Gast

Der Trend geht eindeutig dahin, m e h r e r e Betriebssysteme
für einen Computer bereitzustellen. So sind für den IBM Personalcomputer die drei Betriebssysteme MS-DOS von Microsoft,
CP/M-86 und UCSD-P nutzbar.

1.3.7 Anwender-Software entwickeln

Die Programmentwicklung wird als Teil der DV-Systementwicklung
vorgenommen und vollzieht sich wie diese in Teilschritten. Mag
die Terminologie hierzu auch unterschiedlich sein, die Programmentwicklung wird stets in der Schrittfolge "PROBLEMSTEL-
LUNG - PROGRAMMENTWURF - PROGRAMMIERUNG - ANWENDUNG" durchgeführt werden. Am Beispiel der Rechnungsstellung bzw. Fakturierung wollen wir diese Teilschritte im Abriß kurz erläutern.

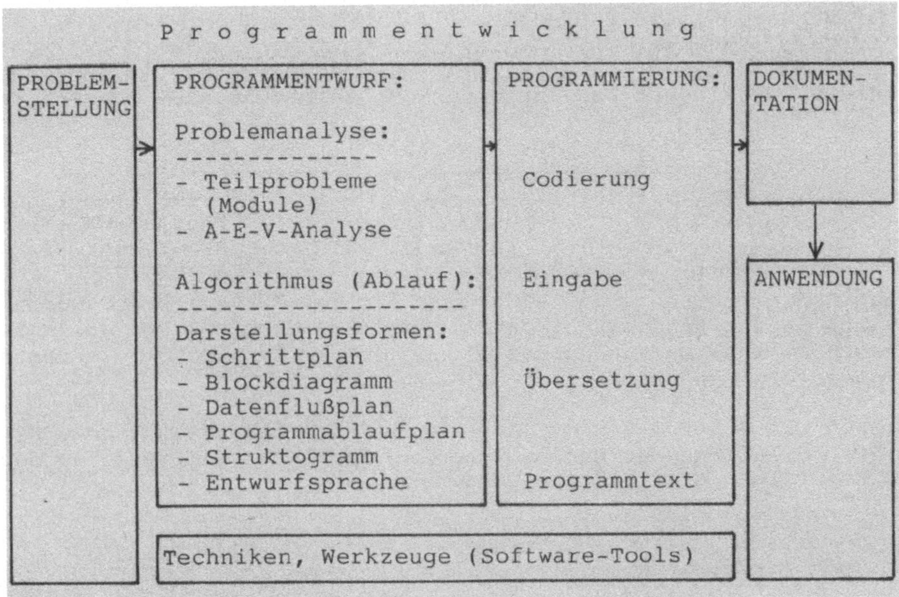

Programmentwicklung in Teilschritten

1.3.7.1. Problemanalyse

Ein Problem analysieren heißt, dieses in seine Bestandteile zu
zerlegen. Bei der Problemanalyse geht man nach der Idee 'Vom
Einfachen zum Schwierigen' von den Ausgabedaten aus, da diese
ja mit der Problemstellung als erwartetem Resultat vorgegeben
sind. Erst danach wendet man sich der Analyse der Eingabe und
der Verarbeitung zu.
Ausgabe-Analyse: Daten (z.B. Rechnungszeile mit Artikelnummer,
Bezeichnung, Menge, Einheit, Einzel- und Gesamtpreis), Form
(z.B. Drucker für Rechnung, Diskette für Offene-Posten-Datei),
Listbilder zum Ausgabeformat, Zeitpunkt der Ausgabe.
Eingabe-Analyse: Daten (Kundennummer, Artikelnummer und Anzahl
sowie Datum), Form (z.B. Tastatur, Diskette für Kundendatei u.
Artikeldatei).
Verarbeitungs-Analyse: Die Verarbeitungsschritte ergeben sich
aus den Ausgabe- und Eingabeanforderungen (z.B. Menge*Einzel-
preis ergibt Gesamtpreis).
In einer Variablenliste werden sämtliche Namen mit Datentypen
zusammengefaßt. In einem Datei-Verzeichnis werden die Dateien
mit den entsprechenden Datensatz-Beschreibungen festgehalten.

1.3.7.2   Formen zur Darstellung des Lösungsablaufes

Für den dann zu entwickelnden Algorithmus bzw. Lösungsablauf
stehen die unterschiedlichen Darstellungsformen zur Verfügung.

Ein S c h r i t t p l a n kann jetzt so aussehen:
 1. Rechnungs- und Kundennummer mit Datum eintippen.
 2. Rechnungskopf drucken
 3. Rechnungszeile(n) aufbereiten und drucken
 4. Rechnungsabschluß drucken
 5. Kundendatei aktualisieren
 6. Eintrag Offene-Posten-Datei

Als   B l o c k d i a g r a m m kann dieser Schrittplan schon
feiner gegliedert bzw. strukturiert sein wie z.B. Schritt 1:

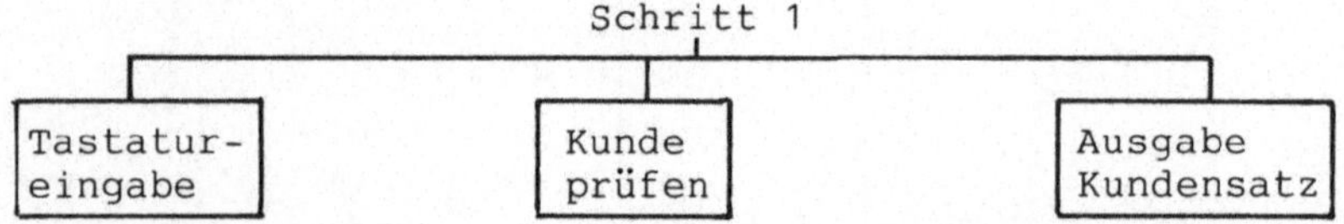

Zu 'Kunde prüfen': Ist ein Kunde mit der eingetippten Nummer
nicht in der Kundendatei enthalten, wird eine Meldung ausgegeben. Zu 'Ausgabe Kundensatz': Zur Kontrolle wird der gesamte
Inhalt des Kundensatzes am Bildschirm gezeigt.

Im D a t e n f l u ß p l a n werden die Datenträger bzw. Geräte, die Arten der Bearbeitung und der Datenfluß zwischen den
Datenträgern grafisch festgehalten.

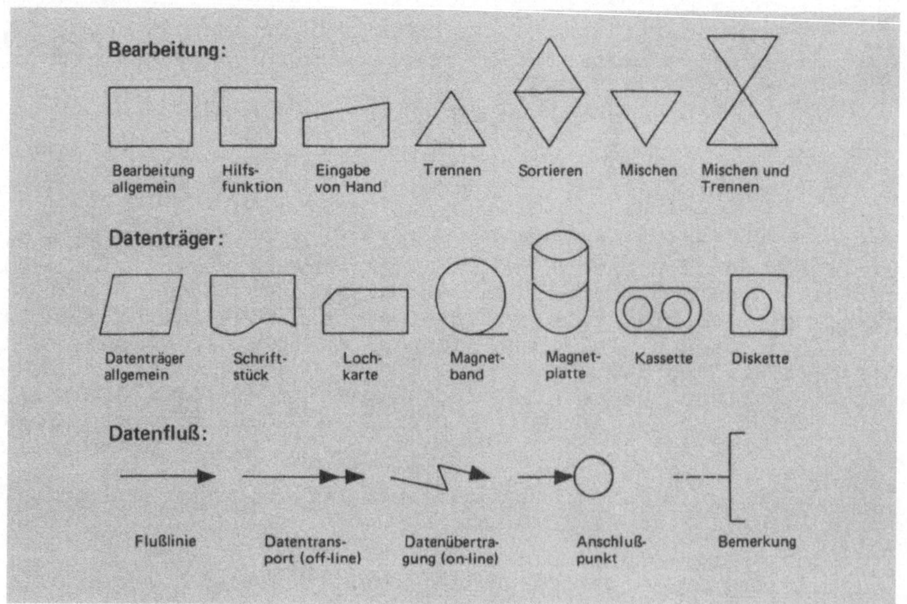

Sinnbilder für Datenflußpläne nach DIN 66001

Für die Rechnungsschreibung könnte der Datenflußplan in seiner
knappsten Form etwa so aussehen:

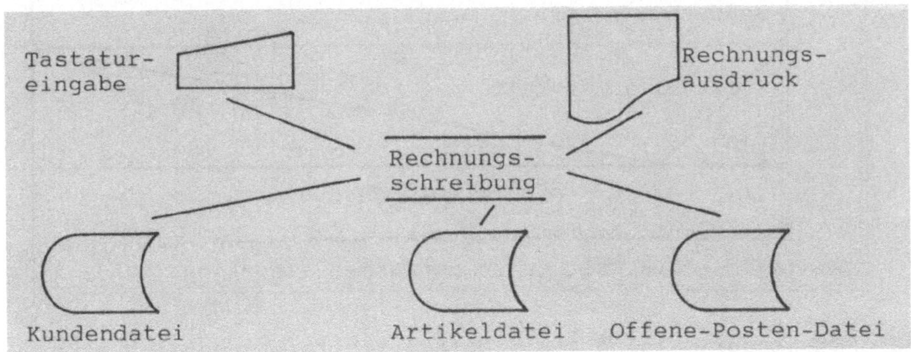

Einfacher Datenflußplan zur Rechnungsschreibung

Der Datenflußplan bezieht sich mehr auf die Hardware, während
der P r o g r a m m a b l a u f p l a n (PAP) mit der zeichnerischen Darstellung des geplanten Programmablaufes eindeutig
softwarebezogen ist. Die Sinnbilder für den PAP sind ebenfalls
nach DIN 66001 genormt. Im Datenflußplan wie im PAP gleichbedeutend sind die Sinnbilder für Anschlußpunkt sowie für Bemerkung. Eine im PAP etwas andere Bedeutung hat das Rechteck
(Wertzuweisung) und das Parallelogramm (Eingabe , Ausgabe).
Neu im PAP sind die
Sinnbilder für die
Verzweigung und für
das Aufrufen eines
Unterprogramms.

Verzweigung

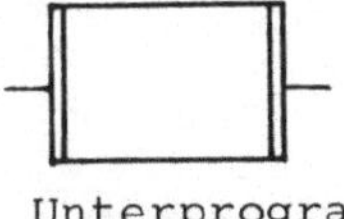

Unterprogramm

Die zum Teilschritt 'Kunde prüfen' (obiger Schrittplan) zugehörige Anweisungsfolge kann als PAP z.B. so aussehen:

Kundennummer eintippen

Kunde auf Datei vorhanden?

Wenn Kundennummer ungültig,
dann zurückverzweigen

Neben dem PAP wird immer häufiger ein weiteres Hilfsmittel zur
zeichnerischen Darstellung von Programmabläufen verwendet: das
S t r u k t o g r a m m , auch Strukturdiagramm oder (nach dem
Erfinder) Nassi-Shneiderman-Diagramm genannt. Struktogramme
haben wir bereits in Abschnitt 1.3.3 verwendet, um damit die
grundlegenden Programmstrukturen darzustellen.

Im folgenden Struktogramm wird der Ablauf 'Kunde prüfen' dargestellt:

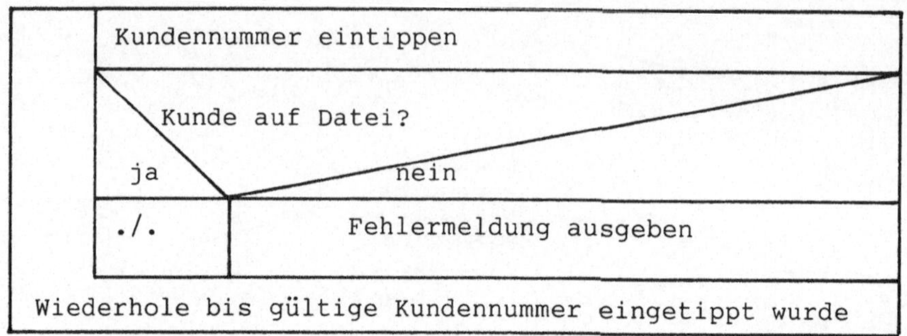

Beim Struktogramm sind die Programmstrukturen deutlich erkennbar: eine nicht-abweisende Schleife, die eine 'Einseitige Auswahl' einschachtelt.

Neben diesen grafischen Darstellungsmöglichkeiten des Lösungsablaufes verwendet   man oft eine   E n t w u r f s p r a c h e
als Pseudocode, um den Programmentwurf umgangssprachlich darzustellen (Abschnitt 1.3.3.1). Der oben als PAP sowie Struktogramm dargestellte Ablauf läßt sich in der Entwurfsprache wie
folgt beschreiben:

Wiederhole
   Tippe die Kundennummer ein
   wenn die Kundennummer in der Kundendatei gefunden wurde
      dann tue nichts
      sonst zeige eine Fehlermeldung am Bildschirm
   Ende-wenn
bis eine Kundennummer als gültig erkannt wurde

Der algorithmische Entwurf stellt häufig die unmittelbare Vor-
stufe zur Programmierung dar.

1.3.7.3 Programmierung

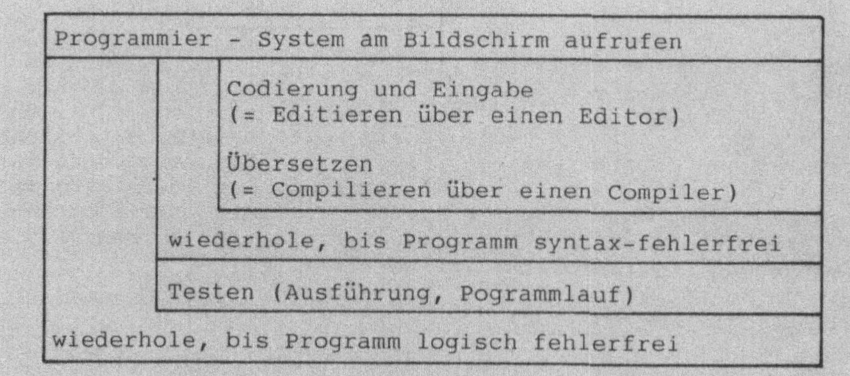

Programmieren im engeren Sinne als Struktogramm

Programmieren heißt, den zeichnerisch und/oder verbal dargestellten Algorithmus in eine Programmiersprache umzusetzen und
auszutesten. Dabei werden die Schritte 'Codierung', 'Eingabe',
'Übersetzung' und 'Testen' zumeist wiederholt durchlaufen. Der
Übersetzungslauf als gesonderter Schritt ist bei Sprachen mit
Compiler, nicht aber bei solchen mit Interpreter erforderlich
(vgl. Abschnitt 1.3.6.3). Das Austesten erfolgt als Computertest sowie Schreibtischtest.

Abschließend faßt man mit der D o k u m e n t a t i o n alle
Programmunterlagen als Gebrauchsanleitung zusammen: sei es als
Anleitung für den Operator, damit dieser den Computer bei den
Programmläufen auch richtig bedienen kann (Operator-Handbuch),
oder als Anleitung für den Benutzer für die spätere Programm-
pflege und Programmkorrektur (Benutzer-Handbuch). Zusätzlich
zum Benutzer-Handbuch sollte eine Kurzanleitung vorliegen, die
nur die wichtigsten für den Umgang mit dem Programm notwendi-
gen Schritte und Anweisungen für den Interessenten bereithält.

Zentraler Teil der Programmentwicklung ist der Programmentwurf
und nicht -wie es manchem DV-Einsteiger scheinen mag- die Programmierung bzw. Codierung in einer Programmiersprache. Es ist
denkbar, daß die Codierung eines Tages automatisiert durchgeführt werden kann.
Angesichts der steigenden Software - Kosten (Abschnitt 1.1.2)
geht man immer mehr dazu über, die Programmentwicklung und dabei besonders den Programmentwurf industriell und ingenieur-
mäßig vorzunehmen: S o f t w a r e - E n g i n e e r i n g
lautet die darauf verweisende Begriffsbildung. Auf einige der
im Rahmen des Software-Engineering eingesetzten Programmiertechniken sowie Entwurfsprinzipien gehen wir nachfolgend ein.

1.3.7.4 Programmiertechniken und Entwurfprinzipien

Die M o d u l a r i s i e r u n g von Software berücksichtigt, daß ein in kleine Teile bzw. Moduln gegliedertes Problem
bzw. Programm einfacher zu bearbeiten ist. 'Klein' heißt, daß
ein Modul maximal 200 Anweisungen umfassen darf. Ein Modul ist
ein Programmteil mit einem Eingang und einem Ausgang und kann
selbständig übersetzt und ausgeführt werden. Moduln verkehren
nur über Schnittstellen miteinander, über die Werte (Parameter
genannt) vom rufenden an das aufgerufene Modul übergeben werden; ein Modul darf als Black Box nichts vom Innenleben eines
anderen Moduls wissen.

Die N o r m i e r u n g von Programmabläufen als Vereinheit-
lichung durch eine standardisierte Ablaufsteuerung wird bei
der Entwicklung komplexer kommerzieller Software-Pakete vorgenommen, an der zumeist mehrere Mitarbeiter beteiligt sind. Jedes Softwarehaus hat seine eigenen Normen.

Die J a c k s o n - M e t h o d e geht bei der Pogramment-
wicklung von der exakten Analyse der Datenstrukturen aus, um
dann die entsprechenden Pogramm- bzw. Ablaufstrukturen zu ent-

werfen. Warum? In der kommerziellen DV sind die Daten zumeist bis in die Details vorgegeben, während die Abläufe den Daten gemäß formuliert werden müssen. Anders ausgedrückt: die Datenstruktur prägt die Programmstruktur.

Dem T o p - D o w n - E n t w u r f als Von-oben-nach-unten-Entwurf entspricht die Technik der schrittweisen Verfeinerung: vom Gesamtproblem ausgehend bildet man Teilprobleme, um diese dann schrittweise weiter zu unterteilen und zu verfeinern bis hin zum lauffähigen Programm. Der Top-Down-Entwurf führt immer zu einem hierarchisch gegliederten Programmaufbau.

Der B o t t o m - U p - E n t w u r f als Gegenstück zum Top-Down-Entwurf geht als Von-unten-nach-oben-Entwurf von den oft verwendeten Teilproblemen der untersten Ebene aus, um sukzessive solche Teilprobleme zu integrieren. Beide Entwurfsprinzipien werden in der Praxis zumeist kombiniert angewendet.

Die U n t e r p r o g r a m m t e c h n i k wird in diesen drei Fällen genutzt:Ein Ablauf wird mehrfach benötigt; mehrere Personen kooperieren und liefern ihre Teilproblemlösungen als Unterprogramme ab; menügesteuerter Dialog (Menütechnik). Der Begriff des Unterprogramms bzw. der Prozedur entspricht dabei dem des Moduls. Die bekannteste Schnittstelle ist der Unterprogrammaufruf mit Parameterübergabe.

Die M e n ü t e c h n i k erleichtert den benutzergesteuerten Dialog. Über das Menü als Auswahlübersicht steuert der Benutzer den Ablauf des Programms, ohne zuerst alle Befehle lernen zu müssen.
Das Menü als Gedächtnisstütze bei der Eingabe kann in Tabellenform alternativ zum Bildschirm, auf dem sonst der Dialog protokolliert wird, angeboten werden. Dies setzt den schnellen Wechsel zwischen den Bildschirmseiten voraus. Oder das Menü wird als (Prompt-)Zeile ausgegeben, die zusätzlich zum Dialog ständig am oberen Bildschirmrand stehen bleibt.
Bei der Split-Screen-Technik werden Rechteckbereiche des Bildschirms wie eigenständige Bildschirme bzw. Fenster behandelt. Über ein solches Fenstersystem kann der Benutzer Menüs an jeder Stelle des Bildschirms erscheinen lassen.
Die Menütechnik kann sich auf das Arbeiten i n n e r h a l b eines Programms wie auch auf das Verbinden mehrerer Programme beziehen. Im letzteren Fall wird beim Einschalten des Computers bzw. beim Beenden eines Programms automatisch ein Menüprogramm geladen, das am Monitor alle verfügbaren Programme anzeigt; der Benutzer kann durch Tippen z.B. eines Buchstabens dann das gewünschte Programm laden, ohne sich um den Speicherort auf Diskette kümmern zu müssen. H i e r a r c h i s c h e Menüs teilen eine Aufgabe in übergeordnete Menü-Ebenen auf. Im Hauptmenü stehen häufig verwendete Funktionen und nach der Wahl erscheint das nächste Menü mit weiter detaillierten Funktionen.
Pop-up-Menüs erscheinen auf Tastendruck, bieten mehrere Möglichkeiten zur Auswahl an und verschwinden, sobald eine Wahl getroffen wurde. Pop-up-Menüs halten also nicht auf und lenken auch nicht ab: sie erscheinen nur, wenn sie auch benötigt werden.
Die Menüwahl erfolgt durch Klartexteingabe (Fehlerrisiko groß)

bzw. durch Tasten eines Zeichens oder dadurch, daß der Cursor
auf die gewünschte Position gesetzt wird und dann die RETURN-
Taste gedrückt wird. Die Menüwahl vereinfacht sich weiter bei
Einsatz von Lichtgriffel oder Maus.

Bei der O v e r l a y t e c h n i k werden Moduln überlagert
(=overlay) - z.B. wenn der Hauptspeicherplatz nicht ausreicht,
um alle Moduln gleichzeitig aufzunehmen. Das im Hauptspeicher
stehende Modul ruft ein anderes Modul auf, das dann von einem
Externspeicher geladen und dem rufenden Modul überlagert wird.

Der   s t r u k t u r i e r t e   E n t w u r f bedeutet, daß
ein Programm unabhängig von seiner Größe nur aus den vier (in
Abschnitt 1.3.3 erklärten) grundlegenden Programmstrukturen
aufgebaut sein darf: aus Folge-, Auswahl-, Wiederholungs- sowie Unterprogrammstrukturen. Dabei soll auf unbedingtes Verzweigen mittels GOTO verzichtet werden. Jede Programmstruktur
bildet einen Strukturblock. Blöcke sind entweder hintereinander angeordnet oder vollständig geschachtelt - die teilweise
Einschachtelung (Überlappung) ist nicht zulässig.
Sogenannte 'blockorientierte Sprachen' wie PASCAL, MODULA-2,
ELAN und ADA unterstützen das Prinzip des strukturierten Ent-
wurfs weit mehr als die 'unstrukturierten Sprachen' wie BASIC
und APL.

Diese nur stichwortartig dargestellten Prinzipien dürfen nicht
getrennt betrachtet werden; unter dem Informatik-Sammelbegriff
s t r u k t u r i e r t e   P r o g r a m m i e r u n g   faßt
man sie zu einem heute allgemein anerkannten Vorgehen zusammen. Die tragenden Prinzipien sind dabei der Top-Down-Entwurf
mit der schrittweisen Verfeinerung einerseits und der strukturierte Entwurf mit der Blockbildung andererseits.

1.3.7.5 Programmgeneratoren

Ein P r o g r a m m g e n e r a t o r hat als Zwischenlösung
seinen Standort zwischen der Programmierung in einer höheren
Programmiersprache (BASIC, PASCAL) einerseits und dem Anpassen
eines gekauften Anwenderprogramms durch Änderung der dafür angegebenen Parameter andererseits.
So können im Dialog Benutzer-Computer Masken (Formulare) sowie
Programmbeschreibungen erstellt werden, aus denen später z.B.
BASIC-Anweisungen generiert, d.h. erzeugt werden. Die so er-
zeugten BASIC-Programme sind über einen Interpreter lauffähig,
können ggf. aber auch noch compiliert werden.

Entsprechend spezialisiert werden Programmgeneratoren als Maskengenerator, Listengenerator, Grafikgenerator usw. bezeichnet
und vor allem im Rahmen von Standard-Software bereitgestellt.
Zum Maskengenerator ein Beispiel: Soll eine Maske für die Kundendatei erstellt werden, dann wird nach Aufruf des Generators
auf dem Bildschirm eine Grundeinteilung vorgenommen. Der Benutzer setzt den Cursor dann auf die Stelle, an der ein Datenfeld angelegt werden soll, gibt die Bezeichnung ein (NAME) sowie die Feldlänge (mit Cursor 20 Stellen nach rechts fahren).
Auf diese Weise wird eine Bildschirmmaske aufgebaut. Der Gene-
rator kann dann eine der Maske (als Blankoformular vorzustel-
len) entsprechende Datei erzeugen bzw. einrichten.

1.3.8 Anwender-Software einsetzen

Der Anwender hat drei Möglichkeiten, seinen Personalcomputer
mit Software zu versorgen: Er kann selbst Programme entwickeln
und den Computer als frei programmierbares Gerät nutzen - darauf sind wir im vorangehenden Abschnitt 1.3.7 eingegangen. Er
kann aber auch fremde Software-Produkte kaufen: sei es in Form
von i n d i v i d u e l l e r   S o f t w a r e , die (entsprechend teuer) genau nach seinen Vorgaben entwickelt wird,
sei es in Form von S t a n d a r d - S o f t w a r e , die
zwar preisgünstiger ist, aber das Risiko birgt, die eigenen
Organisationsstrukturen anpassen zu müssen. Als Kompromiß zwischen der kompletten Individuallösung und der standardisierten
Allgemeinlösung versucht man, individuelle Software auf Stan-
dardbasis zu entwickeln; dabei wird entweder über Programmgeneratoren bzw. Kommandosprachen programmiert oder über zwei
logische Variablenebenen.

1.3.8.1 Menügesteuerter oder kommandogesteuerter Dialog

Beim Einsatz fremder Software muß der Benutzer sicher und kom-
fortabel durchs Programm geführt werden, es kommt also auf die
B e n u t z e r f ü h r u n g an. Dabei bieten sich menü- und
kommandogesteuerte Anwendungen an.

Der Anfänger wird die M e n ü s t e u e r u n g schätzen; er
wird über die ihm gerade zur Verfügung stehenden Eingabemög-
lichkeiten - zum Menü zusammengefaßt - am Bildschirm jederzeit
informiert, mehr noch: diese Möglichkeiten sind eingegrenzt,
um den Benutzer relativ eng zu führen. Der Anfänger kann sich
so ohne langes Handbuch-Studium an den Programmeinsatz wagen.
Kennt er sich einmal im Programm aus, so wird der Weg durch
Menüs und Menü-Ebenen allerdings auch als Hemmnis empfunden.

Dann bietet sich die K o m m a n d o s t e u e r u n g über
Kommandos an, die in einem Handbuch aufgelistet sind und vom
Benutzer wahlfrei eingetippt werden können - mit dem Risiko
entsprechender Fehlermeldungen natürlich.

Gute Anwenderprogramme können beide Arten der Benutzerführung
vorsehen: arbeitet der Benutzer fehlerlos, dann läuft das Pro-
gramm kommandogesteuert ab, um bei häufiger auftretenden Feh-
lern in einen menügesteuerten Ablauf zu wechseln.
Oft werden auch zwei Bildschirm s e i t e n vorgesehen: eine
Hauptseite mit dem eigentlichen Dialog sowie eine zusätzliche
Hilfsseite mit Kommentaren und Texthilfen, zwischen denen der
Benutzer jederzeit hin und her springen kann.

Die Dialogsteuerung über Menü und Kommando ist bei der System-
Software natürlich ebenso zu finden wie bei der Anwender-Soft-
ware. So ist z.B. das Betriebssystem UCSD rein menügesteuert.
Dies steht im Gegensatz zur Kommandosteuerung bei CP/M.

1.3.8.2 Einige Programm-Qualitätsmerkmale

Es soll hier kein Merkmalskatalog formuliert werden (dies auch

im Hinblick darauf, daß solche Merkmale für Software äußerst
schwer meßbar sind), sondern einige praktikable Einzeltips:

Wird Anwendersoftware zu einem T u r n - K e y - P a k e t
geschnürt verkauft, so startet das (Menü-)Programm automatisch
sofort nach dem Einschalten des Computers (Programmladen sowie
Betriebssystem-Kenntnisse sind dann nicht erforderlich).

Beim S c r o l l i n g rutscht der Bildschirminhalt um eine
Zeile hoch, wenn der Cursor unten den Bildrand erreicht hat.
Zum schnellen Durchblättern zusammenhängender Texte kann dieses Durchrollen von Information vorteilhaft sein. Andernfalls
wird man den Bildschirm abschnittsweise total löschen und oben
am Bildschirm neu beginnen.

Beim S c r e e n   E d i t i n g kann der Benutzer den Cursor an jede beliebige Bildschirmposition bewegen, um dort dann
etwas zu korrigieren oder neu einzugeben. Der Bildschirm dient
als Arbeitsblatt, -seite bzw. Formular. Sehr häufig bleibt am
Bildschirmrand eine Menüzeile (auch Prompt- oder Systemzeile
genannt) permanent stehen, um den Benutzer über Steuerungsmög-
lichkeiten (Kommandos) und aktuelle Parameter (wie Zeilenlänge
oder freien Speicherplatz) zu informieren.

Die Zeichendarstellung darf nicht zu verwirrend sein. Häufige
I n v e r s - F e l d e r (dunklere Schrift auf hellem Hintergrund) führen z.B. zu erhöhter Augenbelastung und sollten
sparsam verwendet werden.

Eine benutzerfreundliche F e h l e r b e h a n d l u n g muß
a l l e möglichen Fehler abfangen (Plausibilitätskontrollen).

Zur S i c h e r h e i t   müssen Tasten, die zum Absturz führen (z.B. ESC-Taste), gesperrt sein. Keine Eingabe, auch nicht
die 'berühmte' Division durch Null, darf dabei zum Aussteigen
führen (Deadlock-Situation), die ein Abschalten und Neustarten
erforderlich macht. Zur Sicherheit zählt auch die Datenschutz-
fähigkeit eines Programms.

Die Z u v e r l ä s s i g k e i t   nimmt den sicher höchsten
Rang ein: das raffinierteste Programm ist wertlos, wenn es die
Aufgaben nicht zuverlässig löst.

Der Software-Qualitätssicherung wird heute im Rahmen des Software-Engineering mehr und mehr Beachtung geschenkt.

1.3.8.3 Vier kaufmännische Standard-Programmpakete

Die vier Programme Tabellenkalulation, Textverarbeitung, Datei
bzw. Datenbank und Grafik sind fast auf jedem Personalcomputer
Standard - voneinander isoliert oder auch integriert.

T a b e l l e n k a l k u l a t i o n s p r o g r a m m e als
'Spread Sheets' bzw. 'Ausgebreitete Papierbogen' übertragen
alles das, was bislang mit Bleistift, Papier und Taschenrech-
ner vorgenommen wurde, in den Hauptspeicher (abgelegt) und auf

den Bildschirm (gezeigt). Der Benutzer baut jedes Arbeitsblatt
als Tabelle auf, kann in die Tabellenzeilen und -spalten numerische oder auch Textwerte eintragen und durch eine Vielzahl
von Formeln verknüpfen. Bei 'Visicalc' als dem ersten größeren
Kalkulationsprogramm werden die Tabellenelemente ähnlich dem
Schachbrett (Namen A1,A2,A3,...) angesprochen; 'Multiplan' als
jüngeres Konkurrenzprogramm von Microsoft ermöglicht dies mittels einfacher Cursor-Positionierung am Bildschirm. Arbeits-
blätter können auf einem externen Speicher aufbewahrt werden.
Tabellenkalkulationsprogramme lassen sich 'zweckendfremden':
Trägt man Text anstelle von Zahlen in die Tabelle ein, so kann
leicht eine kleines Informationssystem realisiert werden. Genauso sind Anwendungen zur Fakturierung, zum Bestellwesen, zur
Bilanzierung usw. denkbar. Das Beiwort 'Kalkulation' verweist
also eher auf die Ursprünge der Tabellenkalkulationsprogramme
als auf deren heutige universellen Nutzungsmöglichkeiten.

T e x t v e r a r b e i t u n g s p r o g r a m m e für Personalcomputer sind aus den Editoren entstanden, also aus den
Programmhilfen zum Eingeben und Aufbereiten von Programmen am
Bildschirm. Man hat sie zur Verarbeitung anderer Dokumente
wie Briefen, Rechnungen, Manuskripten, Formularen usw. weiter-
entwickelt. Damit treten sie in Konkurrenz zur Schreibmaschi-
ne, zum Text-Automaten sowie zur Großrechner-Textverarbeitung.
Die Textverarbeitung umfaßt die Teilprogramme Editor, Ausga-
beformatierer und Verarbeitung; diese Programme können zu einem Paket integriert oder getrennt sein.
- Editor als Eingabe- und Bearbeitungsprogramm:
  Der Bildschirm wird ähnlich wie eine Lupe über den Text bewegt bis zu einem Bildschirmausschnitt, der cursorgesteuert
  zu bearbeiten ist (verschieben, einfügen, kopieren, Rand
  ausgleichen usw.).
- Formatierer zur Aufbereitung der Druckausgabe:
  Man unterscheidet die folgenden zwei Arten von Formatierern.
  Bei der ersten Art erscheint der Text am Bildschirm so, wie
  er später ausgedruckt wird. Bei der zweiten Art sind in den
  Bildschirmtext Befehle zur Steuerung des Druckformates eingefügt. Bei der ersten Art wird 'gedruckt wie gezeigt'. Oft
  ist dies aber kaum exakt einzuhalten (Beispiel: 120 Zeichen
  je Druckzeile; Bildschirmzeile 80 Zeichen; Ausgabe-Text aus
  mehreren Dateien).
- Eigentliches Verarbeitungsprogramm:
  Dieses richtet sich nach den Anforderungen der unterschiedlichen Benutzer wie Sekretärin, Abteilungsleiter, Schrift-
  steller, Schriftsetzer. Textbausteine als häufig vorkommen-
  de Textteile speichern, Serien- sowie Ganzbriefe erstellen,
  Formulararbeiten, Textdateien anlegen, Autorenkorrektur usw.

Nach den Programmen zur Tabellenkalkulation und Textverarbeitung nun zur D a t e i / D a t e n b a n k , deren Grundlagen bereits in Abschnitt 1.3.5 dargestellt wurden.
Die kommerziellen Programm-Pakete hierzu werden unter den un-
terschiedlichsten Bezeichnungen angeboten, z.B. als Dateiverwaltung, Datenmanager, Datenbankmeister, Datenbank-System oder
schlicht als Datei-System. Da solche Begriffe kaum etwas aus-
sagen, ist es sinnvoll, einzelne Eigenschaften dieser oft als
"Wir-können-alles-Programme" angepriesenen Software-Produkte

wie folgt zu überprüfen:
- Dateiaufbau:
  Anzahl der gleichzeitig geöffneten Dateien? Satzanzahl einer
  Datei? Anzahl der Datenfelder je Satz? Feste Satzlänge? Da-
  tentypen? Maximale Feldlänge? Maximale Dateigröße? Eine Datei auf mehreren Disketten?
- Systemverwaltung:
  Schnittstelle zu höheren Programmiersprachen? In Mehrplatz-
  Umgebung einsetzbar? Abfragesprachen, Listen- bzw. Programm-
  generatoren? Dynamische Dateiverwaltung? Kompatibilität zu
  anderen Dateien (z.B. aus Textverarbeitung)? Datensatzaufbau
  nachträglich änderbar? Implementierungen für welche Mikros?
  Datei-Sicherheitskopien leicht erstellbar? Daten nach Lösch-
  en wiederherstellbar? Datenschutz durch Datei- bzw. Satzpaß-
  wort? Realisierung als Datenbankmaschine?
- Speicherung:
  Aufwand zum Neueinrichten der Datenbank? Cursorsteuerung?
  Datenprüfung bei Eingabe? Daten aus anderen Dateien kopier-
  bar? Speicherung satz-, block- oder dateiweise? Eingabefeh-
  lerkorrektur möglich? Ablegen als Binärdatei oder Textdatei?
- Zugriff:
  Zugriffsmodus direkt oder indirekt? Anzahl der Suchbegriffe?
  Schlüssel aus einem oder mehreren Datenfeldern bestehend?
  Sortierbegriffe für wieviele Datenfelder? Sortierprogramme?
  Index intern als Tabelle? Möglichkeiten zur Datenausgabe?
  Ausgabeeinheiten für Listen? Zwischensummenbildung in Lis-
  ten möglich?

Zum G r a f i k p r o g r a m m als viertem Standard-Paket:
Programme dieser Kategorie erlauben es, Kuchen-, Säulen- sowie
Liniengrafiken menügesteuert über einen hochauflösenden Bild-
schirm und z.B. einen Matrixdrucker mit Einzelpunktansteuerung
zu erstellen und auszugeben. Die Skalierung der Bilder kann im
Dialog festgelegt werden. Oft können dreidimensionale Grafiken
bzw. räumliche Formen erzeugt werden. Gerade für kommerzielle
Veranschaulichungen sind Grafikprogramme mit den statistischen
Grundfunktionen von Vorteil.
Ein Grafikprogramm kann nur dann sinnvoll genutzt werden, wenn
man Daten aus anderen Programmen übergeben kann. Wir kommen so
zur Frage der Verbindung bzw. Kompatibilität dieser Programme.

Sollen Tabellenkalkulation, Textverarbeitung, Datenbank sowie
Grafik nicht isoliert, sondern als eine Einheit genutzt werden,
müssen entsprechende Schnittstellen zu den Programmen gegeben
sein. Zur Verbindung dieser Programme ein Beispiel:
In einem Tabellenkalkulationsprogramm verknüpft man Zahlen, um
diese dann an ein Grafikprogramm zwecks Diagrammdarstellung zu
übergeben. Anschließend wird über das Textverarbeitungspro-
gramm ein Bericht verfaßt, in den diese Zahlen als Tabelle wie
auch als Diagramm bildlich eingebunden sind. Schließlich kann
man die Teile dieser Arbeit über das Dateiprogramm extern und
langfristig speichern.
Wie können die vier Programme nun verbunden werden? Zum Beispiel über Textdateien (alle Zeichen als Text im ASCII-Code
dargestellt) als gemeinsamer Schnittstelle. Die Steuerung kann
über ein übergeordnetes Menüprogramm erfolgen, das die einzelnen Programme aufruft und den Datenaustausch überwacht.

1.3.8.4 Teillösung und Gesamtlösung im Betrieb

Wird ein Personalcomputer im kleineren Betrieb als Allzweck-
System eingesetzt, dann sicher mit dem (Fern-)Ziel, sämtliche
betrieblichen Funktionen wie Materialwirtschaft, Betriebsab-
rechnung, Finanzbuchhaltung, Personalwesen sowie Auftragsbearbeitung über e i n Software-Paket zu bearbeiten: man spricht
dabei von 'integrierter DV' (vgl. Abschnitt 1.3.5.5). Auf dem
weiten Weg zu einer solchen G e s a m t l ö s u n g wird man
zunächst als T e i l l ö s u n g einzelne Funktionen auf die
DV übernehmen: So die Fakturierung der Ausgangsrechnungen mit
Kunden-, Artikelstamm- und Offene-Posten-Datei, die später in
die Auftragsbearbeitung integriert werden kann. Oder als weitere Teillösung das Personalwesen mit Lohn- und Gehaltsabrechnung mit der späteren Anbindung zur Finanzbuchhaltung mit Kre-
ditoren-, Debitoren- und Sachbuchhaltung.

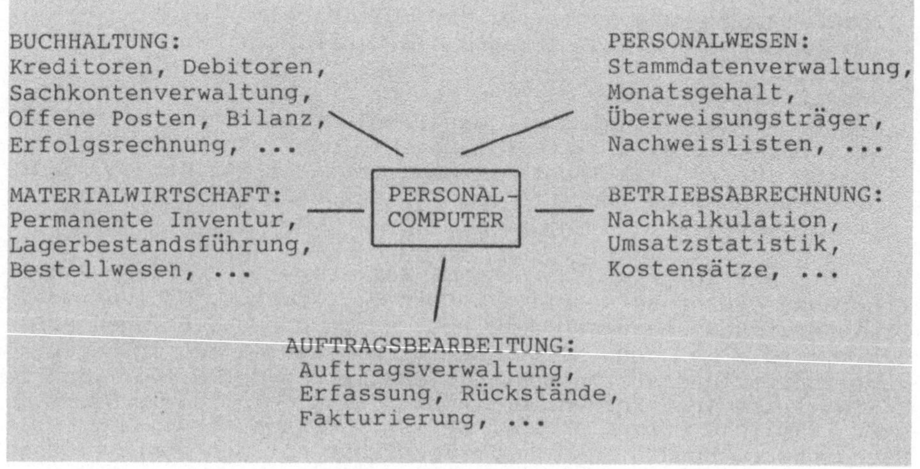

Integrierte Datenverarbeitung als Ziel

Anwender-Software, die eine integrierte Bearbeitung aller in-
nerbetrieblichen Vorgänge ermöglichen soll, wird immer häufiger als B r a n c h e n l ö s u n g angeboten. Diese ist auf
eine bestimmte Branche gerichtet. Beispiele: Handwerksbetrieb,
Rechtsanwaltskanzlei, Immobilienfirma, Großhandel, Versicher-
ung, Zahnarztpraxis, Einzelhandel, Leasing oder Vertreter.

1.3.8.5 Nicht nur am Rande: Spielprogramme

"Immerhin noch besser als das n u r passive Fernsehen" - so
wird das Vordringen der 'Arcade-Games' genannten, computerge-
steuerten Spiele von der Spielhalle ins Wohnzimmer sehr häufig
kommentiert.
Gespielt wird mit reinen Spielautomaten ('rein', weil sie ausschließlich zum Spielen da sind; 'Automat', da sie nicht frei

programmierbar sind und deswegen strenggenommen auch nicht als
Computer bezeichnet werden dürfen) oder mit Personalcomputern,
die auch hardwaremäßig durch Steuerknüppel (Joystick), Auslö-
setaste, Lichtgriffel usw. entsprechend ausgestattet sind. Gerätehersteller und spezialisierte Softwareproduzenten teilen
sich den Markt. Angeboten werden die Spielprogramme dabei auf
Einsteckmodul (Firmware) und auf Kassette wie Diskette (Software). Die vom Hersteller programmierten ROM-Moduln sind sehr
einfach zu bedienen (Modul in den Schacht stecken und Programm
starten) und vom Benutzer nicht zu kopieren. Da immer häufiger
kommerziell genutzte Personalcomputer zum Spielen benutzt werden, wird das Spielangebot auf Kassette und Diskette bestimmt
nicht abnehmen.

Gemeinsam mit und gegen den Computer kann auf unterschiedliche
Weise gespielt werden:
- Geschicklichkeitsspiele:
  Übernahme altbekannter Spiele auf den Computer.
- Neue Spielarten:
  Spiele wie Pac Man und Pillenfresser sind erst durch den
  Computer möglich geworden (Bewegung, hochauflösende Grafik).
- Abenteuerspiele:
  Von der Wirklichkeit in die Phantasiewelt am Bildschirm.
- Simulations- und Rollenspiele:
  Modellbildung der Wirklichkeit; Planspieltechnik.
- Spezielle Kinderspiele:
  ... auch Mickey Mouse und Sesamstrasse.
- Schachspielprogramme:
  Schon weniger als 'Spielzeug' abzutun.
- Lehr- und Lernspiele:
  Fremdsprachen erlernen, naturwissenschaftliche Experimente,
  Computer-Unterstützter Unterricht (CUU), ...

Bleiben die Unterhaltungsspiele, die weder die Kreativität an-
regen noch das Denkvermögen fordern, weiter d i e Verkaufs-
schlager?
Werden in Zukunft auch die Lehr/Lernspiele nachgefragt?
Wird der Computer als "perfekter Gespiele" den Menschen als
"menschlich nicht-perfekten Spielpartner" noch mehr verdrängen
können?
In jedem Falle positiv: ganz im Gegensatz zum Konsumieren ist
das Entwerfen und Programmieren neuer Spielprogramme ein sehr
anregendes und kreatives Unterfangen.

1.4 Firmware = halb Hardware + halb Software

Als F i r m w a r e (feste Ware) hatten wir alle Information
bezeichnet, die an der Nahtstelle zwischen Hardware und Software in computerverständlicher Form gespeichert vorliegt (vgl.
Abschnitt 1.1.1). Speichermedium für Firmware ist der ROM als
Festwert-Speicher. Für den ROM-Hersteller, der Information in

den ROM speichert, handelt es sich dabei um Software; für den
Benutzer dagegen, der den ROM z.B. als Steck-Modul kauft, sind
die Daten und Programme wie Hardware, da er sie nur anwenden
(=lesen), nicht aber verändern (=beschreiben) kann.

1.4.1 IC als Integrierter Schaltkreis

Beim Öffnen des Gehäuses eines Personalcomputers entdeckt man
in jedem Fall vier Teile:

- Ein   Netzteil bzw. Transformator als großes Teil zur Strom-
  versorgung.
- Platinen als Leiterplatten, auf denen Schaltkreise (Chips)
  montiert sind.
- Verbindungsleitungen
- Stecker als Schnittstellen zum Kontakt mit der 'Außenwelt'

Wichtig sind die Chips. Ein C h i p ist ein kleines Plätt-
chen aus Silizium, auf das im Zuge der Herstellung bestimmte
Schaltelemente zu einer untrennbaren Einheit eingeschmolzen
bzw. integriert werden. Deshalb bezeichnet man den Chip auch
als I n t e g r i e r t e n   S c h a l t k r e i s   mit der
Abkürzung IC für 'Integrated Circuit'. Genaugenommen schmelzt
man auf einen Chip mehrere Schichten aus jeweils verschiedenen
Stoffen ein, deren Strukturen dann ein Verhalten ergeben, das
einem Transistor, Kondensator, Widerstand usw. entspricht.

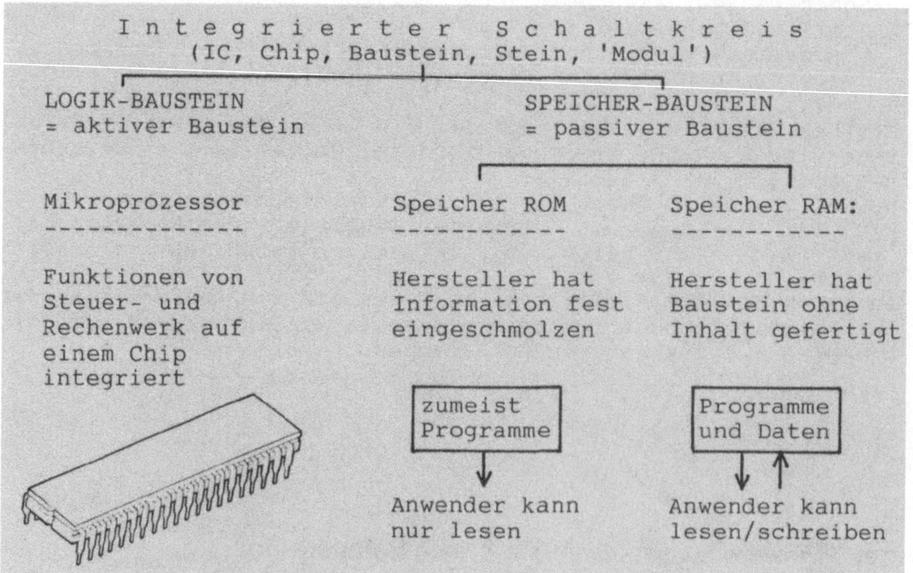

Zwei grundsätzliche Verwendungsmöglickeiten von ICs

Das Siliziumplättchen als Trägerkristall ist stets in ein Ge-
häuse mit z.B. 16 Füßen (Pins) als Anschlüsse eingebaut.
Je nach Anordnung der Bauelemente kann man einen Chip als Lo-

gikbaustein oder als Speicherbaustein verwenden:
Wird ein Chip als aktiver Baustein zur Ausführung von Befehlen
verwendet, dann nennt man den Chip L o g i k b a u s t e i n
(weil nach einer bestimmten Ablauflogik vorgegangen wird) oder
kurz M i k r o p r o z e s s o r . Der erste Mikroprozessor
wurde 1970 auf den Markt gebracht.
Der Chip als S p e i c h e r b a u s t e i n zur Speicherung
von Daten und Programmen wurde erst später entwickelt. Zwei
Speicherarten unterscheidet man: Bei dem mehrfach erwähnten
Speicher ROM (Read Only Memory) als Nur-Lese-Speicher kann der
Benutzer nur lesen, da die Programme als Firmware fest im ROM
gespeichert sind. Im Gegensatz dazu ist der Speicher RAM (Ran-
dom-Access-Memory) ein Schreib-Lese-Speicher, d.h. ein Direkt-
Zugriff-Speicher. Hauptspeicher von Personalcomputern sind als
RAM-Speicher ausgebildet und nehmen das Anwenderprogramm sowie
die zu verarbeitenden Daten auf.

1.4.2 Prinzipieller Aufbau eines Mikrocomputers

Ein Mikro- bzw. Personalcomputer ist im Prinzip genauso aufgebaut wie jeder andere Computer (vgl. Abschnitt 1.2.2.1),   nur
sind die Internspeicher als Speicher RAM bzw. ROM ausgebildet
und die CPU als Mikroprozessor (der Prozessor besteht aus der
ALU (Arithmetic Logic Unit bzw. Rechenwerk), dem Leitwerk und
Registern als Speichereinheiten). Ein I/O - Baustein regelt
den Datenaustausch mit den jeweiligen Ein-/Ausgabegeräten,
ein Datenbus die Übertragung von Daten (Ziffern, Buchstaben
ben und Befehlen) und ein Adreßbus die Übertragung von Spei-
cherplatzadressen.
Der Mikrocomputer hat Interne Speicher RAM und ROM (als Hauptspeicher, Arbeitsspeicher, Memory oder Kurzzeitgedächtnis bezeichnet) einerseits und Externe Speicher wie z.B. eine Disketteneinheit andererseits. Deshalb unterscheidet man zwischen
dem internen und dem externen Datenbus: Über den internen
Datenbus werden Daten zwischen der ALU, dem Leitwerk, den Registern und den Speichern RAM und ROM transportiert, während
der externe Datenbus die Datenübertragung zu den Externspei-
chern übernimmt, also zu einer Diskette oder einer Hard Disk.
Entsprechend gibt es auch einen internen und einen externen
Adreßbus.

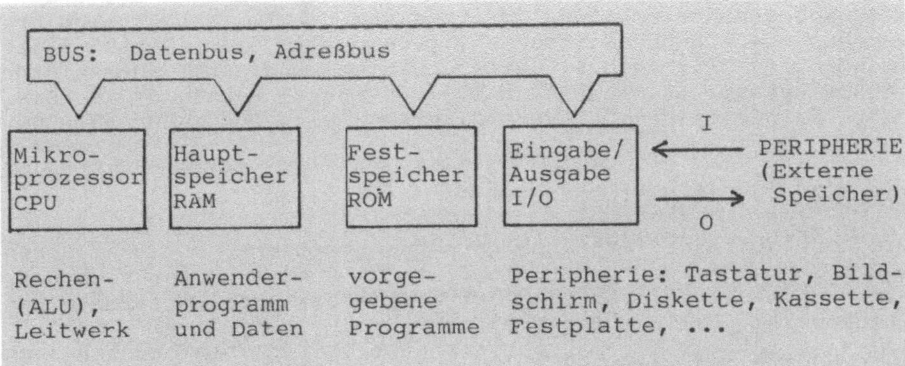

Aufbaumodell eines Mikro- bzw. Personalcomputers

Wie läuft nun ein Programm ab? Nach dem Start schickt der Mikroprozessor über den Adreßbus die Adresse des 1. Programmbefehls an den Speicher, in dem sich das Programm befindet. Dann transportiert der Speicher den unter dieser Adresse gefundenen Befehl über den Datenbus an den Mikroprozessor. Nach Ausführung des Befehls schickt dieser wiederum die Adresse des 2. Programmbefehls an den Speicher usw.

1.4.3 Typen von Mikrocomputern

Es gibt Mikroprozesoren mit 8-, 16- und 32-Bit-Struktur. Da der Mikroprozessor als "Herz des Computers" die Computereigenschaften entscheidend prägt, unterscheidet man auch für Mikrocomputer diese drei Typen.

1.4.3.1 8-Bit-Mikrocomputer

"Das ist ein 8 - B i t - C o m p u t e r ". Damit ist ein Computer mit einem 8-Bit-Mikroprozessor bzw. einer 8-Bit-CPU gemeint. Die 8 Bit als Wortbreite des Prozessors kann als elementarer Denkinhalt des Computers aufgefaßt werden. Warum? Der Datenbus transportiert Daten und Befehle und besteht aus 8 parallelen Leitungen. Übertragen wird zeichenweise: der Buchstabe "K" wird im ASCII-Code als 01001011 (1. Leitung 1, 2. Leitung 1, 3. Leitung 0, ...) durch den Datenbus gesendet. Mit den 8 Bits bzw. den 8 Leitungen des 8-Bit-Datenbus können also genau 256 (gleich 2 hoch 8) Zeichen vom Computer unterschieden werden. Für die Verarbeitung im ASCII-Code ist diese Zahl von 256 gerade passend. Es genügt, 256 verschiedene Zeichen unterscheiden zu können.

Beim Adreßbus sieht dies anders aus: Durch diesen Bus gelangen nicht die Daten selbst, sondern deren Hausnummern bzw. Adressen, unter denen sie im Speicher abgelegt sind (jeder Speicher ist fortlaufend durchnumeriert mit Speicherplatz 1, Speicherplatz 2, Speicherplatz 3, ...). Damit bestimmt die Anzahl der Adreßbus-Leitungen die Anzahl der Speicherplätze, die der Computer unterscheiden bzw. adressieren kann. Ein 8-Bit-Adreßbus kann nur 256 Speicherplätze direkt adressieren. Da dies viel zu wenig ist, verwenden die gängigen 8-Bit-Mikroprozessoren in der Regel einen Trick: Sie bauen Adressen aus zwei Bytes auf, die nacheinander über den Adreßbus zum Hauptspeicher geschickt werden. Damit können diese 8-Bit-Computer dann genau 65536 (2 hoch 16) Zeichen bzw. Bytes anwählen und auch adressieren (65536 Bytes = 64 mal 2 hoch 10 = 64 KBytes = kurz 64 K). Dies gilt für die beiden weitverbreiteten 8-Bit-CPUs Z80 und 6502.

1.4.3.2 16-Bit-Mikrocomputer

Die Wortbreite des externen Datenbus bestimmt, ob man einen 8-Bit-Computer oder aber einen 16-Bit-Computer vor sich hat, nicht aber die interne Länge von Registern, die Wortbreite des Rechenwerks oder die Befehlslänge. Danach verfügt ein 'echter' 16 - B i t - C o m p u t e r über einen internen wie auch einen externen 16-Bit-Bus.

Wenn Personalcomputer wie Sirius 1 oder IBM-PC häufig als 16-Bit-Computer bezeichnet werden, dann muß man sich darüber im klaren sein, daß die dabei verwendete CPU 8088 zwar 16-Bit-Register und Operationen zur Verarbeitung von 16-Bit-Worten aufweist, also einen internen 16-Bit-Bus hat, aber nur einen externen 8-Bit-Bus. Dies bedeutet, daß die 16 Bits der Register zum Ausgeben wie zum Laden durch den Datenbus stets halbiert bzw. zusammengefügt werden müssen.
Geräte mit externem 8-Bit-Bus und internem 16-Bit-Bus bezeichnen wir als 8/16 - B i t - C o m p u t e r . Aufgrund ihrer Stellung zwischen der echten 8-Bit-Struktur und der echten 16-Bit-Struktur bezeichnet man sie häufig als 'Zwitter'.

Warum kann ein 16-Bit-Computer nun schneller arbeiten als ein 8-Bit-Computer?
Der Bus eines 8-Bit-Computers hat 8 parallele Leitungen. Damit können die (2 hoch 8 gleich) 256 Zahlenwerte 0,1,2,...,255 in e i n e m Schritt bzw. Zeittakt übermittelt werden. Will man größere Zahlen übertragen, müssen diese aufgeteilt und in zwei oder mehreren Schritten transportiert werden. Dieses Aufteilen kostet natürlich Zeit.
Dies erübrigt sich beim 16-Bit-Computer, wenn die Zahlenwerte 0,1,2,...,65535 übermittelt werden sollen. Der 16-Bit-Bus mit 16 Leitungen erlaubt (2 hoch 16 gleich) 65536 Kombinationen bzw. Zahlenwerte, die in e i n e m Schritt übermittelt werden.
Der Unterschied zwischen 8-Bit-Computern und 16-Bit-Computern ist also viel größer als es der Zahlenvergleich "8 zu 16 Bit" nahelegt: die Hochrechnungen und damit verbunden der Zahlenvergleich "256 zu 65536 Kombinationen" zeigen den wahren Unterschied zwischen diesen Computertypen.

1.4.3.3   32-Bit-Mikrocomputer

Das Leistungsvermögen eines Computers hängt im wesentlichen von zwei Größen ab: von der Anzahl der Bits (Wortbreite) und von der Schnelligkeit. 32-Bit-Computer weisen bei beiden Größen günstige Werte auf. Zunächst zur Bitanzahl:
Bei den echten 32-Bit-Computern sind 32 parallele Leitungen im Bus zusammengefaßt. Damit vergroßert sich ihr Adreßraum theoretisch auf vier Milliarden Zeichen (vier Gigabytes). Außerdem können Computer mit 32-Bit-Struktur binäre Zahlen anstatt auf acht Stellen (beim 8-Bit-Mikro) auf 32 Binärstellen genau bearbeiten. Der Befehlsvorrat nimmt ebenfalls zu: die 8-Bit-CPU des 6502 versteht 56 Befehle gegenüber den 134 Befehlen des 16-Bit-Prozessors 8086 und den 230 Befehlen des 32-Bit-Computers HP Focus von Hewlett-Packard.

Die Schnelligkeit eines Computers gibt man in "Millionen Instruktionen je Sekunde" (Mips) an. Sie hängt von der Taktfrequenz und von den Abmessungen des Prozessor-Chips ab (je kleiner die Abstände der Leiterbahnen auf der Prozessor-Platine, desto höhere Taktfrequenzen und damit Instruktionen je Sekunde sind möglich). Die 32-Bit-CPU 32032 soll 1,1 Mips ermöglichen.

1.4.4 Generationen von Mikroprozessoren

Die bislang angeführten Mikroprozessor-Kürzel Z80, 6502 sowie
8088 können leicht in eine etwas übersichtlichere Ordnung gebracht werden, da es im Grunde nur zwei "Familien" von 8-Bit-
Prozessoren gibt: die 80-Familie und die 65xx- bzw. 68xx-Fami-
lie. 1970 erfand Dr. Ted Hoff bei Intel mit dem 4004 den 4-Bit
Mikroprozessor, 1973 folgte der 8080 als 8-Bit-CPU. Seit 1976
gelten der Z80 von Zilog und der 6502 von Motorola als haupt-
sächliche Vertreter der nach ihnen benannten Familien. Bereits
1979 war der 6502 der weltweit meistverkaufte Mikroprozessor.
Sein Nachfolger 68000 weist als 16-Bit-Mikroprozessor bereits
einen 16-Bit-Datenbus bei intern 32-Bit-breiten Registern auf,
er zählt also zu den 'Zwittern' mit 16/32-Struktur.

Prozessor:	Bits:	Adressen:	Befehle:	Hersteller:	Seit:
Z80	8	256 B	158	Zilog	1976
6502	8	256 B	56	MOS-Tech.	1977
Z800	8/16	16 MB	183	Zilog	1983
8088	8/16	64 KB	134	Intel	1979
iAPX 188	8/16	1 MB	95	Intel	1982
8086	16	1 MB	134	Intel	1978
Z8000	16	64 KB	110	Zilog	1981
iAPX 286	16	16 MB	111	Intel	1982
iAPX 186	16	1 MB	95	Intel	1982
MC 68000	16/32	16 KB	56	Motorola	1979
NS 16032	16/32	16 MB	86	Nat.Semi.	1982
MC 68010	16/32	16 MB	58	Motorola	1982
HP Focus	32	500 MB	230	Hewlett-P.	1981
NS 32032	32	16 MB	190	Nat.Semi.	1983
iAPX 386	32	32 MB	111	Intel	1984
MC 68020	32	256 MB	200	Motorola	1984

8/16 = externer 8-Bit-Bus und interner 16-Bit-Bus (Zwitter)
16 = externer wie interner 16-Bit-Bus (echte 16 Bit-Struktur)

Einige weitverbreitete Mikroprozessoren

Es gibt Personalcomputer, die zwei Mikroprozessoren aufweisen,
um sowohl auf 8-Bit-Software als auch auf 16-Bit-Software zugreifen zu können. Ein Beispiel: ein Z80 als 8-Bit-CPU führt
Programme für das Betriebssystem CP/M-80 aus und ein 8088 als
16-Bit-CPU verarbeitet Programme unter CP/M-86.

1.4.5 Mikrocomputer und ihre Mikroprozessoren

Im Jahr 1984 verteilen sich die auf dem Markt verwendeten Prozessoren wie folgt:
60 Prozent 8-Bit-Prozessoren, 20 Prozent 16-Bit-Prozessoren,
ein Prozent 32-Bit-Prozessoren und ungefähr je 10 Prozent als
Zwitter mit 8/16-Bit-Prozessoren bzw. 16/32-Bit-Prozessoren.

Bit-Struktur:	Prozessor:	Mikrocomputer z.B.:
8	6502	Apple IIe, CBM 8032
8/16	8088	IBM-PC/XT, IBM PCjr, Sirius 1,
16	8086	Sirius Vicki, ITT 3030, Duet16
16	Z8000-8001	Olivetti M20, Zilog 8000
16/32	MC68000	Apple Lisa, Fortune 32:16
16/32	NS 16032	Nat.Semi.DB16000, ACORN-BBC
32	HP Focus	Hewlett Packard 9000

Einige Mikrocomputer und ihre Prozesoren

1984 besteht eine 32-Bit-Softwarelücke. Entscheidend ist, daß
32-Bit-Software abwärts-kompatibel gestaltet wird, um auch auf
Computern mit externem 16-Bit-Bus oder 8-Bit-Bus eingesetzt
werden zu können.

1.4.6 EPROM als löschbarer Speicher

Benutzer von Mikrocomputern werden zuweilen in 'Löter' und in
'Tipper' eingeteilt: Bauen sich die 'Löter' ihr DV-System aus
elektronischen Bausteinen hardwaremäßig individuell zusammen,
so erwerben sich die 'Tipper' einen Computer, um diesen selbst
zu programmieren (Programm-Tipper) oder gekaufte Software auf
die eigenen Daten anzuwenden (Daten-Tipper). Die zwei folgenden Entwicklungen verwischen diese Einteilung in 'Löter' sowie
in 'Tipper' immer mehr:

Zum einen werden EPROMs als löschbare Speicher immer einfacher
in der Handhabung, wodurch es auch für die 'Tipper' leichter
wird, die bislang dem 'Löter' vorbehaltene Arbeiten durchzuführen.
Ein EPROM (Erasable Programmable Read-Only-Memory) als lösch-
barer und sodann wieder programmierbarer Festwertspeicher ROM
ist zwischen den RAM und den ROM einzuordnen. Legt man ihn unter UV-Licht und bestrahlt den unter einem kleinen Fenster an-
gebrachten IC, so wird die gespeicherte Information gelöscht.
Aus diesem Grunde muß ein EPROM stets mit einem undurchsichti-
gen Fensteraufkleber versehen sein. Umgekehrt können über ein
Programmiergerät neue Daten und Programme in den EPROM gespeichert werden. Da EPROMs direkt bus-kompatibel sind, d.h. die
Ausgänge sich direkt an den Datenbus legen lassen, ist dieses
Vorhaben nicht nur für die 'Löter' interessant. Auch der 'Tipper' kann so seine eigenen Programmentwicklungen leicht in einen Festwertspeicher laden.

Zum anderen können kommerzielle Programme ebenfalls über ein
EPROM kopiert werden. Ein Beispiel: Der 'Tipper' geht mit seiner Romox-EPROM-Kartusche in einen Software-Laden, sucht ein
Programm aus, läßt sich eine Kopie dieses Programms über ein
im Software-Laden befindliches Gerät in seine EPROM-Kartusche
laden (Gebühr 5-10 DM), geht nach Hause, steckt die Kartusche
in seinen Computer und läßt das Programm laufen. Später kann
er bei Bedarf dann immer wieder ein anderes Programm in den
EPROM hineinkopieren.

2

Computerbedienung und MSX-Befehle

Das Kapitel 2 dieses Buches ist in die Abschnitte 2.1 bis 2.6
untergliedert. Hier eine kurze Inhaltsübersicht:

2.1 DIREKTER D I A L O G ÜBER TASTATUR UND BILDSCHIRM

In diesem Abschnitt werden Sie sich mit der Tastatur und dem
Bildschirm eines MSX-Computers vertraut machen. Mit der Tastatureingabe können Sie dem Computer etwas mitteilen, worauf er
mit einer Bildschirmausgabe antwortet. Auf diese Art wird ein
d i r e k t e r D i a l o g zwischen uns (wir geben ein) und
dem Computer (er gibt aus) möglich. Am Ende dieses Abschnittes
sind Sie in der Lage, einen MSX-Computer zu bedienen.

2.2 DAS ERSTE PROGRAMM AUF D I S K E T T E SPEICHERN

In Abschnitt 2.2 erstellen Sie das e r s t e P r o g r a m m
auf dem Computer mit der Programmierspache MSX-BASIC. Das Programm wird auf einer Diskette (Floppy) abgespeichert und geht
somit beim Abschalten des MSX-Computers nicht verloren. Am Ende dieses Abschnittes sind Sie in der Lage, ein BASIC-Programm
in den Computer einzugeben und auf Diskette sicherzustellen.

2.3 DAS ERSTE PROGRAMM AUF K A S S E T T E SPEICHERN

Ein Programm läßt sich auf Diskette oder Kassette abspeichern,
wobei der Kassetten-Recorder zwar preiswerter ist, dafür aber
langsamer arbeitet und schwieriger zu bedienen ist: wie - das
erfahren Sie in diesem Abschnitt.

2.4 BEFEHLSVERZEICHNIS M S X - B A S I C

Dieser Abschnitt ist als Übersicht zum Nachschlagen angelegt:
A l l e Datenstrukturen sowie Befehle der Programmiersprache
MSX-BASIC werden an B e i s p i e l e n dargestellt. Jeder
MSX-Computer 'versteht' dasselbe MSX-BASIC.

2.5 GRUNDWISSEN ZUM BETRIEBSSYSTEM M S X - D O S

MSX-DOS regelt das Zusammenwirken von Computer und Disketten-
laufwerk(en) und stellt dazu mächtige Befehle (z.B. zum Kopieren einer Diskette) zur Verfügung. In diesem Abschnitt lernen
Sie, diese Befehle sicher einzusetzen.

2.6 AUSBAUMÖGLICHKEITEN DES MSX-COMPUTERS

Auf der einen Seite sieht der MSX-Standard eine für alle Computer gleiche Grundausstattung vor (Z80-CPU, GI-Soundprozessor
und TI-Grafikprozessor, 24 K RAM, 32 K ROM mit MSX-BASIC). Auf
der anderen Seite sieht MSX eine o f f e n e Architektur
vor: wie ein MSX-Computer ausgebaut und erweitert werden kann,
erfahren Sie in diesem Abschnitt.

2.1 Direkter Dialog über Tastatur und Bildschirm (Direkt-Modus)

Wir schließen an den MSX-Computer einen Bildschirm (Fernseher oder speziellen Monitor) an. Nach dem Anschalten des Computers erscheint am Bildschirm kurz die folgende Meldung:

```
MSX system                                    1)
version ...
Copyright 19.. by Microsoft
```

Da die Modulschlitze leer sind (wir haben keine Module eingeschoben), aktiviert der Computer die Programmiersprache BASIC und meldet sich dann z.B. mit:

```
MSX BASIC version ...
Copyright 19.. by Microsoft
28815 Bytes free                              (28815 als Beispiel)
Ok
C
```

MSX steht für "MicroSoft eXtended". Im 'MSX-Standard' hat das amerikanische Software-Haus Microsoft gemeinsam mit Computerherstellern bestimmte Hardware- und Software-Spezifikationen, das MSX-Logo und das Warenzeichen festgelegt.
Die Ausgabe "28815 Bytes free" (bei Ihrem Computer kann eine andere Zahl stehen) bedeutet, daß im Hauptspeicher RAM (Random Access Memory für Direktzugriff-Speicher) genau 28815 Zeichen an Speicherplatz zur Verfügung stehen: ein Byte/Zeichen, z.B. Byte "01001101" für das Zeichen "M". Der Benutzer kann somit Daten und Programme bis zu einer Größe von z.B. 28815 Zeichen im Hauptspeicher ablegen. Der MSX-Standard sieht eine Mindestgröße von 8 KByte RAM (8 KByte sind ca. 8000 Bytes) vor.

Mit dem "Ok" als dem Bereitschaftszeichen (Prompt-Zeichen) des MSX-Computers wird gemeldet, daß der Computer für weitere Eingaben bereit ist ("Okay" heißt bereit). Unter dem "Ok" steht der C u r s o r (oben mit "C" abgekürzt): an der Stelle des Cursors erscheint das Zeichen, das wir als nächstes eintippen.

2.1.1 Rechnen im direkten Dialog

Wir wollen den MSX-Computer zunächst als Tischrechner benutzen und 100+3 ausrechnen lassen. Dazu tippen wir ein:

```
PRINT 100+3   /RET/
```

Nach dem Tippen von 100+3 drücken wir die RETURN-Taste. Die Schreibweise /RET/ steht also für "RETURN-Taste einmal kurz drücken" (statt RETURN kann auch ENTER oder EIN auf der Taste stehen). Der MSX-Computer antwortet mit 103 als Ergebnis und

1) Erscheint bei Ihrem MSX-Computer ein Auswahlmenü (Built-in-Software), dann verlassen Sie es mit der Wahl von 'BASIC'.

meldet sich wieder mit dem "Ok", daß er für weitere Eingaben
bereit ist. Am Bildschirm steht nun der folgende Dialog:

```
PRINT 100+3  /RET/        (=Eingabe von uns)
  103                     (=Ausgabe des Computers)
Ok                        (=Ausgabe: Bereitschaftszeichen)
C                         (=Ausgabe: C für 'Cursor erscheint')
```

Die PRINT-Anweisung dient hier der Ausgabe von Rechenergebnis-
sen (print für drucken, ausgeben bzw. am Bildschirm zeigen).
Probieren wir einige Rechenoperationen aus:

```
PRINT 100.5*-3  /RET/     (=Eingabe: 100.5 mal -3)
  -301.5                  (=Ausgabe einer negativen Zahl)
Ok
PRINT 100/3  /RET/        (=Eingabe: 100 dividiert durch 3)
  33.333333333333         (=Ausgabe mit 14 Ziffern Länge)
Ok
PRINT +4^3  /RET/         (=Eingabe: 4 hoch 3)
  64                      (=Ausgabe: 4 mal 4 mal 4)
Ok
PRINT 300+3*4  /RET/      (=Eingabe: 300 plus (3 mal 4))
  312                     (=Ausgabe: Punkt- vor Strich)
Ok
PRINT (300+3)*4  /RET/    (=Eingabe: 303 mal 4)
  1212                    (=Ausgabe: Klammern zuerst)
Ok
```

Die negative Zahl -301.5 beginnt am Bildschirmrand links, während die positiven Zahlen um eine Stelle nach rechts versetzt
erscheinen. Das heißt, daß für jede Zahl eine unsichtbare Vorzeichenstelle reserviert wird.
Zahlen werden in einer Länge von maximal 14 Stellen ausgegeben
(als 33.333333333333). Bei Dezimalzahlen wie 100.5 steht der
Dezimalpunkt, nicht aber das Komma. Geben wir mehrere Rechen-
zeichen in einer Zeile ein, dann werden die Rechenoperationen
+ (plus), - (minus), * (mal), / (geteilt), ^ (hoch) sowie ( )
(Setzen von Klammern) in der in der Mathematik üblichen Rangfolge ausgeführt.

```
(   ) Klammer                        Die weiter
  -   Negative Zahl (Vorzeichen)     obenstehende
  ^   Potenzieren (Hochzeichen)      Rechenoperation
* /   Multiplizieren, Dividieren     wird vor der
\ MOD Ganzzahldivision, -restbildung untenstehenden
+ -   Addieren, Subtrahieren         ausgeführt
```

         Rangfolge bei der Ausführung von Rechenoperationen

Die Ganzzahldivision mit "\" verwandelt Dividend und Divisor
in ganze Zahlen: 16.5 \ 2.3344 z.B. wird in 16 / 2 verwandelt und ergibt 2. Die Modulus-Operation mit MOD liefert den
Rest einer Ganzzahldivision: 16.5 MOD 2.3344 ergibt den Rest
0; 17 MOD 2 ergibt 1 und 159 MOD 80 ergibt 79.

Zahlen bis zu 14 Stellen gibt der Computer in gewohnter Darstellung aus. Große Zahlen über 14 Stellen und kleine Zahlen werden in der Exponentialdarstellung ausgegeben. Hierzu vier Beispiele:

```
  PRINT 30000000000000 /RET/    (=Eingabe: Zahl mit 14 Stellen)
   30000000000000              (=Ausgabe unverändert)
  Ok
  PRINT 300000000000000 /RET/   (=Eingabe: Zahl mit 15 Stellen)
   3E+14                        (=Ausgabe: 3 mal 10 hoch 14)
  Ok
  PRINT 0.03 /RET/              (=Eingabe: 2 Dezimalstellen)
   .03                          (=Ausgabe unverändert)
  Ok
  PRINT 0.003 /RET/             (=Eingabe: 3 Dezimalstellen)
   3E-03                        (=Ausgabe: 3 mal 10 hoch -3)
  Ok
```

Das "E" steht jeweils für Exponent als Hochzahl, wie z.B. bei:
- 3E+14 gleich "3 mal 10 hoch 14"
       gleich "eine 3 gefolgt von 14 Nullen".

- 3E-10 gleich "3 mal 10 hoch -10"
       gleich "3 mal 1 dividiert durch 3 hoch 10"
       gleich "3 mal 0.0000000001".

Tips zum Abkürzen und Verwechseln:
Das Anweisungswort PRINT läßt sich durch das Fragezeichen abkürzen. "PRINT 3/6" können wir damit kürzer als "? 3/6" eingeben. Auch der MSX-Computer kürzt ab: so gibt er die Zahl 0.03 kurz als ".03" aus.
Wird das "O (Oh)" anstelle der "0 (Null)" eingetippt, verarbeitet ein MSX-Computer diesen Buchstaben (Oh) getrennt.

```
  ? 3/6                        (=Eingabe mit ? für PRINT)
   .5                          (=Ausgabe gekürzt: .5 gleich 0.5)
  Ok
  ? 3O                         (=Eingabe: keine Null, sondern O)
   3 O                         (=Ausgabe: Zeichen 3 und Zeichen O)
  Ok
```


2.1.2 Besondere Tasten zum Editieren

Bildschirm e d i t i e r e n bedeutet, Zeichen auf dem Bildschirm zu verändern. MSX-BASIC hat einen "Full Screen Editor" bzw. "Voll Bildschirm Editor", d.h. jedes Zeichen kann auf dem Bildschirm d i r e k t angesteuert und verändert werden. Zum Editieren dienen die Pfeiltasten und die 4 Tasten /CLR-HOME/, /BS/ bzw. / ⇐ =/, /DEL/ und /INS/.

Bildschirm l ö s c h e n mit /CLR-HOME/:
Drücken wir die Taste /CLR-HOME/ (bzw. /CLS/HM/ oder /HOME/),
so wandert der Cursor in die linke obere Ecke des Bildschirms.
Werden die Tasten /SHIFT/ und /CLR-HOME/ zusammen gedrückt (im
Buch wird dies mit /SHIFT/+/CLR-HOME/ dargestellt), so wird
zusätzlich noch der Bildschirm gelöscht, d.h. sauber gemacht.
Die Cursorposition 'links oben' nennt man oft 'Home-Position'.

C u r s o r s t e u e r u n g mit Pfeiltasten:
Jeder MSX-Computer weist vier separate Cursortasten auf, die
mit Pfeilen gekennzeichnet sind. Durch Drücken der Tasten

    /↓/   Cursor um eine Zeile nach unten
    /↑/   Cursor um eine Zeile nach oben
    /→/   Cursor um eine Stelle nach rechts
    /←/   Cursor um eine Stelle nach links

können wir mit dem Cursor jede Stelle auf dem Bildschirm ansteuern. Halten wir die Taste länger gedrückt, dann wiederholt
sich das Weiterrücken des Cursors automatisch (Auto-Repeat).
Am besten ist es, die vier Pfeiltasten auszuprobieren. Bleibt
die Taste /→/ gedrückt, bewegt sich der Cursor immer mehr nach
rechts, um bei Erreichen des Bildschirmrandes in der darunter-
liegenden Zeile fortzufahren.
Damit kann man die auf dem Bildschirm stehende Eingabe wiederholt zur Ausführung bringen oder korrigieren. Wir geben ein:

    /SHIFT/+/CLR-HOME/   (=Eingabe: Bildschirm sauber)
    ? 100+3 /RET/   (=Eingabe)
     103   (=Ausgabe des MSX-Computrs)
    Ok   (=Ausgabe)

Angenommen, die versehentlich getippte 100 soll zu 900 werden.
Mit der Pfeiltaste /↑/ gehen wir mit dem Cursor hoch bis zum
"?". Dann bewegen wir den Cursor mittels /→/ nach rechts bis
auf die "1". Abschließend wird 9 /RET/ getippt; auf dem Bild-
Bildschirm steht nun:

    ? 900+3 /RET/   (=korrigierte Eingabe)
     903   (=Ausgabe)
    Ok   (=Ausgabe)

Wichtig ist, daß beim Betätigen der /RET/-Taste a l l e in
der jeweiligen Zeile stehenden Zeichen zum MSX-Computer 'ab-
geschickt' werden - auch die ggf. rechts neben /RET/ stehenden
Zeichen (im obigen Beispiel also die vier Zeichen "00+3"). Die
Eingabezeile umfaßt alle Zeichen vom Zeilenbeginn bis zum Ab-
schluß durch /RET/ und kann bis zu 255 Zeichen lang sein. Eine
Eingabezeile kann somit länger sein als die Bildschirmzeile.

K o r r i g i e r e n von Zeichen mit /BS/ bzw. /←=/:
Die Rücktaste /BS/ (für BackSpace), die auch mit einen großen
Linkspfeil gekennzeichnet sein kann, löscht Zeichen. Wir tip-

pen 100+3 ein und drücken dann einmal kurz /BS/:

   ? 100+3 /BS/

Die zuletzt eingetippte 3 wird gelöscht; wir können 4 /RET/
eingeben und erhalten dann 104 als Ergebnis der Korrektur.
Auf diese Weise kann man mit /BS/ auch die letzten 2, 3, 4, ..
Zeichen korrigieren: /BS/ 'rollt eine Zeile von hinten auf'.

L ö s c h e n eines Zeichens mit /DEL/:
Wir   geben die PRINT-Anweisung (PRINT durch das "?" abgekürzt)

   ? 123455678   (ohne /RET/ !)

ein. Der Cursor steht hinter der 8 . Wir wollen die versehentlich doppelt getippte 5 löschen. Durch die Taste /←/ wird der
Cursor nach links auf die zweite 5 gesteuert, um dann diese 5
durch einmaliges Drücken von /DEL/ zu löschen. Die Zeichen 678
werden dadurch um eine Stelle nach links verschoben. Bleibt
die /DEL/-Taste gedrückt, werden nach und nach alle rechts von
der Cursorposition stehenden zeichen gelöscht. Die Aufschrift
schrift DEL steht für DELete bzw. Löschen, Zerstören.

Die Tasten /BS/ und /DEL/ dienen beide dem Löschen von Zeichen
und unterscheiden sich wie folgt: bei /BS/ wandert der Cursor
nach links, während der bei /DEL/ stehen bleibt.

E i n f ü g e n eines Zeichens mit /INS/:
Nach dem Eintippen von

   ? 124567890   (ohne /RET/)

steht der Cursor hinter der 0 . Die 3 ist nun einzufügen. Dazu steuern wir den Cursor mit der Pfeiltaste /←/ links bis auf
die 4. Durch Eintippen von /INS/ gelangen wir in den Insert-
bzw. Einfüge-Modus. Durch Eingabe von 3 werden die nachfolgen-
den Ziffern 4567890 um eine Stelle nach rechts verschoben und
die 3 an der Cursorposition eingefügt. Am Bildschirm steht nun
1234567890. Durch erneutes Drücken von /INS/ kann der Insert-
Modus verlassen werden.
Sollen noch weitere Zeichen hinter die 3 eingefügt werden,
darf der Insert-Modus eben erst später verlassen werden.

/CTRL/-Tasten zum E d i t i e r e n :
Ergänzend zu den Spezialtasten bietet MSX-BASIC folgende Edi-
tierhilfen, die durch Drücken der /CTRL/-Taste gemeinsam mit
dem entsprechenden Buchstaben erzeugt werden:

- /CTRL/+"E" Zeile rechts von der Cursorposition abschneiden
- /CTRL/+"J" Zur nächsten Zeile gehen
- /CTRL/+"N" Ans Ende der Zeile gehen
- /CTRL/+"U" Zeile löschen und vorne stehenbleiben
- /CTRL/+"B" Zurück zum vorhergehenden Wort gehen
- /CTRL/+"F" Weiter zum nächsten Wort gehen

/↓/, /↑/, /←/, /→/	Vier Pfeiltasten zur Cursorsteuerung
/CLR-HOME/	Taste zum Löschen des Bildschirminhaltes
/BS/ bzw. / ⇐=/	Rücktaste (BackSpace) zum Löschen
/DEL/	Löschtaste (DELete) zum Zerstören
/INS/	Einfügetaste (INSert), erneutes Drücken von /INS/ zum Verlassen des Insert-Modus
/CTRL/+...	Editierhilfen: /CTRL/ mit anderer Taste

Besondere Tasten zum Editieren von Text auf dem Bildschirm

2.1.3 Text im direkten Dialog

Bislang haben wir nur Zahlen - bestehend aus Ziffern, ggf. mit Dezimalpunkt und Vorzeichen - eingegeben. Zahlen werden häufig als n u m e r i s c h e D a t e n bezeichnet.
Neben den numerischen Daten können MSX-Computer auch Daten wie "BASIC-WEGWEISER", "Lena ist hier." und "!!RABATT 3%!!" verarbeiten. Diese Daten heißen T e x t d a t e n . MSX-BASIC erkennt Textdaten daran, daß sie zwischen Gänsefüßchen stehen:

     ".....Text....."   (Text zwischen den Gänsefüßchen)

Welche Buchstaben, Ziffern und/oder Sonderzeichen dabei zwischen den "   " stehen, spielt keine Rolle. Dazu folgende Beispiele:

```
? "WEGWEISER"              (=Eingabe: Text mit 9 Zeichen)
WEGWEISER                  (=Ausgabe ohne die Gänsefüßchen)
Ok
? "       WEGWEISER"       (=Eingabe: Text mit 15 Zeichen)
        WEGWEISER          (=Ausgabe: zuerst die 6 Blanks)
Ok
?        "WEGWEISER"       (=Eingabe: Text mit 9 Zeichen)
WEGWEISER                  (=Ausgabe: Nur Blanks in " " zählen)
Ok
? "BASIC"+"-WEGWEISER"     (=Eingabe: "+" verknüpft zwei Texte)
BASIC-WEGWEISER            (=Ausgabe: Ein Text mit 15 Zeichen)
Ok
? "3" + "100"              (=Eingabe: "+" verknüpft zwei Texte)
3100                       (=Ausgabe: Text mit 4 Zeichen)
Ok
? "3" / "100"              (=Eingabe: Division / unzulässig)
?Type mismatch             (=Ausgabe: Fehlermeldung)
Ok
? LEFT$("Wegweiser",3)     (=Eingabe: Links 3 Zeichen nehmen)
Weg                        (=Ausgabe: Text mit 3 Zeichen)
Ok
```

Erklärung zum wiedergegebenen Dialog:

- Leerstellen (Blanks, Space) gelten auch als Zeichen und werden nur berücksichtigt, wenn sie innerhalb der " " stehen.

- "100" ist ein Textdatum, kein numerisches Datum. Der Versuch
  der Anwendung der Division mit "/" weist der MSX-Computer
  mit der Fehlermeldung 'Falscher Datentyp' ab.

- "+" bei Textdaten verknüpft, "+" bei numerischen Daten dagegen addiert.

- LEFT$ ist eine spezielle Anweisung zur Textverarbeitung, auf
  die in Abschnitt 3.3 eingegangen wird.

Textdaten werden häufig als Zeichendaten, Zeichenkettendaten
oder S t r i n g s bezeichnet. MSX-Computer eignen sich zur
Verarbeitung von Strings und numerischen Daten gleichermaßen;
wir können sie rechnen oder z.B. Briefe schreiben lassen.

2.1.4 NORMAL-, GRAPH- und CODE-Tastatur

Nach dem Einschalten des Computers wird von MSX-BASIC automatisch die NORMAL-Tastatur aktiviert: Drückt man eine Buchsta-
bentaste, erscheint dieser in Kleinschreibung. Soll ein Buchstabe groß geschrieben werden, so ist der Buchstabe gemeinsam
mit der /SHIFT/-Taste links unten zu drücken. Wird die Taste
/CAPS/ betätigt, erscheinen Großbuchstaben. Nochmaliges Drük-
ken von /CAPS/ (für CAPitalS bzw. Großbuchstaben) beendet diesen Modus.

Durch das Betätigen der /GRAPH/-Taste/ (für GRAPHic bzw. grafisch) wird die GRAPH-Tastatur aktiviert. Statt "a" erscheint
nun ein "waagerechter Balken" und statt "A" ein "senkrechter
Balken". Die Tastatur ist jetzt mit g r a f i s c h e n Sym-
bolen belegt. Durch erneutes Drücken der /GRAPH/-Taste kehrt
man wieder zur NORMAL-Tastatur zurück.

Über die /CODE/-Taste erreichen wir die CODE-Tastatur, in der
Tasten mit s p r a c h g e b u n d e n e n   Zeichen belegt
sind. Mit der "3" z.B. wird das "Paragraph-Zeichen" erreicht.
Die Umlaute "ä", "ö", "ü" und "ß" erreicht man über die CODE-
Tastatur durch folgende Eingaben:

Ergebnis:	Eingabe:	Ergebnis:	Eingabe:
ä	a	Ä	A
ö	f	Ö	F
ü	g	Ü	G
ß	7		

Die CODE-Tastatur wird durch erneutes Drücken der /CODE/-Taste
wieder verlassen.
Die GRAPH- und CODE-Taste ist bei einigen MSX-Computern nicht
- wie eben beschrieben - als 'Umschalttaste' ausgerüstet, sondern als 'Momenttaste'; man kehrt dann nach dem Loslassen einer
dieser beiden Tasten sofort wieder zur NORMAL-Tastatur zurück.

2.1.5 Steuerung der Farbe auf dem Bildschirm

2.1.5.1 Schwarzweiß-Bildschirm

Wird der Computer mit einem Schwarzweiß-Bildschirm betrieben,
erscheint die Ausgabe in hellweißer Schrift auf dunklem Hintergrund. Durch Eingabe von COLOR 0 verschwindet der Cursor
am Bildschirm, da wir mit dieser Anweisung durch Farbnummer 0
für 'transparent' eingestellt haben. Durch COLOR 15 erscheint
die Schrift wieder. Die in der Abbildung wiedergegebenen 16
Zeichenfarben von MSX-BASIC können beim Schwarzweiß-Bildschirm
nur insofern genutzt werden, als z.B. COLOR 3 (hellgrün) eine
mattere Tönung der Ausgabezeichen ergibt.

```
0 transparent     6 dunkelrot      11 hellgelb
1 schwarz         7 zyanblau       12 dunkelgrün
2 grün            8 rot            13 magentarot
3 hellgrün        9 hellrot        15 grau
4 dunkelblau     10 braun
5 hellblau
```

16 Farben von MSX-BASIC

Verwendet man die COLOR-Anweisung im Format

   COLOR /Farbnummer Vordergrund/, /Farbnummer Hintergrund/ ,

so erhält man mit der Eingabe von COLOR 15,1 weiße Zeichen
auf schwarzem Hintergrund und mit COLOR 1,15 schwarze Zeichen auf hellem Hintergrund. Mittels COLOR 15,4 gelangen wir
wieder zur Voreinstellung zurück, d.h. zum Zustand unmittelbar
nach dem Start des MSX-Systems: helle Schrift auf dunklem Hintergrund.

2.1.5.2 Farb-Bildschirm

Benutzt man den Computer mit einem Farb-Bildschirm, so wird
nach dem Anschalten in weißer Schrift auf dunkelblauem Hintergrund ausgegeben: die Voreinstellung ist COLOR 15,4. Über die
Eingabe von COLOR 12,14 wird zu dunkelgrüner Schrift auf grau-
em Hintergrund und über COLOR 6,1 zu dunkelroter Schrift auf
schwarzem Hintergrund gewechselt.

2.1.6 Zwei Text-Modi und zwei Grafik-Modi

Direkt nach dem Einschalten des Computers und nach der Ausgabe der Meldung "MSX BASIC version ..." arbeitet das System im
T e x t - M o d u s 1 , der folgende Kennzeichen aufweist:

- Maximal 40 Zeichen auf jeder der 24 waagerechten Zeilen.
- Mit der Anweisung WIDTH /Zeilenbreite/ kann die Breite abge-
  ändert werden. Mit WIDTH 20 wird der Bildschirm z.B. schmal
  und mit WIDTH 40 erreicht man die maximale Breite.
- Unterscheidung von Vordergrund (Zeichen) und Hintergrund.
- COLOR 15,4 als Voreinstellung: Zeichenfarbe 15=weiß auf Hin-
  tergrund 4=dunkelblau.
- Die Anweisung SCREEN 0 stellt den Text-Modus 1 (wieder) ein.
- MSX-BASIC wählt den Text-Modus 1 als Voreinstellung.

Mittels SCREEN1 gelangt man in den T e x t - M o d u s 2.
Der Bildschirm wird gelöscht und anschließend erscheint wieder
die weiße Schrift auf dunkelblauem Hintergrund - aber umrahmt
von einem hellblauen Grenzbereich bzw. Rahmen. Hier die Abweichungen des Text-Modus 2 zum Text-Modus 1:

- Maximal 32 Zeichen je Zeile, also eine größere Schrift.
- Unterscheidung von Vorder- und Hintergrund zuzüglich Rahmen.
- COLOR (15,4,7) als Farb-Voreinstellung mit Zeichen 15=weiß,
  Hintergrund 4=dunkelblau und Rahmen 7=hellblau.
- Die Anweisung SCREEN 1 stellt den Text-Modus 2 ein.

Durch Eingabe der Anweisung SCREEN 2 schaltet MSX-BASIC in den
G r a f i k - M o d u s 1 um. Der Bildschirm ist jetzt in
Bildpunkte bzw. Pixel unterteilt: 256 Punkte nebeneinander bei
192 untereinander liegenden waagerechten Zeilen. Mit SCREEN 3
aktiviert man den Grafik-Modus 2. In den Grafik-Modi tritt an
die Stelle des Zeichens der Bildpunkt - auch Pixel genannt.
Auf die P i x e l - G r a f i k wird in Abschnitt 3.10 in
ausführlicher Form eingegangen.

Tippen wir /SHIFT/+/CLR-HOME/ ein, so wird der Bildschirm gelöscht. Schalten wir den Strom aus, dann ist auch der Hauptspeicher des Commodore gelöscht. .... alle Arbeit umsonst, da
nichts dauerhaft (z.B. auf einer Diskette) gespeichert wurde.
Sollen D a t e n (z.B. Adreßdaten) oder ein P r o g r a m m
(z.B. ein Programm zur Ermittlung des Benzinpreises) über eine
längere Zeit aufbewahrt werden, wird man sie außerhalb des RAM
z.B. auf Diskette (auch Floppy genannt) oder Kassette abspeichern. Dem Abspeichern eines Programmes auf Diskette sowie
Kassette wenden wir uns im folgenden Abschnitt 2.2 zu. Wir geben ein kleines Programm am Bildschirm ein, um es auszutesten
und dann zu speichern.

2.2 Das erste Programm auf Diskette speichern (Programm-Modus)

2.2.1 Schritt 1: MSX-Disk-BASIC starten

Es wird davon ausgegangen, daß an den MSX-Computer ein Bildschirm und ein leeres Diskettenlaufwerk (Floppydisk Drive) an-
schlossen sind. Alle Geräte sind ausgeschaltet. Nun wird in 5
Schritten vorgegangen:

1. Bildschirm einschalten.
2. Diskettenlaufwerk einschalten: Nach einem kurzen 'Geräusch'
   leuchtet die Betriebsanzeige auf.
3. Als l e t z t e Einheit den MSX-Computer einschalten. Zunächst erscheint die Meldung

```
   MSX system                         (Ausgabe des Computers)
   version ...
   Copyright 19.. by Microsoft
```

Nun prüft der Computer die Modul-Schlitze (Cartridge-Slots)
und findet das eingeschobene ROM-Modul mit dem Disketten-
interface. Das in diesem ROM enthaltene MSX-Disk-BASIC wird
aktiviert um dann diese meldung zu zeigen:

```
   Enter date (D-M-Y):                (Ausgabe des Computers)
```

4. Diese Aufforderung zur Eingabe des Datums kann entweder mit
   einer Datumseingabe (z.B. 21-03-85, 01-11-85) oder einfach
   mit dem Drücken der /RET/-Taste beantwortet werden.

```
   21-03-85  /RET/                    (Eingabe: Datum)
```

5. Die Betriebsbereitschaft von Computer und Diskettenlaufwerk
   wird durch die Meldung

```
   MSX BASIC version ...              (Ausgabe des Computers)
   Copyright 19.. by Microsoft
   24455 Bytes free
   Disk BASIC version ...
   Ok
   C
```

gemeldet. Das "Ok" ist das Bereitschaftszeichen von MSX-
Disk-BASIC und das "C" symbolisiert die Cursorposition.

Die Angabe von 24455 Bytes kann bei Ihrem Computer anders lau-
ten. Stellt man den 24455 Bytes bei MSX-Disk-BASIC die 28815
Bytes bei MSX-BASIC gegenüber (vgl. Abschnitt 2.1), dann zeigt
sich, daß MSX-Disk-BASIC mehr Speicherplatz im Hauptspeicher
beansprucht. MSX-Disk-BASIC umfaßt Zusatzbefehle für den Dis-
kettenzugriff und hat diese (teilweise) aus dem ROM des Inter-
face-Moduls in den Hauptspeicher geladen.
Im folgenden wird auch MSX-Disk-BASIC kurz als MSX-BASIC bzw.
BASIC bezeichnet.

2.2.2 Schritt 2: Leere Diskette formatieren

Disketten kann man kaufen - leer, unbespielt und für Computer
unterschiedlicher Fabrikate einsetzbar. Bevor wir darauf eigene Programme speichern können, müssen sie in die Form gebracht
werden (Einteilung der Diskettenoberfläche in kreisrunde Spuren und Sektoren als Spurabschnitte), die genau dem MSX-Computer und seinem Betriebssystem MSX-DOS entspricht. Das "in Form
bringen der Diskette" nennt man F o r m a t i e r e n . Dazu leiten wir mit der Anweisung CALL FORMAT folgenden Dialog
ein:

```
CALL FORMAT  /RET/           (Eingabe: FORMAT-Anweisung)
Drive name? (A,B)            (Ausgabe: A oder B als Name
                              des Diskettenlaufwerkes?)
A  /RET/                     (Eingabe: Laufwerk A)
Strike any key when ready    (Ausgabe: Drücke irgendeine Taste
                              wenn fertig)
... leere Diskette ins Laufwerk A einlegen und dann:
/RET/                        (Eingabe: z.B. Taste /RET/ drük-
                              ken, um mit dem Formatieren zu
                              beginnen)
... auf Diskette werden 80 Spuren formatiert: 80 mal 'Tick'.
Format complete              (Ausgabe: Formatierung beendet)
Ok                           (Ausgabe: Bereitschaftszeichen
                              von MSX-BASIC)
```

Die im Laufwerk befindliche Diskette ist nun z.B. in 80 kreisrunde Spuren mit je 9 Sektoren formatiert und kann Programme
und Daten bis zu einem Umfang von 360 KByte aufnehmen (die Angaben beziehen sich auf die 3.5"-Mikrodiskette).
Achtung: Versucht man, eine bereits beschriebene Diskette zu
formatieren, werden alle Eintragungen darauf z e r s t ö r t.

2.2.3 Schritt 3: Programm Zeile für Zeile eintippen

Als erstes eigenes Programm erstellen wir ein Programm namens
VERBRAU1, das folgendes Problem lösen soll:

"Benzinverbrauch beim Pkw: Ermittlung des Verbrauchs
 in Liter/100 km für eine Tankfüllung von 60 Litern".

Dazu wird das Programm in den Hauptspeicher eingetippt, getestet und anschließend auf der Diskette gespeichert.
Der Hauptspeicher (Arbeitsspeicher RAM) des Computers befindet
sich unter der Tastatur. In dieses 'Gedächtnis' kann man -ohne
Tricks- immer nur e i n Programm abspeichern bzw. eingeben.
Der RAM ist derzeit leer, nicht aber der Bildschirm. Dazu werden die Tasten /SHIFT/+/CLR-HOME/ gedrückt oder die Anweisung

CLS /RET/   (Eingabe: Bildschirm löschen)

eingegeben. CLS steht für "CLear Screen" bzw. "sauberer Bild-

schirm. Der Cursor steht links oben am Bildschirm unter dem
"Ok" als dem Promptzeichen von MSX-BASIC. Jetzt tippen wir
die ersten drei Zeilen ein, wobei am Ende jeder Zeile die Taste "RETURN" bzw. "ENTER" gedrückt wird (abgekürzt als /RET/).

```
10 LET T = 60 /RET/              (Eingabe: drei Programmzeilen)
20 PRINT "Eingabe: Gefahrene km" /RET/
30 INPUT K /RET/
```

Nach diesen ersten drei Programmzeilen wird eingegeben:

```
LIST /RET/                       (Eingabe)
```

Der Computer LISTet jetzt die drei Programmzeilen 10-30 auf,
wie er sie im Hauptspeicher abgespeichert hat. Der LIST-Befehl
dient dabei zur Kontrolle. Sind die drei Programmanweisungen
wie gewünscht abgespeichert? Falls nein: bitte nochmals tippen
10 LET T = ... usw. Falls ja: Wir tippen die anderen vier Programmzeilen 40-70 ein:

```
40 LET D = 100*T/K  /RET/        (Eingabe: vier Programmzeilen)
50 PRINT "Ausgabe: Liter/100 km" /RET/
60 PRINT D /RET/
70 END /RET/
```

Wenn nun erneut der Befehl

```
LIST /RET/
```

eingetippt wird, muß die komplette Anweisungsfolge in den Zeilen 10-70 am Bildschirm erscheinen und dann wiederum das "Ok"
als Bereitschaftszeichen des MSX-BASIC.

2.2.4 Schritt 4: Programm mit RUN ausführen lassen

Zur A u s f ü h r u n g des nun im Hauptspeicher RAM befindlichen Programmes tippt man den Befehl

```
RUN /RET/                        (Eingabe)
```

ein. Das Programm wird jetzt so ausgeführt, wie es dem Computer durch die Anweisungen in den Zeilen 10-70 befohlen wird.
Tippen wir z.B. 600 km ein, so zeigt sich der folgende Dialog
(auch Ausführung, Dialogprotokoll oder Programmlauf genannt):

```
RUN /RET/                        (Eingabe von uns)
Eingabe: Gefahrene km            (Ausgabe des Computers)
? 600 /RET/                      (Eingabe von uns)
Ausgabe: Liter/100 km            (Ausgabe des Computers)
  10                             (Ausgabe des Computers)
Ok                               (Ausgabe des Computers)
```

Wenn man mit einer Tankfüllung von 60 Litern genau 600 km weit
kommt (es wird beim Programm VERBRAU1 also stets angenommen,
daß der Tank vollständig leer gefahren wurde), dann entspricht
dies einem Durchschnittsverbrauch von exakt 10 Litern/100 km.

Codierung mit LIST und Ausführung mit RUN:
Die Gegenüberstellung von Codierung und Ausführung zu Programm
VERBRAU1 zeigt, daß die Zeilennummern 10 - 70, die Anweisungs-
worte LET (berechne), PRINT (gib aus), INPUT (gib ein) und
END, die Gänsefüßchen " " und alle Berechnungen mit LET beim
Ausführungsprotokoll nicht am Bildschirm erscheinen.
Wir können das im RAM gespeicherte Programm jetzt wiederholt
mittels RUN /RET/ laufen lassen: mit jeweils anderen Zahlen,
aber stets in der gleichen Anweisungsfolge Zeile 10,20,30, ...
Ein Hinweis: Der exakte Programmablauf wird in Abschnitt 3.1.1
erklärt.

Im RAM befinden sich nun e i n Programm namens VERBRAU1 und
die drei Variablen namens T, K und D. Das Programm stellen wir
uns als große Schachtel mit einer Anweisungsfolge als Inhalt
bzw. Wert (hier: 7 Anweisungen), die Variablen als Schachteln
mit Zahlen als Wert vor. Die Abbildung zeigt die drei Zustände
des RAM, in die dieser nach und nach versetzt wurde. Dabei ist
festzuhalten: der RAM kann jeweils nur e i n Programm, aber
m e h r e r e Variablen aufnehmen.

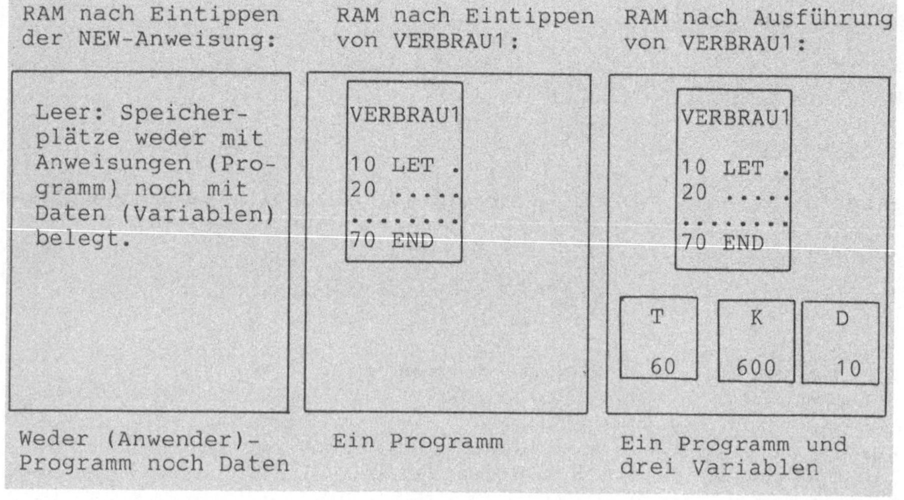

Speicherbelegung des Hauptspeichers (RAM) zu drei Zeitpunkten

Über die PRINT-Anweisung können wir uns die derzeitigen Werte
der Variablen natürlich auch im Direkt-Modus (o h n e Zeilennummer: statt z.B. 100 PRINT T also PRINT T) zeigen lassen:

```
PRINT T /RET/              (Eingabe von uns)
 60                        (Ausgabe des Computers)
Ok                         (Ausgabe des Computers)
PRINT K,D  /RET/           (Eingabe von uns)
 600        10             (Ausgabe des Computers)
Ok                         (Ausgabe des Computers)
```

In T ist 60 gespeichert und in K bzw. in D genau 600 bzw. 10.
Dabei geben wir PRINT ohne vorhergehende Zeilennummern ein, um
uns die Variablenwerte direkt PRINTen bzw. ausgeben zu lassen.
Da die PRINT-Anweisung nun direkt ausgeführt wird, spricht man
vom D i r e k t - M o d u s (vgl. Abschnitt 2.1).
Wird am Zeilenanfang eine Zeilennummer eingegeben, so ist der
indirekte Modus bzw. P r o g r a m m - M o d u s gewählt:
Die Anweisungen hinter den Zeilennummern werden abgespeichert
und später nach dem Eintippen von RUN entsprechend dieser Numerierung zur Ausführung gebracht.

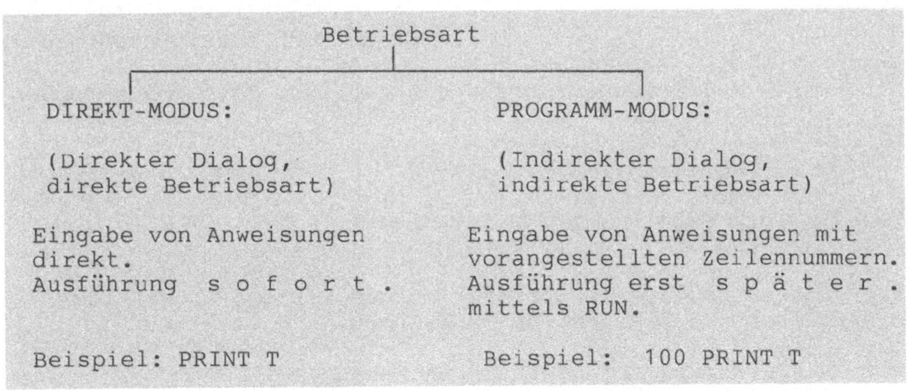

Direkt-Modus und Programm-Modus

2.2.5 Schritt 5: Programm mit SAVE auf Diskette erstmalig speichern

Bei Abschalten des Stromes (bitte nicht tun!) wäre das Programm verloren. Wir speichern deshalb eine Kopie des Programms
auf Diskette ab. Dazu dient die folgende SAVE-Anweisung:

```
SAVE "VERBRAU1"  /RET/        (Eingabe von uns)
Ok                            (Ausgabe: Bestätigung)
```

Nach Erlöschen der Hinweis-Lampe am Diskettenlaufwerk ist eine
Kopie des im Internspeicher RAM befindlichen Programms unter
dem Namen VERBRAU1 auf der Diskette als Externspeicher dauerhaft gespeichert. Schaltet man nun den Strom ab, so geht nur
das im RAM befindliche Programmoriginal verloren, nicht jedoch
die Kopie auf der Diskette (die ja geSAVEd bzw. gerettet ist).
Hinter dem Befehlswort SAVE wird der Programmname mit einer
von maximal a c h t   Z e i c h e n angegeben. Das letzte "
kann man auch weglassen und SAVE "VERBRAU1 eintippen.

Die Anweisungen SAVE "VERBRAU1" und SAVE "A:VERBRAU1" sind
identisch, da MSX-BASIC das Diskettenlaufwerk "A:" als Voreinstellung (Default) annimmt. Mit SAVE "B:VERBRAU1" würde das
Programm auf dem anderen Laufwerk "B:" sichergestellt.

Durch Eingabe der Anweisung FILES gibt der Computer ein Inhaltsverzeichnis aller gerade auf der eingelegten Diskette gespeicherten Programme aus:

```
FILES  /RET/                    (Eingabe)
VERBRAU1                        (Ausgabe: ein File)
Ok                              (Ausgabe: Promptzeichen)
```

Über die Funktion DSKF(1) erfährt man, wieviel KByte auf der
Diskette im Laufwerk "A:" frei sind (DSKF für: DiSK Free):

```
PRINT DSKF(1)  /RET/            (Eingabe: Wieviel KByte frei)
  350                           (Ausgabe: 350 KByte für den
Ok                               Benutzer derzeit noch frei)
```

Mit DSKF(2) wird entsprechend das Laufwerk "B:" angesprochen.

2.2.6 Schritt 6: Programm mit LOAD von Diskette laden

Wir tun nun so, als ob wir erst morgen mit der Arbeit fortfahren wollten und schalten den MSX-Computer aus:

1. Diskette aus dem Laufwerk entnehmen
2. Computer auschalten
3. Laufwerk ausschalten

Beim anschließenden Einschalten wird in umgekehrter Reihenfolge vorgegangen:

1. Laufwerk einschalten
2. Computer einschalten   (Computer z u l e t z t !)
3. Diskette einlegen

Der Hauptspeicher ist jetzt wieder leer. Um mit dem Programm
VERBRAU1 weiter arbeiten zu können, muß es von der Diskette in
den Hauptspeicher g e l a d e n werden. Das Kommando LOAD
übernimmt diese Aufgabe ('to load' bedeutet laden bzw. holen):

```
LOAD "VERBRAU"   /RET/         (Eingabe von uns)
File not found                 (Ausgabe: nicht gefunden)
LOAD "VERBRAU1"   /RET/        (Eingabe)
Ok                             (Ausgabe: Bestätigung)
```

Diese Anweisung sucht das Programm VERBRAU1 auf der Diskette
und lädt eine K o p i e davon in den RAM. Das Programmoriginal auf der Diskette bleibt somit unverändert erhalten. Durch
das Kommando LOAD "A:VERBRAU1" wird dasselbe bewirkt. Befindet sich das Programm auf einer Diskette im anderen Laufwerk
"B:", muß LOAD "B:VERBRAU1" eingegeben werden.

Das Programm VERBRAU1 steht im RAM wieder zur Verfügung: man
kann es mit RUN laufen, mit LIST auflisten lassen oder ändern
und dann erneut mit SAVE abspeichern.

2.2.7 Schritt 7: Programm mit SAVE auf Diskette überschreiben

Wir wollen das Programm VERBRAU1   durch eine   PRINT-Anweisung
erweitern und das so geänderte Programm unter demselben Namen
erneut auf Diskette speichern:

```
CLS   /RET/                    (Eingabe: Bildschirm löschen)
Ok
LIST  /RET/                    (Eingabe: Listing zeigen lassen)
Ok
```

Das Listing von VERBRAU1 steht oben am Bildschirm. Jetzt wird
als zusätzliche Anweisung

```
15 PRINT "Durchschnittsverbrauch ermitteln"  /RET/
```

eingegeben und der Ablauf mit RUNG getestet. Wie das anschließende LISTing zeigt, wurde die Anweisung mit Zeilennummer 15
wie beabsichtigt zwischen den Zeilen 10 und 20 angeordnet. Mit

```
SAVE "VERBRAU1"            (Eingabe: Programm überschreiben)
Ok                        (Ausgabe: Bestätigung)
```

wird das Programm erneut gespeichert. Da SAVE auf der Diskette bereits ein Programm mit demselben Namen VERBRAU1 findet,
wird es durch das zwischenzeitlich im Hauptspeicher geänderte
Programm überschrieben. Ü b e r s c h r e i b e n beinhaltet,
die 'alte' Programmversion zu zerstören, um die 'neue' Version
dafür abzuspeichern.

2.3 Das erste Programm auf Kassette speichern (Programm-Modus)

2.3.1 Schritt 1: MSX-BASIC starten

Soll ein Kassetten-Recorder zur Speicherung des Programms verwendet werden, so ist dieser an den Computer anzuschließen,
b e v o r die Geräte eingeschaltet und programmiert werden.
Ist der Recorder angeschlossen (jeder MSX-Computer hat einen
'normalen' Diodenstecker mit 5 Pins), wird so vorgegangen:

```
1. Bildschirm einschalten.
2. Kassetten-Recorder einschalten.
3. MSX-Computer einschalten.
```

Nun erscheint zunächst die Meldung

```
MSX system
version ...
Copyright 19.. by Microsoft
```

und nach Abfrage der leeren Modulschlitze (Cartridge Slots)
diese weitere Meldung:

    MSX BASIC version ...
    Copyright 19.. by Microsoft
    28815 Bytes free   (28815 als Beispiel)
    Ok
    C

Der Computer ist bereit, um in MSX-BASIC programmiert zu werden. Ob der MSX-Computer mit oder ohne Kassetten-Recorder betrieben wird - die Systemmeldungen stimmen überein (vergleiche
die Abschnitte 2.1 und 2.3).

2.3.2 Schritt 2: Programm Zeile für Zeile eintippen

Das Eingabe des Programmes VERBRAU1 in den Hauptspeicher läuft
genauso ab wie in Abschnitt 2.2.3: Ob das Programm später auf
Diskette oder auf Kassette gespeichert wird - das Vorgehen bei
der Eingabe und Ausführung eines Programmes ist identisch.

2.3.3 Schritt 3: Programm mit RUN ausführen lassen

Die Programmausführung läuft ebenso ab wie in Abschnitt 2.2.4.

2.3.4 Schritt 4: Programm mit CSAVE auf Kassette speichern

Um das Programm VERBRAU1 auf Kassette abzuspeichern, geht   man
wie folgt in zwei Schritten vor:

  1. Leere Kassette in den Recorder einlegen und die Kassette
     ganz zurückspulen. Anschließend den Recorder auf Aufnahme
     stellen, d.h. die Tasten /REC/ und /START/ gleichzeitig
     drücken. Der Recorder 'wartet' auf das Programm.

  2. Am MSX-Computer das Kommando CSAVE in der Form

       CSAVE "VERBRAU1" /RET/   (Eingabe)

     eingeben. Daraufhin wird eine Kopie von Programm VERBRAU1
     vom Hauptspeicher auf die Kassette übertragen. Das Origi-
     nal von VERBRAU1 steht natürlich weiterhin im Hauptspei-
     cher. Nach dem Ende der Programmübertragung auf Kassette
     erscheint am Bildschirm wieder das "Ok" von MSX-BASIC.

2.3.5 Schritt 5: Programm mit CLOAD von Kassette laden

Das Programm VERBRAU1 ist nun zweifach gespeichert: kurzzeitig
im Hauptspeicher und dauerhaft auf Kassette. Um das Programm
im Hauptspeicher zu löschen, geben wir das Kommando

```
NEW  /RET/                              (Eingabe)
```

ein. Eine Programmausführung durch Eingabe von RUN ist jetzt
nicht mehr möglich. Dazu muß das Programm VERBRAU1 zuerst von
der Kassette in den Hauptspeicher geladen werden. Dafür bietet
MSX-BASIC das Kommando CLOAD an. Das Laden des Programms vollzieht sich wie folgt wiederum in zwei Schritten:

1. Kassette im Recorder bis an den Anfang zurückspulen und
   dann die Wiedergabetaste /START/ bzw. /PLAY/ drücken.

2. An der Tastatur des Computers das Kommando

```
   CLOAD "VERBRAU1"  /RET/         (Eingabe)
```

   eintippen. Nach kurzer Zeit bestätigt der Computer durch
   der Meldung

```
   FOUND (VERBRAU1),                  (Ausgabe des Computers)
```

   daß das Programm VERBRAU1 auf Kassette gefunden und eine
   Kopie davon in den Hauptspeicher übertragen worden ist.

Am Bildschirm steht wieder das "Ok". Das Programm VERBRAU1 befindet sich im Hauptspeicher und kann bearbeitet werden: Programmausführung mit RUN, Listing mit LIST, Änderung, Neuspeicherung mit CSAVE usw.

Statt CLOAD "VERBRAU1" kann auch kurz CLOAD eingegeben werden: der Computer sucht dann das e r s t e Programm auf der
Kassette.

Befindet sich vor VERBRAU1 noch ein Programm namens TEST23 auf
der Kassette, wird nach der Eingabe von CLOAD "VERBRAU1" zunächst die Meldung SKIP (TEST23) ausgegeben (skip für über-
springen) und dann erst die Meldung FOUND (VERBRAU1).

Im Gegensatz zur Diskette ist bei der Kassette ein Überschreiben eines Programms n i c h t möglich. So wird das Programm
VERBRAU1 nach einer Erweiterung auf die Kassette mit CSAVE an
eine andere weiter hinten befindliche Stelle abgespeichert.

2.4 Befehlsverzeichnis des MSX-BASIC

Die folgende Kurzbeschreibung der Programmiersprache MSX-BASIC
orientiert sich an Beispielen. Dies gilt für die Beschreibung
der D a t e n wie auch der B e f e h l e, die MSX-BASIC dem
Benutzer bereitstellt.
Wir beziehen uns dabei auf die allgemeine Darstellung der Datenstrukturen und Programmstrukturen von Abschnitt 1.3.

2.4.1 Konstante und variable Daten

2.4.1.1   Konstanten

MSX-BASIC kennt die Datentypen INTEGER (Ganzzahl), REAL (Dezimalzahl) und STRING (Zeichenkette, Text). Dementsprechend gibt
es auch drei Typen von K o n s t a n t e n , also drei Typen
von Daten, die während des Programmlaufes unverändert bleiben:
INTEGER-Konstanten, REAL-Konstanten und STRING-Konstanten. Die
REAL-Zahlen können einfach (!) oder doppelt genau (#) vereinbart sein.

Datentyp:	Kennzeichen:	Speicher- platz:	Beispiele:
INTEGER	-32768 bis 32767	2 Bytes	321, -10000, -1
REAL- einfach-genau	Ausrufungszeichen ! oder E (Exponent) oder Punkt mit max. 6 Stellen	4 Bytes	999182! -11111! 3.1E8 3E9 5543.11 .752 0.00002 -0.097
REAL- doppelt-genau	Numeruszeichen # oder D (Doppelt) oder über 6 Stellen	8 Bytes	728# 32.443421# 3.1D8 4D-5 12345678900
STRING	Max. 255 Zeichen zwischen " "	3 Bytes + Anzahl	"DM-BETRAG" "*" "12" "Ergebnis"

Numerische (INTEGER,REAL) und Textkonstanten (STRING)

Eine REAL-Konstante kann entweder als Fixpunkt-Konstante mit
einem Dezimalpunkt (z.B. 200.751) oder als Fließpunkt-Konstan-
te mit dem Exponentzeichen "E" bzw. "D" (z.B. 3.1E8 = 3.1*10^8
= 310000000) dargestellt werden.
Zahlen vom Datentyp 'REAL-einfach-genau' werden mit 6 Stellen
Genauigkeit verarbeitet gegenüber 14 Stellen Genauigkeit beim
Typ 'REAL-doppelt-genau'.

Neben diesen Dezimal-Konstanten   kennt MSX-BASIC hexadezimale,
oktale und binäre Konstanten:

- H e x a d e z i m a l e Konstanten werden durch das Prefix
  "&H" gekennzeichnet. Zwei Beispiele: "&HE" ist "HEX E" bzw.
  "DEZIMAL 14". "&HFFFF" ist "HEX FFFF" bzw. "DEZIMAL 65535".
  Es gibt 16 HEX-Zeichen: 0,1,2,3,4,5,6,7,8,9,A,B,C,D,E und F.

- O k t a l e Konstanten basieren auf dem 8er-Zahlensystem.
  Sie sind am Prefix "&O" erkennbar. Ein Beispiel: "&O64" ergibt "DEZIMAL 52", da 6*8hoch1 + 4*8hoch0 die Summe 48 + 4
  bzw. 52 ergibt.

- B i n ä r e Konstanten enthalten nur die Binärzeichen 0 und
  1 und werden durch das Prefix "&B" gekennzeichnet. Ein Beispiel: "&B11010001" besteht aus acht Binärzeichen.

2.4.1.2 Variablen für einfache Datentypen

Jede Variable hat einen Namen, einen Datentyp und einen Wert,
der sich ändern kann und somit variabel ist (Abschnitt 1.3.4).
Wie für Konstanten unterscheidet MSX-BASIC auch für Variablen
die vier Typen INTEGER, REAL-einfach-genau, REAL-doppelt-genau
und STRING.

Datentyp:	Typzeichen:	Beispiele für Variablennamen:		
INTEGER	%	I%	ZINSTEILER% A33%	SATZNR%
REAL-einfach-genau	!	DM! LISTING! A.1!	B18554!	A3!
REAL-doppelt-genau	#	MULTIPLIKATOR#	A# A.1#	A3
STRING	$	NAME$ A.1$	BEZEICHNUNG$	FILE$

Numerische Variablen (INTEGER,REAL) und Textvariablen (STRING)

Geben wir keines der Datentypzeichen %, !, # und $ am Ende des
Variablennamens an, dann nimmt MSX-BASIC automatisch REAL-doppelt-genau als Datentyp an. In der Abbildung wird die Variable
A3 deshalb als A3# eingeordnet.
Außer dem Typzeichen können wir unsere Variablennamen beliebig
wählen - vorausgesetzt, sie beginnen mit einem Buchstaben und
unterscheiden sich in den ersten z w e i Zeichen (A3 und A41
werden unterschieden, A3 und A31 hingegen nicht).

MSX-BASIC verfügt über r e s e r v i e r t e Worte wie LIST,
GOSUB, COMMON oder PRINT. In Abschnitt 2.4.2 sind diese Worte
für Anweisungen usw. wiedergegeben. Verwenden wir solche Worte
als Variablennamen, so führt dies zwangsläufig zu Fehlern. Woher soll MSX-BASIC auch wissen, wann z.B. LIST als Variable
zu gelten hat und wann als Befehl zum Auflisten des Programms?

Das Einrichten von Variablen heißt V e r e i n b a r u n g
(Abschnitt 1.3.4.2). In MSX-BASIC sind hierzu zwei Formen zu
unterscheiden: die implizite und die explizite Vereinbarung.
Bei der i m p l i z i t e n V e r e i n b a r u n g teilen
wir durch Angabe des Typzeichens den Datentyp mit. So soll M$
STRINGs aufnehmen können (Typzeichen $), M! aber REAL-Zahlen
(Typzeichen !).
Bei der e x p l i z i t e n V e r e i n b a r u n g kommen
wir ohne die Typzeichen %, !, # und $ aus, da zu Beginn eines
Programmes ausdrücklich (explizit) durch die vier Anweisungen
DEFINT, DEFSNG, DEFDBL bzw. DEFSTR vereinbart wird, welche Da-
tentypen nun welchen Variablen zugrundegelegt werden.

```
100 DEFINT A, NR    Die Variablen A und NR werden als
                    INTEGER-Variablen vereinbart.

110 DEFSNG M, X-Z   Variablen, die mit M beginnen oder mit
                    X bis Z, sind vom Typ REAL-einfach-genau.

120 DEFDBL B-C      Variablen, die mit B oder C beginnen,
                    sind vom Typ REAL-doppelt-genau.

130 DEFSTR T        Variablen, deren Namen mit T beginnen,
                    sind vom Typ STRING.
```

Explizite Vereinbarung mit DEFINT, DEFSGN, DEFDBL und DEFSTR

Beide Arten der Vereinbarung können in ein und demselben Programm angewendet werden.

2.4.1.3 Variablen für Datenstrukturen

Bei den Variablen für einfache Datentypen wird jeweils nur
e i n Datum als Variable gespeichert, bei den Variablen für
strukturierte Datentypen bzw. Datenstrukturen sind es mehrere
Daten (vgl. Abschnitt 1.3.2).
In MSX-BASIC stehen uns die Datenstrukturen ARRAY bzw. Tabelle
und FILE bzw. Datei zur Verfügung.

A r r a y s (oft auch Tabellen, Felder, Bereiche, Listen oder
Vektoren/Matrizen genannt) umfassen mehrere Elemente vom gleichen Datentyp. Entsprechend können INTEGER-ARRAYs, REAL-ARRAYs
und STRING-ARRAYs vereinbart werden. Zur Vereinbarung der Dimension dient die DIM-Anweisung.

Zum F i l e (Datei) als zweiter Datenstruktur. MSX-BASIC unterstützt zwei Dateiarten: die s e q u e n t i e l l e Datei
mit Reihenfolgezugriff und die D i r e k t z u g r i f f -
Datei mit Random- bzw. wahlfreiem Zugriff.

```
100 DIM L%(30)          1-dimensionaler INTEGER-ARRAY zur Auf-
                        nahme von 31 Ganzzahlen an den Stellen
                        0,1,2,3,...,30. Name des Arrays: L%.

100 DIM S#(2,6)         2-dimensionaler REAL-ARRAY zu 3 Zeilen
                        und 7 Spalten, d.h. 21 Elementen.

100 DIM B$(2,3,4)       3-dimensionaler STRING-ARRAY mit 3*4*5
                        =60 Elementen zu je 255 Zeichen max..

100 DIM M!(A%)          1-dimensionaler REAL-ARRAY mit A% Ele-
                        menten; Index (hier A%) stets INTEGER.
```

INTEGER-ARRAY, REAL-ARRAY und STRING-ARRAY

2.4.2 Anweisungen, Kommandos, Funktionen und Systemvariablen

Im folgenden werden sämtliche Befehle (Anweisungen, Kommandos
bzw. Funktionen) und Systemvariablen von MSX-MASIC in alphabe-
tischer Reihenfolge geordnet zusammengefaßt:

- BASIC-Anweisungen werden zumeist innerhalb eines Programmes
  mit einer vorangestellten Zeilennumer angegeben wie z.B. die
  Anweisung 100 PRINT "MSX" zur Ausgabe des Textes "MSX".

- Benutzer-Kommandos werden zumeist zur sofortigen Ausführung
  eingetippt wie z.B. das Kommando LIST zum Auflisten des gerade im Hauptspeicher befindlichen Programms.

- Funktionen werden zusammen mit BASIC-Anweisungen angegeben
  wie z.B. die Funktion RND(1) zum Erzeugen einer Zufallszahl
  in der Anweisung 100 PRINT "ZUFALLSZAHL:"; RND(1) .

- Systemvariablen werden ebenfalls zusammen mit BASIC-Anweisungen genannt wie z.B. die Systemvariable ERR (enthält eine
  Fehlernummer) in der Anweisung 100 PRINT "FEHLER:"; ERR .

K o m m a n d o s   und A n w e i s u n g e n   unterscheiden
sich darin, daß ein Kommando nach der Ausführung stets in die
Kommando-Ebene von MSX-BASIC zurückkehrt, d.h. in die Ebene,
in der vom Benutzer die Eingabe eines Befehles erwartet wird.
Dazu zwei Programmbeispiele:

```
10 PRINT "Vier Anweisungen"     10 PRINT "Drei Anweisungen"
20 PRINT "sind in"              20 LIST
30 PRINT "diesem Programm."     30 PRINT "und ein Kommando."
40 END                          40 END
```

Läßt man das linke Programm laufen, werden alle vier Zeilen
ausgeführt. Beim rechten Programm hingegen werden die letzten
beiden Zeilen 30 und 40 nie ausgeführt, da LIST als Kommando
nach dem Auflisten sofort zur Komando-Ebene zurückkehrt.

Anweisungen und Kommandos können beide im Direkt-Modus und im
Programm-Modus eingesetzt werden.

MSX-BASIC kennt folgende K o m m a n d o s :
AUTO, BLOAD/BSAVE, CLOAD/CSAVE, CONT, DELETE, LIST/LLIST, NEW,
RENUM, RUN, SAVE/LOAD/MERGE und TRON/TROFF.

In der folgenden alphabetisch geordneten Übersicht wird zu jedem Befehl ein Beispiel angegeben (genauere Erläuterungen zu
den Befehlen finden Sie Programmierkurs von Abschnitt 3). Die
Übersicht gliedert sich in:
        2.4.2.1   Elementare Anweisungen und Kommandos
        2.4.2.2   Elementare Funktionen und Systemvariablen
        2.4.2.3   Zugriff auf Peripherie-Geräte:
                  Diskette, Kassette, Drucker, Joystick
        2.4.2.4   Grafik und Musik

2.4.2.1 Elementare Anweisungen und Kommandos

A U T O
   (Automatische Zeilennumerierung):
   AUTO 100   Programm neu numerieren: 100,110,120,...

C L E A R
   (Numerische und Stringvariablen auf null bzw. 'leer' setzen)
   40 CLEAR   Werte aller variablen im RAM gelöscht.

C L S
   (Bildschirm löschen)

C O N T
   (Ausführung fortsetzen):
   CONT   Ausführung fortsetzen mit Zeile der Unterbrechung.
           Unterbrechung durch /CTRL/+/STOP/ oder durch die
           Anweisungen STOP bzw. END.

D A T A
   (Daten im Programm speichern):
   100 DATA 22,"DM/STD" Daten kön programmintern speichern und
   110 READ D,D$ nach D (22) und D$ ("DM/STD") lesen.

D E F   F N ...
   (Definieren einer Funktion):
   100 DEF FNDOPPEL(X)=X*2 Definition der Funktion FNDOPPEL,
   110 PRINT FNDOPPEL(A)   die bei Aufruf Wert A verdoppelt.

D E L E T E
    (Zeilen des im RAM befindlichen Programmes löschen):
    DELETE 100-140   Zeilen von 100 bis 140 löschen.
    DELETE -95   Alle Zeilen bis Zeile 95 löschen.

D I M
    (Dimensionieren von Arrays):
    100 DIM M(3,8)   REAL-Array M mit 4 Zeilen/9 Spalten und
    110 DIM A$(9),B$(9) zwei STRING-Arrays (10 Stellen).

E N D
    (Beenden der Programmausführung und alle Dateien schließen):
    END   Ausführung des Progamms beenden.

E R A S E
    (Mit DIM vereinbarte Arrays im RAM löschen):
    100 ERASE X,G$ Früher mit DIM X(20),G$(15) vereinbarte
                        Arrays löschen (erneutes DIM möglich).

E R R O R
    (Eigene Fehlercodes zwischen 60 und 255 definieren):
    100 IF X=0 THEN ERROR 200   Fehlercode 200 definiert.

F O R - N E X T
    (Zählerschleife):
    100 FOR I=1 TO 10 STEP 2   Zählerschleife gibt Werte 1,3,5,7
    110 PRINT I : NEXT I   und 9 der Laufvariablen I aus.

G O S U B - R E T U R N
    (Unterprogrammsteuerung):
    100 GOSUB 2000   Unterprogramm ab Zeile 2000 aufrufen, aus-
    110 ...   führen und mit RETURN nach Folgezeile 110.

G O T O
    (Unbedingte Verzweigung):
    100 GOTO 350   Von Zeile 100 (unbedingt) zu 350 verzweigen.

I F - T H E N
    (Verzweigung nach Entscheidung: einseitige Auswahl):
    100 IF G=3 GOTO 350   Wenn N=3, dann nach 350 verzweigen.
    100 IF G=3 THEN 350   Verzweigung wie mit GOTO.
    100 IF A$="JA" THEN PRINT "Richtig"   Ausgabe im Fall "JA".

I F - T H E N - E L S E
    (Verzweigung nach Entscheidung: zweiseitige Auswahl):
    100 IF N=9 THEN 600 ELSE 800   Wenn N=9, dann nach 600
                                    verzweigen, sonst nach 800.

I N P U T
    (Eingabe über Tastatur):
    100 INPUT A   Tastatureingabe nach A zuweisen.
    100 INPUT "Welche Zahl";A Eingabeaufforderung zusätzlich.
    100 INPUT N,D,W$ Zahlen und ein STRING als Eingabe

I N P U T $ (X)
    (Eingabe von X Zeichen über die Tastatur):
    100 LET E$=INPUT$(1)   Warten und Zeichen nach E$ bringen.

I N T E R V A L ON/OFF/STOP
(Zeitintervall starten, beenden oder vorläufig stoppen):
INTERVAL ON   Ab jetzt verzweigt ON INTERVAL GOSUB ... .

K E Y
(Belegung einer der 10 Funktionstasten ändern):
KEY 5,"TEST"   Funkionstaste 5 mit dem String "TEST" belegen.

K E Y L I S T
(Belegung der 10 Funktionstasten anzeigen)

K E Y ON/OFF
(Funktionsbelegung in unterer Bildschirmzeile 24 an/aus)

K E Y (X) ON/OFF/STOP
(Funktionstastenprüfung akivieren für Abfrage ON KEY GOSUB)
100 KEY(4) ON   Bei Drücken der Funktionstaste 4
400 ON KEY GOSUB 1000   ins Unterprogramm 1000 verzweigen.

L E T
(Wertzuweisung):
100 LET K=5   Wert 5 der Variablen K zuweisen.
100 LET K=K+5   Wert von K um 5 erhöhen.
100 LET Z=K*P*T/(100*360)   Wert berechnen und Z zuweisen.

L I N E   I N P U T
(Eingabezeile von maximal 254 Zeichen eingeben):
100 LINE INPUT "Eingabe?";ZEILE$

L I S T
(Auflisten der BASIC-Codierung):
LIST   Alle Zeilen des Programms im RAM auflisten.
LIST 170   Nur die Zeile 170 auflisten.
LIST 50- LIST -50 LIST 50-300   Listen von, bis, von-bis.

L L I S T
(Wie LIST, aber mit Ausgabe auf den Drucker)

L O C A T E
(Cursorpositionierung in Text-Modi 1 und 2):
100 LOCATE 0,0   Cursor oben links (Spalte 0, Zeile 0).
100 LOCATE 39,23 Cursor rechts unten (Spalte 39, Zeile 23).

L P R I N T
(Wie PRINT, aber mit Ausgabe auf den Drucker)

M I D $
100 LET NAM$="TIBEMANN"
110 LET MID$("NAM$",3)="LL" Aus "TIBEMANN" wird "TILLMANN".

N E W
(Löschen des Hauptspeichers):
NEW   Im RAM befindliches Programm und Variablen löschen.

O N E R R O R G O T O
(Beginn einer Routine zur Fehlerbehandlung festlegen)

```
O N   -   G O S U B
    (Fallabfrage mit Unterprogrammaufruf):
    100 ON W GOSUB 1000,2000,3000     Für W=1 ins Upro nach 1000,
    110 ...  für W=2 nach 2000 und für W=3 nach 3000 verzweigen.

O N   -   G O T O
    (Fallabfrage mit Verzweigung):
    100 ON E GOTO 10,30,70    Für E=1 nach 10 verzweigen, für E=2
    110 ...   nach 30, für E=3 nach 70, für E=0 nach Folgezeile.

O N   I N T E R V A L   G O S U B
    (Bei Ablauf einer Zeitspanne in ein Unterprogramm gehen):
    100 ON INTERVAL=500 GOSUB 2000     Zeitzähler wird jede
    900 PRINT "10 Sekunden vergangen."     1/50 Sek. um 1 erhöht.

O N   K E Y   G O S U B
    (Bei Drücken der aktivierten Funktionstasten verzweigen):
    100 ON KEY GOSUB 1000,,1700    Für Taste 1 nach 1000 und
    110 KEY(1) ON: KEY(3) ON       für Taste 3 nach 1700
    120 GOTO 120                   verzweigen.

O N   S T O P   G O S U B
    (Bei Drücken der Tasten /CTRL/+/STOP/ verzweigen):
    100 ON STOP GOSUB 9000

P E E K
    (Speicherplatz direkt lesen):
    100 PRINT PEEK(5386)    Inhalt von Speicherplatz 5386 zeigen.
    100 PRINT PEEK(-5)      Identisch mit PEEK(65536-5).

P O K E
    (Speicherplatz direkt beschreiben):
    100 POKE 5386,255  Wert 255 nach Speicherplatz 5386 bringen.

P R I N T
    (Ausgabe auf Bildschirm):
    100 PRINT A,B,C        Werte von Variable A, B und C ausgeben.
    100 PRINT DM,"DM"      Wert der Variablen DM und Text "DM".
    100 PRINT DM,"DM";     Das ";" am Ende unterdrückt das RETURN.

P R I N T   U S I N G
    (Formatierte Ausgabe mittels Formatfeld bzw. -string):
    100 LET M$="####.##"           Formatstring M$ als Druckmaske.
    110 PRINT USING M$;4548.75      Konstante 4548.75 und Wert von
    120 PRINT USING M$;Z            Z formatiert ausgeben.

R E A D
    (Lesen von Daten aus einer DATA-Zeile):
    100 READ T          Nächsten Wert aus DATA nach T einlesen.
    100 READ T,A$,V(I)   Reihenfolge REAL, STRING, REAL in DATA.

R E M
    (Bemerkungen in BASIC-Codierung einfügen):
    100 REM AUTOR: TILLMANN S.  Bei LIST zeigen, nicht bei RUN.

R E N U M
    (Zeilen des im RAM befindlichen Programmes neu numerieren):
    RENUM 100     Zeilennummern jetzt: 100, 110, 120, ...
```

R E S T O R E
  (Lesezeiger auf Position 1 zurücksetzen):
   55 DATA 4,2,9   Drei Zahlen programmintern gespeichert.
  100 READ X,Y,Z   Lesezeiger der DATA-Zeile durch RESTORE auf
  110 RESTORE 99   Position 1 zurücksetzen, um erneut mit READ
  120 READ D,E,F   lesen zu können.

R E S U M E
  (Nach Fehlerbehandlung mit TRAP Ausführung fortsetzen):
  100 RESUME NEXT Ausführung mit der nächsten Zeile aufnehmen

R U N
  (Ausführen eines Programms im Hauptspeicher):
  RUN   Das gerade im RAM befindliche Programm ausführen.
  RUN 600   Bei der Ausführung mit Programmzeile 600 beginnen.

S T O P
  (Abbrechen der Programmausführung):
  100 STOP Abbrechen und die Meldung "Break in 100" ausgeben.
            Fortsetzung der Programmausführung mittels CONT.

S T O P ON/OFF/STOP
  (Taste /STOP/ prüfen zwecks Verzweigung über ON STOP GOSUB):
  100 STOP ON   Von jetzt an bei Eingabe /STOP/ verzweigen.

S W A P
  (Inhalt zweier Variablen austauschen):
  100 SWAP E,F   Inhalt der Variablen E und F austauschen.

T R O N - T R O F F
  (Einen Trace-Lauf beginnen bzw. beenden):
  TRON   Nach RUN das Programm schrittweise ausführen.
  TROFF   Trace-Modus wieder ausschalten.

2.4.2.2 Elementare Funktionen und Systemvariablen

ABS(X)
  (Absolutwert von Zahl X):
  100 PRINT ABS(-5)   Absolutwert von -5 ist 5.

ASC(S$)
  (ASCII-Codezahl von String S$):
  100 PRINT ASC("MUELLER")   ASCII-Codezahl von "M" ist 77.

ATN(X)
  (Arcustangens von Zahl X angeben)

BIN$(X)
  (Dezimalzahl X in binären Wert umwandeln):
  100 PRINT BIN$(11)   Dezimal 11 ergibt binär 1011.

```
CDBL(X)
   (Zahl X in eine Zahl mit doppelter Genauigkeit umwandeln):
   100 LET D#=CDBL(4/3)    4/3 mit 14 Stellen Länge darstellen.

CHR$(A)
   (Zeichen (character) für ASCII-Codezahl A zwischen 0-255):
   100 PRINT CHR$(77)    Das Zeichen mit Codezahl 77 ist "M".

CINT(X)
   (Zahl zwischen -32768 und 32767 in eine Ganzzahl umwandeln):
   100 LET I%=CINT(4/3)  Ganzzahl 1 bilden und nach I% bringen.

COS(X)
   (Cosinus von Winkel X (Eingabe im Bogenmaß) ausgeben)

CSNG(X)
   (Zahl X in eine Zahl mit einfacher Genauigkeit umwandeln):
   100 LET E!=CSNG(4/3)    4/3 mit 6 Stellen Länge: 1.33333 .

CSRLIN
   (Die augenblickliche Zeilennummer des Cursors zeigen):
   100 LET ZEIL=CSRLIN    ZEIL=23, falls Cursor ganz unten.

DEFINT, DEFSNG, DEFDBL, DEFSTR
   (Datentyp für die Namen numerischer Variablen festlegen):
   100 DEFINT B     Mit "B" beginnende Variablen sind INTEGER.
   110 DEFSTR C-E   Mit "C","D","E" beginnend: Strings.

DEFUSR
   (Startadresse von Maschinenroutine X angeben (X = 0-9)

ERL, ERR
   (Zeilennummer bzw. Fehlernummer nennen):
   100 PRINT ERR   Nummer des letzten Fehlers ausgeben.
   110 PRINT ERL   Zeilennummer dieses Fehlers ausgeben.

EXP(X)
   (Exponentialfunktion für e (X bis zu 145.06286058562)):
   100 PRINT EXP(1)   Zahl e hoch 1 ergibt 2.71828183.

FIX(X)
   (Ganzzahligen Teil einer Zahl nennen (positiv: wie INT)):
   100 PRINT -4.6     ergibt -4. INT(-4.6) würde -5 ergeben.

FRE(0), FRE("")
   (Für Anwender verfügbaren Speicherplatz zeigen (0=dummy)):
   100 PRINT FRE(0)   Im RAM frei verfügbar z.B. 12652 Zeichen.
   100 PRINT FRE("")  Verfügbarer Speicherplatz für Strings.

HEX$(Z)
   (Hexadezimalen Wert der dezimalen Zahl Z angeben):
   100 PRINT HEX$(43)    Ausgabe von  002B  als Hex-Wert.

INKEY$
   (Eingabetastatur nach einem Zeichen abfragen):
   100 LET E$=INKEY$: IF E$="" THEN 100    Nach Eingabe weiter.
```

```
INSTR((BEGINNSTELLE,)G$,T$)
   (Erste Stelle von Teilstring T$ aus Gesamtstring G$ nehmen):
   100 PRINT INSTR("WEGE","E")      Ausgabe von 2 für 2. Stelle.
   100 LET Z$=INSTR(3,"WEGE","E") Ausgabe von 4, da erst ab der
                                   3. Stelle gesucht wird.
   100 PRINT INSTR("WEGE","GE")     Ausgabe von 3 für 3. Stelle.
   100 PRINT INSTR("WEGE","B")      Ausgabe von 0 für 'Fehler'.

INT(Z)
   (Ganzzahliger (integer) Teil von Zahl Z):
   100 PRINT INT(54.67)    Ganzzahliger Teil von 54.67 ist 54.

LEFT$(S$,L)
   (Linker Teilstring der Länge L in S$):
   100 PRINT LEFT$("BASIC",3)  Die 3 linken Stellen sind "BAS".

LEN(S$)
   (Länge, d.h. Anzahl der Zeichen von S$):
   100 PRINT LEN("MWST")    Länge des Strings "MWST" ist 4.

LOG(X)
   (Natürlichen Logarithmus von X angeben für X größer null):
   100 PRINT LOG(10)    Nat. Logarithmus von 10 ist 2.30258509.

LPOS
   (Spaltenposition des Schreibkopfes beim Drucker angeben):
   100 IF LPOS³80 THEN LPRINT CHR$(13)   Neue Zeile ab 80.

MID$(S$,S(,L))
   (Mittlerer Teilstring von S$):
   100 PRINT MID$("BASIC",2,3)    Ab 2. Stelle 3 Zeichen: "ASI"

OCT$(X)
   (Dezimalzahl X in oktaler Form darstellen):
   100 PRINT OCT$(11)    Oktalzahl 13 (3 mal 1 plus 1 mal 8 ).

POS(0)
   (Spaltenposition des Cursors;  0 ganz links):
   100 PRINT POS(0)  Cursorposition z.B. 14. (vgl. CSRLIN).

RIGHT$(S$,L)
   (Rechter Teilstring der Länge L in S$):
   100 PRINT RIGHT$("MBASIC",2)    Die 2 rechten Zeichen: "IC"

RND(X)
   (Zufallszahl zwischen 0 und 1 auswählen):
   100 PRINT RND(1) Nächste Zufallszahl in der Zahlenfolge.
   100 RND(-TIME)    Neue Zahlenfolge, da abhängig von Zeit.

SGN(Z)
   (Vorzeichen von Zahl Z):
   100 ON SGN(E)+2 GOSUB 100,200,300  Verzweigung nach 100, 200
          bzw. 300 für E negativ (-1), null (0), positiv (1).

SIN(X)
   (Sinusfunktion)
```

```
SPACE$(X)
  (X Leerstellen (Blanks) erzeugen (X zwischen 0 und 255)):
  100 LET T$=SPACE$(80)      80 Blanks nach T$ zuweisen.

SPC(X)
  (X Leerstellen ausgeben):
  100 PRINT "Wegweiser";SPC(20);"von Vieweg."        20 Blanks.

SQR(X)
  (Quadratwurzel von X mit X größer/gleich null):
  100 PRINT SQR(49)    Quadratwurzel von 49 ist 7.

STR$(Z)
  (Zahl Z in einen String umwandeln):
  100 LET W$=STR$(45)      Zahl 45 als String "45" mit Länge 2.

STRING$(A,S$)
  (Einen String aus A Zeichen von S$ erzeugen):
  100 PRINT STRING$(40,CHR$(45))      40 mal "-" ausgeben.
  100 PRINT STRING$(25,"Wegweiser")  25 mal "W" ausgeben.

TAB(X)
  (Tabulator-Funktion zur Ausgabe ( zwischen 0-255)):
  100 PRINT TAB(8);"A"    "A" wird in Spalte 8 ausgegeben.

TAN(X)
  (Tangensfunktion)

TIME
  (Systemvariable für Systemzeit (Erhöhung 50 mal je Sekunde):
  100 LET TIME=0           Zeit auf Startwert 0 setzen.
  455 LET T=TIME: PRINT T  Inhalt von TIME speichern.


USR(Z)
  (Maschinenprogramm aufrufen mit gegebener Startadresse)

VAL(S$)
  (String S$ in numerischen Wert umwandeln):
  100 LET N=VAL("347")  "347" wird 347 (VAL("347DM") wird 0).

VARPTR
  (Speicheradresse des 1. Bytes einer Variablen angeben):
  100 PRINT VARPTR(D)      Adresse der Variablen D.

  100 PRINT VARPTR(D$)     Adresse der Variablen D$ im
                           Variablen-Speicher.
```

2.4.2.3 Zugriff auf Peripherie-Geräte

Externe Einheiten befinden sich außerhalb des RAM als Internspeicher und werden auch als Peripherie-Einheiten bzw. -Geräte
bezeichnet. MSX-BASIC stellt zahlreiche Befehle zur Steuerung
dieser Geräte zur Verfügung. Dabei können folgende Gerätebe-
zeichnungen verwendet werden:

```
A:   Diskettenlaufwerk 1        CRT: Text-Bildschirm
B:   Diskettenlaufwerk 2        GRP: Grafik-Bildschirm
CAS: Kassette                   LPT: Drucker
```

B A S E (X)
    (Adressen der Tabellen des Bildschirmspeichers VDP angeben):
    100 SCREEN 2   Umschalten auf Grafik-Modus 1 und
    110 PRINT BASE(10)   1. Adresse der Namens-Tabelle zeigen.
                             VDP = Video Display Prozessor; X=0-19

B L O A D
    (Maschinensprache-Programm in den Hauptspeicher laden):
    BLOAD "A:PROG1",R,&H20   Programm PROG1 von Laufwerk A: in
    den Hauptspeicher laden, dort ab Adresse &H20 ablegen und
    sofort ausführen (Option R).

B S A V E
    (Maschinensprache-Programm auf peripheres Gerät speichern):
    100 BSAVE "A:MASCH1",&HC000,&HE0FF   Hauptspeicherinhalt
    von Adresse &HC000 bis &HE0FF binär unter dem Namen MASCH1
    auf Diskettenlaufwerk A: abspeichern.

C A L L
    (Befehl einer ROM-Cartridge ausführen, der den Befehlssatz
     von MSX-BASIC erweitert (sog. 'erweiterter Befehl'))

C L O A D
    (Laden eines Programmes von Kassette in den Hauptspeicher):
    CLOAD   Das erste Programm von Kassette laden.
    CLOAD "PROG4"   Programm PROG4 laden.
    CLOAD ?"PROG4"   Nach dem Laden mit Original vergleichen.

C L O S E
    (Schließen einer logischen Datei):
    100 CLOSE #1   Datei mit logischer Dateinummer 1 schließen.
    100 CLOSE   Alle derzeit offenen Dateien schließen.

C O P Y
    (Kopieren einer Datei auf einer Diskette):
    COPY "A:PROG" TO "B:PROG"   Von Laufwerk A: nach B:.
    COPY "A:PROG" TO "B:"   Identisch mit oben.
    COPY "A:PROG" TO "B:NEU112"   Zielprogramm umbenennen.

C S A V E
    (Speichern eines Programmes auf Kassette):
    CSAVE "RECHNUNG"   Inhalt des RAM als RECHNUNG abspeichern.

C V I ,   C V S ,   C V D
(Strings in numerische Werte umwandeln (siehe GET#).

D S K F (L)
(Freien Speicherplatz auf Diskettenlaufwerl L anzeigen):
PRINT SDKF(1)   Speicherplatz in Laufwerk A z.B. 349 K.

E O F (X)
(Funktion für "End Of File" mit Ende=-1, sonst<>-1):
100 IF EOF(2) THEN 320   Falls Ende der Datei 2 erreicht, ..

F I E L D
(Dateipuffer für Direktzugriff-Datei vereinbaren):
100 OPEN "A:MITDATEI" AS #1   Mitgliederdatei mit Puf-
110 FIELD #1, 2 AS P1$, 18 AS P2$ fervariable P1$ für die
Nummer und Puffervariable P2$ für den Namen.

F I L E S
(Namen der auf Diskette abgelegten Dateien (Files) zeigen):
FILES   Dateien in Bootlaufwerk A: zeigen.
FILES "B:*.*"   Namen der Dateien in Laufwerk B: zeigen.

G E T #
(Datensatz aus einer Direktzugriff-Datei lesen):
100 OPEN "A:MITDATEI" AS #1
110 GET #1,24   Den 24. Satz in Puffer einlesen.
120 LET N=CVI(P1$)   Puffer P1$ al Ganzzahl N%.

I N P (X)
(Ein Byte aus einem Ein-/Ausgabe-Port einlesen (vgl. OUT)

I N P U T #
(Daten von einer sequentiellen Datei lesen):
100 OPEN "Datei" FOR INPUT AS #2
110 INPUT #2,B$,U   Die nächsten beiden Daten (Trennungszei-
120 CLOSE #2   chen dazwischen) nach B$ und U einlesen.

I N P U T $ (X) , #
(X Zeichen von einer sequentiellen Datei lesen):
110 LET B$=INPUT$(6),#2   Die nächsten 6 Zeichen nach E$.

K I L L
(Eine Datei von der Diskette löschen):
KILL "B:MITDATEI"   Datei MITDATEI in Laufwerk B: löschen.
KILL "TEST1.BAS"   BASic-Programm TEST1 löschen.

L I N E   I N P U T #
(Alle Zeichen bis zum nächsten /RETURN/ lesen):
100 LINE INPUT #1,EIN$ Von seq. Datei 1 nach EIN$ einlesen.

L L I S T
(Programm vom Hauptspeicher auf den Drucker ausgeben)

L O A D
(Laden eines Programms von Diskette oder Kassette):
LOAD "TEST"   RAM löschen und eine Kopie des Programms
                     TEST von Diskette in den RAM bringen.

```
LOAD "B:TEST"          Von Diskettenlaufwerk B: laden.
LOAD "CAS:PROG"        Von Kassette laden.
100 LOAD "TEST",R      TEST laden und ausführen (Verkettung).
```

L O C (X)
(Zuletzt bearbeiteten Datensatz von Datei X angeben):
```
100 PRINT LOC(1) z.B. 23 für 23. Satz (Direktzugriff-Datei).
100 PRINT LOC(1) z.B. 18 für 18 Sektoren (seq. Datei).
```

L O F (X)
(Länge der gerade geöffneten Datei mit Nummer X angeben).

L P O S (X)
(Spaltenposition des Schreibkopfes beim Drucker angeben):
```
100 IF LPOS³80 THEN LPRINT CHR$(13)  Nur 80 Zeichen Breite.
```

L P R I N T
(Eine Zeile auf dem Drucker ausgeben):
```
100 LPRINT "MSX-Wegweiser"
100 LPRINT USING M$;"MSX-Wegweiser"      Ausgabe formatiert.
```

L S E T
(Daten linksbündig in Puffervariable setzen, vgl. PUT #):
```
100 LSET P2$="KLAUS"      Name KLAUS (5 Zeichen) steht links-
```
bündig in der Puffervariablen P2$.

M A X F I L E S = N
(Anzahl N der gleichzeitig im Programm geöffneten Dateien):
```
100 MAXFILES=3      Drei Dateien geöffnet (maximal 15).
```

M E R G E
(Einmischen bzw. Hinzufügen eines Programmes in den RAM):
```
100 MERGE "B:RUNDEN"   Programm RUNDEN von Laufwerk B:.
100 MERGE "CAS:HILF1"  Programm HILF1 von Kassette.
```
Zeilen mit gleichen Nummern werden überschrieben).

M K I $, M K S $, M K D $
(Numerische Werte in Strings umwandeln , siehe PUT#)
MKI$=Integer, MKS$=einfach genau, MKD$=doppelt genau.

M O T O R ON/OFF
(Zustand des Motorschalters am Kassetten-Rekorder ändern)

N A M E
(Umbenennen einer Datei auf Diskette):
```
NAME "B:RECH.BAS" AS "RECH14.BAS"    Programm umbenennen.
NAME "MITDATEI" AS "DAT2"    Seq. Datei umbenennen.
```

O N S T R I G G O S U B
(Aufruf eines Unterprogramms je nach Joystick):
```
100 ON STRIG GOSUB 900     Joystick abfragen (trapping).
110 STRIG(1) ON     Joystick 1 wird aktiviert.
```

```
O P E N
   (Öffnen einer logischen Datei zur Vorbereitung des
   Datenverkehrs mit einem externen Gerät):
   100 OPEN "B:MDAT" AS #2              Direktzugriff-Datei.
   100 OPEN "A:DAT" FOR INPUT AS #1     Seq. Eingabedatei (Lesen).
   100 OPEN "DD" FOR APPEND AS #3       Ausgabedatei (Schreiben).
   100 OPEN "LPT" FOR OUTPUT AS #5      Drucker als Ausgabedatei.

O U T   X , Y
   (Ein Byte Y über den E/A-Kanal X ausgeben (vgl. INP))

P A D   ( X )
   (Status eines 'Zeichenbrettes' angeben mit X=0-7)

P D L   ( X )
   (Status eines Paddles angeben mit X=1-12)

P R I N T #
   (Schreiben auf eine sequentielle Datei):
   100 OPEN "DATEI" FOR OUTPUT AS #2    Ausgabedatei öffnen und
   110 PRINT #2,B$;",";U                als nächste Daten B$ und U in
   120 CLOSE #2                         die UmsatzDATEI speichern.

P R I N T #   U S I N G
   (Formatiertes Schreiben auf eine sequentielle Datei):
   100 PRINT #3 USING "####.##  ##.### ";X,Y    2 Formatfelder.

P U T #
   (Datensatz auf eine Direktzugriff-Datei schreiben):
   100 LSET P1$=MKI$(NUMMER): LSET P2$=NAME$      Puffer füllen.
   110 PUT #1, 55        Dateipufferinhalt als 55. Satz schreiben.


R S E T
   (Daten rechtsbündig in Puffervariable setzen):
   100 RESET P2$="TILLMANN"    Name rechtsbündig in Puffer P2$.

R U N
   (Programm in den RAM laden und sogleich ausführen):
   RUN "A:RECH"    Derzeitigen RAM-Inhalt löschen, Programm RECH
                   von Diskette laden und RECH dann ausführen.
   RUN "CAS:T2"    Programm T2 von Kassette laden und ausführen.

S A V E
   (Speichern eines Programms auf Diskette bzw. Kassette):
   SAVE "B:TEST" Eine Kopie des gesamten RAM-Inhaltes unter dem
                 Namen TEST auf Diskette erstmalig abspeichern.

S T I C K   ( X )
   (Richtung des Joysticks abfragen (X von 0 bis 2)):
   100 PRINT STICK(0)     Ergebnis sind Richtungen 0 bis 8.

S T R I G   ( X )
   (Status von Joystick oder Leertaste angeben):
   100 PRINT STRIG(1)     Status von Stick 1   (X von 0 bis 4).

S T R I G   ( X )  ON/OFF/STOP
   (Statusabfrage für Joystick X aktivieren):
   100 STRIG(1) ON        Joystick 1 in Anschluß 1 aktivieren.
```

V D P (X)
   (Register X (0-8) vom Bildschirmausgabe-Prozessor abfragen):
   100 PRINT VDP(3)   Register 3 (Farben-Tabelle) zeigen.

V P E E K (X)
   (Speicherplatz des 16K-Bildspeichers direkt lesen):
   100 PRINT VPEEK(9350)   Adresse 9350 lesen (X von 0-16383).

V P O K E X , Y
   (Wert Y in Adresse X des Video-Speichers direkt schreiben).

W A I T
   (Status eines Eingabekanals abfragen)

2.4.2.4 Grafik und Musik

B E E P
   (Einen Ton erzeugen entsprechend PRINT CHR$(7)):
   100 BEEP   Der Ton ist ebenso über /CTRL-G/ erreichbar.

C I R C L E
   (Kreise bzw. Ellipsen zeichnen in Grafik-Modi 1 oder 2):
   100 CIRCLE STEP,(X,Y),R,Farb-#,Bogen1,Bogen2

            X,Y   Mittelpunkt (X=0-255, Y=0-191).
            R   Radius (Ganzzahl zwischen 0 und 32767).
            Farb-#   Farbnummer 0-15.
            Bogen1   Startpunkt für Bogen (0-6.28).
            Bogen2   Endpunkt für Bogen (0-6.28 bzw. 2*PI).
            STEP   X und Y relativ (positiv oder negativ).

   100 CIRCLE (128,96),96   Größter Kreis in Bildschirmmitte.
   100 CIRCLE (128,96),96,,3.14,0   Halbkreis wie 'Schüssel'.
   100 CIRCLE (128,96),96,,-1.57,-3.14 Kreisausschnitt von
                                     12 Uhr bis 9 Uhr (Torte).

C O L O R
   (Einfärben von geschlossenen Flächen):
   100 COLOR Farb1-#, Farb2-#, Farb3-#

            Farb1-#   Vordergrundfarbe (=Zeichenfarbe)
            Farb2-#   Hintergrundfarbe des Bildschirmes
            Farb3-#   Farbe des Bildschirmrandes (=Rahmen)

   COLOR 15,4,7   Farb-Voreinstellung (Default-Wert).
   100 COLOR 15,1   Weiße Zeichen auf dunklem Hintergrund.

```
         16 Farben:   0 = transparent      8 = rot
                       1 = schwarz          9 = hellrot
                       2 = grün            10 = braun
                       3 = hellgrün        11 = hellgelb
                       4 = dunkelblau      12 = dunkelgrün
                       5 = hellblau        13 = magentarot
                       6 = dunkelrot       14 = grau
                       7 = zyanblau        15 = weiß
```

D R A W   S$
(Linien und Punkte gemäß dem String S$ zeichnen):
```
100 PSET (128,96),15    Cursor in die Bildschirmmitte bringen
110 DRAW "F100"         und Linie nach Südosten zeichnen.
```

L I N E
(Eine Linie zwischen zwei Punkten ziehen):
```
100 LINE STEP (X1,X2) - STEP (X2,Y2),Farb-#,B
```

```
        STEP          Koordinaten relative Werte
        (X1,Y1)       Koordinaten des Anfangspunkts
        (X2,Y2)       Endpunkt
        Farb-#        Farbnummer 0-15
        B             Rechteck mit Linie als Diagonale
        BF            Rechteck mit Farbe füllen
```

L O C A T E
(Positionieren des Cursors in den Text-Modi 1 und 2):
```
100 LOCATE 39,23    Cursor nach rechts unten (bei Modus 1)
                    bewegen (Absolut-Positionierung).
100 LOCATE 39,23,1  Cursor unsichtbar lassen (0=Default).
100 LOCATE 0,0      Cursor ganz links oben.
```

O N   S P R I T E   G O S U B
(Bei Berühren zweier Sprites in ein Unterprogramm gehen):
```
100 ON SPRITE GOSUB 350    Unterprogramm 350 festlegen.
```

P A I N T
(Einfärben von geschlossenen Flächen in Grafik-Modi 1-2):
```
100 PAINT STEP,(X,Y),Farb1-#,Farb2-#
```

```
        STEP         Relative Werte für X und Y.
        X,Y          Startpunkt innerhalb der Fläche.
        Farb1-#      Farbnummer 0-16 zum Füllen der Fläche.
        Farb2-#      Farbnummer 0-16 für Begrenzungslinie.
```

```
100 CIRCLE (128,96),70    Einfärben eines Kreises mit Kreis-
110 PAINT (128,96),8      mitte als Startpunkt in Rot.
```

P L A Y
(Anweisung zum Spielen von Musik mit bis zu drei Stimmen):
```
100 PLAY M1$,M2$,M3$
```

```
        M1$          Notenstring für 1. Stimme
        M2$          Notenstring für 2. Stimme
        M3$          Notenstring für 3. Stimme
```

```
100 PLAY "CC+DD+EFGG+AA+B"      Tonleiter einer Oktave.
100 PLAY "L1G"                  Tonhöhe "G" als ganze Note L1.
```

P L A Y   (X)
(Funktion zur Angabe des Musikstatus X mit -1=gerade spielen,
0=alle Stimmen, 1=Stimme 1, 2=Stimme 2 und 3=Stimme 3):
```
100 IF PLAY(0)=-1 THEN PRINT "Musik spielt": GOTO 100
```

P O I N T
(Farbnummer eines Punktes in Grafik-Modi 1 und 2 angeben):
```
100 PRINT POINT(128,96)        Ergibt z.B. 8 für Rot.
```

P R E S E T
(Einen Bildpunkt (Pixel) erneut zeichnen (z.B. löschen):
```
100 PSET (60,35),2       Einen Punkt zeichnen und mit PRESET
110 PRESET (60,35)       wieder löschen.
```

P S E T
(Einen Bildpunkt (Pixel) einfärben und zeichnen):
```
100 PSET STEP (X,Y),Farb-#

        STEP        Relative Werte für X und Y.
        X,Y         Koordinaten des Punktes.
        Farb-#      Farbe des Punktes (0-15).


100 PSET (60,35),2   Einen grünen Punkt in (60,35) zeichnen.
```

P U T   S P R I T E
(Einen Sprite positionieren in den Grafik-Modi 1 und 2)

S C R E E N
(Den Bildschirm-Modus definieren):

```
SCREEN Modus,Sprite,Klick,Baud,Druck

        Modus        0 = Text-Modus 1 (40 Spalten*24 Zeilen)
                     1 = Text-Modus 2 (32 Spalten*24 Zeilen)
                     2 = Grafik-Modus 1 (hohe Auflösung mit
                         256*192 Bildpunkten bzw. Pixeln)
                     3 = Grafik-Modus 2 (niedrige Auflösung
                         mit 64*48 Bildblöcken.

        Sprite       0 = Kleine Sprites: 8*8 Pixel
                     1 = Kleine Sprites auf 16*16 Pixel ver-
                         größert.
                     2 = Große sprites: 16*16 Pixel
                     3 = Große Sprites mit 32*32 Pixel

        Klick        0 = Kein 'Klick' beim Tastendruck
                     1 = 'Klick' (Default-Wert)

        Baud         1 = 1200 als Baudrate für Kassettenre-
                     2 = 2400 als Baudrate            corder

        Druck        0 = spezieller MSX-Drucker
                     1 = kein MSX-Drucker angeschlossen
```

S O U N D
  (Einen Wert in ein Register des Sound Chips übertragen)
  100 SOUND Register,Wert

            Register   0-15 als eines der Sound-Register.
            Wert   0-255 als zu übertragende Ganzzahl.

S P R I T E ON/OFF/STOP
  (Kollisionsfunktion für Sprites aktivieren)

S P R I T E $ (X)
  (Systemvariable zur Aufnahme der Definition von Sprite X)

W I D T H (X)
  (Zeilenbreite auf X Zeichen einstellen in Text-Modi 1 - 2):
  100 WIDTH 20   20 Zeichen je Zeile festlegen.

2.4.3 Operatoren für Rechnen, Vergleich und Logik

Die in Zeile 100 geschriebene BASIC-Anweisung

    100 PRINT 444*2+3000 /RET/

enthält hinter dem Anweisungswort PRINT einen Ausdruck mit den
beiden O p e r a t o r e n "*" (mal) und "+" (plus). In der
Programmiersprache MSX-BASIC sind neben den 'Rechenoperatoren'
auch 'Vergleichsoperatoren' und 'logische Operatoren' möglich.
In der Abbildung sind diese Operatoren zusammengestellt. Der
senkrechte Pfeil verweist auf die Rangfolge, in der diese Operatoren ausgeführt werden: 1. Klammern, 2. Potenzieren, 3. Negation, 4. Multiplikation und Division, 5. ganzzahlige Division, 6. Modulo - Arithmetik, 7. Addition und Subtraktion, 8.
Vergleiche, 9. logische Negation, 10. logisches Und, 11. logisches Oder und Exklusiv-Oder, 12. logische Äquivalenz sowie
13. logische Implikation.

Stehen in einem Ausdruck mehrere Operatoren, dann werden diese
entsprechend der in der Übersicht wiedergegebenen Rangfolge
ausgeführt: In Klammern gesetzte Operationen werden zuerst zur
Ausführung gebracht (höchster Rang), die logische Verneinung
dagegen zuletzt (niedrigster Rang). Im obigen Beispiel der Anweisung 100 PRINT 444*2+3000 wird zuerst mit "*" verdoppelt,
um dann mit "+" zur Zahl 888 die Zahl 3000 zu addieren: Operator "*" mit höherem Rang als Operator "+". Durch Klammern kön-

nen wir die Rangfolge ändern. So ist nur die rechte der beiden Zinsformeln

      100 LET Z=K*P*T/100*360   100 LET Z=K*P*T/(100*360)

richtig, da (100*360) dabei z u e r s t ausgeführt wird. Auf die 'Rechenoperatoren' wurde bereits in Abschnitt 2.1.1 eingegangen.

Zu den Ganzzahl-Operationen und MOD:
Die Ganzzahldivision PRINT 11.466 \ 5.91 ist 5, da die Division mit den Ganzzahlen 11 und 5 durchgeführt wird und das Ergebnis ebenfalls als Ganzzahl ausgegeben wird.
Die Operation PRINT 230.5 MOD 12.7 ergibt 2, da die Ganzzahldivision 230/12 genau 19 Rest 2 ergibt; MOD zeigt den Rest 2.

Zur mehrfache Bedeutung der Operatoren "+" und "=":
Ein und derselbe Operator kann verschiedene Bedeutungen haben. So kann "+" addieren (3+4 ergibt 7) oder verknüpfen ("LE"+"NA" ergibt "LENA").
"=" kann vergleichen (20 IF X=3 GOTO 90: ist 'X gleich 3'?) oder einer Variablen einen Wert zuweisen (40 LET X=3: weise X den Wert 3 zu).
Auf die Operatoren und deren Bedeutungen gehen wir ausführlich in Abschnitt 3 anhand von Programmbeispielen ein.

Operator-Typ:	Operator in BASIC:	Bedeutung:	Rangfolge der der Ausführung:
			hoch,
	( )	Klammer	zuerst
	∧	Potenzieren	
Rechen-Operatoren	-	Negative Zahl	
	* /	Multiplizieren, Dividieren	
	\	Ganzzahldivision	
	MOD	Ganzzahldivisionsrest	
	+ -	Addieren, Subtrahieren	
	=	gleich	
	<>	ungleich	
Vergleichs-Operatoren	>	größer als	
	<	kleiner als	
	>=	größer oder gleich	
	<=	kleiner oder gleich	
	NOT	logisch NICHT	
	AND	logisch UND	
Logische Operatoren	OR	logisch ODER	
	XOR	logisch Exklusiv-ODER	
	EQV	logisch GLEICH (Äquivalenz)	
	IMP	logisch IMPLIKATION	zuletzt, niedrig

Operatoren von MSX-BASIC in der Rangfolge ihrer Ausführung

2.5 Grundwissen zum Betriebssystem MSX-DOS

2.5.1 MSX-DOS im Überblick

Das Betriebssystem MSX-DOS dient als M i t t l e r zwischen
dem Anwender(-programm) einerseits und der Hardware als Computerkern andererseits (vgl. Abschnitt 1.3.6). Im folgenden wird
das Betriebssystem MSX-DOS in sieben Punkten kurz dargestellt.

1. MSX-DOS als Sammlung von Programmen bzw. Befehlen

Ein Betriebssystem soll den benutzerfreundlichen BETRIEB eines
Computer-SYSTEMs gewährleisten. DOS (Disk Operating System)
als Betriebssystem des MSX-Computers stellt dazu Befehle bzw.
'Commands' bereit, die auf der DOS-Diskette gespeichert sind.
MSX-DOS wird auf einer S y s t e m d i s k e t t e geliefert,
die u.a. die beiden Files MSXDOS.SYS und COMMAND.COM enthält:

```
MSXDOS     SYS     2432   1-01-84         (=Betriebssystem)
COMMAND    COM     6272   1-01-84         (=Befehlsprozessor)
           2 files      352256  bytes  free
```

Schaltet man den MSX-Computer an, lädt ein im ROM abgelegtes
'BOOTSTRAP-Programm' das Programm COMMAND.COM automatisch von
der Systemdiskette in den Hauptspeicher RAM. Man spricht vom
B o o t e n . Die Bootstrap-Übersetzung "sich an den eigenen
Haaren emporziehen" verdeutlicht die Aufgabe dieses Urladers.
Nach dem Booten befindet sich das COMMAND.COM dauernd im RAM.

- COMMAND.COM überprüft die von uns z.B. über Tastatur eingegebenen Anweisungen und aktiviert die zugehörigen Programme
  des DOS. Das Programm COMMAND.COM kann als Befehlsprozessor
  des Betriebssystems aufgefaßt werden.

- Durch Eingabe von BASIC wird vom Betriebssystem aus das MSX-
  BASIC aufgerufen: BASIC wird von DOS aus gebootet. Mittels
  CALL SYSTEM kann man später wieder in das Betriebssystem zu-
  rückkehren.

2. Betriebssystem MSX-DOS von Diskette laden

Um mit MSX-DOS arbeiten zu können, geht man wie folgt vor:

- Bildschirm, Diskettenlaufwerk(e) und andere Peripherie einschalten.

- Systemdiskette in das Diskettenlaufwerk A: einlegen (sind
  zwei Laufwerke vorhanden, werden sie mit A: und B: bezeichnet).

- Computer einschalten. MSX-DOS wird in den Hauptspeicher geladen und meldet sich z.B. mit

      MSX-DOS Version 1.00
      Copyright 1984 by Microsoft
      COMMAND Version 1.01
      Current date is Sun 1-01-1984
      Enter new date:

- Nach dem Drücken der /RETURN/-Taste (wir umgehen damit die
  geforderte Datumseingabe) erscheint am Bildschirm das

      A >

  als B e r e i t s c h a f t s z e i c h e n von MSX-DOS
  (kurz auch Prompt-Zeichen genannt). Wir befinden uns jetzt
  in der 'Betriebssystem-Ebene', in der der Computer nur die
  Befehle des Betriebssystems versteht. Wichtige Befehle sind
  COPY, DATE, DEL, DIR, FORMAT, MODE, PAUSE, REM, REN, TIME,
  TYPE und auch BASIC.

3. Betriebssystem-Ebene und Sprachen-Ebene

Tippt man hinter das Prompt-Zeichen "A>" DIR ein, erscheint
das Inhaltsverzeichnis der Diskette. Tippt man hingegen BASIC
ein, aktiviert MSX-DOS den BASIC-Interpreter. Dieser meldet
sich dann z.B. mit:

    MSX BASIC version 1.0
    Copyright 1983 by Microsoft
    24455 Bytes free
    Disk BASIC version 1.0
    Ok

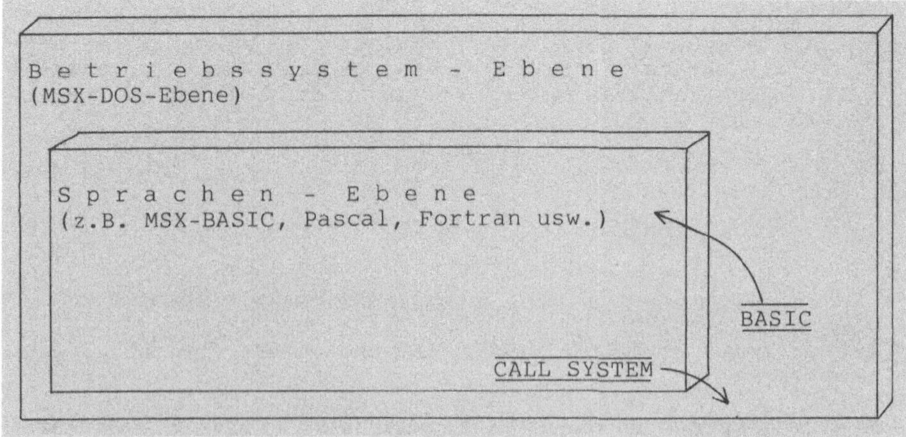

Die Betriebssystem-Ebene umschließt die Sprachen-Ebene

Anstelle des ">" erscheint jetzt am Bildschirm das "Ok" als
Bereitschaftszeichen von MSX-BASIC. Das "Ok" zeigt an, daß man
nun unter Kontrolle des BASIC-Interpreters arbeiten kann. Wir
haben die Betriebssystem-Ebene verlassen und befinden uns in
der BASIC-Ebene als S p r a c h e n - E b e n e . Durch die
Eingabe von CALL SYSTEM kann man diese Ebene wieder verlassen (siehe Abbildung). Die Aussage "Ich arbeite unter MSX-DOS
mit BASIC" bedeutet, daß in der Sprachen-Ebene der BASIC-Übersetzer aktiviert worden ist. "Ich arbeite unter MSX-DOS mit
Pascal" bedeutet, daß ein Übersetzerprogramm für die Programm-
miersprache Pascal geladen worden ist. Unter MSX-DOS kann so in
zahlreichen Programmiersprachen gearbeitet werden.

4. Kaltstart und Warmstart von MSX-DOS

Beim K a l t s t a r t schaltet man nach dem Einlegen der DOS-
Diskette alle Einheiten und zuletzt den Computer an. Nach dem
Laden meldet sich DOS mit dem "A>" als Bereitschaftszeichen.
Mit dem Kaltstart läßt man den MSX von Null bis zur vollen
Betriebsbereitschaft 'hochlaufen'.
Hat man bereits mit dem MSX-Computer gearbeitet - ist er also
warm -, kann man DOS durch Eingabe von

    /RESET/   (=RESET-Taste drücken)

starten. Mit dem W a r m s t a rt wird ein gerade laufendes
Programm unterbrochen und ebenso wie alle im RAM befindlichen
Daten gelöscht. Die /RESET/-Taste will stets wohlüberlegt eingegeben sein. Nach dem Laden von DOS erscheint am Bildschirm
wie beim Kaltstart das Prompt "A>".

5. Interne und externe DOS-Befehle

I n t e r n e   B e f e h l e sind als Teile des Befehlspro-
zessors COMMAND.COM beim Booten in den Hauptspeicher geladen
worden. Ruft man einen solchen Befehl wie z.B. COPY auf, kann
er sofort ausgeführt werden.
E x t e r n e   B e f e h l e rufen umfangreichere und nicht
so häufig benötigte DOS-Programme auf und müssen zunächst von
der DOS-Diskette in den Hauptspeicher gebracht werden (z.B.
DISKCOPY.COM)[1]. Wird ohne nähere Bezeichnung von 'Befehl' bzw.
von 'Kommando' gesprochen, so ist ein interner Befehl gemeint.
Die Abbildung gibt die grundlegenden internen DOS-Befehle wieder.

1) Ein externer Befehl wird durch Eintippen des Namens (Namen
   o h n e Erweiterung) in den Hauptspeicher geladen und zur
   Ausführung gebracht.

BASIC	Rückkehr zu MSX-BASIC
COPY	Datei(en) auf Diskette kopieren
DATE	Datum zeigen bzw. neu setzen
DEL oder ERSASE	Datei(en) auf Diskette löschen
DIR	Inhaltsverzeichnis der Diskette zeigen
FORMAT	Eine Diskette löschen und formatieren
MODE	Bildschirmbreite 1-40 festlegen
PAUSE	Pause bzw. Wartepunkt bei Stapeld³tei
REM	Kommentar bei Stapeldatei (Batch File)
REN oder RENAME	Eine Datei auf Diskette umbenennen
TIME	Zeit zeigen bzw. neu setzen
TYPE	Inhalt einer Datei zeihgen

Grundlegende interne Befehle von MSX-DOS

6. Verwaltung von Dateien bzw. Files

Wir haben oben unter Punkt 1. das Inhaltsverzeichnis einer
DOS-Diskette mit 2 Dateien bzw. Files wiedergegeben. Das Verwalten solcher Dateien spielt bei DOS eine zentrale Rolle. DOS
verwaltet drei Typen von Dateien:

- Programme (Inhalt: BASIC-Anweisungen)
- Batch Files bzw. Stapeldateien (Inhalt: MSX-DOS-Befehle)
- Daten und darstellbare Texte.

Unabhängig vom Dateityp umfaßt jeder Dateiname maximal a c h t
Zeichen und eine Namenserweiterung von bis zu d r e i Zeichen
zur Bezeichnung des Dateityps (siehe auch die Abbildung):

- Ein lauffähiges Programm erkennt man an der Erweiterung COM
  für Command-File (z.B. Formatierungsprogramm FORMAT.COM) und
  EXE für Executable File (z.B. Sortierprogramm SORT.EXE). Für
  DOS signalisieren COM bzw. EXE, daß diese Programme in den
  RAM geladen und sogleich gestartet werden können; damit kön-
  nen sie von uns als Benutzer wie Befehle durch Angabe ihres
  Namens gestartet werden (wichtig: die Erweiterung wie z.B.
  wird bei Befehls- bzw. Programmaufruf n i c h t angegeben).

- Ein Stapelprogramm erkennt man an der Erweiterung BAT für
  Batch File (z.B. AUTOEXEC.BAT). In ihm sind mehrere Befehls-
  aufrufe zusammengefaßt, die sodann automatisch abgearbeitet
  werden können. Ein Batch File als "Programm von Programmen"
  vereinfacht die Ausführung von sich häufig wiederholenden
  Befehlsfolgen (vgl. Abschnitt 2.5.3).

- Daten werden vorwiegend durch die Erweiterung DAT und Texte
  durch TXT gekennzeichnet. Die Erweiterung BAS dagegen deutet
  auf ein BASIC-Programm hin (z.B. AUTOEXEC.BAS).

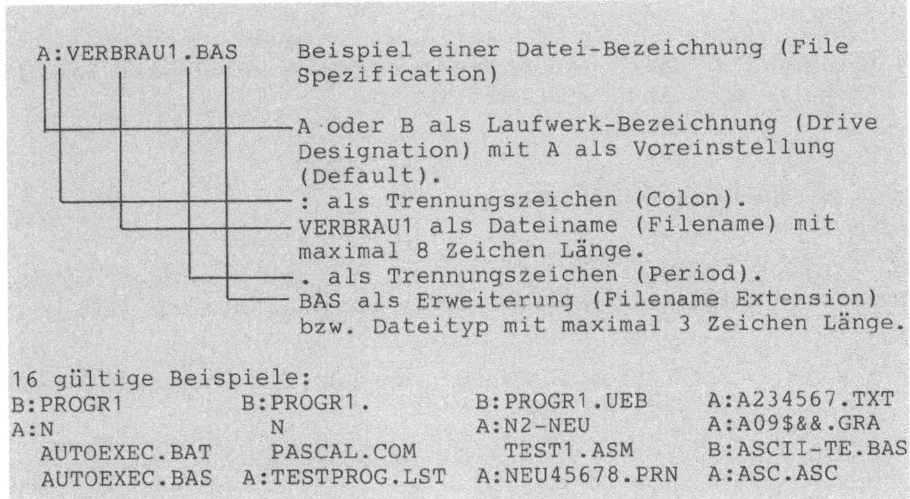

Datei-Bezeichnung unter MSX-DOS

7. Einige Tips zu MSX-DOS

- MSX-DOS erfordert mindestens 64K RAM. Ist der Speicherplatz
  kleiner, wird automatisch MSX-Disk-BASIC aktiviert.

- Durch Eingabe von /CTRL/+/C/ kann eine falsche Eingabe wieder rückgängig gemacht werden.

- PROGR1 und A:PROGR1 sind identisch, da A als Default-Laufwerk behandelt wird.

- Das Leerzeichen (Space) wird üblicherweise als Trennungszeichen verwendet. So sind z.B. die Befehle
     DEL PROGR1   DEL PROGR1 PROGR2
     DEL PROGR2
  gleichbedeutend und löschen die Files PROGR1 und PROGR2.

- Innerhalb der Dateibezeichnung dürfen keine Leerzeichen eingegeben werden (: und . dienen schon als Trennungszeichen).

- MSX-DOS wandelt alle Befehlseingaben in Großschreibung um:
  a:VErbrAu1.BaS wird z.B. zu A:VERBRAU1.BAS.

- Durch Eingabe von /CTRL/+/S/ kann die Bildschirmausgabe ge-
  stoppt werden.

- "Source drive" bedeutet "Herkunft-Diskettenlaufwerk" und
  "Destination drive" bedeutet "Bestimmungs- bzw. Ziel-Lauf-
  werk".

- Nach der Ausgabe von "Strike any key when ready" bzw. "Drük-
  ke irgendeine Taste, falls fertig" wartet MSX-DOS, bis eine
  Taste außer /CTRL/+/C/ betätigt wird.

- Mit /CTRL/+/P/ wird der Drucker angeschaltet (Echo) und mit
  /CTRL/+/N/ wieder ausgeschaltet.

- Vor dem Ein- oder Ausschalten des Diskettenlaufwerks muß die
  Diskette unbedingt entnommen werden.

2.5.2 Befehlsverzeichnis von MSX-DOS

Im folgenden werden die internen Befehle von MSX-DOS in alpha-
betischer Reihenfolge anhand von Beispielen dargestellt.

B A S I C - Befehl zum Wechseln von der Betriebssystem-Ebene
            in die Sprachen-Ebene:

- BASIC   (=Eingabe: DOS-Befehl BASIC)
  MSX-Disk-BASIC wird von MSX-DOS aus gebootet. Anstelle des
  "A>" als DOS-Prompt erscheint das "Ok" als BASIC-Prompt.

- BASIC VERBRAU1
  Nach dem Booten von MSX-Disk-BASIC wird automatisch das Programm VERBRAU1 vom Default-Laufwerk geladen und ausgeführt.

- Mittels CALL SYSTEM kann wieder das Betriebssystem aufgerufen werden (der Befehl CALL SYSTEM ist immer nur dann ausführbar, wenn BASIC von DOS aus gebootet wurde).

C O P Y - Befehl zum Kopieren von Dateien (Files) von Diskette auf Diskette:

- COPY A:PROG1 B:
  Programm PROG1 von Diskette in Laufwerk A auf Diskette in
  Laufwerk B kopieren und unter demselben Namen abspeichern.

- COPY PROG1 B:
  Identisch mit Befehl COPY A:PROG1 B: (Default-Laufwerk A).

- COPY PROG1 PROG2
  Programm PROG1 duplizieren und unter dem Namen PROG2 auf dem
  Laufwerk A speichern (jetzt PROG1 und PROG2 auf Laufwerk A).

- COPY A:PROG1 A:PROG2
  Identisch mit COPY PROG1 PROG2 .

- COPY A:PROG1 A:PROG1
  Nicht ausführbar (Datei nicht auf sich selbst kopierbar).

- COPY A:*.* B:
  Alle Files von Laufwerk A auf Laufwerk B (* als Wildcard
                                    bzw. Joker).
- COPY A:*.BAS B:
  Alle Dateien mit der Erweiterung BAS kopieren.

- COPY A:PROG? B:
  Nur die Programme namens PROG1, PROG2, PROG3, u.ä. kopieren.

- COPY A:PROG1 + A:PROG2 A:GESPROG
  Die Programme PROG1 und PROG2 verkettet als Gesamtprogramm
  GESPROG auf Laufwerk A speichern.

- COPY A:PROG1+B:PROG2.BAS+A:PROG3 B:GESPROG.SUM
  Programmverkettung auf Laufwerk A und B mit Zieldatei in B.

- COPY A:DATEN1/A B:
  Datei DATEN1 als Textdatei im ASCII (ASCII-File) kopieren
  (Option A für ASCII stets hinter Schrägstrich angeben).

- COPY A:DATEN2/B B:
  Datei DATEN2 als Binärdatei kopieren (mittels Option B).

- MSX-Disk-BASIC sieht den COPY-Befehl ebenfalls vor. Anstelle
  von COPY A:*.* B: muß aber COPY "A:*.*" TO "B:" angegeben werden.

D A T E - Befehl zum Vorgeben des Datums im Format 'MM-TT-JJ':

- DATE 4-6-85
  Angabe des Datums 6. April 1985.

- DATE   (=Befehlsangabe: ohne Datum)
  Current date is /MM/-/TT/-/JJ/   (=Angabe 'Monat-Tag-Jahr')
  Enter new date:
  4-6-85   (=Eingabe des neuen Datums)
  Angabe des Datums nach Aufforderung in zwei Schritten.

- DATE 04-06-1985
  Datumsangabe mit ausgeschriebener Jahreszahl möglich.

D E L - Befehl zum Löschen von Dateien auf Diskette:

- DEL VERBRAU1
  Programm namens VERBRAU1 auf Datei gelöscht.

- DELETE VERBRAU1 oder ERASE VERBRAU1
  Identische Befehlsformen.

- DEL *.GRA   (=Alle Files mit Erweiterung GRA löschen)
  Are you sure?   (=Rückfrage von DOS zur Sicherheit)
  Y
  Bei Angabe des Jokers "*" wird zurückgefragt.

D I R   -   Befehl zum Anzeigen des Inhaltsverzeichnisses einer
             Diskette:

- DIR oder DIR *.*
  Das Inhaltsverzeichnis der Diskette im Default-Laufwerk.

- DIR TEST1 oder DIR TEST1.*
  Ausgabe z.B. von: TEST1, TEST1.BAS und TEST1.TXT.

- DIR *.BAS oder DIR .BAS
  Alle Files mit der Erweiterung BAS zeigen.

- DIR PROG?.BAS
  Ausgabe z.B. von: PROG1.BAS, PROG4.BAS und PROGM.BAS.

- DIR *.*/P
  "P" bewirkt eine P(ause, wenn der Bildschirm voll ist (Fortsetzung auf Tastendruck).

- DIR *.*/W
  "W" bewirkt eine w(eite Ausgabe von Dateinamen (ohne Zusatz-
  information) nebeneinander.

F O R M A T   - Befehl zum Formatieren einer neuen Diskette:

- FORMAT   (=Eingabe des DOS-Befehls)
  Drive name? (A,B)   (=Ausgabe: Frage nach Laufwerk)
  A   (=Eingabe)
  Strike any key when ready   (=Eingabe: ... Formatieren be-
  ...   ginnt)
  Formatieren der Diskette in Laufwerk A: bei 3.5" 80 Spuren
  zu je 9 Sektoren (vgl. Abschnitt 2.2.2).

- Achtung: Der Inhalt einer bereits beschriebenen Diskette ist
  nach dem Formatieren verloren.

- MSX-Disk-BASIC sieht den FORMAT-Befehl ebenfalls vor. Statt
  FORMAT muß aber CALL FORMAT oder verkürzt _FORMAT angegeben werden.

M O D E   zum Einstellen der Zeichenbreite des Bildschirmes:

- MODE 25
  25 Zeilen je Zeile (Wahl von SCREEN 1 bei Breite unter 33).

- MODE 40
  40 Zeichen je Zeile (MSX wählt SCREEN 0 bei Breite über 32).

P A U S E   - Befehl zum Anhalten einer Stapeldatei:

- PAUSE Wenn fertig: bitte Taste drücken
  Der Hinweis wird gezeigt und die Ausführung fortgesetzt,
  sobald eine Taste gedrückt wird.

- PAUSE
  Warten ohne Ausgabe eines Hinweises.

- PAUSE Weiter mit Taste
  /CTRL/+/C/   (=Eingabe: Signal zum Beenden)
  Terminate batch file (Y/N)?   (=Ausgabe)
  Y   (=Eingabe)
  Die Ausführung der Stapeldatei kann somit über den PAUSE-Be-
  fehl beendet werden.

R E M   -   Befehl zur Kommentarausgabe in einer Stapeldatei.

- REM Testversion 2.1985

R E N   -   Befehl zum Ändern der Dateibezeichnung auf Diskette:

- REN TEST1 NEU7
  Programm TEST1 im Default-Laufwerk in NEU7 umbenennen (falls
  NEU7 bereits vorhanden: Abweisung mit 'File not found').

- REN A:TEST1 NEU7   oder   RENAME TEST1 NEU7
  Indentisch mit dem obigen REN.Befehl.

- REN A: TEST1 B:NEU7
  Nicht ausführbar, da kein Kopieren mit RENAME erlaubt.

- REN B:*.BAS *.TT3
  Alle Files mit der Erweiterung BAS in Files mit der Erwei-
  terung TT3 bei einsprechenden Dateinamen umbenennen (aus den
  Files TEST1.BAS und TEST2.BAS wird TEST1.TT3 und TEST2.TT3).

- REN TEST? TEST?NEU.BAS
  Files TEST1 und TEST2 zu TEST1NEU.BAS und TEST2NEU.BAS umbenennen.

T I M E   -   Befehl zum Zeigen bzw. Setzen der Uhrzeit:

- TIME   (=Eingabe: Uhrzeit erfragen)
  Current time is 07:30:00   (=Ausgabeformat: HH:MM:SS)
  Enter new time:
  /RET/   (Eingabe: Zeit beibehalten)

- TIME 07.45
  Uhrzeit auf 'viertel vor acht Uhr' neu setzen.

T Y P E   -   Befehl zum Anzeigen des gesamten Dateiinhaltes:

- TYPE KUNDEN.DAT
  Inhalt der Datei KUNDEN.DAT wird am Bildschirm gezeigt.

2.5.3 Stapelverarbeitung (Batch Processing)

2.5.3.1 Eine Stapeldatei erstellen und ausführen

Um eine Sicherungskopie einer Diskette zu erstellen, sind die
drei Tätigkeiten 'Leere Diskette einlegen', 'Formatieren' und
'Alle Files kopieren' auszuführen. Mit der Zeit wird es lang-
weilig werden, die drei Befehle immer wieder einzutippen. Be-
quemer wäre: "Alle drei Befehle in einer Datei stapeln und mit
einem Namen versehen abspeichern. Bei Bedarf die Datei aufrufen, damit sie dann die drei Befehle hintereinander zur Ausführung bringt".
Eine solche Datei nennt man S t a p e l d a t e i oder auch
B a t c h - F i l e , da in ihr mehrere Befehle gestapelt
werden, die später durch einen einzigen Namensaufruf selbständig abgearbeitet werden. Andere Bezeichnungen sind: Kommando-
Datei (da in ihr Kommandos gespeichert sind), Stapel-Programm
(da die Datei Befehle enthält, die beim Programmlauf aktiviert
werden) und Prozedur-Datei (da die Befehle als Prozeduren bzw.
Unterprogramme aufgefaßt werden können). MSX-DOS erkennt eine
Stapeldatei an der Namenserweiterung BAT (für BATch-File). Zum
Speichern der Stapeldatei - wir nennen sie SICHERN1.BAT - geht
man wie folgt vor:

- Mit CALL SYSTEM wechseln wir von der BASIC- zur DOS-Ebene.

- Wir tippen
    COPY CON SICHERN1.BAT   /RET/
  ein, um alle folgenden, von der Tastatur kommenden Eingaben
  CON: für CONsole bzw. Tastatur) in ein File SICHERN1.BAT zu
  schreiben. BAT zeigt an, daß SICHERN1 ein Batch-File ist.

- Der Reihe nach wird nun
    PAUSE Diskette in Laufwerk B: und dann Taste drücken /RET/
    FORMAT /RET/
    COPY A:*.* B: /RET/
    /CTRL/+/Z/
  eingetippt, also drei DOS-Befehle bzw. DOS-Programme. Dabei
  wird jede Zeile durch Drücken der /RET/-Taste abgeschlossen.

- Durch die Eingabe von /CTRL/+Z wird die Eingabe in den Stapel beendet.

Die Stapeldatei SICHERN1.BAT ist nun auf Diskette gespeichert
und kann durch die Eingabe ihres Namens

    SICHERN1 /RET/

beliebig oft zur Ausführung gebracht werden. Wichtig ist, daß
bei Aufruf die Erweiterung weggelassen wird (also nur SICHERN1
eingeben und nicht SICHERN1.BAT).

```
Stapeldatei  e i n m a l i g  einmalig erstellen:
------------------------------------------------------------
  1. Über Tastatur mit COPY-Befehl:  COPY CON  Dateiname.BAT
                                        ...
                                     /CTRL/+Z für Ende
  2. Mit einem Texteditor wie z.B. Wordstar.


Stapeldatei  w i e d e r h o l t  ausführen:
------------------------------------------------------------
  1. Durch Eingabe des Dateinamens ........ (ohne .BAT).

  2. Sonderfall: Datei namens AUTOEXEC.BAT wird vom System
     beim Booten automatisch als erstes Programm ausgeführt.
```

             Stapeldatei bzw. Batch-File erstellen und ausführen

In eine Stapeldatei können beliebige DOS-Befehle und natürlich
auch BASIC-Programme eingefügt werden. MSX-DOS stellt speziell
für die Stapelverarbeitung (engl. Batch-file-Processing) die
Befehle PAUSE und REM zur Verfügung.

- Der Befehl PAUSE wartet und gibt die angegebene Mitteilung
  aus. Dieser Befehl ist z.B. bei Diskettenwechsel wichtig.

- Der Befehl REM entspricht der gleichnamigen BASIC-Anweisung.

2.5.3.2 Dateien AUTOEXEC.BAT und AUTOEXEC.BAS

Wie der Name AUTOEXEC (automatisch ausführen) schon sagt, hat
eine Stapeldatei dieses Namens eine besondere Bedeutung: Sie
ist auf der Diskette im Stamminhaltsverzeichnis (Root-Directo-
ry) eingetragen und wird beim B o o t e n der Diskette stets
als erstes Programm a u t o m a t i s c h ausgeführt. Legt
man eine DOS-Diskette mit AUTOEXEC.BAT ins Laufwerk ein, dann
wird beim Anschalten des MSX das File AUTOEXEC.BAT selbständig
ausgeführt. Zwei Beispiele:

- Durch Eingabe von
     A>COPY CON AUTOEXEC.BAT /RET/
     DIR/W /RET/
     /CTRL/+Z
  wird eine Stapeldatei erstellt, die nach dem Booten automatisch das Inhaltsverzeichnis angibt. Die Meldungen bezüglich
  Datum und Uhrzeit werden von MSX-DOS dabei dann unterdrückt.

- Durch Eingabe von
     A>COPY CON AUTOEXEC.BAT /RET/
     BASIC HELLO
     /CTRL/+Z
  wird nach dem Booten der BASIC-Übersetzer aktiviert und das

BASIC-Programm HELLO ausgeführt. Auf diese Weise gelangt der Benutzer sofort zur BASIC-Sprachen-Ebene, ohne mit der Betriebssystem-Ebene in Berührung zu kommen.

Arbeitet man in der Sprach-Ebene mit BASIC, kann auf der Diskette ein File namens AUTOEXEC.BAS (BAS, nicht BAT) gespeichert werden, der als erstes Programm automatisch ausgeführt wird.

2.5.3.3 Parameter in der Stapeldatei

Die Stapeldatei SICHERN2.BAT erweitert den Stapel SICHERN1.BAT insofern, als die Laufwerke für die Quell- und Zieldiskette variabel beim Aufruf der Stapeldatei eingegeben werden können. Ruft man das Programm SICHERN2.BAT mittels SICHERN2 auf, ergibt sich ein Fehler. Ruft man das Programm aber z.B. mittels

    SICHERN2 B: A: (=Aufruf mit Parameterwerten B: und A:)

auf, wird eine Leerdiskette in Laufwerk A: formatiert, um dann ein Back-Up der Quelldiskette in Laufwerk B: zu erstellen. Dabei wird der Wert "B:" für den Parameter %1 (=Quelldiskette) und "A:" für den Parameter %2 (Zieldiskette) eingesetzt. In MSX-DOS maximal 10 P a r a m e t e r %0, %1, ... %9 möglich. Der Parameter %0 enthält stets den Namen des Batch-Files selbst, hat also eine besondere Bedeutung. In diesem Fall hat %0 also z.B. den Inhalt A:SICHERN2 .

Erstellung der Stapeldatei SICHERN2.BAT:

```
A>COPY CON  SICHERN2.BAT /RET/
REM Erstellen einer Sicherungskopie mit den  /RET/
REM Parametern %1=Quelllaufwerk und %2=Ziellaufwerk /RET/
PAUSE Disketten einlegen, dann Formatierungsbeginn. /RET/
FORMAT %2  /RET/
COPY %1*.* %2  /RET/
Pause Inhaltsverzeichnis der Quelldiskette  /RET/
DIR %1  /RET/
PAUSE Inhaltsverzeichnis der Zieldiskette  /RET/
DIR %2 /RET/
/CTRL/+Z
```

Zwei Möglichkeiten zum Aufruf der Stapeldatei SICHERN2.BAT:

```
SICHERN2 A: B:  /RET/
SICHERN2 B: A:  /RET/
```

Die Ausführung einer Stapeldatei kann mittels /CTRL/+C abgebrochen werden. Dabei entsteht folgender Dialog:

```
/CTRL/+C                     (=Eingabe: Abbruchsignal)
Terminate batch job (Y/N)?  (=Ausgabe)
Y  /RET/                     (=Eingabe)
A>                           (=Ausgabe: Prompt von MSX-DOS)
```

2.6 Ausbaumöglichkeiten des MSX-Computers

MSX-Computer lassen sich aufgrund ihrer offenen Architektur im
Hinblick auf Peripherie (Schnittstellen), Hauptspeicher (Ban-
king) und Betriebssystem (Z80A-Prozessor) vielfältig ausbauen.
Wir wenden uns zunächst der Peripherie zu.

1. Ausbau durch Anschluß peripherer Geräte

Wie die Abbildung zeigt, ist insbesondere der Druckeranschluß
unterschiedlich: der Drucker-Port kann eingebaut sein oder er
wird über eine Interface-Cartridge hergestellt. Anschlüsse wie
Videorecorder, Heimorgel und Laser-Disk-Player sind ebenfalls
nicht standardisiert.

Anschluß standardisiert:	Anschluß unterschiedlich:
- Diskette/Floppy (MSX-DOS)	- Diskettenformat (3.5", 5.25")
- Datenrecorder	- Drucker (eingebaut oder nicht)
- Joysticks (Diodenstecker)	- Monitor (FBAS, RGB, Cinch)
- Cartridge (Pinbelegung,	- HF (Antennenstecker, Cinch)
nicht aber Anzahl)	- Audioanschluß (ja/nein)

Grundlegende Anschlußmöglichkeiten für periphere Geräte

Für die Cartridge (auch Kartusche, Modul und Kassette genannt)
lassen sich vier Typen unterscheiden (vgl. Abbildung). Sie ist
ebenso wie der Einschubschacht (Slot, Schlitz) standardisiert.
Gehen die Daten auf der RAM-Cartridge beim Ausschalten des Ge-
rätes verloren, bleiben sie auf der Data-Cartridge als dauer-
haftem Speicher erhalten. Eine Interface-Cartridge enthält das
Centronics-Interface für einen Drucker oder eine 80-Zeichen-
Karte für den Bildschirm (Videokabel-Stecker an Cartridge).

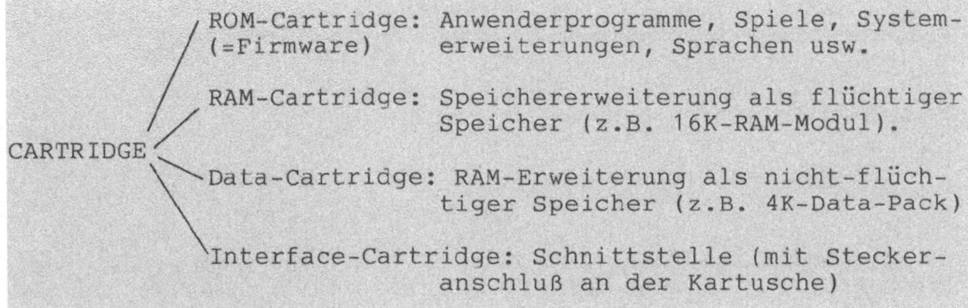

Vier Typen von Cartridges btw. Kartuschen

2. Ausbau durch zusätzliche Betriebssysteme

Durch die Verwendung des Prozessors Z80A sind alle MSX-Computer C P / M - fähig. Bei Verwendung des 5.25"-Laufwerkes kann
man die umfangreiche CP/M-Software ohne Transfer benutzen. Da
MSX-DOS und M S - D O S gleiche Benutzer-Schnittstellen und
das gleiche Format aufweisen, können auch MS-DOS-Files gelesen
und beschrieben werden.

3. Ausbau der Kapazität des Hauptspeichers durch Banking

MSX-Computer sind 8-Bit-Rechner und können damit normalerweise
nur bis zu 65536 (=2 hoch 8) Speicherstellen adressieren, d.h.
bis zu 64 KByte RAM. 'Normalerweise' deshalb, da sich MSX-Computer trotzdem speichermäßig z.B. auf 256 KByte aufrüsten lassen. Dazu teilt man die Speichererweiterungen in 64 K-Blöcke
bzw. B ä n k e auf, die dann gesondert verwaltet werden. Je
nach Wert eines Schalters (switch) wird z.B. mit der Adresse
10000 die 10000. Speicherstelle von Bank 1 oder Bank 3 adressiert. Wie die Abbildung zeigt (vgl. dazu auch die Memory Map
in Abschnitt 3.5.5) , kann eine 64K-Bank durch einen S l o t
(Schlitz bzw. Einschubschacht) realisiert werden.

BANK 0	BANK 1	BANK 2	BANK 3	Adresse
				&HFFFF
frei	Benutzer-RAM			&HC000
frei	Benutzer-RAM			&H8000
MSX-BASIC ROM	Benutzer-RAM		Disk-ROM	&H4000
MSX-BASIC ROM	Benutzer-RAM			&H0000
	64K-RAM	Spiele-Slot	Expansions-Slot	

MSX-Adreßbereich mit vier Bänke zu je 64K Byte

Bank 0 enthält das MSX-BASIC mit 32K ROM. Vom Hersteller fest
eingebaute 'Built-In-Software' kann ebenfalls in Bank 0 vorgesehen sein (z.B. ein Datenbankprogramm mit 16K ROM). In Bank 1
liegt der Benutzer-RAM. Die 16K RAM für den Bildschirmspeicher
vermindern dabei den 'netto' verfügbaren Speicherplatz. Bank 2
und Bank 3 sind als Einschubschlitze bzw. S l o t s heraus-
geführt, um sie mit ROM-, RAM- oder Interface-Cartridges belegen zu können.
Durch das Aufteilen des internen Speicherbereiches in Bänke
(Bank switched memory) kann die Speicherkapazität den Bedürf-
nissen des MSX-Benutzers weitgehend angepaßt werden.

3
Programmierkurs mit MSX-BASIC

3.1 Grundlegende Programmstrukturen an Beispielen

Wie in Abschnitt 1.3.3 dargestellt, lassen sich aus den vier
g r u n d l e g e n d e n Programmstrukturen

- Folgestrukturen   (linear, geradeaus)
- Auswahlstrukturen   (vorwärts verzweigend)
- Wiederholungsstrukturen   (rückwärts verzweigend, Schleife)
- Unterprogrammstrukturen   (unterteilend)

alle nur denkbaren Programmabläufe konstruieren. Im vorliegenden Abschnitt 3.1 wird zu jeder Programmstruktur ein in sich
abgeschlossenes Demonstrationsbeispiel in MSX-BASIC angegeben
und erklärt.

Ein Tip für E i n s t e i g e r :
Arbeiten Sie zum ersten Mal mit einem MSX-Computer? Dann sollten Sie zunächst die Abschnitte 2.1 und 2.2 durchlesen, um mit
der Bedienung des Computers vertraut zu werden.

3.1.1 Lineare Programme

3.1.1.1 Codierung und Ausführungen zu einem Programm

Den Unterschied zwischen der Codierung eines Programmes und
dessen Ausführungen wird am Beispiel des Programmes VERBRAU1
erklärt. Dieses Programm ermittelt den durchschnittlichen Benzinverbrauch für einen Pkw mit einem Tankinhalt von 60 Litern
(in Abschnitt 2.2 wurde auf das Programm VERBRAU1 im Zusammenhang mit der Bedienung des MSX-Computers bereits eingegangen).
Die Codierung und zwei Ausführungen sehen wie folgt aus:

Codierung zu Programm VERBRAU1:


```
10 LET T=60
20 PRINT "Eingabe: Gefahrene km"
30 INPUT K
40 LET D = 100 * T / K
50 PRINT "Ausgabe: Liter/100 km"
60 PRINT D
70 END
```


Zwei Ausführungen zu Programm VERBRAU1:


```
Eingabe: Gefahrene km          Eingabe: Gefahrene km
 600                            542
Ausgabe: Liter/100 km          Ausgabe: Liter/100 km
 10                             11.070110701107
```

Tippt man den Befehl RUN ein, so wird das Programm ausgeführt:
Der Computer gibt den Text "Eingabe: Gefahrene km" aus . Der
Benutzer gibt 600 ein, der Computer berechnet 10 L als Durch-
schnittverbrauch, um dann den Text "Ausgabe: Liter/100 km" und
die Zahl 10 auszugeben. Bei der zweiten Ausführung entwickelt
sich ein ähnlicher Mensch-Computer-Dialog, nur wird dabei von
542 km ausgegangen. Beide Programmausführungen (auch Programm-
läufe oder Dialogprotokolle genannt) werden dem Computer durch
Anweisungen befohlen, die man sich durch Eintippen des Befehls
LIST zeigen lassen kann. Das in der Programmiersprache BASIC
codierte Programm VERBRAU1 umfaßt sieben Zeilen mit den Zeilennummern 10 - 70 und die vier Anweisungen LET, PRINT, INPUT
und END. Das Programm wird Zeile für Zeile linear ausgeführt:

```
10 LET T=60
   Weise die Zahl 60 nach T (wie Tankfüllung) zu.

20 PRINT "Eingabe* Gefahrene km"
   Gib am Bildschirm den zwischen " " stehenden Text aus.

30 INPUT K
   Warte auf eine Tastatureingabe und weise diese Eingabe
   dann der Variablen K (für Kilometer) zu.

40 LET D=100*T/K
   Rechne 100 mal T durch K aus und weise das Ergebnis dann
   der Variablen D (für Durchschnittverbrauch) zu.

50 PRINT "Ausgabe: Liter/100 km"
   Gib am Bildschirm den zwischen " " stehenden Text aus.

60 PRINT D
   Gib am Bildschirm den Inhalt der Variablen D aus.

70 END
   Beende die Ausführung des Programms VERBRAUCH1.
```

Jede Programmzeile enthält eine Zeilennummer (z.B. 30) mit
Anweisungswort (z.B. INPUT) und Anweisungsargument (z.B. K).

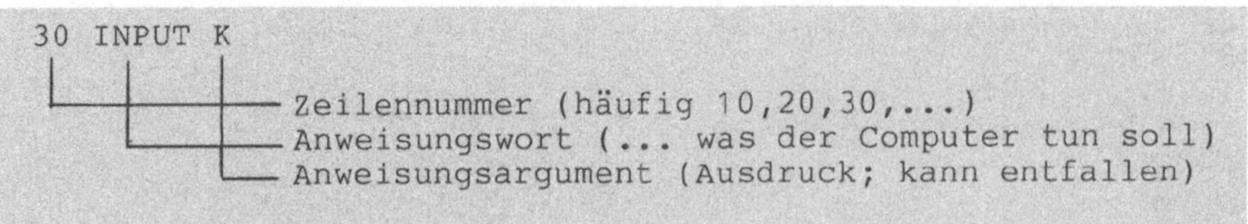

Aufbau der BASIC-Programmzeile an einem Beispiel

Die Codierung (auch Listing oder einfach Programm genannt) besteht aus einer Folge von computerverständlich in BASIC formu-
lierten Anweisungen. Das e i n m a l c o d i e r t e Programm kann dabei m e h r m a l s a u s g e f ü h r t werden, wobei sich die Ausführungen je nach Eingabewerten unterscheiden können, die Codierung aber unverändert zugrundeliegt.

Dies wird ermöglicht durch die Verwendung von Variablen (vgl.
Abschnitt 1.3.4.2), hier durch die numerischen Variablen K und
D. Während K und D ihren Inhalt (Wert) ändern, bleibt dieser
bei T mit 60 Litern fest bzw. konstant: T ist eine Konstante.
Daten können als V a r i a b l e n oder K o n s t a n t e n
im Programm vorgesehen sein; hier liegen numerische Daten vor.

Zu den Anweisungsarten LET, PRINT, INPUT und END, die im Programm VERBRAU1 zur Ausführung kommen:

Die L E T - A n w e i s u n g dient der Berechnung. Sie ermittelt den Wert des rechts nebem dem Zuweisungszeichen "="
angebenenen Ausdruckes und weist dieses Ergebnis in die links
von "=" stehende Variable zu. Bei LET (für (zu)lassen) darf
links vom Zuweisungszeichen "=" immer nur e i n e Variable stehen.

Die P R I N T - A n w e i s u n g dient der Ausgabe von
Text oder Variableninhalten. Text wird dabei stets innerhalb
von Gänsefüßchen " " angegeben. Das Programm VERBRAU1 gibt in
den Zeilen 20 und 50 Texte aus, z.B. "Eingabe: Gefahrene km".
In der Zeile 60 wird kein Text, sondern der Inhalt einer Variablen ausgegeben (deshalb 60 PRINT D und nicht 60 PRINT "D").

Die I N P U T - A n w e i s u n g dient der Eingabe von Werten über die Tastatur und deren Zuweisung in eine Variable. In
Zeile 30 wird dem MSX-Computer durch die Anweisung 30 INPUT K
folgendes befohlen: "Warte auf unsere Tastatureingabe und weise den eingetippten (Zahlen-)Wert dann der Variablen K zu".

Die E n d - A n w e i s u n g hat kein Argument und beendet die Programmausführung.

    LET ...   BERECHNUNG und WERTZUWEISUNG mit dem "="
                   als Zuweisungszeichen.

    PRINT ...   AUSGABE vom MSX-Computer auf eine Ausgabe-
                   einheit (wie z.B. auf den Bildschirm).

    INPUT ...   EINGABE von einer Eingabeeinheit (wie z.B.
                   von der Tastatur) in den Commodore.

    END   BEENDIGUNG der Ausführung eines mit dem
                   Befehl RUN gestarteten Programmes.

          Vier BASIC-Anweisungen des Programmes VERBRAUCH1

Ein Programmname darf in MSX-BASIC nicht länger als acht Stellen sein. Aus diesem Grunde wurde der Name VERBRAU1 und nicht
etwa VERBRAUCH1 gewählt.

3.1.1.2 Anweisungsfolge Eingabe - Verarbeitung - Ausgabe

Jedes Programm läuft in der Folge Eingabe-Verarbeitung-Ausgabe
ab, auch als EVA-Prinzip bezeichnet (vgl. Abschnitt 1.2.2.1).
Im folgenden Programm namens PREIS1 zeigt sich dieser Dreier-
Schritt in den Zeilen 20, 30 und 40.

Codierung zu Programm PREIS1:

```
10 REM ====== Programm PREIS1
20 INPUT "Alter Preis"; P
30 LET P = P - P * 15/100
40 PRINT "Neuer Preis:"; P
50 END
```


Zwei Ausführungen zu PREIS1:

Alter Preis? 200   Alter Preis? 4925
Neuer Preis: 170   Neuer Preis: 4186.25

Die im Programm PREIS1 enthaltene Ausgabeanweisung

```
  40 PRINT "Neuer Preis:";P
```

zeigt, wie man sich konstanten Text ("Neuer Preis:") und Variableninhalt (Variable P) nebeneinander ausgeben lassen kann:
Das ";" trennt beide Größen ohne Leerzeichen (auch Blanks genannt). Auf die Gänsefüßchen kommt es an: PRINT "P" würde den
Buchstaben P am Bildschirm zeigen, PRINT P aber gibt den Wert
der Variaben P aus.

Die REM-Anweisung (engl. remark für Bemerkung) ermöglicht das
Einfügen von Bemerkungen, die n u r bei LIST erscheinen, nicht
aber bei RUN. So erscheint der Programmname PREIS1 bei beiden
Ausführungen nicht. Die Zeile 20 hätte man auch umständlicher
codieren können als:

```
  20 PRINT "Alter Preis:";        (wichtig: ";" am Zeilenende)
  21 INPUT P
```

Da vor jedem INPUT ein PRINT stehen sollte (sonst weiß man ja
nicht, was überhaupt einzutippen ist), kann man mit Anweisung

```
  20 INPUT "Alter Preis";P
```

die Eingabeanforderung mit der Eingabe zusammen in   e i n e r
INPUT-Anweisung programmieren.

In der Abbildung sind fünf typische Beispiele zur LET-Anwei-
sung wiedergegeben. Insbesondere die als letztes Beispiel dargestellte Anweisung 30 LET P=P-P*15/100 verdeutlicht den Un-

terschied zwischen dem Zuweisungszeichen ("=": weise zu von
rechts nach links) einerseits und dem mathematischen Gleich-
heitszeichen ("=": links gleich rechts) andererseits.


```
Allgemeine Form:
----------------

... LET Variablenname = Ausdruck

Fünf typische Beispiele:
------------------------


100 LET B=6        weist der Variablen B den Wert 6 zu.
 45 LET G=V+3      addiert den Inhalt von V und 3 und weist das
                   Ergebnis der Variablen V zu.
180 LET Z=Z+1      erhöht den Wert von Z und 1.
 90 LET X1=X1/2    halbiert den Wert der Variablen X1.

 30 LET P=P-P*15/100   vermindert P um 15 Prozent.
            1. 200*15/100 ergibt 30 (200 in P)
            2. 200-30 ergibt 170    (200 in P)
            3. Weise 170 nach P zu  (200 ersetzt
                                     durch 170)
```

         LET-Anweisung mit "=" als Wertzuweisungszeichen

3.1.1.3 Übersichtliche Programmgliederung

Jedes Anwenderprogramm gliedert man - unabhängig von Computer-
typ und Programmiersprache (siehe Abschnitt 1.3.4.3) - in die
folgenden drei Teile:

    1. Programmname   (maximal 8 Zeichen lang)
    2. Vereinbarungsteil   (in MSX-BASIC nicht vorgeschrieben)
    3. Anweisungsteil   (das 'eigentliche' Programm)

In BASIC ist diese explizite Dreiteilung nicht unbedingt erforderlich. Insbesondere bei umfangreichen, langen Programmen
sollte man die Dreiteilung aber mit REM-Anweisungen markieren.
Das nächste Programm PREIS2 sieht diese Dreiteilung vor, wobei
die Teile durch Leerzeilen und REMs getrennt werden (der Dop-
pelpunkt ":" dient zur Darstellung von Leerzeilen). Die Zeilen
100-130 und 150-170 dienen allen der Erläuterung der drei Pro-
grammteile; das Programm PREIS2 würde auch ohne diese Zeilen
laufen.

Zum den Variablen S% und S!:
Im Vereinbarungsteil des Programms PREIS2 wird S% in Zeile 130
als G a n z z a h l - K o n s t a n t e vereinbart. Mit dem
"%" wird der Datentyp 'Ganze Zahl' gewählt. Über die Anweisung

140 LET S%=15 wird der konstant bleibende Prozentsatz von 15 %
in S% zugewiesen. Mit dem Typkennzeichen "!" wird vereinbart,
daß die Variable P! später Dezimalzahlen aufnehmen kann (Datentyp 'Dezimalzahl mit einfacher Genauigkeit'). Auf die vier
D a t e n t y p k e n n z e i c h e n   "%", "!", "#" (doppelte Genauigkeit) und "$" (Text bzw. String) wird in Abschnitt
2.4.1 eingegangen.

Zur Trennung von Anweisungen durch ":":
In BASIC ist es möglich, mehrere Anweisungen durch einen   ":"
getrennt in e i n e Zeile zu schreiben. Aber: lange Zeilen
sind unübersichtlich und schwer korrigierbar, das Zeichen ":"
sollte möglichst vermieden werden. In der letzten Zeile von
Programm PREIS2 werden mit dem ":" die Anweisungen PRINT und
END in e i n e r Zeile programmiert. In den Zeilen 110 und 160
wird der ":" zur Darstellung von Leerzeilen benutzt, um den
Vereinbarungs- und Anweisungsteil optisch zu trennen.

Zum Ersetzen von REM durch das Zeichen ' :
In den Zeilen 130 und 150 wird das Hochkomma als Kurzform des
Anweisungswortes REM verwendet: REM und ' bewirken dasselbe.

Codierung zu Programm PREIS2:


```
100 REM ====== Programm PREIS2
110 :
120 REM ====== Vereinbarungsteil
130 ' S% : Preissenkung in Prozent als Konstante (Datentyp GANZZAHL (%))
140         LET S%=15
150 ' P! :      Preis als Variable (Datentyp EINFACHE GENAUIGKEIT (!))
160 :
170 REM ====== Anweisungsteil
180 PRINT "Preissenkung um 15% ermitteln."
190 INPUT "Alter Preis";P!
200 LET P! = P! - P!*S%/100
210 PRINT "Neuer Preis:";P!
220 PRINT "Ende des Programmes." : END
```


Zwei Ausführungen zu Programm PREIS2:


```
Preissenkung um 15% ermitteln.
Alter Preis? 200
Neuer Preis: 170
Ende des Programmes.
```


Gleiche Ausführungen - verschiedene Codierungen:
Die Programme PREIS1 und PREIS2 lösen beide dasselbe Problem.
Die Codierungen unterscheiden sich wesentlich, die Ausführungen dagegen kaum. Ein und d a s s e l b e Problem kann oftmals v e r s c h i e d e n in MSX-BASIC codiert werden.

3.1.1.4 Programmeingabe und Programmspeicherung

Soll das Programm PREIS2 zum ersten Mal in einen MSX-Computer
eingegeben werden, geht man sinnvollerweise wie folgt in sieben Schritten vor:

1. Hauptspeicher frei machen:
   Befehl NEW tippen. Ein ggf. im Hauptspeicher RAM befindliches Programm wird gelöscht.
2. Programmeingabe:
   Programm Zeile für Zeile eintippen und am Ende jeder Zeile
   dabei die RETURN-Taste drücken.
3. Testläufe:
   Befehl RUN tippen, um das Programm auszuführen und somit
   zu testen. Falls fehlerhaft: Korrektur, dann weiter mit 2.
4. Codierung überprüfen:
   Befehl LIST tippen und Codierung überprüfen (im Hinblick
   auf Logik und Lesbarkeit).
5. Programm sicherstellen:
   Befehl SAVE "PREIS2" tippen: Das bislang namenlos im RAM
   stehende Programm wird unter dem Namen PREIS2 auf Diskette
   abgespeichert (PREIS2 befindet sich auf Diskette wie auch
   im RAM; beide Programmkopien stimmen vollständig überein).
   Falls eine Kassette verwendet wird: Befehl CSAVE "PREIS2"
   tippen.
6. Speicherungs-Kontrolle:
   NEW tippen, RUN tippen: kein Programm ist mehr ausführbar.
   LOAD "PREIS2" bzw. CLOAD "PREIS2" tippen: Programm PREIS2
   wird auf Diskette bzw. Kassette gesucht und eine Kopie in
   den RAM geladen. Das Programm kann nun mit RUN ausgeführt
   werden.
7. Inhaltsverzeichnis der Diskette prüfen:
   Den Befehl FILES eintippen: alle auf Diskette gespeicherten Programme werden angezeigt, darunter auch PREIS2.

Im RAM ist normalerweise nur e i n einziges Programm gespeichert, auf der Diskette aber stets m e h r e r e Programme.

3.1.1.5 Arbeitsschritte zur Programmentwicklung

Je umfangreicher ein Programm, um so sinnvoller erscheint ein
geplantes und schrittweises Vorgehen zur Programmentwicklung.
In Abschnitt 1.3.7 nannten wir als allgemeine Arbeitsschritte:
Problemstellung, Programmentwurf, Programmierung, Dokumentation und Anwendung.
'Allgemein' heißt, daß diese Fünf-Arbeitsschritte-Folge auch
zur Entwicklung komplexer Programm-Pakete geeignet ist. Für
die im vorliegenden Buch angeführten k u r z e n Demonstra-
tionsprogramme genügt eine vereinfachte Arbeitsschrittfolge:

   1. Problemstellung   4. Codierung in MSX-BASIC
   2. Problemanalyse   5. Anwendung/Ausführung
   3. Darstellungen des Algorithmus 6. Dokumentation

Am Beispiel des wiederum linearen Programmes KALKULAT werden
die Arbeitsschritte 1, 2, 4 und 5 dargestellt und erklärt.

Problemstellung zu Programm KALKULAT:
Es ist ein Dialogprogramm zu erstellen, das ausgehend vom Einstandspreis den Nettoverkaufspreis und den Zuschlagsatz kalku-
liert.

Problemanalyse zu Programm KALKULAT mit Variablenliste und mit
Schrittplan:
In einer V a r i a b l e n l i s t e lassen sich die im Pro-
gramm verwendeten Variablen so zusammenfassen:

  Ausgabedaten (Resultate):
    NET   Nettoverkaufspreis in DM
    KALK   Kalkulationszuschlag in %
  Eingabedaten (von Tastatur):
    EINST Einstandspreis in DM
    P1   Gemeinkostenzuschlag in % (von Hundert)
    P2   Gewinnzuschlag in % (von Hundert)
    P3   Skontosatz in % (im Hundert)
    P4   Rabattsatz in % (im Hundert)
  Verarbeitung (Formeln):
    GEMEIN Gemeinkosten in DM (GEMEIN=EINST*P1/100)
    SELBST Selbstkosten in DM (SELBST=EINST+GEMEIN)
    SPANNE Gewinnspanne in DM (SPANNE=SELBST*P2/100)
    BAR   Barverkaufspreis in DM (BAR=SELBST+SPANNE)
    SKO   Skontobetrag in DM (SKO=BAR*P3/(100-P3)
    ZIEL   Zielverkaufspreis in DM (ZIEL=BAR+SKO)
    RAB   Rabattbetrag in DM (RAB=ZIEL*P4/(100-P4))
    NET   Nettoverkaufspreis in DM (NET=ZIEL+RAB)
    KALK   Kalkulationszuschlag (KALK=(NET-EINST)*100/EINST)

Der folgende S c h r i t t p l a n zeigt eine grobe Darstellung des Lösungsablaufes vom Programm KALKULAT:

  Schritt 1: Vier Zuschlagsätze P1-P4 eintippen
  Schritt 2: Einstandspreis EINST eintippen
  Schritt 3: NET und KALK berechnen
  Schritt 4: NET und KALK als Resultat ausgeben

Anwendung bzw. Ausführung zu Programm KALKULAT:

Warenkalkulation durchführen: Vom
Einstandspreis zum Nettoverkaufspreis
Gemeinkosten in % von Hundert ? 23
Gewinnzuschlag in % von Hundert? 14
Skonto in % im Hundert   ? 2
Rabatt in % im Hundert   ? 25
Einstandspreis in DM   ? 100

Vorwärtskalkulation durchgefhrt:
Nettoverkaufspreis in DM: 190.77551020408
Kalkulatonszuschlag in %: 90.77551020408

Codierung zu Programm KALKULAT:


```
100 REM ====== Programm KALKULAT
110 CLS: PRINT "Warenkalkulation durchführen: Vom"
120 PRINT "Einstandspreis zum Nettoverkaufspreis": PRINT
130 :
140 REM ====== Vereinbarungsteil
150 ' P1,P2,P3,P4:  Zuschlagstze in %
160 ' ENST, GEMEIN, SELBST, GEWIN, BAR, SKO, ZIEL, RAB, NET:  Einzelbeträge in DM
170 ' KALK:         Kalkulationszuschlag in %
180 :
190 REM ====== Anweisunsteil
200 ' *** EINGABETEIL VON TASTATUR *********************
210 INPUT "Gemeinkosten in % von Hundert  ";P1
220 INPUT "Gewinnzuschlag in % von Hundert";P2
230 INPUT "Skonto in % im Hundert          ";P3
240 INPUT "Rabatt in % im Hundert          ";P4
250 INPUT "Einstandspreis in DM            ";EINST
260 ' *** VERARBEITUNGSTEIL MIT WERTZUWEISUNGEN *********
270 LET GEMEIN=EINST*P1/100
280 LET SELBST=EINST+GEMEIN
290 LET SPANNE=SELBST*P2/100
300 LET BAR   =SELBST+SPANNE
310 LET SKO   =BAR*P3/(100-P3)
320 LET ZIEL  =BAR+SKO
330 LET RAB   =ZIEL*P4/(100-P4)
340 LET NET   =ZIEL+RAB
350 LET KALK  =(NET-EINST)*100/EINST
360 ' *** AUSGABETEIL AUF BILDSCHIRM ********************
370 PRINT: PRINT "Vorwärtskalkulation durchgeführt:"
380 PRINT "Nettoverkaufspreis in DM: ";NET
390 PRINT "Kalkulatonszuschlag in %:";KALK
400 END
```


Hier eine Aufgabe: Erweitern Sie das Programm KALKULAT so, daß
nicht nur das Ergebnis, sondern auch alle Zwischenschritte als
Übersichtsichtstabelle ausgegeben werden (PRINTs einfügen).

3.1.1.6 Datentypen mittels DEF... vereinbaren

Mit der Anweisung 140 DEFINT A wird vereinbart, daß alle anschließend im Programm mit dem Buchstaben A beginnenden Variablen nur ganze Zahlen aufnehmen können, d.h. daß ihnen der Datentyp 'ganze Zahl' (engl. INTeger) zugeordnet wird. So können
die Variablen A, A4, ANTON und ASS nur ganze Zahlen speichern
und unterscheiden sich nicht von den Variablen A%, A4%, ANTON%
und ASS%. Neben DEFINT verfügt MSX-BASIC über die Anweisungen
DEFSNG (SiNGle Precision für: Zahl mit einfacher Genauigkeit),
DEFDBL (DouBLe Precision für: doppelte Genauigkeit) und DEFSTR
(STRing bzw. Text).

Die Verwendung von DEF... wird von zahlreichen Prorammierern
nur für numerische Variablen verwendet, während nicht-numeri-
sche Variablen mit dem Typkennzeichen "$" hervorgehoben wer-
den. Auf die Anweisungen DEF... wird in Abschnitt 2.4.1.2 genauer eingegangen. Das Programm DATENTYP veranschaulicht alle
Datentypen an Beispielen.

Codierung zu Programm DATENTYP:

```
100 REM ====== Programm DATENTYP
110 CLS: PRINT "Datentypen mittels DEF... vereinbaren": PRINT
120 :
130 REM ====== Vereinbarungsteil
140 DEFINT A    'Datentyp GANZZAHL
150 DEFSNG B    'Datentyp ENFACH GENAU
160 DEFDBL C    'Datentyp DOPPELT GENAU
170 DEFSTR D-F 'Datentyp STRING (TEXT)
180 :
190 REM ====== Anweisungsteil
200 PRINT "Datentypen explizit vereinbart:
210 LET A=4/3: PRINT "Inhalt von A:";A
220 LET B=4/3: PRINT "Inhalt von B:";B
230 LET C=4/3: PRINT "Inhalt von C:";C
240 LET D="MSX-": LET E="BASIC": LET F="-Wegweiser"
250 PRINT "Inhalt von D,E und F: ";D;E;F
260 PRINT: PRINT "Datentypen implizit vereinbart:
270 LET I%=4/3: PRINT "Inhalt von I%:";I%
280 LET J!=4/3: PRINT "Inhalt von J!:";J!
290 LET K#=4/3: PRINT "Inhalt von K#:";K#
300 LET L$="MSX-BASIC-Wegweiser": PRINT "Inhalt von L$: ";L$
310 PRINT "Ende.": END
```

Ausführung zu Programm DATENTYP:

```
Datentypen mittels DEF... vereinbaren
Datentypen explizit vereinbart:
Inhalt von A: 1
Inhalt von B: 1.33333
Inhalt von C: 1.3333333333333
Inhalt von D,E und F: MSX-BASIC-Wegweiser

Datentypen implizit vereinbart:
Inhalt von I%: 1
Inhalt von J!: 1.33333
Inhalt von K#: 1.3333333333333
Ende.
```

3.1.2 Programme mit Verzweigungen

Programmabläufe, die nach vorwärts verzweigen, werden als Auswahlstrukturen bezeichnet. Je nach der Anzahl der ausgewählten
Fälle spricht man von der zweiseitigen, einseitigen oder mehrseitigen Auswahl(-struktur). Diese in Abschnitt 1.3.3.2 allgemein beschriebenen Abläufe werden nun in MSX-BASIC an kleinen
Programmbeispielen dargestellt.

3.1.2.1   Zweiseitige Auswahl mit IF-THEN-ELSE

Das Programm SKONTOZ1 hat folgende Aufgabe:

"Erwarte den Rechnungsbetrag R und die Tage T als Tastatureingabe und ermittle den Skontobetrag S. Dabei gelten diese
Zahlungsbedingungen: Bei Zahlung nach 8 Tagen (T>8) 1.5 Prozent Skonto, sonst (T<=8) jedoch 4 Prozent Skonto".

Die Codierung, die Ausführung und der Programmablaufplan (PAP)
zeigen, daß das Programm SKONTOZ1 eine zweiseitige Auswahl be-
sitzt. Diese Auswahlstruktur kann in der "Wenn-dann-Form" oder
in der "Entweder-oder-Form" formuliert werden. In BASIC steht
dazu die Anweisung IF-THEN-ELSE zur Verfügung.

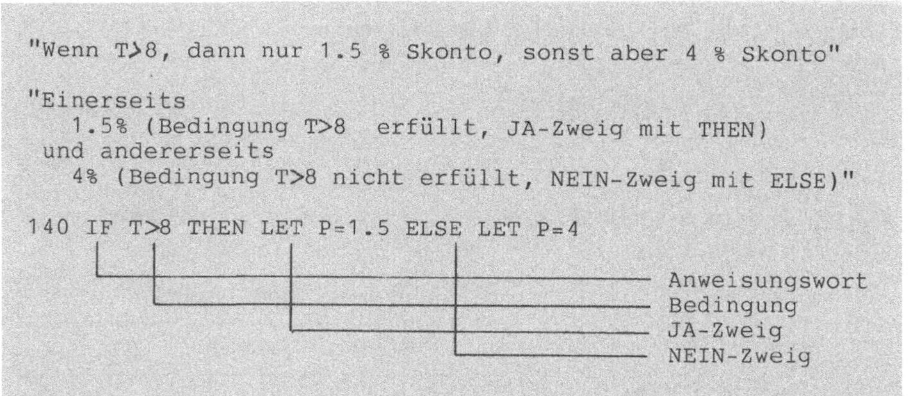

      Zweiseitige Auswahlstruktur mit der Anweisung IF-THEN-ELSE

Man rückt den ELSE-Teil (NEIN-Zweig) in der Codierung oft ein.
Auf die Programmausführung hat dies keinen Einfluß. So sind
die folgenden beiden Codierungen identisch:

   140 IF T>8 THEN LET P=1.5 ELSE LET P=4

   140 IF T>8 THEN LET P=1.5
             ELSE LET P=4

Hier sind einige Beispiele zur IF-THEN-ELSE-Anweisung:

   500 IT A<>2 THEN PRINT "Ungleich" ELSE PRINT "GLEICH"
   600 IF B1<999 THEN PRINT "Ungültig" ELSE LET C=4
   700 IF E>E1 THEN GOTO 750 ELSE GOTO 790
   800 IF X=9 THEN GOTO 860 ELSE IF X=15 THEN GOTO 900:
                            ELSE GOTO 950

Hinter THEN kann also jedes beliebige Anweisungswort stehen.
Wie das letzte Beispiel zeigt, können auch mehrer Bedingungen
g e s c h a c h t e l t werden. Dann liegt jedoch eine mehrseitige Auswahl vor, auf die in Abschnitt 3.1.2.3 genau eingegangen wird.

Codierung zu SKONTOZ1:

```
100 REM ====== Programm SKONTOZ1
110 CLS: PRINT "Skontoermittlung als zweiseitige Auswahlstruktur."
120 INPUT "Rechnungsbetrag in DM";R
130 INPUT "Tage nach Erhalt     ";T
140 IF T>8 THEN LET P=1.5
            ELSE LET P=4
150 LET S = R*P/100 : LET R = R-S
160 PRINT S;"DM Skonto bei";R;"DM Zahlung."
170 PRINT "Ende." : END
```

```
Skontoermittlung als zweiseitige Auswahlstruktur.
Rechnungsbetrag in DM? 200
Tage nach Erhalt     ? 3
 8 DM Skonto bei 192 DM Zahlung.
Ende.

Skontoermittlung als zweiseitige Auswahlstruktur.
Rechnungsbetrag in DM? 200
Tage nach Erhalt     ? 14
 3 DM Skonto bei 197 DM Zahlung.
Ende.
```

PAP zu Programm SKONTOZ1:   Struktogramm zu SKONTOZ1:

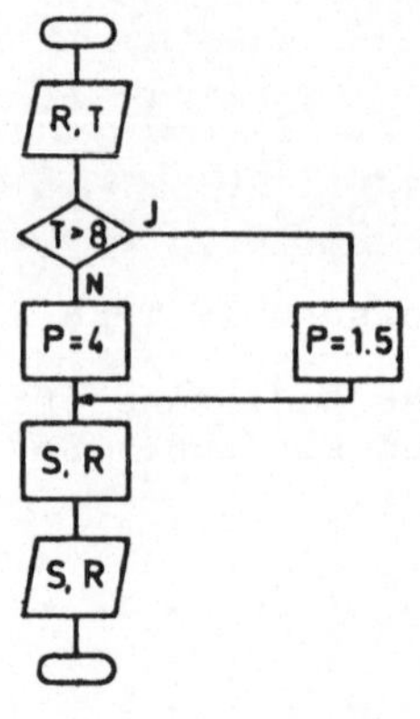

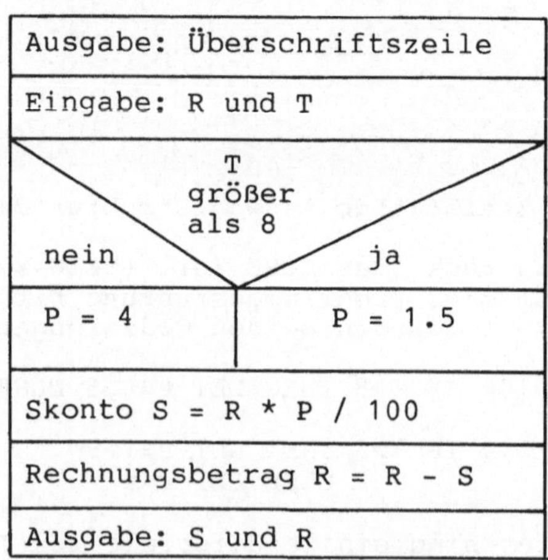

Ausgabe: Überschriftszeile	
Eingabe: R und T	
T größer als 8	
nein	ja
P = 4	P = 1.5
Skonto S = R * P / 100	
Rechnungsbetrag R = R - S	
Ausgabe: S und R	

Das nächste Programm namens SKONTOZ2 zeigt, daß die zweiseitige Auswahlstruktur auch ohne Verwendung von IF-THEN-ELSE mit
den Anweisungen IF (bedingte Verzweigung) und GOTO (unbedingte
Verzweigung) programmiert werden kann. Dies hat den Nachteil,
im Programm mehrmals verzweigen zu müssen.

Codierung zu Programm SKONTOZ2:

```
100 REM ====== Programm SKONTOZ2
110 CLS: PRINT "Skontoermittlung als zweiseitige Auswahlstruktur."
120 INPUT "Rechnungsbetrag in DM";R
130 INPUT "Tage nach Erhalt      ";T
140 IF T>8 THEN 190
150    LET P = 4
160 LET S = R*P/100 : LET R = R-S
170 PRINT S;"DM Skonto bei";R;"DM Zahlung."
180 PRINT "Ende." : END
190    LET P=1.5
200    GOTO 160
```

Zur b e d i n g t e n   V e r z w e i g u n g   wird in Programm SKONTOZ2 die IF-Anweisung in ihrer einfachsten Form verwendet.

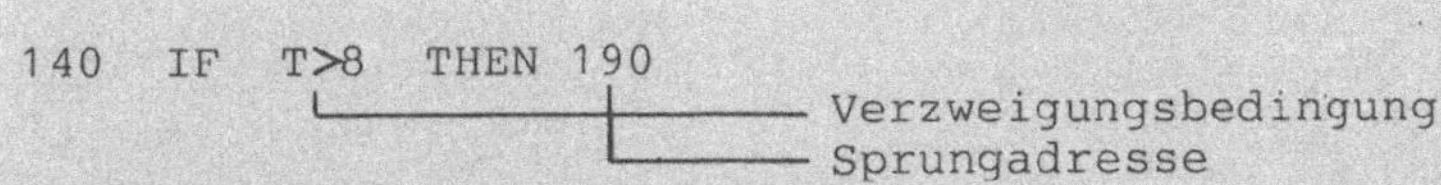

Wenn (IF) T größer als 8 ist (T>8), dann verzweige nach
Zeile 190 . Wenn nicht, also wenn T kleiner oder gleich 8
ist (T<=8), dann fahre wie normal mit der Folgezeile 150 fort.
Anstelle von THEN kann man auch THEN GOTO oder GOTO schreiben.

Bedingte Verzweigung mittels IF-THEN-Anweisung

Zur u n b e d i n g t e n   V e r z w e i g u n g   dient die
die GOTO-Anweisung

   200 GOTO 160 .

Kommt die Ausführung zu Zeile 200, so wird bedingungslos nach
Zeile 160 verzweigt.

Hier eine weitere Codierung zu Programm SKONTOZ2, die genauso abläuft wie die obengenannte Codierungsform:

```
140 IF T>8 THEN 152
150 LET P=4            (Anweisungen 151 und 152 neu,
151 GOTO 160          Anweisungen 190 und 200 löschen,
152 LET P=1.5         sonst unverändert wie Programm
160 LET S=...         SKONTOZ2).
```

Die END-Anweisung steht zwar als letzte Anweisung im Programm,
aber das Zwischenspringen mit GOTO ist nicht gerade übersichtlich.
Programme müssen einfach, übersichtlich und gut lesbar aufgebaut sein. Aus diesem Grunde sollten "wilde Sprünge mit GOTOs"
vermieden und IF-THEN-ELSE-Konstruktionen verwendet werden.

3.1.2.2 Einseitige Auswahl als Sonderfall

Die einseitige Auswahl(-struktur)

"Wenn .., dann tue dies, sonst aber tue nichts"

kann als Sonderfall der zweiseitigen Auswahl(-struktur)

"Wenn .., dann tue dies, sonst aber tue das"

aufgefaßt werden. Das Programm SKONTOE1 verdeutlicht dies anhand von Codierung, Ausführungen, PAP und Struktogramm. In den
Ausführungen stimmen die zwei Programme SKONTOE1 und SKONTOZ1
(von Abschnitt 3.1.2.1) überein, die Codierung zu SKONTOE1 dagegen zeigt eine einseitige Auswahlstruktur . Dies wurde durch
folgenden Trick erreicht: P wird in 140 auf 4% gesetzt und nur
im Falle von T>8 um 2.5 auf 1.5% vermindert (190 LET P=P-2.5).

Codierung zu SKONTOE1:

```
100 REM ====== Programm SKONTOE1
110 CLS: PRINT "Skontoermittlung als einseitige Auswahlstruktur."
120 INPUT "Rechnungsbetrag in DM";R
130 INPUT "Tage nach Erhalt      ";T
140 LET P=4
150 IF T>8 THEN 190
160 LET S = R*P/100 : LET R = R-S
170 PRINT S;"DM Skonto bei";R;"DM Zahlung."
180 PRINT "Ende." : END
190    LET P=P-2.5
200    GOTO 160
```

```
Skontoermittlung als einseitige Auswahlstruktur.
Rechnungsbetrag in DM? 200
Tage nach Erhalt      ? 4
 8 DM Skonto bei 192 DM Zahlung.
Ende.
```

Ausführungen zu SKONTOE1:

PAP zu SKONTOE1:   Struktogramm zu SKONTOE1:

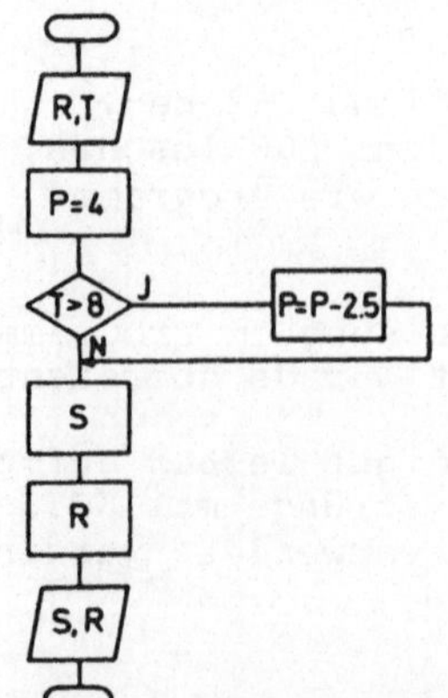

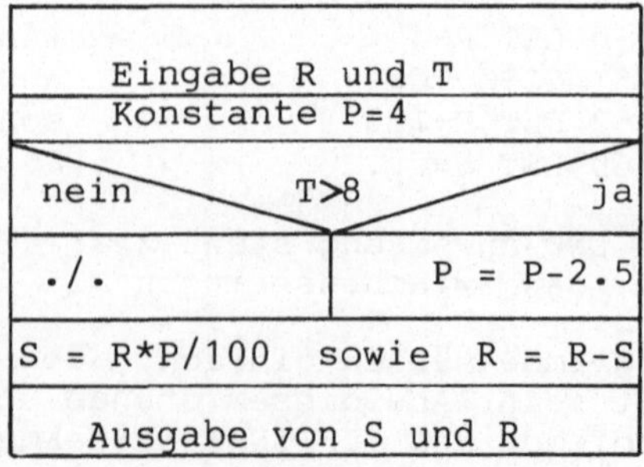

Betrachten wir nun das Programm SKONTOE2:
Die beiden Programme SKONTOE2 und SKONTOE1 weichen wiederum
nur in den Codierungen ab. Für IF..THEN GOTO.. bzw. IF..THEN..
wird in Programm SKONTOE2 die Anweisung IF..THEN LET.. verwendet. LET wird aber nur dann ausgeführt, wenn die Verzweigungsbedingung erfüllt ist. IF-Anweisungen wie IF..THEN PRINT.. und
IF..THEN INPUT.. sind entsprechend möglich. Soll in Abhängigkeit der Verzweigungsbedingung eine Anweisungsf o l g e durchlaufen werden, so ist die einfache Form IF..THEN.. immer vor-
zuziehen, da sie eine besser lesbare Codierung gewährleistet.
Anmerkung: Für IF..THEN.. kann auch IF..THEN GOTO.. stehen.

Codierung zu Programm SKONTOE2:

```
100 REM ====== Programm SKONTOE2
110 CLS: PRINT "Skontoermittlung als einseitige Auswahlstruktur."
120 INPUT "Rechnungsbetrag in DM";R
130 INPUT "Tage nach Erhalt     ";T
140 LET P=4
150 IF T>8 THEN LET P=P-2.5
160 LET S = R*P/100 : LET R = R-S
170 PRINT S;"DM Skonto bei";R;"DM Zahlung."
180 PRINT "Ende." : END
```

3.1.2.3 Mehrseitige Auswahl als Sonderfall

Bei der mehrseitigen Auswahl werden mehrere Fälle unterschieden: im Programm DREIFALL sind es die d r e i Fälle 'gleich',
'vor' und 'nach'. Der PAP und das Struktogramm zeigen uns, daß
die mehrseitige Auswahl als S c h a c h t e l u n g von zwei
zweiseitigen Auswahlstrukturen dargestellt werden kann.
Wie die einseitige Auswahl kann also auch die mehrseitige Auswahl als Sonderfall der zweiseitigen Auswahl aufgefaßt werden.

Struktogramm zu DREIFALL: PAP zu DREIFALL:

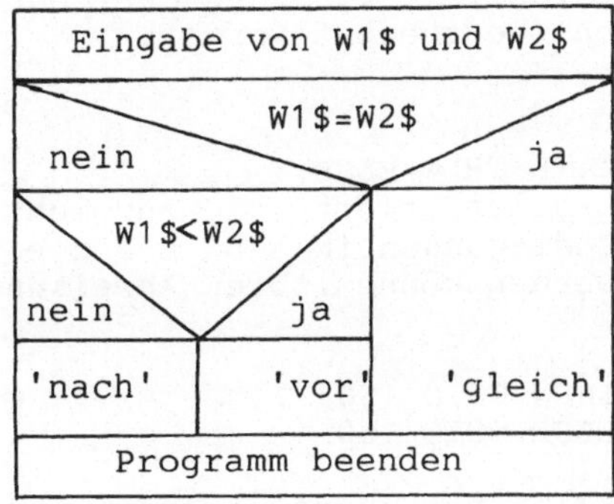

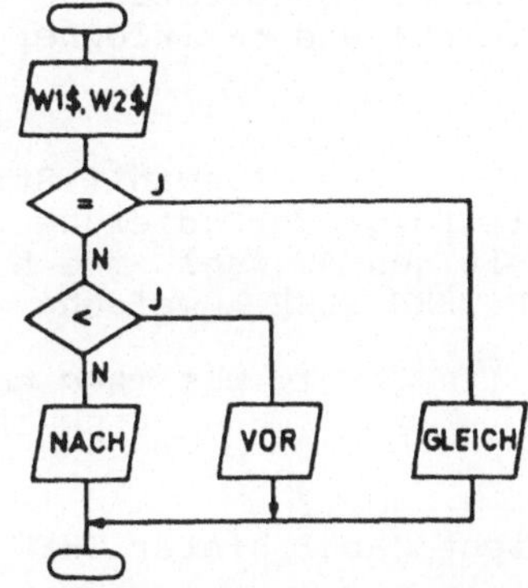

Codierung zu Programm DREIFALL:


```
100 REM ====== Programm DREIFALL
110 PRINT "Textvergleich: zwei Worte und drei Faelle."
120 INPUT "Zwei Worte";W1$,W2$
130 IF W1$<W2$ THEN PRINT W1$;" kommt vor ";W2$
131 REM          ELSE PRINT W1$;" kommt nach ";W2$
140 PRINT "Ende.": END
```

```
Textvergleich: zwei Worte und drei Faelle.
Zwei Worte? 12%,Hundert
12% kommt vor Hundert
Ende.
```

```
Textvergleich: zwei Worte und drei Faelle.
Zwei Worte? Preis,DM-Betrag
Preis kommt nach DM-Betrag
Ende.
```

Numerischer Vergleich und Textvergleich:
In den IF-Anweisungen dieses Programms findet kein numerischer
Vergleich statt, sondern ein T e x t v e r g l e i c h : Die
Verzweigungsbedingung W1$=W2$ (ist der Wert von Variable W1$
gleich dem von Variable W2$) vergleicht die derzeitigen Werte
zweier Textvariablen. Textvariablen enden immer mit einem Dol-
larzeichen "$", wie z.B.:

    A$, B$, C$, ..., A1$, A2$, ...   (Textvariablen mit $)

Wie stellt man fest, ob mit dem Textvergleich W1$<W2$ in Zeile 140 nun der Text "Preis" kleiner ist (im Sinne von alphabetisch weiter vorne stehend) als der Text "DM-Betrag"? Wie Ziffern werden auch Buchstaben und Sonderzeichen intern im ASCII
dargestellt (Abschnitt 1.2.3.1). Sie erhalten so je eine Code-
nummer als Ordnungsnummer. Mit den ASCII-Codenummern 80 für P
und 68 für D wird W1$<W2$ bzw. "Preis"<"DM-Betrag" bzw. 80<68
vom Computer als 'unwahr' erkannt; der Textvergleich führt somit nicht zur Programmverzweigung.

Text ist all' das, 'was zwischen Gänsefüßchen steht' . Andere
Bezeichnungen sind S t r i n g , Zeichenkette, Zeichendaten.
Bei MSX-Computern kann ein String maximal 256 Zeichen haben.
Beim Textvergleich wie beim numerischen Vergleich kann mit den
Vergleichs-Operatoren =, < > (ungleich), >, <, > = (größer oder
gleich) und < = (kleiner oder gleich) gearbeitet werden.

Mehrseitige Auswahl(-Struktur) mit IF-THEN-ELSE:
Die folgende Codierung zu DREIFALL demonstriert, wie zur mehr-
seitigen Auswahl m e h r e r e Bedingungen in nur e i n e r
IF-THEN-ELSE-Anweisung angegeben werden können. Die   Anweisung

```
 130 IF W1$=W2$ THEN GOTO 140:
                ELSE IF W1$<W2$ THEN GOTO 150:
                             ELSE GOTO 160
```

sieht dabei hinter THEN ausschließlich nur Verzweigungen vor.

3.1.2.4 Fallabfrage mit ON-GOTO

Die Schachtelung von mehr als zwei Auswahlstrukturen wird allzuleicht unübersichtlich. Zur Vereinfachung der mehrseitigen
Auswahl bietet BASIC deshalb die F a l l a b f r a g e mit
der Anweisung ON..GOTO an. Das Programm MWST1 zeigt, daß über
die e i n e Anweisung

       250 ON WAHL GOTO 260,270,280   (Fallabfrage)

d r e i Verzweigungen ausgeführt werden: Für WAHL=1 wird nach
Zeile 260 verzweigt, für WAHL=2 nach Zeile 270 und für WAHL=3
nach Zeile 280.
Da die Anweisung ON..GOTO in WAHL ganzzahlige Werte erwartet,
müssen entsprechende Eingabefehler zuvor in den Zeilen 230 und
240 abgewiesen werden. INT(WAHL) liefert den ganzzahligen Teil
von WAHL (INT(3.45) ergibt 3; INT(2.9) ergibt 2).

Struktogramm zu MWST1:   Ausführung   zu MWST1:

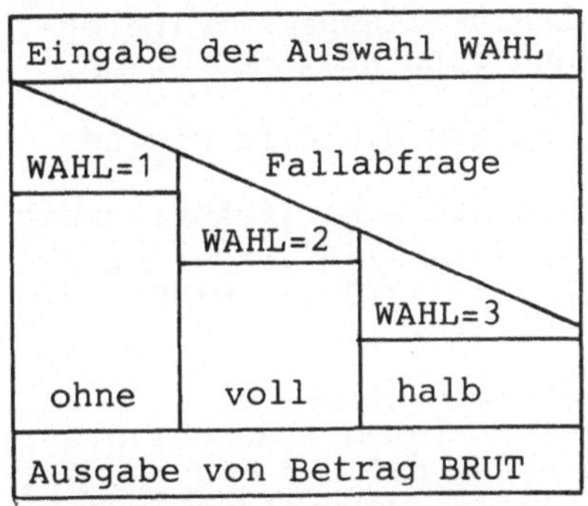

Welcher Nettobetrag? 2000
Ohne MWST   1
Mit MWST   2
Halbe MWST   3
Wahl 1, 2 oder 3? 2

Bruttobetrag: 2280 DM.
Ende.

```
100 REM ====== Programm MWST1
110 CLS: PRINT "Bruttobetrag einschließlich Mehrwertsteuer."
120 :
130 REM ====== Vereinbarungsteil
140 ' NET, MWST, BRUT: DM-Beträge
150 ' WAHL:           Hilfsvariable
160 :
170 REM ====== Anweisungsteil
180 INPUT "Welcher Nettobetrag";NET
190 PRINT "Ohne MWST    1"
200 PRINT "Mit MWST     2"
210 PRINT "Halbe MWST   3"
220 INPUT "Wahl 1, 2 oder 3";WAHL
230 IF WAHL<1 OR WAHL>3 THEN PRINT "... zwischen 1-3": GOTO 190
240 IF WAHL<>INT(WAHL) THEN PRINT "... ganzzahlig": GOTO 190
250 ON WAHL GOTO 260,270,280
260    LET MWST=1 : GOTO 290
270    LET MWST=1.14 : GOTO 290
280    LET MWST=1.07
290 LET BRUT = NET*MWST
300 LET BRUT = INT(BRUT*100+.5)/100
310 PRINT "Bruttobetrag:";BRUT;"DM."
320 PRINT "Ende." : END
```

3.1.3 Programme mit Schleifen

Programme mit Schleifen enthalten Abläufe, die sich mehrmals wiederholen. Man spricht deshalb von Wiederholungsstrukturen. In Abschnitt 1.3.3.3 wurden diese Strukturen allgemein darge-stellt. Im folgenden werden sie in MSX-BASIC an mehreren Bei-spielen veranschaulicht.

3.1.3.1 Abweisende Schleife

Programm KAPITAL1 ermittelt für ein Kapital K bei einem Zins-satz P das verzinste Kapital zum Ende des 1., 2., 3. .. Jahres und endet, sobald sich das Anfangskapital verdoppelt hat. Die Schleife finden wir in den Programmzeilen 220 bis 250:

```
220 IF K>=KE THEN 260        Wiederhole, solange K<KE ist

230    LET K=K+K*P/100       Kapital K um Zinsen K*P/100 er-
240    PRINT "    "+K        höhen und dann ausgeben

250 GOTO 220                 Gehe zurück zum Schleifenbeginn
```

Die Anweisungen IF-THEN und GOTO dienen der Schleifensteuerung und sorgen dafür, daß die Zeilen 220,230,240,250,220,230,240, 250,220,.....,250,220,260 nur durchlaufen werden, solange das Kapital K kleiner als das Endkapital KE ist.

Wie jede Wiederholungsstruktur besteht auch diese Schleife aus einem V o r b e r e i t u n g s t e i l (einmal durchlaufen: Zeilen 180-200) und einem W i e d e r h o l u n g s t e i l (mehrmals durchlaufen: Zeilen 220-250); im ersten Ausführungs-beispiel wird dieser 9mal durchlaufen und im zweiten 5mal.

Die Schleife in Programm KAPITAL1 ist a b w e i s e n d , da die Schleifenabfrage 220 IF K>=KE THEN GOTO 260 am Anfang des Wiederholungsteils steht und damit eine versuchte Wiederholung abweisen kann. Andere Bezeichnungen für diesen Schleifentyp sind: Solange-tue-Schleife, Schleife mit vorheriger Abfrage und Schleife mit Eintrittsbedingung am Anfang.

```
                   Vorbereitungsteil (nur einmal durchlaufen):
                   -------------------------------------------------
190  ...           Anfangswerte setzen
200  ...
210  ...           Wiederholungsteil (mehrmals durchlaufen):
                   -------------------------------------------------
220 IF..THEN 260   Schleifensteuerung
230    ...             Schleifenkörper
240    ...             bzw. Block
250 GOTO 220       Schleifensteuerung
```

Abweisende Schleife mit Vorbereitungs- und Wiederholungsteil

Das Struktogramm und der PAP zu Programm KAPITAL1   zeigen, wie
eine abweisende Schleife grafisch dargestellt werden kann.

Codierung zu Programm KAPITAL1:

```
100 REM ====== Programm KAPITAL1
110 CLS: PRINT "Kapitalien bis zur Verdopplung."
120 :
130 REM ====== Vereinbarungsteil
140 ' K:  Kapital in DM
150 ' KE: Endkapital in DM
160 ' P:  Zinssatz in %
170 :
180 REM ====== Anweisungsteil
190 INPUT "Eingesetztes Kapital";K
200 INPUT "Jahreszinssatz in % ";P
210 LET KE=2*K         'Schleifenbeginn
220    IF K>=KE THEN GOTO 260
230    LET K = K + K*P/100
240    PRINT "   ";K
250    GOTO 220         'Schleifenende
260 PRINT "Ende nach Verdopplung.": END
```

Struktogramm zu KAPITAL1:   PAP zu KAPITAL1:

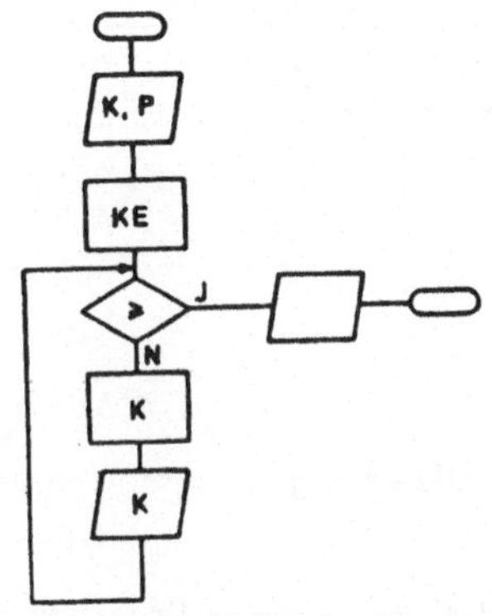

<table>
<tr><td>Schleife vorbereiten:
K, P und KE festlegen</td></tr>
<tr><td>Solange K<KE ist, wiederhole</td></tr>
<tr><td>   verzinstes Kapital K aus:
   K = K + (K * P / 100)</td></tr>
<tr><td>   Wert von K ausgeben</td></tr>
<tr><td>Programmende mitteilen</td></tr>
</table>

Ausführungen zu Programm KAPITAL1:

```
Kapitalien bis zur Verdopplung.        Kapitalien bis zur Verdopplung.
Eingesetztes Kapital? 50000            Eingesetztes Kapital? 50000
Jahreszinssatz in %? 9                 Jahreszinssatz in %? 15
   54500                                  57500
   59405                                  66125
   64751.45                               76043.75
   70579.0805                             87450.3125
   76931.197745                           100567.859375
   83855.00554205                      Ende nach Verdopplung.
   91401.956040835
   99628.13208451
   108594.66397212
Ende nach Verdopplung.
```

3.1.3.2 Nicht-abweisende Schleife

Programm KAPITAL2 verwendet die Anweisung IF-THEN GOTO zur
Steuerung einer n i c h t - a b w e i s e n d e n Schlei-
fe. Dabei steht die Schleifenabfrage IF L<KE THEN GOTO 220 am
Ende des Wiederholungsteils in der Zeile 240.
Die nicht-abweisende Schleife wird häufig als Wiederhole-bis-
Schleife, Schleife mit nachheriger Abfrage oder mit Austritts-
bedingung am Ende bezeichnet.

In der Ausführung stimmen die Programme KAPITAL1 und KAPITAL2
ein, während sich die Codierungen unterscheiden. Zu beachten
ist, daß sich die Abfrage 220 IF K>=KE THEN GOTO 260 in Programm KAPITAL1 zur Abfrage 240 IF K<KE THEN GOTO 220 in Programm KAPITAL2 umkehrt (">=" anstelle von "<").

Struktogramm zu KAPITAL2:   PAP zu KAPITAL2:

Anfangswerte K, P und KE
K = K + (K * P / 100)
K ausgeben
wiederhole bis K>=KE ist
Programmende

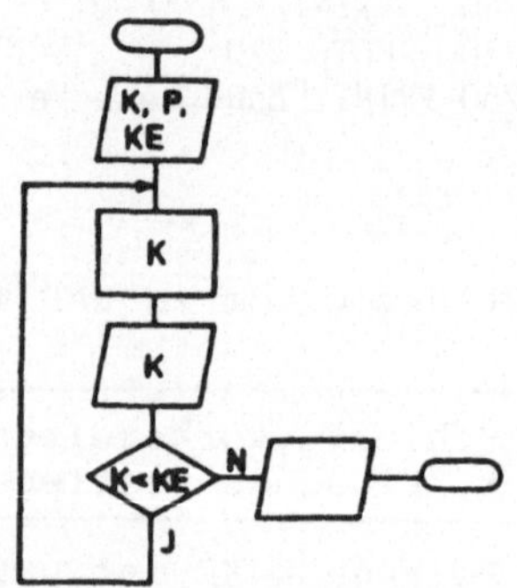

Codierung zu Programm KAPITAL2:

```
100 REM ====== Programm KAPITAL2
110 CLS: PRINT "Kapitalien bis zur Verdopplung."
120 :
130 REM ====== Vereinbarungsteil
140 ' K:  Kapital in DM
150 ' KE: Endkapital in DM
160 ' P:  Zinssatz in %
170 :
180 REM ====== Anweisungsteil
190 INPUT "Eingesetztes Kapital";K
200 INPUT "Jahreszinssatz in % ";P
210 LET KE=2*K
220    LET K = K + K*P/100
230    PRINT " ";K
240    IF K<KE THEN GOTO 220
250 PRINT "Ende nach Verdopplung.": END
```

3.1.3.3 Schleife mit Abfrage in der Mitte

Oft befindet sich die Schleifenabfrage nicht am Beginn (abweisende Schleife) oder Ende (nicht-abweisende Schleife), sondern irgendwo inmitten des Wiederholungsteils. Dieser Schleifentyp wird in MSX-BASIC ebenfalls mit den Anweisungen IF..THEN.. und GOTO.. programmiert. Das Programm ZUFALL1 demonstriert diesen Schleifentyp: die Anweisung 260 IF Z=D THEN GOTO 290 bewirkt, daß die Schleife verlassen wird, wenn Z=D ist.

```
240  INPUT "Ihre Zahl";Z     Schleifenbeginn

250  ...
260  IF Z=D THEN GOTO 290     Schleifenausgang hinter 280
270  ...

280  GOTO 240                 Schleifenende
290  ...
```

'Schleife mit Abfrage in der Mitte' mittels IF-THEN und GOTO

Das Spielprogramm ZUFALL1 weist den Schleifentyp 'Abfrage in der Mitte des Wiederholungsteiles' auf: Die Schleifenabfrage 260 IF Z=D THEN 290 befindet sich i n m i t t e n des Wiederholungsteiles (Zeile 240 bis Zeile 280). Aus dem Struktogramm sieht man deutlich, daß innerhalb der Schleife noch eine zweiseitige Auswahlstruktur eingeschachtelt ist: Wenn Z>D, dann zu groß, sonst zu klein. Das Programm ZUFALL1 ist also bereits recht komplex mit den folgenden drei Programmstrukturen:

Ablaufstruktur:	Zeile:	Steuerung in BASIC:
Folge	(190-230)	–
Schleife	(240-280)	IF-THEN GOTO und GOTO
Zweiseitige Auswahl	(270)	IF-THEN-ELSE

Zu den zwei F u n k t i o n e n RND() und INT in Zeile 220: RND() (von RaNDom=Zufall) erzeugt eine Zufallszahl zwischen 0 und 1. Dabei kommt es auf den in Klammern gesetzten Wert an:

- RND(negative Zahl) erzeugt eine Startzahl für eine Zufallsfolge.
- RND(-TIME) setzt die Startzahl in Abhängigkeit des internen Zeittaktes TIME (vgl. Abschnitt 2.4.2.2).
- RND(positive Zahl) liest eine Zahl aus einer mit RND(negative Zahl) gewählten Zufallsfolge. Beispiele: RND(1), RND(A).

Im Programm BENCHMAR (vgl. Abschnitt 3.1.3.4) wird die Systemvariable TIME zum Stoppen der Zeit verwendet werden.

Die Funktion INT (von INTeger=ganzzahlig) schneidet eventuell
vorhandene Kommastellen ab. Eine bei der Ausführung von Programm ZUFALL1 vom Computer erzeugte Zahl 108 kann in der Zeile

```
220 LET D = INT(A*RND(-TIME)+N)
```

wie folgt nach D zugewiesen worden sein:

- RND(-TIME) ergibt 0.88249
- A bzw. 10 mal 0.88249 ergibt 8.8249
- N bzw. 100 plus 8.8249 ergibt 108.8249
- INT(108.8249) ergibt schließlich die zu erratende Zahl 108

Struktogramm zu Programm ZUFALL1:   PAP zu ZUFALL1:

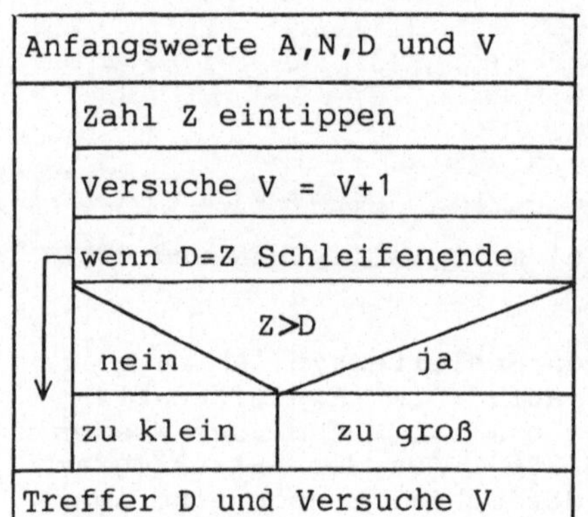

Codierung zu Programm ZUFALL1 mit Funktion RND():

```
100 REM ====== Programm ZUFALL1
110 PRINT "Raten einer Zahl als Spielprogramm."
120 :
130 REM ====== Vereinbarungsteil
140 ' Z:  Tastatureingabe
150 ' D:  Vom Computer erzeugte Zufallszahl
160 ' V;  Versuchszähler
170 :
180 REM ====== Anweisungsteil
190 PRINT "Eine Zahl zufällig aus den A"
200 PRINT "auf N folgenden Zahlen erzeugen."
210 INPUT "Werte für A,N";A,N
220 LET D=INT(A*RND(-TIME)+N)
230 LET V=0
240 INPUT "Ihre Zahl";Z
250 LET V=V+1
260 IF Z=D THEN GOTO 290
270   IF Z>D THEN PRINT "... zu groß."
271 REM       ELSE PRINT "... zu klein."
280 GOTO 240
290 PRINT "Treffer";D;"nach";V;"Versuchen."
300 PRINT "Ende.": END
```

Ausführungen zu Programm ZUFALL1:

Raten einer Zahl als Spielprogramm.
Eine Zahl zufällig aus den A
auf N folgenden Zahlen erzeugen.
Werte für A,N? 10 , 100
Ihre Zahl? 105
... zu groß.
Ihre Zahl? 101
... zu klein.
Ihre Zahl? 102
... zu klein.
Ihre Zahl? 104
Treffer 104 nach 4 Versuchen.
Ende.

Raten einer Zahl als Spielprogramm.
Eine Zahl zufällig aus den A
auf N folgenden Zahlen erzeugen.
Werte für A,N? 10 , 100
Ihre Zahl? 105
... zu groß.
Ihre Zahl? 103
Treffer 103 nach 2 Versuchen.
Ende.

3.1.3.4 Zählerschleife mit FOR-NEXT

Läßt man ein Testprogramm auf verschiedenen Computern laufen,
um über den Vergleich der Ergebnisse deren Leistungen zu beur-
teilen, spricht man von einem B e n c h m a r k - T e s t .
Ein einfacher Test besteht darin, 2000 mal 10 durch 3 zu teilen, um über die hierfür benötigte Zeit dann auf die Verarbei-
tungsgeschwindigkeit des Computers bzw. der CPU zu schließen.
Das Programm BENCHMAR enthält dieses Testverfahren.

In den Zeilen 150-170 von Programm BENCHMAR ist eine Zählerschleife

```
150 FOR Z=1 TO 2000  -Für Z, das von 1 bis 2000 laufen soll
160 LET T=10/3       -Bei jedem Durchlauf 10/3 nach T bringen
170 NEXT Z           -Z um 1 erhöhen und ggf. nach 150 gehen
```

programmiert, die sich genau 2000 mal wiederholt: die Variable
Z durchläuft die Werte 1,2,3,...,2000 und heißt deswegen
auch L a u f v a r i a b l e. Da Z dabei jeweils um 1 hochge-
zählt wird, nennt man sie Zählervariable und kurz Z ä h l e r.
Zur Kontrolle der Z ä h l e r s c h l e i f e stehen in MSX-
BASIC die beiden Anweisungen FOR sowie NEXT zur Verfügung.
Statt in drei Zeilen kann man die Zählerschleife von Programm
BENCHMAR auch wie folgt in einer Zeile schreiben:

```
130 FOR Z=1 TO 2000: LET T=10/3 : NEXT Z
```

Da die Überprüfung der Schleife am Ende in der NEXT-Anweisung
stattfindet, wird eine Schleife mit FOR X=5 TO 5 ... NEXT X
genau e i n m a l durchlaufen.

Der PAP zu Programm BENCHMAR zeigt, welche Sinnbilder für die
grafische Darstellung der Zählerschleife vorgesehen sind: Zwei
'abgeschrägte' Rechtecke für den Schleifenanfang (FOR) und für
das Schleifenende (NEXT).

Codierung zu BENCHMAR: PAP zu BENCHMAR:

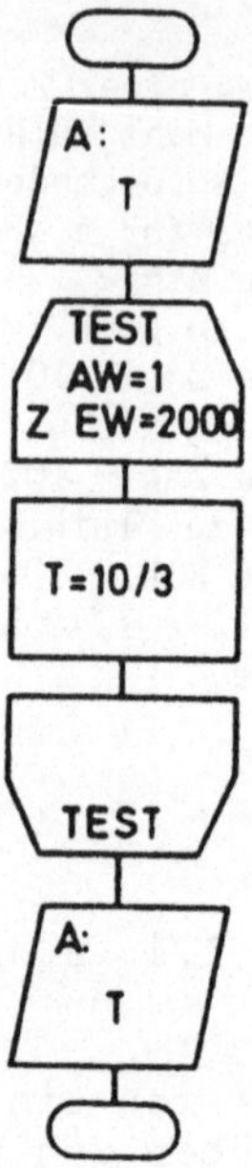

```
100 REM ====== Programm BENCHMAR
110 CLS: PRINT "Test zur Verarbeitungsgeschwindigkeit"
120 PRINT "Testbeginn (bitte warten) ..."
130 TIME=0
140 :
150 FOR Z=1 TO 2000 'Schleifenbeginn
160    LET T = 10/3
170 NEXT Z              'Schleifenende
180 :
190 LET ZEIT=TIME
200 PRINT "... Testende."
210 LET SEK=INT(ZEIT/50)
220 PRINT "Zeit in Sekunden:";SEK
230    LET H=INT(ZEIT/180000!)
240    LET ZEIT=ZEIT-(H*180000!)
250    LET M=INT(ZEIT/3000)
260    LET ZEIT=ZEIT-(M*3000)
270    LET S=INT(ZEIT/50)
280    PRINT "Zeit in HH.MM.SS: ";
290    PRINT USING "##:##:##";H,M,S
300 PRINT "Ende.": END
```

```
Test zur Verarbeitungsgeschwindigkeit
Testbeginn (bitte warten) ...
... Testende.
Zeit in Sekunden: 25
Zeit in HH.MM.SS:  0: 0:25
Ende.
```

Struktogramm zu BENCHMAR:

Anfangswert 0 für TIME
Für Z von 1 bis 2000 wiederhole
Zuweisung T = 10/3
Endwert für TIME nach ZEIT und ZEIT aufbereitet ausgeben

Hier einige Beispiele für gültige FOR-Anweisungen (die Werte
der Laufvariablen sind jeweils in Klammern gesetzt):

```
- FOR I=100 TO 102          (100,101,102)
- FOR S1=3 TO EWER          (3,4 bei EWER=4)
- FOR D=0 TO 6 STEP 2       (0,2,4,6)
- DOR D=0 TO 7 STEP 2       (0,2,4,6)
- FOR A=9 TO 13 STEP 3      (9,12)
- FOR I=8 TO 6 STEP -1      (8,7,6)
- FOR Z9=1 TO 1.5 STEP 0.1  (1,1.1,1.2,1.3,1.4,1.5)
- FOR A=1 TO 1              (1)
- FOR TT=T1 TO 300 STEP 50  (251 für T1=251)
- FOR X%=AW TO EW STEP SW   (30,40,50 bei AW=30, EW=50, SW=10)
```

Mit STEP kann man dabei für die Laufvariable eine von 1 abwei-
chende S c h r i t t w e i t e angeben. Ist STEP negativ, so
muß der Anfangswert natürlich größer sein als der Endwert; ist
dies nicht der Fall, wird die Zählerschleife überhaupt nicht
durchlaufen.

Zum Stoppen der Zeit mittels TIME:
Die Systemvariable TIME erhöht sich 50 mal in der Sekunde. Mit
der Anweisung 130 TIME=0 erhält TIME den Wert 0. Nach dem Verlassen der Schleife wird mit 190 LET ZEIT=TIME der derzeiti-
ge Wert von TIME nach ZEIT zugewiesen.

Zur Ausgabeformatierung mit PRINT USING:
Zusammen mit der PRINT-Anweisung gebraucht (to use bzw. USING)
man häufig eine M a s k e , um die Ausgabe formgerecht zu ge-
stalten, d.h. zu formatieren. In der PRINT USING-Anweisung von
Zeile 290 sieht die Druckmaske "##:##:##" drei Druckfelder mit
je zwei Zeichen vor (das "#" reserviert e i n e Stelle). In
Abschnitt 3.4.5 wird die PRINT USING-Anweisung ausführlich erklärt.

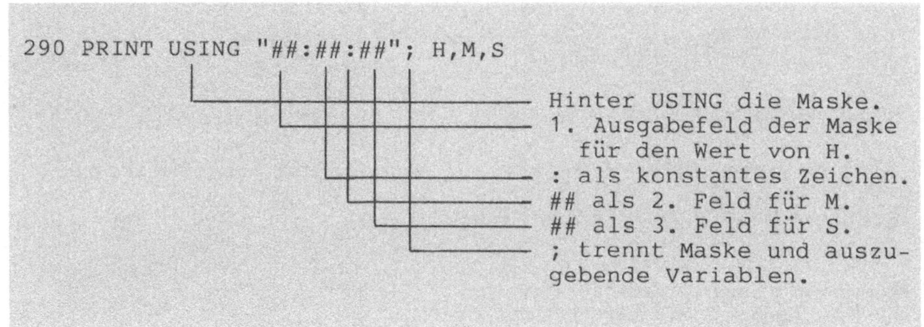

Ausgabeformatierung mittels PRINT USING an einem Beispiel

3.1.3.5 Unechte Zählerschleife

Eine u n e c h t e Zählerschleife liegt vor, wenn mit den
Anweisungen FOR-NEXT überhaupt nicht gezählt werden soll, d.h.
wenn diese beiden so bequem verwendbaren Anweisungen 'nur' zum
Zwecke der Schleifensteuerung programmiert werden. Das folgende Programm FAHRTENB zeigt dies anhand einer Kfz-Benzinabrech-
nung. In der Zählerschleife (Zeilen 250 - 340) wird mittels

   250 FOR Z = 1 TO 999   (Endwert 999 sehr groß)

mit 999 ein normalerweise nicht erreichbarer Endwert angegeben
(Schleife nicht 999 mal durchlaufen). Der eigentliche Schleifenausgang ist in Zeile 280: Bei Eingabe von Null (K1=0?) wird
die Laufvariable auf 999 gesetzt (LET Z=999) und nach 360 zur

NEXT-Anweisung verzweigt. Dann wird nach Zeile 250 gegangen,
wo die FOR-Anweisung überprüft, daß die Laufvariabe Z den Endwert 999 erreicht hat. FOR beendet die Schleife und das Programm fährt mit Zeile 370 fort. Durch die Anweisung

  280 IF K1=0 THEN LET Z=999: GOTO 350   (Schleifenausgang)

wird der MSX-Computer also 'angeschwindelt', die Schleife bereits 999 mal wiederholt zu haben.

Schleife mit z w e i Ausgängen: Die Schleife könnte durch eine
ne Verzweigung 280 IF K1=0 THEN 360 direkt verlassen werden.
Diese Möglichkeit widerspricht dem Prinzip der strukturierten
Programmierung, für jede Programmstruktur je e i n e n Eingang und Ausgang vorzusehen (vgl. Abschnitt 1.3.7.4).

```
Ein Ausgang (Zeile 360):          Zwei Ausgänge (290, 360):

250 FOR Z = 1 TO 999              250 FOR Z = 1 TO 999
...                               ...
...                               ...
280 IF K1=0 THEN Z=999: GOTO 350┐ 280 IF K1=0 THEN 360────┐
...                             │ ...                     │
...                             │ ...                     │
350 NEXT Z ←─────────────────────┘ 350 NEXT Z             │
360 ...                           360 ... ←───────────────┘

gut: ein Eingang, ein Ausgang     schlecht: unklare Struktur
```

      Unechte Zählerschleife auf zwei Arten programmiert

Ausführung zu Programm FAHRTENB:

Pkw-Verbrauchswerte ermitteln
aus Eintragungen im Fahrtenbuch.

Anfangskilometerstand (Tank voll)? 60000
 1 . Tanken: Km-Stand,Liter,DM (0=Ende)
 60100 , 10 , 14
Verbrauch: 10 Liter/100 km
Benzinpreis: 1.4 DM/Liter

 2 . Tanken: Km-Stand,Liter,DM (0=Ende)
 60260 , 20 , 29
Verbrauch: 12.5 Liter/100 km
Benzinpreis: 1.45 DM/Liter

 3 . Tanken: Km-Stand,Liter,DM (0=Ende)
 0 , 0 , 0

Ausgabe gesamt   :   43.00 DM
Kilometer gesamt   : 260.00 km
Verbrauch (Mittel) : 11.54 1/100 km
Benzinpreis (Mittel):   1.43 DM/1

Struktogramm zu FAHRTENB: PAP zu FAHRTENB:

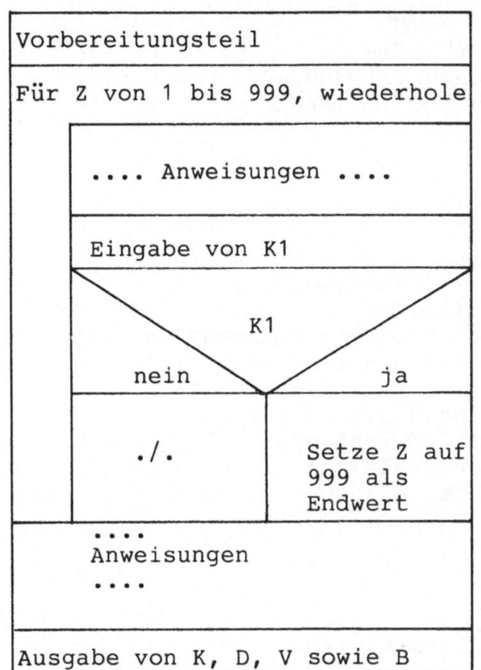

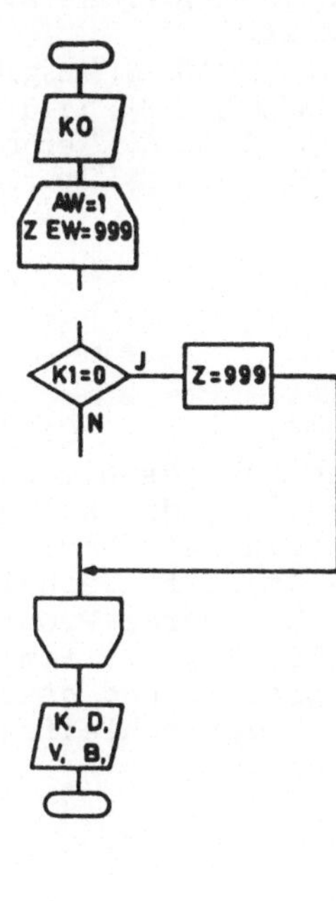

Codierung zu FAHRTENB mit einer Schleife in 250-350:

```
100 REM ====== Programm FAHRTENB
110 CLS: PRINT "Pkw-Verbrauchswerte ermitteln"
120 PRINT "aus Eintragungen im Fahrtenbuch.": PRINT
130 :
140 REM ====== Vereinbarungsteil
150 ' K1:       km-Stand aus Fahrtenbuch
160 ' L1:       Literverbrauch aus Fahrtenbuch
170 ' D1:       DM-Betrag fr Tanken laut Fahrtenbuch
180 ' V1:       Verbrauch in Liter je 100 km
190 ' K,L,D,V,B:Entsprechende Gesamtwerte
200 ' Z:        Zahlervariable
210 :
220 REM ====== Anweisungsteil
230 INPUT "Anfangskilometerstand (Tank voll)";KO
240 LET K=0: LET L=0: LET D=0
250 FOR Z= 1 TO 999                    'Schleifenbeginn
260    PRINT Z;". Tanken: Km-Stand,Liter,DM (O=Ende)"
270    INPUT K1,L1,D1
280    IF K1=0 THEN LET Z=999: GOTO 350   'Schleifenabfrage
290    LET K1=K1-KO: K=K+K1: L=L+L1: D=D+D1
300    LET V1=100*L1/K1
310    PRINT "Verbrauch:    ";V1;"Liter/100 km"
320    LET B1=D1/L1
330    PRINT "Benzinpreis: ";B1;"DM/Liter": PRINT
340    LET KO=KO+K1
350 NEXT Z                             'Schleifenende
360 :
```

```
370 LET V=100*L/K: LET B=D/L: PRINT
380 LET M$="\                    \: ###.## \        \"
390 PRINT USING M$;"Ausgabe gesamt";D;"DM"
400 PRINT USING M$;"Kilometer gesamt",K,"km"
410 PRINT USING M$;"Verbrauch (Mittel)",V,"1/100 km"
420 PRINT USING M$;"Benzinpreis (Mittel)",B,"DM/1"
430 END
```

Offene und geschlossene Schleife:
Zu Beginn jeder Ausführung von Programm FAHRTENB ist vollständig offen, wie häufig die Schleife durchlaufen wird. Man nennt
diese Schleife deshalb auch eine o f f e n e Schleife. Dem-
gegenüber wurde Programm BENCHMAR als g e s c h l o s s e n e
Schleife jeweils immer 2000 mal durchlaufen. Der Typenbildung
von 'offenen und geschlossenen Schleifen' liegt also die Fest-
legung der Schleifendurchläufe als Unterscheidungskriterium
zugrunde.

3.1.3.6 Schachtelung von Zählerschleifen

Mehrere Programmstrukturen können entweder hintereinander oder
geschachtelt in e i n e m Programm angeordnet sein (vgl. Ab-
schitt 1.3.3.5). Bei der Schachtelung von Zählerschleifen ist
zu beachten, daß die zuerst begonnene äußere Schleife zuletzt
beendet wird und die innere Schleife somit vollständig eingeschachtelt ist. Im Beispiel mit X-Schleife außen und Y-Schleife innen wird in 400 das Wort TEST 12 mal (3*4=12) ausgegeben.

```
┌─300  FOR  X=1  TO  3            ┌─300  FOR  X=1  TO  3
│┌─310  FOR  Y=1  TO  4          │┌─310  FOR  Y=1  TO  4
││                               ││
││ ...                           ││ ...
││ 400  PRINT "TEST"             ││ 400  PRINT "TEST"
││                               ││                       läuft nicht
││ ...                           ││ ...
│└─590  NEXT  Y                  │└─590  NEXT  X
└──600  NEXT  X                  └──600  NEXT  Y

   vollständige Schachtelung        falsch: teilweise Schachtelung
```

Schachtelung mit innerer Y-Schleife und äußerer X-Schleife

Auch im folgenden Programm RATENSPA sind zwei Zählerschleifen
geschachtelt angeordnet: Die innere Schleife mit der Laufvariablen I für die Jahre (im Ausführungsbeispiel I=1,2,3,4) und
die äußere Schleife mit J für die Anzahl der Jahres-Zahlungen
(im Beispiel J=1,2). Die Beispieltabelle weist damit 8 Druck-
zeilen auf, da die PRINT-Anweisung in Zeile 340 genau 8 mal
(4*2=8) durchlaufen wird.

Struktogramm zu Programm RATENSPA: PAP zu RATENSPA:

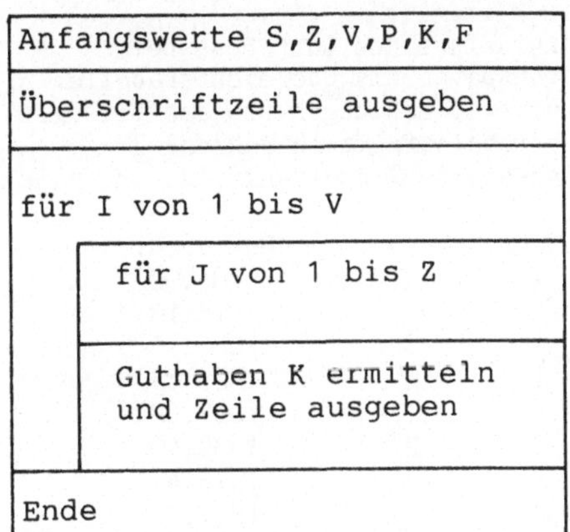

Codierung zu RATENSPA (Schleifen in Zeilen 310-360):

```
100 REM ====== Programm RATENSPA
110 CLS: PRINT "Entwicklung des Guthabens beim"
120 PRINT "Ratensparen als Übersichtstabelle."
130 :
140 REM ====== Vereinbarungsteil
150 'S: Sparrate in DM gleichbleibend
160 'Z: Anzahl der Zahlungen je Jahr
170 'V: Vertragslaufzeit
180 'P: Jahreszinssatz in %
190 'F: Zinsfaktor gemäß Zinsformel
200 'K: Kapital als neues Endguthaben
210 'I: Laufvariable für äußere jahresschleife
220 'J: Laufvariable für innere Monatsschleife
230 :
240 REM ====== Anweisungsteil
250 INPUT "Sparrate, Zahlungen pro Jahr";S,Z
260 INPUT "Vertragslaufzeit in Jahren";V
270 INPUT "Zinssatz in % pro Jahr";P
280 LET K=0: LET F=1+P/Z/100
290 PRINT: PRINT "  Jahr:  Monat:      Guthaben:"
300 :
310 FOR I=1 TO V
320   FOR J=1 TO Z
330     LET K = (K+S)*F
340     PRINT USING "  ##       ##       ######.##"; I,J,K
350   NEXT J
360 NEXT I
370 END
```

Ausführungen zu Programm RATENSPA:

Entwicklung des Guthabens beim   Entwicklung des Guthabens beim
Ratensparen als Übersichtstabelle.   Ratensparen als Übersichtstabelle.
Sparrate, Zahlungen pro Jahr? 200 , 2   Sparrate, Zahlungen pro Jahr? 200 , 4
Vertragslaufzeit in Jahren? 4   Vertragslaufzeit in Jahren? 2
Zinssatz in % pro Jahr? 12   Zinssatz in % pro Jahr? 12

Jahr:	Monat:	Guthaben:		Jahr:	Monat:	Guthaben:
1	1	212.00		1	1	206.00
1	2	436.72		1	2	418.18
2	1	674.92		1	3	636.73
2	2	927.42		1	4	861.83
3	1	1195.06		2	1	1093.68
3	2	1478.77		2	2	1332.49
4	1	1779.49		2	3	1578.47
4	2	2098.26		2	4	1831.82

3.1.3.7 Zählerschleife als Warteschleife

Die Programmschleife

```
100 FOR ZEIT=1 TO 1000
110 NEXT ZEIT
```

wird 1000 mal durchlaufen, was seine Zeit braucht. Deshalb
sieht man diese Schleife oft als Warteschleife zur Zeitverzö-
gerung vor. Man kann diese Schleife in e i n e r Zeile als

```
100 FOR ZEIT=1 TO 1000 : NEXT
```

schreiben. Statt NEXT ZEIT kann man verkürzt auch NEXT schreiben. Diese Möglichkeit sollte bei umfangreichen Programmen we-
gen der schlechten Lesbarkeit jedoch nicht angewendet werden.

3.1.4 Programm mit Unterprogramm

Die Verwendung von U n t e r p r o g r a m m e n bietet ent-
scheidende Vorteile:

- Ein in Unterprogramme gegliedertes Programm ist stets besser
  l e s b a r als ein ungegliedertes Gesamtprogramm.

- Einen an mehreren Stellen im Programm benötigten Ablauf muß
  man nur e i n m a l als Unterprogramm codieren.

- Oft benötigte Verfahren können gesammelt und bei Bedarf im
  neuen Programm wie B a u s t e i n e eingesetzt werden.

- Bei größeren Vorhaben können Teilabläufe von verschiedenen
  Personen g e t r e n n t entwickelt und dann zu einem Pro-
  grammkomplex zusammengesetzt werden (Anweisung MERGE).

In BASIC kann man Unterprogramme durch die Anweisungen GOSUB
und RETURN oder durch Funktionen verwirklichen. Wir wenden uns
zunächst den Anweisungen GOSUB und RETURN zu.

3.1.4.1 Unterprogramme mit GOSUB und RETURN

Programm DEMO-UP1 demonstriert, wie ein e i n m a l codiertes Unterprogramm (Zeilen 1000-1020) z w e i m a l aufgerufen wird (Zeilen 140 und 190). Zu trennen ist also die Unter-
programmcodierung (ein oder mehrere Zeilen mit RETURN am Ende)
einerseits und der Unterprogrammaufruf (durch GOSUB) andererseits. In MSX-BASIC ist ein Unterprogramm immer Teil des rufenden Hauptprogrammes.
Das Unterprogramm von DEMO-UP1 hat die Aufgabe, jede Eingabe
um 10 zu erhöhen. Da sich die Eingabe im Hauptprogramm zuerst
in X und dann in Y befindet, ist vor jedem Unterprogrammaufruf
die Eingabe einer Variablen namens PAR (Parameter) zuzuweisen.

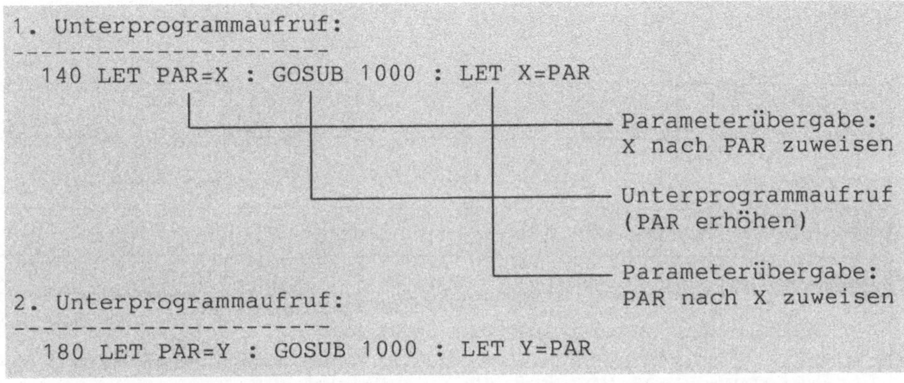

Unterprogrammaufruf mit Parameterübergabe (Beispiel)

Dann wird das Unterprogramm mit GOSUB 1000 aufgerufen, die Er-
höhung mit 1010 LET PAR=PAR+10 ausgeführt, mit 1020 RETURN
in die jeweilige Folgezeile 150 bzw. 200 zurückgekehrt und im
Hauptprogramm fortgefahren. Die etwas umständliche Anweisungsfolge '140 LET PAR=X: GOSUB 1000: LET X=PAR' ist erforderlich,
da ein Unterprogrammaufruf wie etwa 'GOSUB(X) 1000' mit einer
tatsächlichen Parameterübergabe in BASIC nicht Standard ist.

Codierung zu Programm DEMO-UP1:   PAP zu DEMO-UP1:

```
100 REM ====== Programm DEMO-UP1
110 PRINT "Ein Unterprogramm zweimal aufrufen."
111 :
120 INPUT "Wert von X";X
130 LET PAR=X            'Parameterübergabe
140 GOSUB 1000           'Unterprogrammaufruf
150 LET X=PAR            'Parameterübergabe
160 PRINT "X um 10 erhöht zu";X
161 :
170 INPUT "Wert von Y";Y
180 LET PAR=Y            'Parameterübergabe
190 GOSUB 1000           'Unterprogrammaufruf
200 LET Y=PAR            'Parameterübergabe
210 PRINT "Y um 10 erhöht zu";Y
220 PRINT "Ende." : END
230 :
240 :
1000 REM ====== Unterprogramm EROEHEN
1010 LET PAR=PAR+10
1020 RETURN
```

Ein Unterprogramm zweimal aufrufen.
Wert von X? 34
X um 10 erhöht zu 44
Wert von Y? 99999
Y um 10 erhöht zu 100009
Ende.

Struktogramm zu Programm DEMO-UP1:

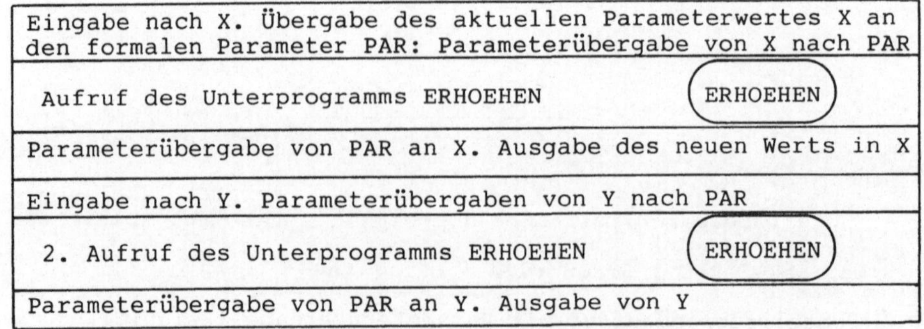

Die Anweisung 140 GOSUB 1000 merkt sich die Folgezeile 150 als
Rückkehradresse und verzweigt nach Zeile 1000 zum dort anfan-
genden Unterprogramm.Die Anweisung 1020 RETURN beendet das Unterprogramm und verzweigt zu der (zuletzt) gemerkten Rückkehradresse. Beispiele für Anweisungen zum Unterprogrammaufruf:

- 140 GOSUB 1000   unbedingter Aufruf
- 140 IF A=3 THEN GOSUB 1000   numerisch bedingter Aufruf
- 140 IF B$="JA" THEN GOSUB 1000   Text-bedingter Aufruf
- 140 ON C GOSUB 1000,2000,3000   Fallabfrage mit Aufruf

3.1.4.2 Vier Typen des bedingten Unterprogrammaufrufs

In MSX-BASIC ist es möglich, ein Unterprogramm in Abhängigkeit
der Zeit (ON INTERVAL GOSUB), der STOP-Taste (ON STOP GOSUB),
einer Funktionstaste (ON KEY GOSUB) und natürlich des Inhaltes
einer Variablen (ON Bedingung GOSUB) aufzurufen. Das Programm
DEMO-UP2 verdeutlicht diese vier Möglichkeiten.

```
1. Aufruf je nach Variableninhalt:
-----------------------------------
140 ON Z GOSUB 700,800,900      Für Z=1 das in Zeile 700 be-
                                ginnende Upro aufrufen, für
                                Z=2 das Upro in 800, ...

2. Aufruf je nach Zeit:
-----------------------
1010 ON INTERVAL=500 GOSUB 1500 Nach 10 Sek. (500*1/50) das
                                Upro in 1500 aufrufen.

1020 INTERVAL ON                INTERVAL-Abfrage aktivieren.

3. Aufruf je nach STOP-Taste:
-----------------------------
2030 ON STOP GOSUB 2500         Bei Drücken der STOP-Taste
                                das Upro in 2500 aufrufen.

2040 STOP ON                    STOP-Abfrage aktivieren.

4. Aufruf je nach Funktionstaste:
---------------------------------
3020 ON KEY GOSUB 3500          Bei Drücken der aktivierten
                                Tasten das/die Upros rufen.

3030 KEY(1) ON                  Abfrage der Funktionstaste
                                /F1/ aktivieren.
```

Unterprogrammaufruf mittels ON ... GOSUB

Zur Anweisung 1010 ON INTERVAL=500 GOSUB 1500 :
Während das Programm in Zeile 1030 auf eine Eingabe wartet,
fragt der MSX-Computer immer wieder ab, ob das Zeitintervall
abgelaufen ist. Dieses Abfragen beginnt, sobald die Anweisung
1020 INTERVAL ON ausgeführt worden ist. Der mit INTERVAL=500
auf 500 gesetzte 'Zeitzähler' wird 50 mal in der Sekunde um 1
erhöht: 500 entspricht somit 500*1/50 bzw. 10 Sekunden. Durch
die Anweisung INTERVAL OFF kann die Zeitabfrage wieder ausgeschaltet werden.

Zur Anweisung 2030 ON STOP GOSUB 2500 :
In Zeile 2050 wartet das Programm in einer 'Endlosschleife',
bis die Tasten /CTRL/+/STOP/ gedrückt werden. Erst dann fährt
das Programm mit der Zeile 2500 fort, um die Ausführung durch
END zu beenden (ab Zeile 2500 beginnt hier somit kein 'echtes'
Unterprogramm).

Codierung zu Programm DEMO-UP2:

```
100 REM ====== Programm DEMO-UP2
110 CLS: PRINT "Vier Typen des bedingten Unterprogrammaufrufs."
120 PRINT "1. Aufruf je nach Variableninhalt"
130 INPUT "Zahl zwischen 0 und 255";Z
140 ON Z GOSUB 700,800,900
150 PRINT "Ende."
160 END
700 PRINT "Unterprogramm fr z=1"
710 RETURN
800 PRINT "Unterprogramm fr Z=2"
810 RETURN
900 PRINT "Unterprogramm fr Z=3"
910 RETURN
920 :
930 :
1000 PRINT:PRINT "2. Aufruf je nach Zeit"
1010 ON INTERVAL=500 GOSUB 1500
1020 INTERVAL ON
1030 IF INKEY$="" THEN 1030
1040 PRINT "Ende."
1050 END
1500 PRINT "10 Sekunden (500*1/50) abgelaufen."
1510 RETURN
1520 :
2000 PRINT:PRINT "3. Unterprogrammaufruf je nach STOP."
2010 PRINT "Weiter mit Tasten /CTRL/+/STOP/:"
2030 ON STOP GOSUB 2500
2040 STOP ON
2050 GOTO 2050
2500 PRINT "STOP wurde gedrückt."
2510 PRINT "Ende nach STOP."
2520 END
2530 :
2540 :
3000 PRINT:PRINT "Unterprogrammaufruf je nach Funktionstasten."
3010 PRINT "Funktionstaste /F1/ ist aktiviert."
3020 ON KEY GOSUB 3500
3030 KEY(1) ON
3040 IF INKEY$="" THEN GOTO 3040
3050 PRINT "Ende."
3060 END
3500 PRINT "Taste /F1/ betätigt."
3510 RETURN
```

Vier Typen des bedingten Unterprogrammaufrufs.
1. Aufruf je nach Variableninhalt
Zahl zwischen 0 und 255? 34
Ende.

Ausführung zu Programm DEMO-UP2:

Vier Typen des bedingten Unterprogrammaufrufs.
1. Aufruf je nach Variableninhalt
Zahl zwischen 0 und 255? 3
Unterprogramm für Z=3
Ende.

2. Aufruf je nach Zeit
10 Sekunden (500*1/50) abgelaufen.
Ende.

3. Unterprogrammaufruf je nach STOP.
Weiter mit Tasten /CTRL/+/STOP/:

Unterprogrammaufruf je nach Funktionstasten.
Funktionstaste /F1/ ist aktiviert.
Taste /F1/ betätigt.
Ende.

Zur Anweisung 3020 ON KEY GOSUB 3500 :
Mittels KEY(n) ON wird die Funktionstaste n aktiviert. Es können alle 10 Funktionstasten des MSX-Computers über KEY-Anweisungen aktiviert werden. Im obigen Beispiel wird mit der Anweisung 3030 KEY(1) ON nur die e i n e Taste /F1/ aktiviert. Sobald diese gedrückt ist, wird das Unterprogramm in
Zeile 3500 aufgerufen, um dann über RETURN zur Zeile 3050 als
Rückkehradresse zu gehen.

3.1.4.3 Standardfunktionen und selbstdefinierte Funktionen

Funktionen sind besondere Unterprogramme, die stets mit ihrem
Namen aufgerufen werden. Für häufig wiederkehrende Probleme
sind Funktionen standardmäßig vorgegeben und für spezielle Be-
nutzerprobleme können sie von diesem selbst definiert werden.

Das folgende Programm DEMO-FUN demonstriert, wie der Benutzer
selbst definierte Funktionen in ein BASIC-Programmm einbauen
kann. Wir betrachten zunächst die Funktion FN ERHOEH(). Diese
Funktion stimmt in der Ausführung mit dem Programm DEMO-UP1
überein, nicht aber in der BASIC-Codierung: Das in DEMO-UP1
mittels GOSUB und RETURN geschriebene Unterprogramm wird hier
über eine benutzerdefinierte Funktion mittels DEF FN programmiert. In der dafür vorgesehenen Anweisung

    130 DEF FN ERHOEH(PAR)=PAR+10   (Funktion definieren)

wird hinter FN mit ERHOEH der Funktionsname angegeben, gefolgt
von einem Parameter PAR, dem das Ergebnis von PAR+10 zugewiesen wird.

```
100 REM ====== Programm DEMO-FUN
110 CLS: PRINT "Zwei numerische und zwei String-Funktionen."
111 :
120 PRINT "====== 1. numerische Funkton mit einem Parameter
130 DEF FN ERHOEH(PAR) = PAR+10
140 INPUT "Wert von X";X
150 PRINT "X um 10 erhöht ergibt"; FN ERHOEH(X)
160 INPUT "Wert von Y";Y
170 PRINT "Y um 10 erhöht ergibt"; FN ERHOEH(Y)
171 :
300 PRINT: PRINT "====== 2. numerische Funktion mit zwei Parametern
310 DEF FN PROZ(G,P) = P*G/100
320 INPUT "Kapital, Prozentsatz";K,P
330 LET PW=FN PROZ(K,P)
340 PRINT "Resultat:";PW;" DM Skonto."
341 :
600 PRINT: PRINT "====== 3. String-Funktion mit String-Parameter
610 DEF FN GROSS$(KLEIN$)=CHR$(ASC(KLEIN$)-32)
620 PRINT "Groa 'm' ergibt ";FN GROSS$("m")
630 PRINT "Groa 'k' ergibt ";FN GROSS$("k")
631 :
900 PRINT: PRINT "====== 4. String-Funktion mit numerischem Parameter
910 PRINT "Alternativer Zeichensatz mit"
920 DEF FN ALT$(Z) = CHR$(1)+CHR$(Z)
930 PRINT "Codezahl: Zeichen:
940 FOR CODE=65 TO 95
950    PRINT CODE, FN ALT$(CODE)
960 NEXT
970 PRINT "Ende." : END
```

```
Zwei numerische und zwei String-Funktionen.
====== 1. numerische Funkton mit einem Parameter
Wert von X? 34
X um 10 erhöht ergibt 44
Wert von Y? 99999
Y um 10 erhöht ergibt 100009


====== 2. numerische Funktion mit zwei Parametern
Kapital, Prozentsatz 2000 , 15
Resultat: 300  DM Skonto.


====== 3. String-Funktion mit String-Parameter
Groa 'm' ergibt M
Groa 'k' ergibt K


====== 4. String-Funktion mit numerischem Parameter
Alternativer Zeichensatz mit
Codezahl: Zeichen:
65        ☺          74           ⊠          83       ┤
66        ☻          75           ♂          84       ├
67        ♥          76           ♀          85       ┼
68        ♦          77           ♪          86       │
69        ♣          78           ♫          87       ─
70        ♠          79           ☼          88       ┌
71        ·          80           †          89       ┐
72        ■          81           ┴          90       └
73        ○          82           ┬          91       ┘
                                             92       ×
                                             93       /
                                             94       \
                                             95       +
                                           Ende.
```

Als f o r m a l e r Parameter vertritt PAR beim Unterprogamm-
aufruf die entsprechenden a k t u e l l e n Parameter X (für
den 1. Aufruf über FN ERHOEH(X)) und Y (für den 2. Aufruf über
FN ERHOEH(Y)).

```
VORGEGEBENE STANDARDFUNKTIONEN AUFRUFEN:
- Numerische Funktionen:
  Ganzzahl:      INT(3.8) ergibt 3, INT(2.1111) ergibt 2
  Betrag:        ABS(-2)  ergibt 2, ABS(2) ergibt 2
  Vorzeichen:  SGN(-2)  ergibt -1, SGN(2) ergibt +1
  Zufallszahl: RND(1)    ergibt z.B. 0.8724
  Weitere:       ATN, COS, EXP, LOG, SIN, SQR, TAN
  (vgl. Abschnitt 2.4.2.2)

- String-Funktionen bzw. Text-Funktionen:
  ASC, CHR$, INSTR, LEFT$, LEN, MID$, STR$, RIGHT$ und VAL
  (vgl. Abschnitte 2.4.2.2 und 3.3)

- System-Funktionen:
  FRE(), PEEK und POKE (vgl. Abschnitt 3.5)


FUNKTIONEN SELBST DEFINIEREN UND AUFRUFEN:
- Definition der Funktion mit Anweisung DEF FN ...
- Aufruf der Funktion durch FN ...
```

Zwei Arten von Funktionen

Das in Klammern hinter der Funktion geschriebene Argument kann
eine Konstante (INT(9.7)), eine Variable (INT(Z)) oder ein beliebiger Ausdruck sein (INT(9.7+Z)).

Zur Funktion FN PROZ() :
Diese Funktion wird mit 310 DEF FN PROZ(G,P) = P*G/100 definiert. Im Gegensatz zur Funktion FN ERHOEH(PAR) sind z w e i
P a r a m e t e r vorgesehen: G für den Grundwert und P für
den Prozentsatz. Diese Funktion ist z.B. dann zweckmäßig, wenn
in einem Programm wiederholt ein Prozentwert (hier Skonto) berechnet werden muß.

Zur Funktion FN GROSS$() :
Das "$"-Zeichen am Ende des Funktionsnamens GROSS$ zeigt an,
daß es sich hierbei um eine S t r i n g - F u n k t i o n
handelt, die einen String (hier einen Großbuchstaben) als Aus-
gabewert liefert. Da im ASCII-Code die Großbuchstaben jeweils
um 32 Zahlen weiter 'vorne' liegen, muß von der ASCII-Codezahl
ASC(KLEIN$) jeweils 32 abgezogen werden, um von den Klein- die
Großbuchstaben zu gewinnen.

Zur Funktion FN ALT$() :
Wie FN GROSS$() ist auch FN ALT$() eine String-Funktion.
Als Eingabeparameter erwartet sie jedoch keinen String, son-
dern einen numerischen Wert im Parameter CODE.

Die Funktion FN ALT$() gibt die 31 Grafikzeichen aus, die
als   a l t e r n a t i v e r   Z e i c h e n s a t z   bezeichnet werden, weil sie nicht über die Codes CHR$(0) - CHR$(255)
erreicht werden können, sondern über die mit CHR$(1) eingelei-
teten Codes CHR$(65) - CHR$(95). Ein Beispiel:

- PRINT CHR$(65) ergibt das Zeichen "A" des Standard-
  MSX-Zeichensatzes.
- PRINT CHR$(1)+CHR$(65) ergibt das 'Gesicht-Zeichen' des
  MSX-Alternativ-Zeichensatzes.

Alle (druckbaren) Zeichen beider Zeichensätze können über die
NORMAL-, GRAPH- bzw. CODE-Tastatur erreicht werden. Der Buchstabe "A" erscheint so nach Drücken der Taste /SHIFT/+"a". Das
zum Alternativ-Zeichensatz gehörende 'Gesicht' erhält man, in
dem über die GRAPH-Tastatur (GRAPH-Taste drücken) die Taste
'eckige Klammer auf' betätigt wird (vgl. Abschnitt 2.1.4).

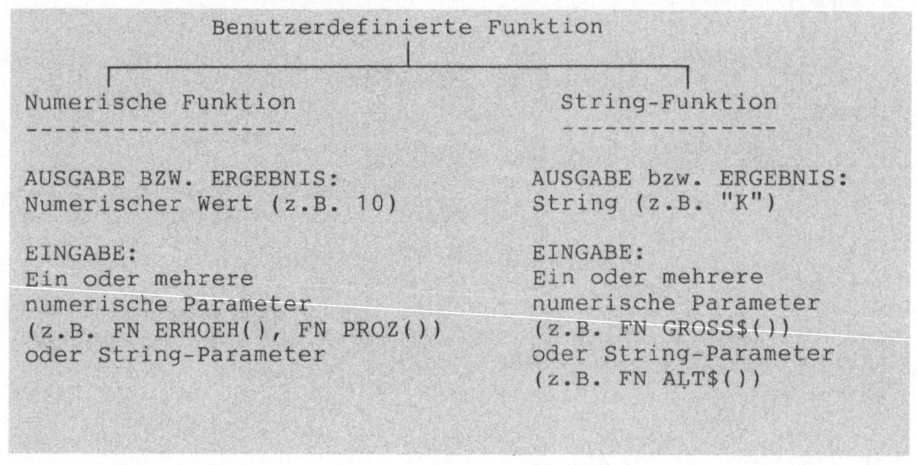

Benutzerdefinierte Funktionen mit Zahl oder String als Ausgabe

3.2 Drei Beispiele zur Programmiertechnik

Zu den in Abschnitt 1.3.7.4 dargestellten Programmiertechniken
werden drei Beispiele erläutert: die Menütechnik, die Standar-
disierung und die Verzweigungstechnik über Wahrheitswerte.

3.2.1 Strukturiert programmieren: Menütechnik

Bei der Ausführung des Programms MENUE1 werden dem Benutzer
sieben Wahlmöglichkeiten am Bildschirm angeboten - vergleichbar mit den Gängen eines Menüs auf der Speisekarte. Aus diesem
Grunde spricht man in der DV von der M e n ü t e c h n i k .
Folgende Punkte kennzeichnen die Menütechnik:

(1) Auswahl einer Tätigkeit aus dem Menü:
    Das Menü wird am Bildschirm gezeigt, bis der Benutzer eine
    gültige Auswahl getroffen hat (Unterprogramme 'GOSUB 1000'
    und 'GOSUB 2000' in Programm MENUE1).

(2) Ausführung dieser Tätigkeit in einem Unterprogramm:
    Über eine mehrseitige Auswahl als Fallabfrage wird ein Un-
    terprogramm aufgerufen (Anweisung 140 ON M GOSUB ...), um
    die gewählte Tätigkeit dann auszuführen.

(3) Wiederholtes Menüangebot mit Programmende über das Menü:
    Nach dieser Ausführung wird das Menü erneut gezeigt. Die
    Schleife wird mit IF-THEN GOTO gesteuert. Abgebrochen wird
    der Programmlauf stets über das Menü selbst (Menüwahl 7)
    bzw. über das Steuerprogramm (hier Zeile 150), nicht aber
    über ein Unterprogramm.

Die sieben Tätigkeiten KONTOSTAND, EINZAHLUNG,.. werden in den
Zeilen 1030-1040 unter DATA gespeichert. Soll das Menüprogramm
für andere Zwecke verwendet werden, müssen nur diese zwei Zeilen geändert werden.

Zu den Anweisungen READ-DATA:
Die Anweisungen READ mit DATA dienen der Speicherung programm-
interner Daten. Jede READ-Anweisung rückt dabei einen Lesezeiger um 1 weiter. Die Anweisung RESTORE setzt den Lesezeiger
auf die Ausgangsposition 1 zurück. Daten können auf beliebig
viele DATA-Anweisungen verteilt werden; wesentlich ist allein
die Reihenfolge. So sind die folgenden Anweisungen identisch:

   10 DATA 4,7   entspricht   10 DATA 4
                                          11 DATA 7
Die Abbildung zeigt an einem Beispiel, wie über eine FOR-NEXT-
Schleife als L e s e s c h l e i f e Daten aus sieben DATA-
Zeilen in einen Array namens M$() eingelesen werden. Da unter
DATA auch eine größere Sammlung von Daten programmintern abge-
speichert werden kann, bezeichnet man diese Daten häufig auch
als i n t e r n e D a t e i .

Die Anweisung des Programms MENUE1

   140 ON M GOSUB 3000,4000,5000,6000,7000,8000,9000

ruft für M=1 das Unterprogramm ab Zeile 3000 auf, für M=2 das
Unterprogramm ab Zeile 4000 ..., wobei als Rückkehradresse für
die RETURNs die Zeile 140 gespeichert wird. Durch die Fehler-
abfragen in Zeile 2040-2050 wird sichergestellt, daß in M tatsächlich nur einer der ganzzahligen Werte 1,2,....,7 vorliegt.

In Zeile 2030 wird die Menü-Auswahl des Benutzers bewußt nicht
einer numerischen Variablen W, sondern einer Textvariablen W$
zugewiesen. Damit soll ein 'Aussteigen' des Computers bei feh-
lerhafter Eingabe verhindert werden. Mit dem Funktions-Aufruf
VAL(W$) wird der Text in W$ in einen Zahlenwert umgewandelt.

Codierung zu Programm MENUE1:

```
100 REM ====== Programm MENUE1
110 CLS: PRINT "Demonstration mit Wahlmöglichkeiten in DATA."
120 GOSUB 1000
130    GOSUB 2000
140    ON M GOSUB 3000,4000,5000,6000,7000,8000,9000
150    IF M=7 THEN PRINT "Ende.": END
160    INPUT "Weiter mit RETURN";W$: CLS: GOTO 130
170 :
1000 READ N: DIM M$(N)        'Menüangebot nach M$ einlesen
1010 FOR I=1 TO N: READ M$(I): NEXT I
1020 RETURN
1030 DATA 7,Kontostand,Einzahlung,Auszahlung,Neues Konto
1040 DATA Konto löschen,Gesamtliste,Programmende
1050 :
2000 PRINT "------Menüangebot-------"
2010 FOR I=1 TO N: PRINT I;"    ";M$(I):NEXT I
2020 PRINT "-----------------------"
2030 PRINT "Wahl:";: LET W$=INPUT$(1): PRINT W$: LET M=VAL(W$)
2040 IF M<>INT(M) THEN PRINT "... ganzzahlig": GOTO 2000
2050 IF M<1 OR M>N THEN PRINT "... außerhalb": GOTO 2000
2060 RETURN
2070 :
3000 PRINT "Unterprogramm ";M$(M): RETURN
4000 PRINT "Unterprogramm ";M$(M): RETURN
5000 PRINT "Unterprogramm ";M$(M): RETURN
6000 PRINT "Unterprogramm ";M$(M): RETURN
7000 PRINT "Unterprogramm ";M$(M): RETURN
8000 PRINT "Unterprogramm ";M$(M): RETURN
9000 PRINT "Unterprogramm ";M$(M): RETURN
```

PAP zu MENUE1:

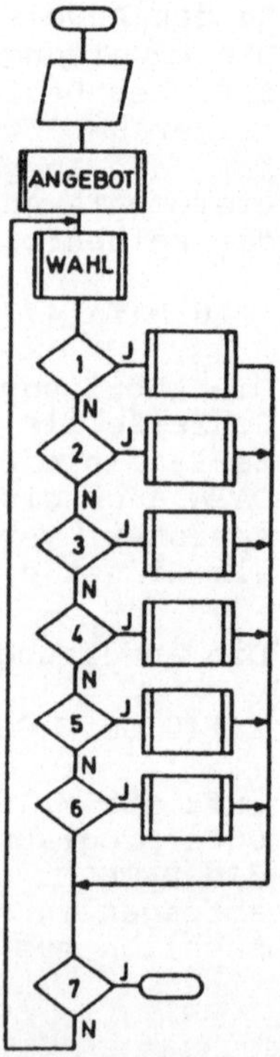

Ausführung zu Programm MENUE1:

```
Demonstration mit Wahlmöglichkeiten in DATA.
------Menüangebot-------       ------Menüangebot-------
 1     Kontostand               1     Kontostand
 2     Einzahlung               2     Einzahlung
 3     Auszahlung               3     Auszahlung
 4     Neues Konto              4     Neues Konto
 5     Konto löschen            5     Konto löschen
 6     Gesamtliste              6     Gesamtliste
 7     Programmende             7     Programmende
-----------------------        -----------------------
Wahl:3                         Wahl:7
Unterprogramm Auszahlung       Unterprogramm Programmende
Weiter mit RETURN              Ende.
```

```
1000 READ N              Nach N wird die Ziffer 7 eingelesen.

1010 FOR I=1 TO N        Nach M$ werden 7 Textworte eingelesen
1011    READ M$(I)       (M$ ist ein String-Array).
1012 NEXT I
                                            Inhalt von M$:
1030 DATA 7, KONTOSTAND                     KONTOSTAND
1031 DATA EINZAHLUNG,AUSZAHLUNG             EINZAHLUNG
1032 DATA NEUES KONTO, KONTO LOESCHEN       AUSZAHLUNG
1033 DATA GESAMTLISTE, PROGRAMMENDE         NEUES KONTO
                                            KONTO LOESCHEN
READ weist einer oder mehreren Variablen    GESAMTLISTE
Werte zu, die unter DATA gespeichert sind.  PROGRAMMENDE
```

Anweisungen READ und DATA zur Datenspeicherung im Programm

3.2.2 Wirtschaftlich programmieren: Standardisierung

In einer Kundendatei soll für jeden Kunden die NUMMER, der NA-
ME und der UMSATZ gespeichert werden; in einer Artikeldatei zu
jedem Artikel die BEZEICHNUNG, der PREIS und die MENGE; ... Je
nach Dateiart ist das Eingabeproblem ähnlich. Unwirtschaftlich
wäre es, für jedes Problem je ein neues Programm schreiben zu
müssen. Programm STANDARD zeigt die Problemlösung über e i n
Programm auf. Z w e i   V a r i a b l e n e b e n e n   werden
dabei unterschieden: eine Ebene nimmt Beschreibungen über die
Daten auf, während die andere Ebene die Daten selbst betrifft.

- Variablen mit beschreibenden Daten:
  Die Variablen ND$(), TD$() und LD() nehmen Angaben zu Namen,
  Datentypen und Längen der Daten auf. Diese Daten sind in der
  DATA-Zeile gespeichert. Bei Änderung ist somit nur die DATA-
  Zeile zu überprüfen.

- Variablen mit den eigentlichen Daten:
  Die Variable ID$() steht für den eigentlichen 'Inhalt der zu
  verarbeitenden Daten', z.B. für die drei Artikelangaben '101
  Williams Birne 3470.50'.

Die Anweisung

```
                                    0     1     2     3    Fach
220 DIM ND$(AD)                  /     /     /     /     /
                                 ---- ---- ---- ----
```

richtet für die Variable ND$ vier 'Fächer' (da AD=3) zur spä-
teren Speicherung von vier Strings ein. Diese Dimensionierung
mittels DIM erklären wir in Abschnitt 3.6 ausführlich. MSX-
BASIC dimensioniert Arrays bei weniger als 12 Fächern automatisch: die DIM-Anweisung könnte also auch weggelassen werden.

Das Programm STANDARD stellt das prinzipielle Vorgehen des Ar-
beitens mit zwei Variablenebenen dar und ist je nach Anwendung
zu ergänzen: so fehlt z.B. die Prüfung für das UMSATZ-Format
6.2 (6 Stellen, 2 Dezimalstellen).

Codierung zu Programm STANDARD:

```
100 REM ====== Programm STANDARD
110 CLS: PRINT "Demonstration: Programmierung in zwei Variablenebenen."
111 :
120 REM ====== Vereinbarungsteil
130 'AD:    Anzahl der Daten
140 'ND$(): Namen der Daten als Array mit AD Komponenten
150 'TD$(): Typen der Daten als Textarray
160 'LD():  Längen der Daten als numerischer Array
170 'ID$(): Inhalt der Daten als Textarray
180 'Hinweis: bei Änderung der Daten ist nur die
190 'DATA-Zeile zu ändern (I=Integer,S=String,R=Realzahl)
191 :
200 REM ====== Anweisungsteil
210 READ AD                   'Bezeichnungen gespeichert
220 DIM ND$(AD), TD$(AD), LD(AD), ID$(AD)
230 DATA 3,"Nummer","I",3,"Name","S",10,"Umsatz","R",6.2
231 :
240 FOR Z=1 TO AD             'Leseschleife
250   READ ND$(Z),TD$(Z),LD(Z)
260 NEXT Z
261 :
270 FOR Z=1 TO AD             'Eingabeschleife
280   PRINT ND$(Z);" - ";: INPUT ID$(Z)
290 NEXT Z
291 :
300 FOR Z=1 TO AD             'Beispiel: Stringlänge prüfen
310   IF TD$(Z)="S" AND LEN(ID$(Z))>LD(Z) THEN PRINT "fehlerhaft: ";ID$(Z)
 ."                               ELSE PRINT "fehlerfrei: ";ID$(Z)
320 NEXT
330 PRINT "Ende.": END
```

Ausführung zu Programm STANDARD:

```
Demonstration zur Programmierung in zwei Variablenebenen.
Nummer -  101
Name -  Golden Delicious
Umsatz -  3470.50
fehlerfrei: 101
fehlerhaft: Golden Delicious über 10 Stellen.
fehlerfrei: 3470.50
Ende.
```

3.2.3 Einfach programmieren: Verzweigungstechnik

Das Programm BOOLEAN1 verwendet das Zeichen "=" zur Zuweisung
wie auch zum Vergleich:

     120 LET B1 = X=Y

Das erste "=" in Zeile 120 ist eine W e r t z u w e i s u n g
nach B1: Das Ergebnis von X=Y wird nach B1 zugewiesen.
Das zweite "=" dagegen bewirkt einen V e r g l e i c h: Dabei
ist X=Y ein Vergleichsausdruck mit dem "=" als Vergleichszeichen und dem Ergebnis WAHR oder UNWAHR, das dann der Variablen B1 zugewiesen wird. B1 steht für 'Bedingung 1'. Der THEN-
Zweig in Zeile 130 wird nur ausgeführt, wenn B1 den Wert WAHR
hat.
Variablen, die nur die Werte WAHR (bzw. TRUE) und UNWAHR (bzw.
FALSE) annehmen können, nennt man Boolesche Variablen. Damit
wird der Mathematiker George Boole geehrt, der um 1850 die Logik erforscht hat. Das MSX-BASIC sieht den Datentyp BOOLEAN
(vgl. Abschnitt 1.3.2.1) explizit nicht vor. Gleichwohl können
wir diesen Typ - wie in Programm BOOLEAN1 gezeigt - verwenden.

Codierung zu Programm BOOLEAN1:

```
100 REM ====== Programm BOOLEAN1
110 INPUT "Zwei Zahlen eingeben";X,Y
120 LET B1 = X=Y
130   IF B1 THEN PRINT "Beide Zahlen sind gleich."
131 REM     ELSE PRINT "Die Zahlen sind verschieden."
140 PRINT "Inhalt von B1:";B1
150 PRINT "Ende." : END
```

Zwei Ausführungen zu Programm BOOLEAN1:

```
Zwei Zahlen eingeben 5 , 6
Die Zahlen sind verschieden.
Inhalt von B1: 0
Ende.

Zwei Zahlen eingeben 3 , 3
Beide Zahlen sind gleich.
Inhalt von B1:-1
Ende.
```

Zu den Vergleichsoperatoren =, >, >=, <, <= und < > in Programm
BOOLEAN2:
Vergleicht man z.B. zwei Zahlen, dann werden die Vergleichsergebnisse WAHR bzw. UNWAHR in MSX-BASIC durch die zwei Zahlen
-1 (für WAHR) bzw. 0 (für UNWAHR) dargestellt.
Das Programm BOOLEAN2 demonstriert dies. Neben = lassen sich
auch die Vergleichszeichen >, >=, <, <= und < > einsetzen. 10>6
z.B. ergibt den Wert WAHR bzw. -1 und 2 2 den Wert 0.
Die Zählerschleife 150 FOR B=-3 TO 3 von Programm BOOLEAN2
zeigt, daß MSX-BASIC nicht nur den Wert -1 als WAHR behandelt,
sondern a l l e Zahlenwerte, die von Null verschieden sind.

Codierung zu Programm BOOLEAN2:


```
100 REM ====== Programm BOOLEAN2
110 PRINT "Darstellung des Datentypes 'BOOLEAN' in MSX-BASIC."
120 PRINT "WAHR bzw. TRUE:     ";3=3
130 PRINT "UNWAHR bzw. FALSE: ";3=4
140 :
150 FOR B=-3 TO 3
160   PRINT "Abfrage IF B=";B;" ist ";
170   IF B THEN PRINT "WAHR" ELSE PRINT "UNWAHR"
180 NEXT B
190 PRINT "Ende." : END
```


Ausführung zu Programm BOOLEAN2:

```
Darstellung des Datentypes 'BOOLEAN' in MSX-BASIC.
WAHR bzw. TRUE:     -1
UNWAHR bzw. FALSE: 0
Abfrage IF B=-3  ist WAHR
Abfrage IF B=-2  ist WAHR
Abfrage IF B=-1  ist WAHR
Abfrage IF B= 0  ist UNWAHR
Abfrage IF B= 1  ist WAHR
Abfrage IF B= 2  ist WAHR
Abfrage IF B= 3  ist WAHR
Ende.
```


Zu den Logische Operatoren A N D , O R und N O T in Programm BOOLEAN3:
Das Programm BOOLEAN3 zeigt, wie mehrere Vergleichsbedingungen
durch logische Operatoren (auch boolesche Operatoren genannt)
verknüpft werden können: so durch AND (und), OR (oder) und NOT
(nicht). AND, OR und NOT werden in der Booleschen Algebra zur
Erklärung logischer Zusammenhänge verwendet. Die Grundlage dazu bilden die sogenannten Wahrheitstafeln.

```
1 AND  1 =  1         1 OR  1 =  1              NOT  1 =  0
1 AND  0 =  0         1 OR  0 =  1              NOT  0 =  1
0 AND  1 =  0         0 OR  1 =  1
0 AND  0 =  0         0 OR  0 =  0
```

     Wahrheitstafeln für logisch 'und', 'oder' sowie 'nicht'

Für X=1 und Y=0 ergibt der Boolesche Ausdruck X AND Y den
Wert FALSE bzw. 0 und X OR Y den Wert TRUE bzw. 1. Mehrere
Boolesche Operatoren können in einem Ausdruck auftreten. Zwei
Beispiele hierzu: NOT(X OR Y) ergibt den Wert FALSE, während
(X>-100)AND(X<100) den Wert TRUE ergibt.
Logische Operatoren arbeiten stets nur mit den Zahlen 0 und 1.

```
100 REM ====== Programm BOOLEAN3
110 INPUT "Drei 'Worte' eintippen";A$,B$,C$
120 LET B1 = A$=B$
130 LET B2 = B$=C$
140 IF B1 AND B2 THEN PRINT "Alle drei gleich."
150 IF B1 OR B2 THEN PRINT "Die ersten oder letzten beiden gleich."
160 IF NOT B2 THEN PRINT "Die letzten beiden ungleich."
170 PRINT "Inhalt von B1,B2:";B1;B2
180 :
190 :
200 INPUT "Rechnungsbetrag, Tage";BETRAG,TAGE
210 IF BETRAG>1000 AND TAGE<8
        THEN LET UBETRAG=BETRAG-200
        ELSE LET UBETRAG= BETRAG
220 PRINT "Ueberweisungsbetrag:";UBETRAG
230 LET UBETRAG=BETRAG-200*(BETRAG>1000)*(TAGE<8)
240 PRINT "Ueberweisungsbetrag:";UBETRAG
250 PRINT "Ende.": END


Drei 'Worte' eintippen? MSX, MSX, MSX
Alle drei gleich.
Die ersten oder letzten beiden gleich.
Inhalt von B1,B2:-1 -1
Rechnungsbetrag, Tage 2000 , 14
Ueberweisungsbetrag: 2000
Ueberweisungsbetrag: 2000
Ende.

Drei 'Worte' eintippen? MSX, CBM, MSX
Die letzten beiden ungleich.
Inhalt von B1,B2: 0  0
Rechnungsbetrag, Tage 2000 , 3
Ueberweisungsbetrag: 1800
Ueberweisungsbetrag: 1800
Ende.
```

In Verzweigungen mittels IF werden oft Vergleichsoperatoren und logische Operatoren gemeinsam benutzt. In der Anweisung

```
   570 IF (BETRAG>1000) AND (TAGE<8) THEN 700
```

z.B. werden zuerst die Vergleichsoperatoren " > größer" sowie "< kleiner" ausgeführt, die -1 bzw. 0 als Ergebnisse liefern. Auf diese Vergleichsergebnisse wird sodann der logische Operator "AND bzw. und" angewandt. Betrachten wir dazu das folgende Zahlenbeispiel mit BETRAG=3000 und TAGE=2 bzw. TAGE=9:

- Für BETRAG=3000 und TAGE=2 erhalten wir IF (-1) AND (-1)...
  und dann IF (1111) AND (1111)... mit -1 als Binärzahl 1111;
  IF 1 THEN 700 wird in MSX-BASIC stets als Vergleichsausdruck
  IF 1<>0 THEN 700 behandelt; wir erhalten IF -1 THEN 700 und
  es wird also nach Zeile 700 verzweigt.

- Für BETRAG=3000 und TAGE=9 erhalten wir IF (-1) AND (0)...,
  dann IF (1111) AND (0000)..., dann IF 0 THEN 700. Mit der
  Anweisung IF 0<>0 THEN 700 wird nicht verzweigt, sondern
  mit der Folgezeile fortgefahren.

Stets zu beachten ist, daß in MSX-BASIC die beiden Anweisungen
100 IF B THEN ... und 100 IF B<>0 THEN ... die gleiche Bedeutung haben (siehe Abbildung). Das bedeutet, daß für B=0 nicht
verzweigt wird, während für alle anderen Werte von B (z.B. 1,
2,3...,-1,-2,-3,...,0.1,0.2,...) die Verzweigung durchgeführt
wird. Für MSX-Computer stellen somit nicht nur -1, sondern
alle Zahlen ungleich null den Wert WAHR bzw. TRUE dar. Gleichwohl ordnet man (wie bei alle DV-Systemen üblich, die logische
Variablen explizit vorsehen) dem Zahlenwert -1 den Wert WAHR
zu.

```
100 IF B THEN ...         1. Für B=0 wird nicht verzweigt.
                             B=0 bedeutet UNWAHR bzw. FALSE.
gleichbedeutend mit
                          2. Für B<>0 wird verzweigt. Alle Werte
100 IF B<>0 THEN ...         B<>0 bedeuten WAHR bzw. TRUE.
```

Anweisung IF B THEN zur bedingten Verzweigung

Das MSX-BASIC stellt die Vergleichsergebnisse -1 bzw. 0 als
Binärzahlen 1111 bzw. 0000 dar und führt jede Verknüpfung mit
logisch AND b i t w e i s e durch. In Abschnitt 3.5.3 gehen
wir auf die bitweise Verarbeitung genauer ein.

Die drei Programmbeispiele BOOLEAN1 - BOOLEAN3 zeigen, daß in
BASIC neben den Datentypen INTEGER (Ganzzahl), REAL (Dezimal-
zahl) sowie STRING (Text, Zeichenkette) auch der Typ BOOLEAN
(Wahrheitswert) verwendet werden kann. Dabei sind zwei Punkte
festzuhalten:
Das Anweisungswort LET sollte stets beibehalten werden. Sicher
ist 20 LET B1 = X=Y besser lesbar als 20 B1=X=Y . Dennoch
bewirken die Anweisungen dasselbe: vergleiche X mit Y und weise das Ergebnis WAHR bzw. UNWAHR als -1 bzw. 0 der Booleschen
Variablen B1 zu.
Die Verwendung des in BASIC nur "im Verborgenen vorhandenen"
Datentyps BOOLEAN eröffnet elegante Möglichkeiten zur Ablaufsteuerung über Verzweigungen und Schleifen.

3.3 Textverarbeitung

Mit T e x t v e r a r b e i t u n g ist hier nicht das kaufmännische Standard-Programmpaket gemeint (siehe dazu Abschnitt
1.3.8.3), sondern das Zerlegen und Zusammenfügen einzelner Daten vom Typ 'Text' bzw. 'String'. Man spricht dabei häufig von
S t r i n g v e r a r b e i t u n g .

3.3.1 Stringoperationen im Überblick

BASIC stellt die Standardfunktionen INSTR, LEN, LEFT$, RIGHT$, MID$, VAL, STR$, CHR$ sowie ASC, BIN$, HEX$ und OCT$ bereit.

```
- Verkettung von Strings: +              LET X$="6900"
  X$ + " " + Z$ ergibt 6900 HEIDELBERG   LET Y$="HEIDELBERG"
                                         LET Z = 6900


- Erste Stelle von S$ in Y$ ab Position P: INSTR(P,Y$,S$):
  INSTR(Y$,"DEL") ergibt 4; INSTR(3,Y$,"E") ergibt 5


- Länge eines Strings: LEN(Y$)
  LEN(X$) ergibt 4;   LEN(Y$) ergibt 10


- Linker Teilstring: LEFT$(Y$,L)
  LEFT$(Y$,5) ergibt HEIDE;   LEFT$(Y$,2) ergibt HE


- Rechter Teilstring: RIGHT$(Y$,L)
  RIGHT$(Y$,4) ergibt BERG;   RIGHT$(X$,2) ergibt 00


- Teilstring von V bis zum Ende: MID$(Y$,V)
  MID$(Y$,7) ergibt BERG;   MID$(X$,2) ergibt 900


- Teilstring von V mit Länge L: MID$(Y$,V,L)
  MID$(Y$,2,3) ergibt EID;   MID$(Y$,6,1) ergibt L


- Umwandlung von Zahl in String: STR$(Z)
  STR$(Z) + Y$ ergibt 6900HEIDELBERG;   Z + Y$ ergibt Fehler


- Umwandlung von String in Zahl: VAL(X$)
  VAL(X$) - 400 ergibt 6500;   X$ - 400 ergibt Fehler


- Umwandlung von Codezahl in Einzelzeichen: CHR$(X)
  CHR$(49) ergibt 1;   CHR$(82) ergibt R      (ASCII-Zeichen)


- Umwandlung von Einzelzeichen in Codezahl: ASC(A$)
  ASC("R") ergibt 82;   ASC("=") ergibt 61    (ASCII-Zeichen)


- Umwandlung von Dezimal- in Hexadezimalwert: HEX$()
  HEX$(43) ergibt 002B als Hex-Wert (in Stringform)


- Umwandlung von Dezimal- in Oktalwert: OCT$()
  OCT$(12) ergibt 14 als Oktalwert (in Stringform)


- Umwandlung von Dezimal- in Binärwert: BIN$()
  BIN$(12) ergibt 1100 als Binärwert (in Stringform)
```

Funktionen zur Verarbeitung von Strings

3.3.2 Zeichen und Strings suchen und umformen

Das Programm ERSETZE1 ersetzt in einer Zahl den Dezimalpunkt
durch das Komma. Dazu werden die Funktionen STR$, INSTR, LEFT$
und die Anweisung MID$ benutzt:

- Die Zahl Z wird mittels STR$(Z) in einen String Z$ umgewan-
  delt.
- Mit INSTR(Z$,".") wird die Stelle, an der der Punkt in Z$
  steht, gesucht und dann nach S gespeichert.
- Die Anweisung MID$(Z$,S,1)="," weist das Komma an die Stelle
  S des Strings Z$ (in der Länge 1) zu. Die Anweisung MID$ ist
  streng von einer Funktion mit demselben Namen MID$ zu unter-
  scheiden.
- Durch LEFT$(Z$,S+KS) werden - von links beginnend - die S+KS
  Stellen entnommen.

Mit einer Zahl Z$ in Stringform kann natürlich nicht gerechnet
werden. Wie das Programm ERSETZE1 zeigt, werden Zahlen zwecks
formgerechter Darstellung häufig in Strings umgewandelt.

Codierung zu Programm ERSETZE1:

```
100 REM ====== Programm ERSETZE1
110 CLS: PRINT "Den Punkt einer Zahl durch das Komma ersetzen."
120 :
130 REM ====== Vereinbarungsteil
140 'Z:  Engegebene Zahl
150 'Z$: Zahl in einen String umgewandelt
160 'S:  Stelle in Z$ mit dem Punkt
170 'L:  Länge von E$
180 :
190 REM ====== Anweisungsteil
200 INPUT "Eine Dezimalzahl eingeben";Z
210 INPUT "Nach wievielen Kommastellen soll abgeschnitten werden";KS
220 LET Z$=STR$(Z)          'Z in String Z$ umwandeln
230 LET S=INSTR(Z$,".")     'Stelle S mit . suchen
240 IF S=0 THEN PRINT "... kein Dezimalpunkt gefunden.": GOTO 200
250 MID$(Z$,S,1)=","        'Anweisung MID$ ersetzt .
260 LET Z$=LEFT$(Z$,S+KS) 'LEFT$ nimmt die linken S+KS Zeichen
270 PRINT "Zahl in Stringform: ";Z$
280 PRINT "Ende.": END
```

```
Den Punkt einer Zahl durch das Komma ersetzen.
Eine Dezimalzahl eingeben? 124.557
Nach wievielen Kommastellen soll abgeschnitten werden?  2
Zahl in Stringform:  124,55
Ende.
```


Das Programm ZEISUCH1 verwendet ebenfalls die Funktion INSTR:
der Suchstring Z$ soll im Gesamtstring E$ gesucht und dann die
erste Stelle ausgegeben werden. Mit INSTR kann ein String (als
Zeichenfolge) oder - wie im letzten Programm ERSETZE1 - ein
einzelnes Zeichen gesucht werden. Die Ausführungsbeispiele zu
Programm ZEISUCH1 zeigen, daß INSTR die Suche abbricht, sobald
ein Suchstring gefunden wurde.

Codierung zu Programm ZEISUCH1:

```
100 REM ====== Programm ZEISUCH1
110 CLS: PRINT "Ein Zeichen bzw. eine Zeichenfolge in einem Text suchen."
120 :
130 REM ====== Vereinbarungsteil
140 'E$: Beliebige Eingabestring
150 'S$: Suchstring bzw. Suchzeichen
160 'S:  stelle in E$, an der S$ begint
170 :
180 REM ====== Anweisungsteil
190 INPUT "Welcher Text";E$
200 INPUT "Nach welchem Teilstring suchen";S$
210 LET S=INSTR(E$,S$)
220 IF S=0 THEN PRINT "... nicht gefunden."  ELSE PRINT "... ab Stelle";S
230 PRINT "Ende.": END

220 IF S=0 THEN PRINT "... nicht gefunden."
221 REM     ELSE PRINT "... ab Stelle";S
230 PRINT "Ende.": END
```

```
Ein Zeichen bzw. eine Zeichenfolge in einem Text suchen.
Welcher Text? MSX
Nach welchem Teilstring suchen? X
... ab Stelle 3
Ende.

Ein Zeichen bzw. eine Zeichenfolge in einem Text suchen.
Welcher Text? MSX-BASIC
Nach welchem Teilstring suchen? BAS
... ab Stelle 5
Ende.
```

Das Programm UMKEHR1 kehrt den Text T1$ zu T2$ um. Dabei wird
in einer Zählerschleife mit der Schrittweite -1 das letzte,
vorletzte, ... Element von T1$ entnommen und an den String T2$
angehängt. Dazu wird vor dem Schleifeneintritt ein Leerstring
T2$ erzeugt (Zeile 220), an den dann wiederholt Zeichen ange-
hängt werden.

```
100 REM ====== Programm UMKEHR1
110 CLS: PRINT "Umkehren eines Textes mit Funktion MID$."
120 :
130 REM ====== Vereinbarungsteil
140 'T1$: Ausgangstext
150 'T2$: Umgekehrter Text
160 'L:   Länge von T1$
170 'I:   Laufvariable
180 :
190 REM ====== Anweisungsteil
200 INPUT "Welchen Text umkehren";T1$
210 LET L=LEN(T1$)
220 LET T2$=""
230 FOR I=L TO 1 STEP -1
240   LET T2$=T2$+MID$(T1$,I,1)
250   PRINT L-I+1;". Schleifendurchlauf: ";T2$
260 NEXT I
270 PRINT T1$;" umgekehrt zu ";T2$
280 PRINT "Ende.": END
```

Ausführungen zu Programm UMKEHR1:

Umkehren eines Textes mit Funktion MID$.
Welchen Text umkehren? Kaier
 1 . Schleifendurchlauf: r
 2 . Schleifendurchlauf: re
 3 . Schleifendurchlauf: rei
 4 . Schleifendurchlauf: reia
 5 . Schleifendurchlauf: reiaK
Kaier umgekehrt zu reiaK
Ende.

Das Programm ZIEHEN1 verwendet die Funktion STR$ zur Umwand-
lung einer Zahl Z in einen String Z$, um damit die einzelnen
Ziffern auseinanderziehen zu können.

Codierung zu Programm ZIEHEN1:

```
100 REM ====== Programm ZIEHEN1
110 CLS: PRINT "Ziffern auseinanderziehen."
120 INPUT "Zahl eingeben";Z
130 LET Z$=STR$(Z)
140 FOR I=1 TO LEN(Z$)
150    PRINT MID$(Z$,I,1);" ";
160 NEXT I
170 PRINT: PRINT "Ende": END
```

Ziffern auseinanderziehen.
Zahl eingeben? 1367.59
  1 3 6 7 . 5 9
Ende

Mit dem folgenden Programm RECHTS1 wird Text rechtsbündig ausgegeben. Dazu wird ein String L$ mit Z Blanks bzw. Leerstellen
aufgebaut, an den der Eingabetext E$ angehängt wird. Dann wer-
den mit RIGHT$(G$,Z) die Z rechtsstehenden Zeichen auszugeben.

```
100 REM ====== Programm RECHTS1
110 CLS: PRINT "Text rechtsbündig ausgeben."
120 :
130 REM ====== Vereinbarungsteil
140 'EIN$:  Eingabestring
150 'LEER$: Leerstring mit Blanks
160 'GES$:  Gesamtstring
170 'Z:     Zeichenanzahl bzw. -breite
180 '
190 REM ====== Anweisungsteil
200 INPUT "Stellenzahl bzw. Zeilenbreite";Z
210 LET LEER$=SPACE$(Z)
220 PRINT "Text (unter ";Z;" Stellen) eingeben:"
230 INPUT EIN$
240 LET GES$=LEER$+EIN$
250 LET AUS$=RIGHT$(GES$,Z)
260 PRINT: PRINT "Textausgabe rechtsbündig:"
270 PRINT AUS$
280 END
```

Ausführung zu Programm RECHTS1:

Text rechtsbündig ausgeben.
Stellenzahl bzw. Zeilenbreite? 30
Text (unter 30 Stellen) eingeben:
MSX-Wegweiser

Textausgabe rechtsbündig:
                 MSX-Wegweiser

In Programm NULLEN1 wird eine Zahl Z in einen String Z$ umge-
wandelt und dann um führende Nullen erweitert.


```
100 REM ====== Programm NULLEN1
110 CLS: PRINT "Eine Zahl um führende Nullen erweitern."
120 INPUT "Anzahl der Gesamtstellen";A
130 INPUT "Positive ganze Zahl       ";Z
140    LET Z$=STR$(Z)
150    LET Z$=RIGHT$(Z$,LEN(Z$)-1) 'Vorzeichenstelle weg
160    LET Z$=RIGHT$("000000000000000"+Z$,A)
170 PRINT Z$
180 PRINT "Ende.": END
```


Eine Zahl um führende Nullen erweitern.
Anzahl der Gesamtstellen? 20
Positive ganze Zahl   ? 234567
00000000000000234567
Ende.

Das Programm BLANK1 demonstriert die Funktion LEFT$, um   damit
Text mit Blanks zu erweitern. Ein solcher Ablauf wird z.B. benötigt, um bei einer Datei eine feste Datensatzlänge zu erreichen.


```
100 REM ====== Programm BLANK1
110 CLS: PRINT "Einen String mit Blanks erweitern."
120 INPUT "Anzahl der Stellen gesamt";A
130 INPUT "Zu erweiternder String";S$
140    FOR I=1 TO A: LET B$=B$+" ": NEXT I
150 LET S$=LEFT$(S$+B$,A)
160 PRINT "-->";S$;"<--"
170 PRINT "Ende.": END
```

Einen String mit Blanks erweitern.
Anzahl der Stellen gesamt? 30
Zu erweiternder String? Wegweiser-Buch
-->Wegweiser-Buch   <--
Ende.

Das nachfolgende Programm BLANK2 verwendet die Stringfunktion
INSTR, um anzuzeigen, an welchen Stellen (Indices) in einem
Text Blanks stehen. Dabei wird die Funktion INSTR mit den drei
Argumenten BEGINNSTELLE, EIN$ und CHR$(32) programmiert.

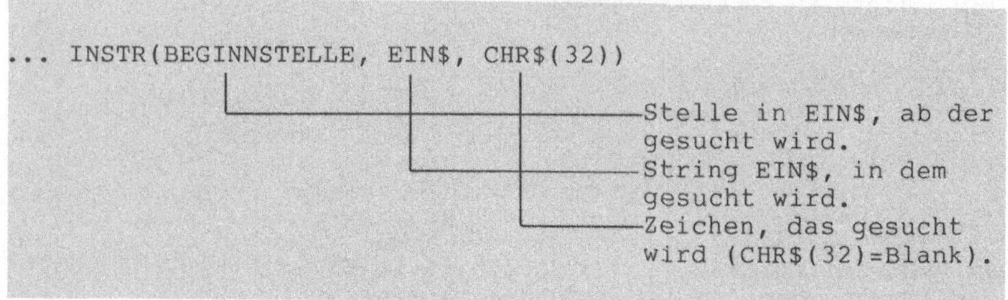

Funktion INSTR zur Teilstring-Suche ab einer bestimmten Stelle

Hat die Variable BEGINNSTELLE den Wert 1, wird im String EIN$
von der 1. Stelle an gesucht. Innerhalb der IF-THEN-Schleife
wird BEGINNSTELLE dann jeweils auf die nächste Stelle hinter
dem gerade gefundenen Blank (also auf BLANKSTELLE+1) gesetzt.

```
100 REM ====== Programm BLANK2
110 CLS: PRINT "Länge von Blanks feststellen."
120 :
130 REM ====== Vereinbarungsteil
140 'EIN$            Eingabetext
150 'BEGINNSTELLE: Hier beginnt INSTR u suchen
160 'BLANKSTELLE:  Hier wurde ein Blank gefunden
170 'ANZAHL:        ... der Blanks
180 :
190 REM ====== Anweisungsteil
200 PRINT "Welchen Text nach Blanks (Spaces) durchsuchen?"
210 INPUT EIN$
220 LET BEGINNSTELLE=1: LET ANZAHL=0
230 LET BLANKSTELLE=INSTR(EIN$,CHR$(32))
240 PRINT: PRINT "Leerstellen sind:"
250 :
260    IF BLANKSTELLE=0 GOTO 320
270    PRINT BLANKSTELLE;
280    LET ANZAHL=ANZAHL+1
290    LET BEGINNSTELLE=BLANKSTELLE+1
300    LET BLANKSTELLE=INSTR(BEGINNSTELLE,EIN$,CHR$(32))
310    GOTO 260
320 :
330 PRINT: PRINT "Programmende.": END
```

Länge von Blanks feststellen.
Welchen Text nach Blanks (Spaces) durchsuchen?
BASIC-Wegweiser fuer MSX von Vieweg

Leerstellen sind:
 16 21 25 29
Programmende.

3.3.3 Datumsangaben verarbeiten

Angaben zum Datum werden so oft verarbeitet, daß man fast von
einem eigenen 'Datentyp' sprechen kann. Das folgende Programm
DATUM1 bereitet das gegebene Datum zum Sortieren auf: Das Ein-
gabeformat 'Tag-Monat-Jahr' wird zum Format 'Jahr-Monat-Tag'
umgekehrt und kann dann - in eine ganze Zahl umgewandelt - gut
sortiert werden.

Codierung und Ausführungen zu Programm DATUM1:

```
100 REM ====== Programm DATUM1
110 CLS: PRINT "Datum als Ganzzahl zwecks sortieren."
120 INPUT "Datum im Format TT.MM.JJ";D$
130 LET T$=LEFT$(D$,2)
140 LET M$=MID$(D$,4,2): LET J$=RIGHT$(D$,2)
150 LET DGANZ$=J$+M$+T$
160 PRINT "Datum als ganze 'umgekehrte' und sortierbare Zahl:"
170 PRINT DGANZ$
180 PRINT "Ende.": END
```

```
Datum als Ganzzahl zwecks sortieren.
Datum im Format TT.MM.JJ? 31.08.1944
Datum als ganze 'umgekehrte' und sortierbare Zahl:
440831
Ende.
```

3.3.4 Teilstrings aufbereiten

Aus Gründen der Speicherplatzersparnis speichert man die Sätze
einer Datei oft als Strings ab, wobei die Satzkomponenten z.B.
durch das Zeichen ";" voneinander getrennt werden. Das Programm ETIKETT1 zeigt, wie aus einem String S$ die Teilstrings
T$ zu einem Drucketikett aufbereitet werden. Das Beispiel be-
zieht sich also auf eine Artikeldatei mit Sätzen (Strings S$),
die aus jeweils 7 Datenfeldern (Teilstrings T$) bestehen. Die
Abfrage in Zeile 280 vergleicht mit CHR$(59), d.h. mit dem ";"
(59 als Codezahl für das Semikolon im ASCII). Man könnte ebenfalls schreiben: 280 IF (MID$(S$,I,1)=";") OR ...

Ausführung zu Programm ETIKETT1:

Teilstrings aus einem String entnehmen

String mit ; zur Trennung der Datenfelder
1008;Diskette;5.25 Zoll;SS/DD;neutral;10er Pack;DM 41.25;

Ausgabe als Drucketikett:
    1008
    Diskette
    5.25 Zoll
    SS/DD
    neutral
    10er Pack
    DM 41.25

Codierung zu Programm ETIKETT1:

```
100 REM ====== Programm ETIKETT1
110 CLS: PRINT "Teilstrings aus einem String entnehmen"
120 PRINT 'und als Drucketikett ausgeben."
130 :
140 REM ====== Vereinbarungsteil
150 'S$: Datensatz (Felder mit ; getrennt
160 'NS: Länge von S$
170 'T$: Telstring mit einem Datenfeld
180 'NT: Länge von Feld T$
190 :
200 REM ====== Anweisungsteil
210 PRINT "String mit ; zur Trennung der Datenfelder"
220 INPUT S$: LET NS=LEN(S$)
230 PRINT: PRINT "Ausgabe als Drucketikett:"
240    IF NS=0 THEN 370
260    '*** Trennungszeichen ; suchen **************************
270    FOR I=1 TO NS
280      IF (MID$(S$,I,1)=CHR$(59)) OR (NS=1) THEN LET NT=I: I=NS
290    NEXT I
300    '*** Teilstring T$ entnehmen ***************************
310    LET T$=LEFT$(S$,NT-1)
320    PRINT "    ";T$
330    '*** Gesamtstring S$ um T$ krzen *********************
340    LET NS=NS-NT
350    LET S$=RIGHT$(S$,NS)
360 GOTO 240
370 PRINT "Ende.": END
```

3.3.5 Stringvergleich mit Joker-Zeichen

Das Programm JOKER1 veranschaulicht vier grundlegende Möglichkeiten, einen String als Ordnungsbegriff mit je einem weiteren
String als Suchbegriff zu vergleichen:

1. Verwendet man als Joker das Zeichen "=" , wird M=, MW= wie
MWS= jeweils als 'gleich' mit MWST erkannt. "=" ersetzt also
eine Zeichenfolge. Insbesondere bei längeren Strings spart man
sich bei Verwendung des Jokers "=" viel Tipparbeit.

2. Das Joker-Zeichen "?" ersetzt genau ein Einzelzeichen. MW?T
wie auch M??T werden so als 'gleich' mit MWST erkannt.

3. Der 'Gesamtvergleich' vergleicht beide Strings Zeichen für
Zeichen in voller Länge.

4. Der 'Teilvergleich' faßt den Suchbegriff als Teilmenge auf.

Dieses Vergleichen vollzieht sich in einer Schleife, die verlassen wird, sobald END eingegeben wurde.

```
100 REM ====== Programm JOKER1
110 CLS: PRINT "Vier Arten des Stringvergleichs zeigen."
120 :
130 REM ====== Vereinbarungsteil
140 'O$: Ordnungsbegriff
150 'S$: Suchbegriff
160 'NO: Länge von O$
170 'NS: Länge von S$
180 'S:  Stelle bzw. Merkervariable
190 :
200 REM ====== Anweisungsteil
210 INPUT "Zu prüfender Ordnungsbegriff";O$: LET NO=LEN(O$)
220 :
230 INPUT "  Eingabe: Suchbegriff oder END";S$
240 IF S$="END" THEN GOTO 550
250 LET NS=LEN(S$)
260 LET S=0
270 :
280 '*** Gesamtvergleich ************************************
290 LET S1$=LEFT$(S$+"                    ",NO)
300 IF S1$=O$ THEN 320
310 GOTO 350
320 PRINT "Gesamtvergleich: ";S$;" gleich ";O$
330 :
340 '*** Teilvergleich **************************************
350 IF S$>>LEFT$(O$,NS) THEN 390
360 PRINT "Teilvergleich:    ";S$;" links in ";O$
370 :
380 '*** Vergleich mit Joker '=' ****************************
390 FOR I=1 TO NS
400    IF "="=MID$(S$,I,1) THEN LET S=1: LET I=NS
410 NEXT I
420 IF S=0 THEN 470
430 IF LEFT$(S$,S-1)<>LEFT$(O$,S-1) THEN 470
440 PRINT "Vergleich mit =: ";S$;" in ";O$
450 :
460 '*** Vergleich mit Joker '?' ****************************
470 LET S=1
480 FOR I=1 TO NO
490    IF "?"=MID$(S$,I,1) THEN 510
500    IF MID$(S$,I,1)<>MID$(O$,I,1) THEN LET S=0: LET I=NO
510 NEXT I
520 IF S=0 THEN 540
530 PRINT "Vergleich mit ?: ";S$;" in ";O$
540 GOTO 230
550 PRINT "Ende." : END


Vier Arten des Stringvergleichs zeigen.
Zu prüfender Ordnungsbegriff? MWST
   Eingabe: Suchbegriff oder END? MW=
Vergleich mit =: MW= in MWST
   Eingabe: Suchbegriff oder END? MW?T
Vergleich mit ?: MW?T in MWST
   Eingabe: Suchbegriff oder END? MWST-Betrag
Gesamtvergleich: MWST-Betrag gleich MWST
Vergleich mit ?: MWST-Betrag in MWST
   Eingabe: Suchbegriff oder END? ??ST
Vergleich mit ?: ??ST in MWST
```

3.3.6 Verschlüsselung zwecks Datenschutz

In Klartext gespeicherte Daten kann jeder lesen, verschlüssel-
te Daten hingegen zumindest nicht so leicht. Die Kryptographie
als Lehre von der Textverschlüsselung kennt drei wichtige Verfahren:

- Umcodierung (z.B. Information im ASCII schreiben)
- Versatz-Verfahren
- Ersetzungs-Verfahren

'Versatz' heißt, daß das jeweilige Alphabet versetzt und umge-
stellt wird; ein Beispiel haben wir mit dem 'von hinten nach
vorne schreiben' in Programm UMKEHR1 (Abschnitt 3.3.2) schon
gehabt. Bei den Ersetzungs-Verfahren wird das zugrundeliegen-
de Alphabet ersetzt; das Programm SCHUTZ1 zeigt hierzu ein
einfaches auf Julius Cäsar zurückgehendes Verfahren. Wie geht
man dabei vor? Jedes Zeichen des Klartextes E$ wird durch das
S-te nachfolgende Zeichen ersetzt. Dabei geben die Codezahlen des ASCII deren Reihenfolge vor. Die ASC-Funktion stellt
mit dem Aufruf ASC(MID$(E$,I,1)) die Codezahl des I. Zeichens
im Klartext E$ zur Verfügung; addiert   man S hinzu, kommt man
zur Codezahl des verschlüsselten Zeichens.

```
100 REM ====== Programm SCHUTZ1
110 CLS: PRINT "Textverschlüsselung gemäß Verfahren"
120 PRINT "'Ersetzung CAESAR' zwecks Datenschutz"
130 :
140 REM ====== Vereinbarungsteil
150 'E$,A$: Ein- und Ausgabestring
160 'S:      Schlüssel zum Ersetzen
170 'CODE:  ASCII-Codezahl
180 :
190 REM ====== Anweisungsteil
200 INPUT "Eingabetext";E$
210 INPUT "Schlüsselzahl";S
220 PRINT: PRINT "Schritt 1: Verschlüsselung"
230 GOSUB 1000
240 PRINT "Ausgabetext: ";A$
250 PRINT: PRINT "Schritt 2: Enschlüsselung"
260 LET E$=A$: LET S=-S
270 PRINT "Eingabetext jetzt: ";E$
280 GOSUB 1000
290 PRINT "Ausgabetext jetzt: ";A$
300 PRINT "Ende." : END
310 :
1000 REM ****** Unterprogramm ERSETZUNG ***********************
1010 LET A$=""    'Leerstring
1020 FOR I=1 TO LEN(E$)
1030    LET CODE=ASC(MID$(E$,I,1))+S
1040    IF CODE>127 THEN LET CODE=CODE-127
1050    IF CODE<0 THEN LET CODE=CODE+127
1060 LET A$=A$+CHR$(CODE)
1070 NEXT I
1080 RETURN
1090 REM ****** Ende Unterprogramm ****************************
```

Ausführung zu Programm SCHUTZ1:

Textverschlüsselung gemäß Verfahren
'Ersetzung CAESAR' zwecks Datenschutz
Eingabetext? MSX-Wegweiser
Schlüsselzahl? 2

Schritt 1: Verschlüsselung
Ausgabetext: OUZ/Ygiygkugt

Eingabetext jetzt: OUZ/Ygiygkugt
Ausgabetext jetzt: MSX-Wegweiser
Ende.

3.3.7 Ein Spiel zum Erraten von Text

Im RATSPIEL muß ein Wort erraten werden, von dem zuerst nur
die Länge bekannt ist. Wird ein passendes Zeichen getippt, so
setzt das Programm dieses Zeichen an die zugehörige Stelle.
Die bei der Ausführung zum Programm RATSPIEL untereinanderste-
henden Buchstaben X,A,P,R,M... wurden über die Tastatur eingetippt. MSX-COMPUTER als zu erratendes Wort wurde zuvor der
Einfachheit halber eingegeben. Man könnte es auch in einer Datei zusammen mit anderen Worten speichern und jeweils zufällig
auswählen.

```
100 REM ====== Programm RATSPIEL
110 CLS: PRINT "Zeichen eines Wortes erraten."
120 :
130 REM ====== Vereinbarungsteil
140 'W$: Zu erratendes Wort
150 'LW: Länge von W$
160 'E$: Eingegebenes Ratezeichen
170 'V:  Versuchszähler
180 :
190 REM ====== Anweisungsteil
200 PRINT "Welches Wort erraten?": INPUT W$
210 LET LW=LEN(W$)
220 LET A$="": LET V=0
230 LET A$=STRING$(LW,"*")
240 CLS: PRINT "Nun Zeichen tippen:": PRINT
250    PRINT A$;"    ";
260    IF A$=W$ THEN 370
270    LET E$=INPUT$(1): PRINT E$
280    LET V=V+1
290    FOR I= 1 TO LW
300       IF MID$(W$,I,1)''E$ THEN 340
310       IF I=1 THEN LET A$=E$+RIGHT$(A$,LW-1): GOTO 340
320       IF I=LW THEN LET A$=LEFT$(A$,I-1)+E$: GOTO 340
330       LET A$=LEFT$(A$,I-1)+E$+RIGHT$(A$,LW-I)
340    NEXT I
350    GOTO 250
360 PRINT W$: PRINT
370 PRINT: PRINT "Spielende nach";V;"Versuchen."
380 END
```

Das Spiel wird durch eine IF-Schleife (Zeilen 250 - 350) gesteuert. Diese Schleife wird verlassen, sobald A$=W$ ist, d.h.
sobald der Ausgabestring (A$) mit dem zu erratenden Wort W$
übereinstimmt.
Die Funktion STRING$ in 230 baut den Ausgabestring A$ auf mit
zunächst ausschließlich nur Sternchen. In 270 wird eine Eingabe (e i n Zeichen) für E$ erwartet. Je nach Übereinstimmung
dieses Zeichens mit dem ersten, dem letzten oder einem sonsti-
gen Zeichen im Ratewort W$ wird das erste Sternchen (in Zeile
310), das letzte Sternchen (in 320) oder ein mittleres Sternchen (in 330) vom Ausgabetext A$ durch E$ ersetzt, d.h. E$ mit
A$ neu verkettet.
Das Programm RATSPIEL umfaßt eine abweisende Schleife (mit IF-
THEN), welche eine Zählerschleife (mit FOR) einschachtelt. In
dieser Zählerschleife wiederum ist eine mehrseitige Auswahlstruktur (mit IF) ebenfalls geschachtelt angeordnet.

```
Zeichen eines Wortes erraten.        Zeichen eines Wortes erraten.
Welches Wort erraten?                Welches Wort erraten?
Vieweg-Buch                          Wegweiser
Nun Zeichen tippen:                  Nun Zeichen tippen:
**********    _                      *********    i
******_****   V                      *****i***    W
V*****_****   g                      W****i***    e
V****g-****   h                      We**ei*e*    q
V****g-***h   i                      We**ei*e*    r
Vi***g-***h   c                      We**ei*er    s
Vi***g-**ch   m                      We**eiser    t
Vi***g-**ch   e                      We**eiser    w
Vie*eg-**ch   u                      We*weiser    g
Vie*eg-*uch   w                      Wegweiser
Vieweg-*uch   b                      Spielende nach 9 Versuchen.
Vieweg-*uch   B
Vieweg-Buch
Spielende nach 12 Versuchen.
```

Struktogramm zu Programm RATSPIEL:

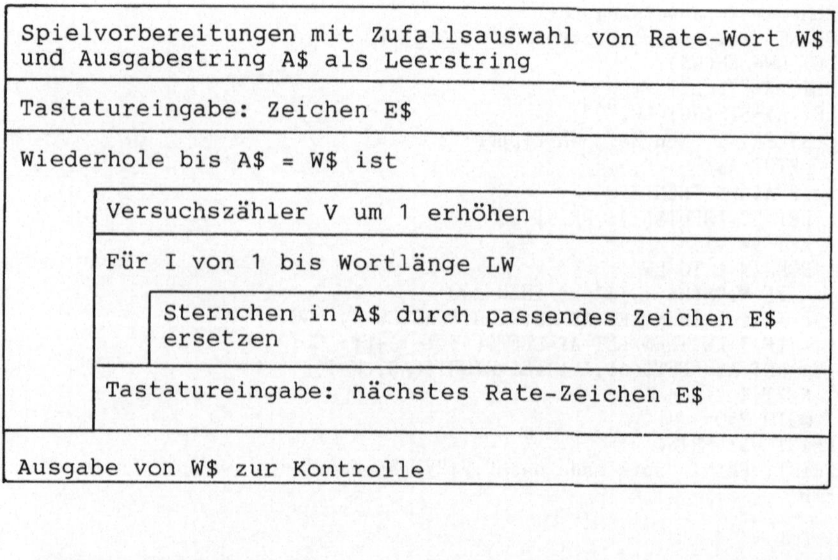

<table>
<tr><td colspan="2">Spielvorbereitungen mit Zufallsauswahl von Rate-Wort W$ und Ausgabestring A$ als Leerstring</td></tr>
<tr><td colspan="2">Tastatureingabe: Zeichen E$</td></tr>
<tr><td colspan="2">Wiederhole bis A$ = W$ ist</td></tr>
<tr><td></td><td>Versuchszähler V um 1 erhöhen</td></tr>
<tr><td></td><td>Für I von 1 bis Wortlänge LW</td></tr>
<tr><td></td><td>Sternchen in A$ durch passendes Zeichen E$ ersetzen</td></tr>
<tr><td></td><td>Tastatureingabe: nächstes Rate-Zeichen E$</td></tr>
<tr><td colspan="2">Ausgabe von W$ zur Kontrolle</td></tr>
</table>

3.4 Gestaltung von Ein- und Ausgabe

3.4.1 Tastatureingabe

Zunächst zur STOP-Taste als oftmals rettender Tastatureingabe:
Gibt man das Kommando NEW ein und dann nach den zwei Zeilen

```
100 PRINT "MSX-Computer ";            (wichtig: Blank, dann
110 GOTO 100                           " und dann ; tippen)
```

das Kommando RUN, wiederholt sich der Text "MSX-Computer " als
'schräge Musterung' auf dem Bildschirm. Die Zeilen 100 und 110
bilden eine E n d l o s s c h l e i f e . Drückt man die Taste /STOP/, stoppt die Bildschirmausgabe, um nach nochmaligem
Drücken von /STOP/ fortzufahren. Nach der Eingabe der beiden
Tasten /CTRL/+/STOP/ (also: bei gedrückter /CTRL/-Taste einmal
kurz /STOP/ drücken), endet die Schleifenausführung endgültig;
am Bildschirm erscheint "Break in 100" oder "Break in 110". Da
auch in der Datenverarbeitung nichts endgültig ist, kann die
Ausführung der Schleife durch Eingabe des Befehls CONT jedoch
wieder aufgenommen werden.

3.4.1.1 Eingabe einer Zeile mit INPUT und LINE INPUT

Die Anweisung INPUT dient der Eingabe von Zeichen bis zur Betätigung der /RETURN/-Taste. Die Tastatureingabe bezieht sich
stets auf einen bestimmten Datentyp. Wird z.B. für 100 INPUT X
der String "MSX" eingetippt, erfolgt eine Abweisung über die
Meldung "Redo from Start (nochmals von Anfang an eintippen)".
Wird z.B. für 100 INPUT Y,Z nur die eine Zahl 777 getippt,
erscheint die Aufforderung ?? am Bildschirm, damit die zweite Zahl eingegeben wird. Werden mehr als zwei Zahlen eingegeben, so weist MSX-BASIC die überflüssigen Zahlen mit der Meldung "Extra ignored (Überflüssiges nicht beachtet)" ab.

Mit der Anweisung LINE INPUT ist es möglich, auch die Zeichen " und , einzutippen und einer Stringvariablen zuzuweisen.
Bei Verwendung von INPUT würden diese Zeichen durch die Meldung "Extra ignored" abgewiesen. Das Anweisungswort LINE steht
für Zeile. Damit ist weder die (physische) Bildschirmzeile mit
zumeist 40 Zeichen noch die Druckzeile mit z.B. 80 Zeichen gemeint, sondern die l o g i s c h e Eingabezeile, die maximal
255 Zeichen lang sein kann.

3.4.1.2 Eingabe von Zeichen mit INKEY$ und INPUT$

Zur Eingabe von Zeichen stellt MSX-BASIC die Funktionen INPUT$
und INKEY$ zur Verfügung. Wir wenden uns zunächst der Funktion
INKEY$ zu. Der folgende Ablauf dient der Abfrage der Eingabe-
zeichen j(a oder n(ein:

```
300 PRINT "Erklärung (ja/nein)?"
310    LET E$=INKEY$                        'Schleifenbeginn
320    IF E$="j" THEN 350
330    IF E$="n" THEN 500
340    GOTO 310                             'Schleifenende
350 PRINT "Erklärung: ...."
...
500 PRINT "Beginn des eigentlichen Programms:"
...
```

Die Funktion INKEY$ erwartet e i n Zeichen als Tastatureinga-
be, ohne daß die /RET/-Taste gedrückt werden muß. Sobald ein
Zeichen eingetippt wurde, wird es mit 310 LET E$=INKEY$ in E$
zugewiesen. INKEY$ erfordert eine Warteschleife (hier: Zeilen
310,320,330,340,310, ...), da immer wieder die Tastatur nach
einem Eingabezeichen abgefragt wird. Die Warteschleife kann in
einer Zeile wie folgt geschrieben werden:

```
310 LET E$=INKEY$: IF E$="" THEN 310
320 IF E$="j" THEN 350
330 GOTO 500
...
```

Die Ablauflogik ist dabei jedoch weniger streng, da für alle
Eingaben außer "j" keine Erklärung erfolgt. Hier die Unterschiede zwischen der Anweisung INPUT und der Funktion INKEY$.

Anweisung INPUT:	Funktion INKEY$:
Eingabe mit /RET/ abschließen	... ohne /RET/
Ein oder mehrere Zeichen eingeben	... nur ein Zeichen
INPUT ohne Warteschleife	... in Warteschleife
Eingabe erscheint am Bildschirm	... erscheint nicht

Zeileneingabe über INPUT und Zeicheneingabe über INKEY$

Die Warteschleife mit INKEY$ kann auch zur Belegung von Tasten
verwendet werden. Betrachten wir dazu das folgende Beispiel:
Die Schleife in der Zeile 510 dient der Belegung bzw. Abfrage
der /ESC/-Taste (ESCape-Taste links oben). Kommt die Programmausführung einmal zur Zeile 510, wird das Programm erst dann
fortgesetzt, wenn die /ESC/-Taste gedrückt wurde. Die ASCII-
Codezahl 27 wird durch Drücken der /ESC/-Taste erzeugt.

```
500 PRINT "Taste /ESC/ drücken zur Programmfortsetzung"
510    LET E$=INKEY$: IF E$=<>CHR$(27) THEN 510
520 PRINT "Programmfortsetzung ..."
...
```

Codierung zu Programm EINGABE1:

```
100 REM ====== Programm EINGABE1
110 PRINT "Gestaltung der Tastatureingabe an Beispielen."   ·
120 :
200 REM ====== Begrenzte Eingabe mit INPUT$(X)
210 PRINT "Eingabe von 3 Zeichen mit Funktion INPUT$(3):"
220 LET E$=INPUT$(3)
230 PRINT "Engegeben wurde: ";E$
240 END
250 :
300 REM ====== Abfrage j/n mit INKEY$
310 PRINT "Frage: ja/nein?"
320   LET E$=INKEY$
330   IF E$="j" THEN 360
340   IF E$="n" THEN 370
350   GOTO 320
360 PRINT "Mit 'ja' weiter": GOTO 380
370 PRINT "Mit 'nein' weiter"
380 END
390 :
400 REM ====== Engabeschleife mit INKEY$
410 LET E$=INKEY$
420 IF E$="" THEN LET E$="... Taste drücken": PRINT E$: GOTO 410
430 PRINT "Eingegeben wurde; ";E$
440 END
450 :
500 REM ====== Warteschleife mit INKEY$
510 PRINT "Falls weiter: Taste"
520 IF INKEY$="" THEN GOTO 520
530 PRINT "... weiter"
540 END
550 :
600 REM ====== Tastaturspeicher testen mit INKEY$
610 PRINT "Viele Zeichen eintippen!"
620 FOR Z=1 TO 5000: NEXT Z
630 LET E$=INKEY$
640 LET EIN$=EIN$+E$: PRINT EIN$
650 IF E$<>"" THEN GOTO 630
660 PRINT "Eingegeben wurde: ";EIN$
670 PRINT "mit";LEN(EIN$);"Zeichen."
680 END
690 :
700 REM ====== Tastaturspeicher testen mit INPUT$(1)
710 FOR Z=1 TO 5000: NEXT Z
720 LET E$=INPUT$(1)
730 PRINT "Eingegeben wurde: ";E$
740 END
750 :
800 REM ====== Auswahl über INKEY$ und INSTR
810 PRINT "D,E oder F eingeben:
820 LET E$=INKEY$: IF E$="" THEN 820
830 ON INSTR("DEF",E$) GOTO 850,860,870
840 PRINT "Fehler: nochmals": GOTO 820
850 PRINT "Eingabe D": GOTO 880
860 PRINT "Eingabe E": GOTO 880
870 PRINT "Eingabe F": GOTO 880
880 END
```

Die Funktion INKEY$ ist auch ohne Wertzuweisung einsetzbar:

   100 IF INKEY$="" THEN GOTO 100

Die Schleife erfüllt dabei die Aufgabe eines 'Wartepunktes'.

Wie INKEY$ kann auch die Funktion INPUT$ alle Tasten (mit Ausnahme der /STOP/-Taste) lesen. In zwei Punkten weicht INPUT$
von INKEY$ ab: INPUT$ erfordert keine Warteschleife und kann
die Anzahl der Eingabezeichen begrenzen. Die zwei Anweisungen

   100 let E$=INKEY$ 100 LET E$=INPUT$(1)
   110 IF E$="" THEN 100

bewirken dasselbe. Die Anweisung 100 LET E$=INPUT$(3) wartet
solange, bis d r e i Zeichen eingegeben worden sind.

Das Programm EINGABE1 zeigt sieben Beispiele zur Anwendung der
Funktionen INKEY$ unn INPUT$. In den Zeilen 600-690 wird dabei
der T a s t a t u r s p e i c h e r des MSX-Computers getes-
tet, der bis zu 39 Zeichen zwischenspeichern kann. Dazu dieses
Beispiel: Läßt man das Programm EINGABE1 mit RUN 600 ab der
Zeile 600 laufen, verweilt das Programm in der FOR-Schleife in
Zeile 620. Gibt man während dieser Wartezeit Zeichen ein, wer-
den diese im String EIN$ angehängt und später ausgegeben. An-
ders ausgedrückt: MSX verwaltet einen Tastaturspeicher (auch
Tastaturpuffer genannt) zur Zwischenspeicherung von Zeichen.

3.4.2 Steuerung des Cursors am Bildschirm

Das Programm CURSOR1 zeigt, wie der Cursor als Eingabezeichen
auf dem Bildschirm frei positioniert werden kann. Dazu werden
die Befehle CLS, WIDTH, POS(0), CSRLIN und LOCATE verwendet.

Zu den Zeilen 130-200 von Programm CURSOR1:
Dem String S$ werden mit der Funktion STRING$ 40 Sternchen zugewiesen. Dann wird in einer FOR-Schleife wiederholt die Anweisung WIDTH BREITE aufgerufen: WIDTH 40 stellt die Breite
des Bildschirmes auf 40 Zeichen ein, WIDTH 39 auf 39 Zeichen
usw.. Der String S$ 'paßt' somit immer weniger in eine Bild-
schirmzeile. Unter dem Sternchenstring erscheinen die Angaben
0 1, 0 2, 0 3, ... Die 0 wird durch die Funktion POS(0) ausgegeben und gibt die Spalte an, in der sich der Cursor gerade
befindet. Der Cursor steht unverändert in Spalte 0, da jeweils
zuvor durch PRINT S$ ein /RETURN/ erzeugt wird. Die Funktion
CSRLIN liefert die Zeilennummern 1,2,3,... . Diese nehmen zu,
da mit der immer schmaler werdenden Bildschirmzeile der Cursor
mehr und mehr nach unten rückt.

Zu den Zeilen 300-390 von Programm CURSOR1:
Bei einer Unterteilung des Bildschirms in 24 waagerechte Zeilen und 40 senkrechte Spalten kann dieser maximal 960 Zeichen darstellen. Dementsprechend gibt es 960 verschiedene Cursorpositionen.

Die Zeilen werden von 0 bis 23 und die Spalten von 0 bis 39 gezählt.

Den Cursor kann durch Steuerzeichen an jede beliebige Position gebracht werden.

```
00 01 02 03       ......      37 38 39
01
02                                 P
 .                                /
 .           Cursorposition:
 .           Zeile 2, Spalte 37
23
```

Die Anweisungen 350 LOCATE X,Y : PRINT "P" positionieren den Cursor zur Spalte X (0-39), Zeile Y (0-23), um dann an dieser Cursorposition das Zeichen "P" auszugeben. Testen Sie einzelne Positionen selbst. In der 24. Zeile wird normalerweise mit

    color auto goto list run

die gerade gültige Belegung der Funktionstasten 1-5 angegeben. Mit KEY OFF kann diese gelöscht werden, um sie zur eigenen Textausgabe zu verwenden. KEY ON läßt die Hinweiszeile wieder erscheinen.

```
100 REM ====== Programm CURSOR1
110 CLS: PRINT "Demonstration zur Cursorsteuerung."
120 :
130 REM *** Bildschirmbreite mit WIDTH *****************************
140 LET S$=STRING$(40,"*")
150 FOR BREITE=40 TO 1 STEP -1
160     WIDTH BREITE: PRINT S$
170     PRINT POS(0); CSRLIN
180     FOR Z=1 TO 300:NEXT Z
190 NEXT BREITE
200 WIDTH 40
210 :
300 REM *** Cursor positionieren mit LOCATE **********************
310 CLS: KEY OFF
320     LOCATE 0,23
330     INPUT "Spalte,Zeile (-1,-1=Ende)";X,Y
340     IF X<0 GOTO 380
350     LOCATE X,Y: PRINT "P";
360     IF INKEY$="" THEN 360
370 GOTO 310
380 CLS: KEY ON
390 :
500 REM *** Zeichnen mittels LOCATE ********************************
510 CLS
520 FOR X=2 TO 36 STEP 2
530 LET Y=X/2
540 LOCATE X,Y: PRINT "."
550 NEXT X
560 END
```

3.4.3 Bildschirmgestaltung mit Maske

Das Programm SICHER1 zeigt folgende Maßnahmen für eine sichere
Tastatureingabe auf:
- Die maximale Anzahl von Eingabestellen wird durch Punkte
  markiert.
- Bei Erreichen der Maximalzahl (hier 27) endet das Programm
  automatisch (FOR I-1 TO LM).
- Eingabe zeichenweise mittels INPUT$(1).
- Abfrage der /RETURN/-Taste über CHR$(13) für das Beenden.

Codierung zu Programm SICHER1:

```
100 REM ====== Programm SICHER1
110 CLS: WIDTH 40
120 PRINT "Sichere Tastatureingabe."
130 :
140 REM ====== Vereinbarungsteil
150 'KM:  Länge maximal
160 'B$;  Berücksichigter Eingabetext
170 'E$:  Eingegebenes Zeichen
180 :
190 REM ====== Anweisungsteil
200 INPUT "Eingabelänge (maximal 27)";LM
210 LOCATE 4,10
220 PRINT "Eingabe: ";
230 PRINT STRING$(LM,".")
240 FOR I=1 TO LM
250    LOCATE 12+I,10
260    LET E$=INPUT$(1): PRINT E$;
270    IF E$=CHR$(13) THEN LET I=LM
271                    ELSE LET B$=B$+E$: LET LE=LE+1
280 NEXT I
290 LOCATE 4,17
300 PRINT: PRINT "Eingabe: ";B$
310 PRINT "Länge der Eingabe:";LE
320 END
```

Ausführung zu Programm SICHER1:

```
Sichere Tastatureingabe.
Eingabelänge (maximal 27)

Sichere Tastatureingabe.
Eingabelänge (maximal 27)? 20
Eingabe: ...................

        MSX-Wegweiser

Länge der Eingabe: 13
```

Text "MSX--Wegweiser" ersetzt
die ersten 13 Punkte.

Das Programm MASKE1 dient dem Aufbau einer Bildschirmmaske.
Eine solche M a s k e ist ein Blankoformular, in das an dafür vorgesehene Felder Eingaben eingetippt werden können. Das
Programm MASKE1 zeigt den kolonnenweisen Aufbau einer Maske
(Kolonne als senkrechte Spalte): Als erste Kolonne wird die
Numerierung 1-5 untereinander ausgegeben, also zweite Kolonne
folgen dann die Bezeichnungen. In einem dritten Schritt werden
die fünf Eintragungen eingetippt - wiederum untereinander. Der
kolonnenweise Aufbau der Maske ist im Ausführungsbeispiel natürlich nicht darstellbar.

Codierung zu Programm MASKE1:


```
100 REM ====== Programm MASKE1
110 CLS: PRINT "Aufbau einer Bildschirmmaske in Einzelschritten"
120 IF INKEY$="" THEN 120
130 :
140 CLS: WIDTH 40: KEY OFF
150 LOCATE 3,2: PRINT "Eingabe Kundensatz:"
160 LOCATE 1,24: PRINT "1. Numerieren";
170 FOR I=1 TO 5: LOCATE 3,5+I: PRINT I: NEXT I
180 IF INKEY$="" THEN 180
190 :
200 LOCATE 1,24: PRINT "2. Bezeichnungen der Datenfelder";
210 FOR I=1 TO 5
220    READ B$: LOCATE 6,5+I: PRINT B$;
230 NEXT I
240 DATA Kundennummer,Kundenname,Kontostand,Umsatz,Letzte Rechnung
250 IF INKEY$="" THEN 250
260 :
270 LOCATE 1,24: PRINT "3. Einträge in Datenfelder schreiben";
280 FOR I=1 TO 5
290    LOCATE 22,5+I
300    LET E$=INPUT$(1)
310    IF E$=CHR$(13) GOTO 330
320    PRINT E$;: LET K$(I)=K$(I)+E$: GOTO 300
330 NEXT I
340 :
350 LOCATE 0,14: PRINT "Kundensatz K$ enthält nun 5 Einträge:"
360 FOR I=1 TO 5: PRINT K$(I);" ";: NEXT I
370 PRINT: PRINT "Ende.": KEY ON: END
```


```
Aufbau einer Bildschirmmaske in Einzelschritten
Eingabe Kundensatz:
1. Numerieren
 1      2. Bezeichnungen der Datenfelder
 2
 3      Kundennummer    3. Einträge in Datenfelder schreiben
 4      Kundenname
 5      Kontostand      101
        Umsatz          Kaier
        Letzte Rechnung 100
                        125
                        15.3.1985

                        Kundensatz K$ enthält nun 5 Einträge:
                        101 Kaier 100 125 15.3.1985
                        Ende.
```

3.4.4 Ausgabeformatierung

3.4.4.1 Ausgabezeile mit PRINT

Das Programm DEMO-PRI demonstriert die Wirkung der Trennungszeichen "," und ";" sowie der Funktionen TAB (Tabulator) und
SPC (Space, Leerschritt) auf die am Bildschirm gerade ausgege-
bene Zeile.
Das ";" bewirkt eine Ausgabe auf der nächsten Zeilenposition,
während das "," eine 14-spaltige Ausgabe vornimmt und zur Position 0, 14, 28, ... vorrückt.
Die Zahl 196.25 wird in Zeile 160 'erst' ab Position 15 ausgegeben, da in Position 14 die Vorzeichenstelle steht (unsichtbar, da positiv).
Die Anweisung PRINT S$ dient dem Anzeigen der Druckposition.

Codierung und Ausführung zu Programm DEMO-PRI:

```
100 REM ====== Programm DEMO-PRI
110 CLS: PRINT "Demostration zur Ausgabeformatierung mit PRINT."
120 :
130 INPUT "Eingabe: Zahl, Text";R,R$
140 LET S$="0123456789012345678901234567890123456789"
150 WIDTH 40: PRINT S$
160 PRINT R$,R
170 PRINT R$,,R
180 PRINT R$;R
190 PRINT R$;-R
200 PRINT R*3;R$
210 PRINT R;" ";R$
220 PRINT TAB(5);R$;TAB(20);R
230 PRINT SPC(5);R$;SPC(20);R
240 LET R1$=SPACE$(20)+R$: PRINT R1$
250 FOR I=1 TO 30: PRINT R$;: NEXT I
260 PRINT: PRINT S$
270 IF INKEY$="" THEN 270
280 WIDTH 30
290 PRINT S$
300 FOR I=1 TO 40: PRINT R$;: NEXT I
310 FOR I=1 TO 30
320    PRINT "*";: IF POS(0)³15 THEN PRINT
330 NEXT I: PRINT
340 PRINT STRING$(20,"!")
350 PRINT S$
360 IF INKEY$="" THEN 360
370 WIDTH 40: PRINT "Ende": END
```

```
Demonstration zur Ausgabeformatierung mit PRINT.
Eingabe: Zahl, Text? 196.25 ,MSX
0123456789012345678901234567890123456789
MSX               196.25
MSX                               196.25
MSX 196.25
MSX-196.25
 588.75 MSX
 196.25  MSX
    MSX               196.25
    MSX                       196.25
              MSX
```

3.4.4.2 Verwendung des Füllstrings

Mit einem Füllstring kann man die Druckzeile mit Leerstellen
bzw. Blanks auf eine gewünschte Länge bringen. Bei der Ausführung zu Programm FUELLSTR hat die Zeile z.B. R=30 Zeichen. In
der Programmzeile 150 wird ein Füllstring B$ mit R Blanks auf-
gebaut, der dann mit T1$ und T2$ auf eine Länge von 30 Stellen
verkettet wird.

Codierung zu Programm FUELLSTR:

```
100 REM ====== Programm FUELLSTR
110 CLS: PRINT "Text mittels Füllstring rechtsbündig formatieren."
120 INPUT "1. Textzeile";T1$
130 INPUT "2. Textzeile";T2$
140 INPUT "Begrenzungsstelle rechts";R
150 LET B$=SPACE$(R)
160 LET T1$=RIGHT$(B$+T1$,R)
170 LET T2$=RIGHT$(B$+T2$,R)
180 PRINT T1$: PRINT T2$
190 PRINT "Ende.": END
```

Ausführung zu Programm FUELLSTR:

```
Text mittels Füllstring rechtsbündig formatieren.
1. Textzeile? MSX-Wegweiser
2. Textzeile? jetzt neu
Begrenzungsstelle rechts? 30
                MSX-Wegweiser
                     jetzt neu
Ende.
```

3.4.4.3 Ausgabe runden

Der Kaufmann fordert eine gerundete und formatierte Zahlenaus-
gabe. Das Runden einer Zahl Z auf S Dezimalstellen genau kann
in e i n e r Anweisung als

```
100 LET Z =INT(Z*10^S+0.5)/(10^S)        (auf S Stellen runden)
```

geschrieben werden (10^S für '10 hoch S'). Daraus erhält man
für das Runden auf 2 Stellen:

```
100 LET Z =INT(Z*100+0.5)/100            (auf 2 Stellen runden)
```

Das Programm RUNDZAHL löst den Rundungsablauf in vier Einzel-
schritte auf und gibt diese zur Veranschaulichung aus.

Codierung und Ausführung zu Programm RUNDZAHL:

```
100 REM ====== Programm RUNDZAHL           Schrittweise runden.
110 CLS: PRINT "Schrittweise runden."      Zu rundende Zahl?  26.456
120 INPUT "Zu rundende Zahl";Z             2645.6
130 INPUT "Anzahl der Kommastellen";S      2646.1
140 LET Z = Z * 10 ^ S : PRINT Z           2646
150 LET Z = Z + .5     : PRINT Z           26.46
160 LET Z = INT(Z)     : PRINT Z           Ende.
170 LET Z = Z / (10^S) : PRINT Z
180 PRINT "Ende." : END
```

3.4.4.4 Ausgabezeile mit PRINT USING

Die Anweisung PRINT USING dient der formgerechten Ausgabe von
Zahlen (ganze und Dezimalzahlen) und Text (Strings). Das Programm DEMO-USI demonstriert die grundlegenden Eigenschaften
dieser Anweisung.

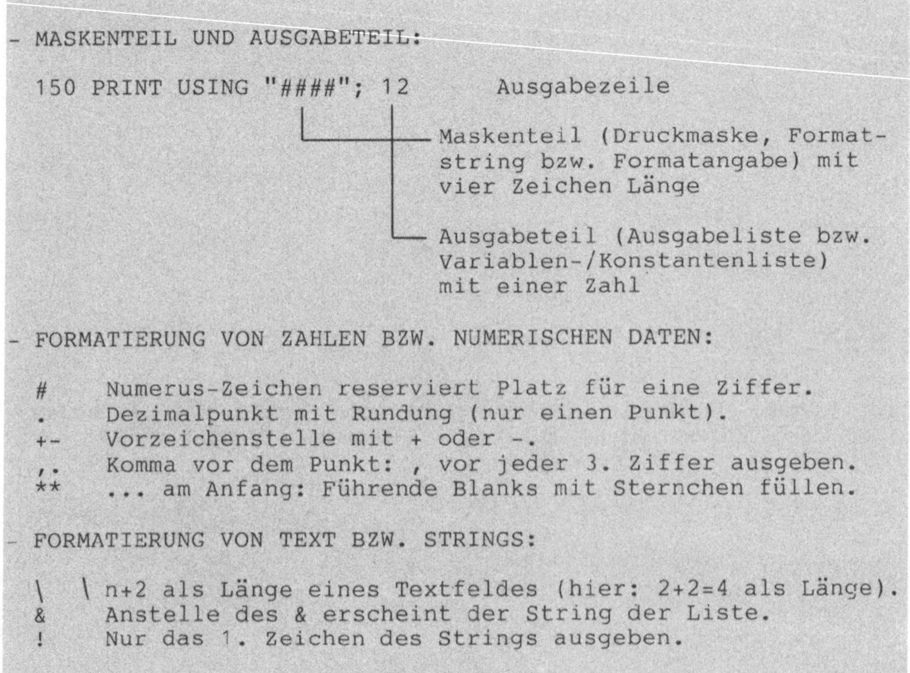

Grundlagen zur Formatierung mittels PRINT USING

Ausführung zu Programm DEMO-USI:

Demonstration zur Ausgabeformatierung mit PRINT USING.
   12
  123
$123
+123
-123
-123
-%-123
%-1234
1001
%12345
  750.45
-843.75
   1,234,567.99

2. Mehrere Zahlen ausgeben:
222.80 10.00432.57%12345.00-12.44
222.80   10.00 432.57 %12345.00 -12.44
7 7.0   7.0 7.
6370.50 DM fr 210 kg

3. Variablen verwenden:
 5.125 % Rabatt ab 10 Stck
20.000 % Rabatt ab 450 Stck
20.000 % Rabatt ab 900 Stck
20.000 % Rabatt ab 900 Stck jetzt

4. Strings ausgeben:
M
Wegwei
320.00 Francs 100.29 DM   genau
MSX Wegweiser von Vieweg
Ende.

Codierung zu Programm DEMO-USI:

```
100 REM ====== Programm DEMO-USI
110 CLS: PRINT "Demonstration zur Ausgabeformatierung mit PRINT USING."
120 IF INKEY$="" THEN 120
130 :
140 PRINT "1. Eine Zahl ausgeben:"
150 PRINT USING "####"; 12
160 PRINT USING "####"; 123
170 PRINT USING "$###"; 123
180 PRINT USING "+###"; 123
190 PRINT USING "####"; -123
200 PRINT USING "-###"; 123
210 PRINT USING "-###"; -123
220 PRINT USING "####"; -1234
230 PRINT USING "####"; 1000.5
240 PRINT USING "####"; 12345
250 PRINT USING "####.##"; 750.45
260 PRINT USING "####.##"; -843.745
270 PRINT USING "###,###,###.##";1234567.99#
280 IF INKEY$="" THEN 280
290 :
```

```
300 PRINT: PRINT "2. Mehrere Zahlen ausgeben:"
310 PRINT USING "###.##";222.8,10,432.571,12345,-12.44
320 PRINT USING "###.## ";222.8,10,432.571,12345,-12.44
330 PRINT USING "#  #.#  ##.#  #.  "; 7,7,7,7
340 PRINT USING "####.## DM fr ### kg"; 6370.5, 210
350 IF INKEY$="" THEN 350
360 :
370 PRINT: PRINT "3. Variablen verwenden:"
380 LET M$="##.### % Rabatt ab ### Stck"
390 LET R=20: LET M=450
400 PRINT USING M$; 5.125, 10
410 PRINT USING M$; R,M
420 PRINT USING M$; R,M*2
430 PRINT USING M$+" jetzt"; R,M*2
440 IF INKEY$="" THEN 440
450 :
460 PRINT: PRINT "4. Strings ausgeben:"
470 PRINT USING "!";"MSX"
480 PRINT USING "\    \";"Wegweiser"
490 LET M1$="###.## \    \ ###.## \     \ genau"
500 PRINT USING M1$;320,"Francs",100.294,"DM"
510 PRINT USING "& Wegweiser von &";"MSX","Vieweg"
520 PRINT "Ende.": END
```

3.4.5 Ausgabe auf periphere Geräte

3.4.5.1 Bildschirm als Ausgabedatei

Zur Ausgabe auf den Text-Bildschirm dient die Anweisung LPRINT
(Format entsprechend PRINT). Mit dem Kommando LLIST kann die
BASIC-Codierung ausgedruckt werden.

Bezeichnung:		OUTPUT:	INPUT:
LPT	Drucker	ja	nein
CAS	Kassettenrecorder	ja	ja
A	Diskettenlaufwerk 1	ja	ja
B	Diskettenlaufwerk 2	ja	ja
GRP	Grafik-Bildschirm	ja	nein
CRT	Text-Bildschirm	ja	nein

Geräte-Bezeichnungen

Das Programm PERIPHER zeigt, wie von einem BASIC-Programm aus
auf den Bildschirm und den Drucker ausgegeben wird. Dazu wird
zunächst der Grafik-Bildschirm mittels

```
160 OPEN "GRP:" FOR OUTPUT AS #1          (=GRP als Datei 1)
```

eröffnet: GRP ist die Geräte-Bezeichnung des Grafik-Bildschirmes und #1 die logische Dateinummer. Durch die Anweisung

   220 PRINT #1, "Kreis und ..."   (=Ausgabe auf Datei 1)

können anschließend Zeichen gemeinsam mit Grafiken ausgegeben
werden (Grafik-Anweisungen wie hier CIRCLE geben automatisch
auf den Grafik-Bildschirm aus).
Der Drucker wird mit dem Standard-Bezeichnung LPT als Datei 2
eröffnet; die Anweisung PRINT #2 gibt dann auf den Drucker
aus.

Codierung zu Programm PERIPHER:

```
100 REM ====== Programm PERIPHER
110 CLS: PRINT "Ausgabe auf periphere Einheiten."
120 IF INKEY$="" THEN 120
130 :
140 '*** 1. Dateien eröffnen *****************************
150 MAXFILES=2
160 OPEN "GRP:" FOR OUTPUT AS #1
170 OPEN "LPT:" FOR OUTPUT AS #2
180 :
190 '*** 2. Datei-Zugriff ********************************
200 SCREEN 2
210 CIRCLE (127,95),80
220 PRINT #1,"Kreis und diese Textzeile auf Grafik-Bildschirm."
230 IF INKEY$="" THEN 230
240 SCREEN 0
250 PRINT #2, "... dies wird ausgedruckt."
260 :
270 '*** 2. Dateien schließen ****************************
280 CLOSE
290 PRINT "Ende.": END
```

Die Behandlung des Bildschirmes als Ausgabedatei im Zusammenhang mit der Grafik wird in Abschnitt 3.11.3.4 genau erklärt.

3.4.5.2 Files auf Diskette

Das umseitig wiedergegebene Programm TEST.DIR.SEQ greift auf
die Diskette zu und testet, wieviele Files bzw. File-Namen das
Inhaltsverzeichnis einer Diskette maximal aufnehmen kann. Mit
der Anweisung

   170 OPEN NAM$ FOR OUTPUT AS #1

wird dazu eine Datei mit dem (gerade) in NAM$ stehenden File-
Namen eröffnet. Man hätte ebenso gut

   170 OPEN "A:"+NAM$ FOR OUTPUT AS #1

schreiben können, wobei "A:" die Geräte-Bezeichnung des ersten
Diskettenlaufwerkes darstellt (siehe vorhergehende Seite).

```
100 REM ===== Programm TEST-DIR.SEQ
110 PRINT "Prüfen, wieviele Namen das Inhaltsverzeichnis"
120 PRINT "der Diskette maximal aufnimmt."
130 PRINT "Leere Diskette einlegen"
140 IF INKEY$="" THEN 140
150 :
160 FOR I=1 TO 1000
170 LET NAM2$=STR$(I)
180 LET NAM1$=RIGHT$(NAM2$,LEN(NAM2$)-1)
190 LET NAM$="DATEI"+NAM1$
200 OPEN NAM$ FOR OUTPUT AS #1
210 PRINT #1,"Dies ist Datei ";NAM$
220 PRINT "Datei namens ";NAM$
230 CLOSE #1
240 NEXT I
250 PRINT "Ende.": END
```

Beim Test des Programms   TEST-DIR.SEQ   geht man wie folgt vor:

- Leere, aber formatierte Diskette in Laufwerk A: einlegen.

- Programm TESt-DIR.SEQ laufen lassen. Am Bildschirm erscheinen die Meldungen Datei namens DATEI1
                     Datei namens DATEI2
                     DATEI namens DATEI3
                     ...

- In die Datei DATEI2 wird der Text "Dies ist Datei DATEI2"
  eingetragen, usw.

- Das Eintragen wird immer langsamer, da im Disketteninhalts-
  verzeichnis wie auch auf der Speicheroberfläche der Diskette immer mehr Eintragungen zu berücksichtigen sind.

- Nach ca. vier Minuten bricht das Programm nach der Ausgabe
  von "Datei namens DATEI112" mit der Fehlermeldung "Too many
  files (zu viele Dateien)" ab (Diskettenformat: 3.5 Zoll).

- Das Inhaltsverzeichnis (Directory) einer 3.5"-Diskette kann
  somit maximal 112 Files bzw. File-Namen speichern.

3.4.5.3 Grafik-Bildschirm auf Drucker

Das folgende Programm namens DRUCKEN1 (es stammt von Philips, Hamburg und wurde geringfügig geändert) dient zum Drucken des derzeitigen Inhaltes des G r a f i k b i l d s c h i r m e s. Dabei geht man wie folgt vor:

1. Das Programm DRUCKEN1 mittels SAVE "DRUCKEN1",A abspeichern. Durch die Option "A" wird das Programm als Textfile auf Diskette abgelegt, um später durch die MERGE-Anweisung in ein Grafikprogramm eingemischt zu werden.

2. Das Programm, das die auszudruckende Grafik erzeugt, in den Hauptspeicher laden, z.B. mittels LOAD "GRAFIK" .

3. Direkt hinter die Grafikausgabe die Anweisung GOSUB 10000 einfügen. Beispiel:

```
350  SCREEN 2
360  CIRCLE (127,91),90
361  GOSUB 10000                    (Zeile 361 eingefügt)
370  IF INKEY$="" THEN 370
380  ...
```

   Das Grafikprogramm (z.B. namens GRAFIK) muß natürlich vor der Zeilennummer 10000 enden.

4. Mit MERGE "DRUCKEN1" das Druck-Unterprogramm einmischen.

5. Mit RUN das Programm ausführen lassen und dabei drucken. (Hardcopy auf Drucker erstellt).

Codierung zu Programm DRUCKEN1:

```
10000 REM ====== Unterprogramm DRUCKEN1
10010 REM Grafikbildschirm ausdrucken
10020 POKE &HF418,1
10030 FOR I=0 TO 6144 STEP 8
10040    FOR N=1 TO 8
10050       LET A$(N)=RIGHT$("00000000"+BIN$(VPEEK(I+N-1)),8)
10060       PRINT A$(N)
10070    NEXT N
10080    FOR X=1 TO 8
10090    LET PR$=""
10100       FOR M=8 TO 1 STEP -1:PR$=PR$+MID$(A$(M),X,1): NEXT M
10110       LET PR=VAL("&B"+PR$)
10120       LET T=T+1: IF T=256 THEN 10160
10130    LPRINT CHR$(27)CHR$(83)"0001"CHR$(PR);:
10140    NEXT X
10150 NEXT I
10160 LPRINT CHR$(27)CHR$(84)"16": LET T=0: GOTO 10130
10170 GOTO 10170
```

3.5 Maschinennahe Programmierung

Beim Programmieren in der Programmiersprache MSX-BASIC bewegt
man sich in einer 'mittleren' Sprachebene zwischen unserer Um-
gangssprache einerseits und der 011011001...-Sprache des Computers andererseits, also der Maschinensprache.
Wendet man sich einer Programmiersprache wie PASCAL zu, entfernt man sich noch mehr vom Computerkern: PASCAL ist stärker
strukturiert und hat komplexere Sprachelemente als BASIC. Wendet man sich umgekehrt der Maschinensprache (Assembler) zu, so
gelangt man in die 'unterste' Sprachebene eines MSX-Computers,
d.h. in die Ebene seiner aus Bitmustern wie 01101011 beste-
enden 'Muttersprache'.
In Abschnitt 3.5 wollen wir einen kleinen Schritt in Richtung
der 'untersten' Sprachebene wagen. Wir betrachten die interne
Zeichendarstellung und -codierung, die bitweise Verarbeitung,
die Speicherung eines MSX-BASIC-Programmes, den unmittelbaren
Zugriff auf Speicherplatzinhalte und den Umgang mit Maschinen-
programmen.

3.5.1 Zeichendarstellung im ASCII

Alle Zeichen - seien es Ziffern, Buchstaben oder auch Sonderzeichen - werden im ASCII dargestellt, d.h. es wird z.B. nicht
der Buchstabe A gespeichert, sondern dessen ASCII-Codezahl 65.
Die Stringfunktion CHR$ wurde bereits in Abschnitt 3.3 (Text-
verarbeitung) verwendet und gibt für eine Codezahl zwischen
0 - 255 das zugehörige ASCII-Zeichen an. Das Programm CHR$-TE
ermöglicht es uns, diese Funktion zu testen. In der Ausführung

```
100 REM ====== Programm CHR$-TE
110 SCREEN 0
120 PRINT "Test der Funktion CHR$."
130 PRINT: PRINT "'Normaler' Zeichensatz"
140 PRINT "CHR$(32)-CHR$(255):"
150 FOR ZEILE=2 TO 15
160   FOR SPALTE=0 TO 15
170     PRINT CHR$(16*ZEILE+SPALTE);" ";
180   NEXT SPALTE
190 PRINT
200 NEXT ZEILE
210 :
220 IF INKEY$="" THEN 220
230 SCREEN 1
240 PRINT "Alternativ-Zeichensatz"
250 PRINT "CHR$(65)-CHR$(95):"
260 FOR I=65 TO 95
270   PRINT CHR$(1)+CHR$(I);" ";
280   IF I=77 OR I=89 THEN PRINT
290 NEXT I
300 IF INKEY$="" THEN 300
310 SCREEN 0
320 PRINT "Ende.": END
```

zu CHR$-TE werden alle druckbaren Zeichen eines MSX-Computers
ausgegeben:

- In der Schleife 150-180 wird der 'normale' Zeichensatz ausgegeben. CHR$(65) ergibt z.B. das große "A". Die Zeichen von
  CHR$(0)-CHR$(31) sind als Steuerzeichen nicht druckbar.

- In der Schleife 260-290 erscheint der alternative Zeichensatz. CHR$(1)+CHR$(65) ergibt z.B. ein 'Gesicht'. Durch ein
  vorangestelltes CHR$(1) wird angegeben, daß der nachfolgende
  Code den Alternativ-Zeichensatz betrifft.

Der Zeichenvorrat zeigt, daß in MSX-BASIC der ASCII-Code durch
zahlreiche Grafik- und Sonderzeichen erweitert wurde.

Ausführung zu Programm CHR$-TE:

Test der Funktion CHR$.

CHR$(32)-CHR$(255):
```
    ! " # $ % & ' ( ) * + , - . /
  0 1 2 3 4 5 6 7 8 9 : ; < = > ?
  @ A B C D E F G H I J K L M N O
  P Q R S T U V W X Y Z [ \ ] ^ _
  ` a b c d e f g h i j k l m n o
  p q r s t u v w x y z { | } ~
  Ç ü é â ä à ç ê ë è ï î ì Ä Å
  É æ Æ ô ö ò û ù ÿ ö Ü ¢ £ ¥ Pt ƒ
  á í ó ú ñ Ñ ª º ¿ ⌐ ¬ ½ ¼ ¡ « »
  Ã ã Ĩ Ĩ õ õ Œ œ IJ ij
  α β Γ Π Σ σ µ τ Φ Θ Ω δ ∞ ø Є ∩
  ≡ ± ≥ ≤ ⌠ ⌡ ÷ ≈ ° • · √ ⁿ ² ∎
```


Alternativ-Zeichensatz
CHR$(65)-CHR$(95):
```
☺ ☻ ♥ ♦ ♣ ♠ • ■ □ ○ ◙ ♂ ♀ ♪ ♫ ☼ + ⊥ ⊤ ┤ ├ ┼ │ ─ ┌ ┐ └ ┘ X / \ +
```


Ende.

Die Funktion ASC liefert als Umkehrung der Funktion CHR$ die
zugehörige Codezahl. Das Zeichen ! wird als Codezahl 33 und
das Zeichen 0 als Codezahl 48 intern gespeichert. Das ! kommt
vor der 0, es gilt !<0 . Die Wertigkeiten der Codezahlen be-
stimmen demnach die Sortierfolge; wir werden bei den Sortierverfahren in Abschnitt 3.7 darauf zurückkommen. Das Programm
ASCII-TE dient dem Testen der Funktion ASC.

Dez:	Hex:		Dez:	Hex:		Dez:	Hex:	
32	20	BLANK (SPACE)	72	48	H	108	6C	l
33	21	!	73	49	I	109	6D	m
34	22	"	74	4A	J	110	6E	n
35	23	#	75	4B	K	111	6F	o
36	24	$	76	4C	L	112	70	p
37	25	%	77	4D	M	113	71	q
38	26	&	78	4E	N	114	72	r
39	27	'	79	4F	O	115	73	s
40	28	(	80	50	P	116	74	t
41	29	)	81	51	Q	117	75	u
42	2A	*	82	52	R	118	76	v
43	2B	+	83	53	S	119	77	w
44	2C	,	84	54	T	120	78	x
45	2D	−	85	55	U	121	79	y
46	2E	.	86	56	V	122	7A	z
47	2F	/	87	57	W	123	7B	{
48	30	0	88	58	X	124	7C	¦
49	31	1	89	59	Y	125	7D	}
50	32	2	90	5A	Z	126	7E	~
51	33	3	91	5B	[	127	7F	△
52	34	4	92	5C	\	128	80	Ç
53	35	5	93	5D	]	129	81	ü
54	36	6	94	5E	∧	130	82	é
55	37	7	95	5F	—	131	83	â
56	38	8	96	60	`	132	84	ä
57	39	9	97	61	a	133	85	à
58	3A	:	98	62	b	134	86	å
59	3B	;	99	63	c	135	87	ç
60	3C	<	100	64	d	136	88	ê
61	3D	=	101	65	e	137	89	ë
62	3E	>	102	66	f	138	8A	è
63	3F	?	103	67	g	139	8B	ï
64	40	@	104	68	h	140	8C	î
65	41	A	105	69	i	141	8D	ì
66	42	B	106	6A	j	142	8E	Ä
67	43	C	107	6B	k	143	8F	Å
68	44	D						
69	45	E						
70	46	F						
71	47	G						

Normaler Zeichensatz: CHR$(32)-CHR$(143)

Alternativer Zeichensatz: CHR$(1) + CHR$(65)-CHR$(95)

Dez:	Hex:	Zeichen
1	01	[Zeichen]
2	02	[Zeichen]
3	03	[Zeichen]
4	04	[Zeichen]
5	05	[Zeichen]
6	06	[Zeichen]
7	07	[Zeichen]
8	08	[Zeichen]
9	09	[Zeichen]
10	0A	[Zeichen]
11	0B	[Zeichen]
12	0C	[Zeichen]
13	0D	[Zeichen]
14	0E	[Zeichen]
15	0F	[Zeichen]
16	10	[Zeichen]
17	11	[Zeichen]
18	12	[Zeichen]
19	13	[Zeichen]
20	14	[Zeichen]
21	15	[Zeichen]
22	16	[Zeichen]
23	17	[Zeichen]
24	18	[Zeichen]
25	19	[Zeichen]
26	1A	[Zeichen]
27	1B	[Zeichen]
28	1C	[Zeichen]
29	1D	[Zeichen]
30	1E	[Zeichen]
31	1F	[Zeichen]

'Herz' als 3. Zeichen:
= CHR$(1)+CHR$(67)
bzw.
= CHR$(1)+CHR$(3+64)
CHR$(1) vorangestellt.

Normaler Zeichensatz: CHR$(144)-CHR$(255)

Dez:	Hex:	Zeichen
144	90	[Zeichen]
145	91	[Zeichen]
146	92	[Zeichen]
147	93	[Zeichen]
148	94	[Zeichen]
149	95	[Zeichen]
150	96	[Zeichen]
151	97	[Zeichen]
152	98	[Zeichen]
153	99	[Zeichen]
154	9A	[Zeichen]
155	9B	[Zeichen]
156	9C	[Zeichen]
157	9D	[Zeichen]
158	9E	[Zeichen]
159	9F	[Zeichen]
160	A0	[Zeichen]
161	A1	[Zeichen]
162	A2	[Zeichen]
163	A3	[Zeichen]
164	A4	[Zeichen]
165	A5	[Zeichen]
166	A6	[Zeichen]
167	A7	[Zeichen]
168	A8	[Zeichen]
169	A9	[Zeichen]
170	AA	[Zeichen]
171	AB	[Zeichen]
172	AC	[Zeichen]
173	AD	[Zeichen]
174	AE	[Zeichen]
175	AF	[Zeichen]
176	B0	[Zeichen]
177	B1	[Zeichen]
178	B2	[Zeichen]
179	B3	[Zeichen]
180	B4	[Zeichen]
181	B5	[Zeichen]
182	B6	[Zeichen]
183	B7	[Zeichen]
184	B8	[Zeichen]
185	B9	[Zeichen]
186	BA	[Zeichen]
187	BB	[Zeichen]
188	BC	[Zeichen]
189	BD	¾
190	BE	[Zeichen]
191	BF	[Zeichen]
192	C0	[Zeichen]
193	C1	[Zeichen]
194	C2	[Zeichen]
195	C3	[Zeichen]
196	C4	[Zeichen]
197	C5	[Zeichen]
198	C6	[Zeichen]
199	C7	[Zeichen]
200	C8	[Zeichen]
201	C9	[Zeichen]
202	CA	[Zeichen]
203	CB	[Zeichen]
204	CC	[Zeichen]
205	CD	[Zeichen]
206	CE	[Zeichen]
207	CF	[Zeichen]
208	D0	[Zeichen]
209	D1	[Zeichen]
210	D2	[Zeichen]
211	D3	[Zeichen]
212	D4	[Zeichen]
213	D5	[Zeichen]
214	D6	[Zeichen]
215	D7	[Zeichen]
216	D8	▽
217	D9	[Zeichen]
218	DA	[Zeichen]
219	DB	[Zeichen]
220	DC	[Zeichen]
221	DD	[Zeichen]
222	DE	[Zeichen]
223	DF	[Zeichen]
224	E0	α
225	E1	β
226	E2	Γ
227	E3	π
228	E4	Σ
229	E5	σ
230	E6	μ
231	E7	τ
232	E8	Φ
233	E9	Θ
234	EA	Ω
235	EB	δ
236	EC	∞
237	ED	ϕ
238	EE	ε
239	EF	$\cap$
240	F0	$\equiv$
241	F1	$\pm$
242	F2	$\geq$
243	F3	$\leq$
244	F4	$\lceil$
245	F5	$\rfloor$
246	F6	$\div$
247	F7	$\approx$
248	F8	°
249	F9	●
250	FA	·
251	FB	$\sqrt{\ }$
252	FC	^{n}
253	FD	^{2}
254	FE	■
255	FF	[Zeichen]

Codierung zu Programm ASCII-TE:

```
100 REM ====== Programm ASCII-TE
110 CLS: PRINT "Test von ASCII-Werten (O=Ende)"
120 PRINT "Welches Zeichen? ";
130 LET Z$=INPUT$(1): PRINT Z$
140 PRINT "Darstellung von ";Z$;" im ASCII:";ASC(Z$)
150 IF ASC(Z$)<>48 THEN 120
160 PRINT "Testende.": END
```

```
Test von ASCII-Werten (O=Ende)
Welches Zeichen? !
Darstellung von ! im ASCII: 33
Welches Zeichen? 1
Darstellung von 1 im ASCII: 49
Welches Zeichen? #
Darstellung von # im ASCII: 35
Welches Zeichen? 0
Darstellung von 0 im ASCII: 48
Testende.
```

3.5.2 Umwandlung dezimal, binär und hexadezimal

Das nächste Programm DEZ-BIN1 zeigt zwei Möglichkeiten auf, um
eine Dezimalzahl D in einen b i n ä r e n Wert umzuwandeln.
Zunächst wird mit der Anweisung

```
   140 LET B$-BIN$(D)
```

die Zahl D durch die Funktion BIN$ in einen 'Binärstring' B$
umgewandelt.
Dann wandelt Programm DEZ-BIN1 dieselbe Zahl D in eine Binärzahl B um, die als 16-Elemente-Array vereinbart ist (Anweisung 240 DIM B(16) reserviert für B genau 16 Zahlkomponenten).
Zur Umwandlung in der Schleife 250 FOR I... :190 NEXT I wird
D wiederholt halbiert, um bei Teilbarkeit ohne Rest eine 0 und
sonst eine 1 nach B zu schreiben. Diese Binärzeichen 0 bzw. 1
schreibt DEZ-BIN1 in der Richtung der höheren Wertigkeit von
rechts nach links nach B; deshalb auch die Schrittweite STEP-1
in der FOR-Anweisung (Stelle 16, 15, 14, ...).

Ausführungen zu Programm DEZ-BIN1:

Dezimalzahl in Binärzahl umwandeln.

```
1. Umwandlung in einen String
Zahl zwischen -32768 und 65535? 51
... als Binärstring:
110011
... als 16-Element-String:
0000000000110011

2. Umwandlung in 16-Elemente-Array
... als 16-stelliger Array;
 0 0 0 0 0 0 0 0 0 0 1 1 0 0 1 1
```

1. Umwandlung in einen String
Zahl zwischen -32768 und 65535? 65535
... als Binärstring:
1111111111111111
... als 16-Element-String:
1111111111111111

2. Umwandlung in 16-Elemente-Array
... als 16-stelliger Array;
 1 1 1 1 1 1 1 1 1 1 1 1 1 1 1 1
Ende.


```
100 REM ====== Programm DEZ-BIN1
110 CLS: PRINT "Dezimalzahl in Binärzahl umwandeln."
120 PRINT: PRINT "1. Umwandlung in einen String"
130 INPUT "Zahl zwischen -32768 und 65535";D
140 LET B$=BIN$(D)
150 PRINT "... als Binärstring: "
160 PRINT B$
170 LET B1$=RIGHT$("000000000000000"+B$,16)
180 PRINT "... als 16-Element-String: "
190 PRINT B1$
200 IF INKEY$="" THEN 200
210 :
220 :
230 PRINT: PRINT "2. Umwandlung in 16-Elemente-Array"
240 DIM B(16)
250 FOR I=16 TO 1 STEP -1
260    IF D/2=INT(D/2) THEN LET B(I)=0 ELSE LET B(I)=1
270    LET D=INT(D/2)   'immer halbieren
280 NEXT I
290 PRINT "... als 16-stelliger Array;"
300 FOR I=1 TO 16: PRINT B(I);: NEXT I
310 PRINT: PRINT "Ende." : END
```


Das Programm BIN-DEZ1 unterscheidet sich in 2-facher Hinsicht
vom Programm DEZ-BIN1: Einerseits erfolgt die Umwandlung umgekehrt, andererseits liegt das Binärmuster als die Eingabegröße
als String B$ vor, nicht aber als Array B( ).
Zunächst wird der String B$ über die Anweisung

```
    140 LET D = VAL("&B"+B$)
```

in eine Dezimalzahl umgewandelt. "&B" signalisiert, daß B$ ei-
nen binären Wert darstellt und VAL wandelt in den numerischen
Wert D um.
Anschließend wird o h n e "&B" umgewandelt. Mit MID$(B$,I,1)
nimmt man das jeweils nächste Zeichen von B$; da es stets eine
0 oder 1 ist, kann dieses Zeichen mit VAL in einen numerischen
Wert verwandelt und nach S zugewiesen werden (S für Stellenin-
halt). Dann wird 'S mal (2 hoch (L-I))' multipliziert und der
so errechnete Stellenwert in Zeile 220 zur Dezimalzahl D hinzuaddiert.

Codierung zu Programm BIN-DEZ1:

```
100 REM ====== Programm BIN-DEZ1
110 CLS: PRINT "Umwandeln binär-dezimal."
120 PRINT "Binärmuster eintippen": INPUT B$
130 PRINT: PRINT "1. Umwandlung linear"
140 LET D=VAL("&B"+B$)
150 PRINT "... als Dezimalzahl:";D
160 :
170 :
180 PRINT: PRINT "2. Umwandlung über Schleife"
190 LET D=0: LET L=LEN(B$)
200 FOR I=1 TO L
210    LET S = VAL(MID$(B$,I,1))
220    LET D = D + S * (2^(L-I))
230 NEXT I
240 PRINT "... erneut dezimal:";D
250 PRINT "Ende.": END
```

```
Umwandeln binär-dezimal.              Umwandeln binär-dezimal.
Binärmuster eintippen                 Binärmuster eintippen
111111111111111                       110011


1. Umwandlung linear                  1. Umwandlung linear
... als Dezimalzahl: 32767            ... als Dezimalzahl: 51


2. Umwandlung über Schleife           2. Umwandlung über Schleife
... erneut dezimal: 32767             ... erneut dezimal: 51
Ende.                                 Ende.

Umwandeln binär-dezimal.              Umwandeln binär-dezimal.
Binärmuster eintippen                 Binärmuster eintippen
1111111111111111                      10


1. Umwandlung linear                  1. Umwandlung linear
... als Dezimalzahl:-1                ... als Dezimalzahl: 2


2. Umwandlung über Schleife           2. Umwandlung über Schleife
... erneut dezimal: 65535             ... erneut dezimal: 2
Ende.                                 Ende.
```

Es gibt die 16 Hexadezimalziffern

   0,1,2,3,4,5,6,7,8,9,A,B,C,D,E und F.

Diese Ziffern werden kurz Hex-Ziffern oder Sedezimal-Ziffern
genannt (vgl. Abschnitte 1.2.3.2 und 2.4.1.1).
Das Programm HEX-DEZ1 veranschaulicht den Umwandlungsvorgang
von hex nach dez. In Teil 1 von HEX-DEZ1 wird geprüft, ob die
Eingabe in H1$ nur aus den 16 Hex-Zeichen 0123456789ABCDEF be-
steht. In Teil 2 wird linear über die Anweisung

```
270 LET D = VAL("&H"+H1$)
```

der Hex-String H1$ umgewandelt. Die Hex-Zahl &HA z.B. ergibt
10 und die Hex-Zahl &HFFFF ergibt -1.

In Teil 3 von Programm HEX-DEZ1 wird gezeigt, wie man über eine Schleife umwandelt kann: Zuerst werden die Hex-Zeichen A-F
durch die Dez-Zeichen 10-15 ersetzt und in Z abgelegt. Darauf-
hin wird Z mit den jeweiligen Stellenwerten 1 (=16 hoch 0), 16
(=16 hoch 1), 256 (=16 hoch 2), ... multipliziert und zur Dezimalzahl D hinzuaddiert.

Codierung zu Programm HEX-DEZ1:

```
100 REM ====== Programm HEX-DEZ1
110 CLS: PRINT "Umwandlung hexadezimal - dezimal."
120 :
130 PRINT: PRINT "1. Eingabe prüfen:"
140 LET HO$="0123456789ABCDEF"
150 INPUT "hexadezimaler Wert";H1$
160 LET L=LEN(H1$)
170 FOR I=1 TO L
180    LET F=1      'Flagge
190    FOR J=1 TO 16
200      IF MID$(HO$,J,1)=MID$(H1$,I,1) THEN LET F=0
210    NEXT J
220    IF F=1 THEN 480
230    PRINT I;". Zeichen in ";H1$;" korrekt."
240 NEXT I
250 :
260 PRINT: PRINT "2. Umwandlung linear:"
270 LET D=VAL("&H"+H1$)
280 PRINT "... ergibt dezimal";D
290 :
300 PRINT:PRINT"3. Umwandlung über Schleife:"
310 LET D=0
320 LET MASKE$="Fr & wird #### um ##### erhöht."
330 FOR I=1 TO L
340    LET Z$=MID$(H1$,(L-I+1),1)
350    IF Z$<="9" THEN LET Z=VAL(Z$)
360    IF Z$="A" THEN LET Z=10
370    IF Z$="B" THEN LET Z=11
380    IF Z$="C" THEN LET Z=12
390    IF Z$="D" THEN LET Z=13
400    IF Z$="E" THEN LET Z=14
410    IF Z$="F" THEN LET Z=15
420    LET Z=Z*(16^(I-1))
430 PRINT USING MASKE$;Z$,D,Z
440    LET D=D+Z
450 NEXT I
460 PRINT "... Ergebnis: dezimal";D
470 GOTO 490
480 PRINT I;". Zeichen in ";H1$;" fehlerhaft.:
490 PRINT "Ende.": END
```

Ausführungen zu Programm HEX-DEZ1:

Umwandlung hexadezimal – dezimal.   Umwandlung hexadezimal – dezimal.

1. Eingabe prüfen: 1. Eingabe prüfen:
hexadezimaler Wert? 64   hexadezimaler Wert? FFFF
 1 . Zeichen in 64 korrekt.   1 . Zeichen in FFFF korrekt.
 2 . Zeichen in 64 korrekt.   2 . Zeichen in FFFF korrekt.
                                                  3 . Zeichen in FFFF korrekt.
2. Umwandlung linear: 4 . Zeichen in FFFF korrekt.
... ergibt dezimal 100

                                                 2. Umwandlung linear:
3. Umwandlung über Schleife: ... ergibt dezimal-1
Für 4 wird   0 um   4 erhöht.
Für 6 wird   4 um   96 erhöht.   3. Umwandlung über Schleife:
... Ergebnis: dezimal 100   Für F wird   0 um   15 erhöht.
Ende.   Für F wird   15 um   240 erhöht.
                                                 Für F wird   255 um   3840 erhöht.
                                                 Für F wird 4095 um 61440 erhöht.
                                                 ... Ergebnis: dezimal 65535
                                                 Ende.

Das Programm DEZ-HEX1 wandelt umgekehrt Dezimalzahlen in Hexa-
dezimalzahlen um und demonstriert dazu zwei Methoden:
1. Die Funktion HEX$(DEZ) wandelt die Dezimalzahl DEZ in das
16er-Zahlensystem um.
2. Zusätzlich wird die Umwandlung schrittweise aufgezeigt, und
zwar anhand des in der Abbildung wiedergegebenen 'Vorgehen 2'.
Zur Bestimmung der Hexadezimalziffer HZI$ geht man dabei wie
folgt vor: Hat HZI einen Wert 0,1,2,...,9, so erhält man durch
CHR$(48+HZI) die entsprechende Ziffer 0,1,2,...9. Hat HZI aber
einen Wert zwischen 10 und 15, ermittelt CHR$(55+HZI) dann die
Ziffer A,B,..,F. Beispiele: CHR$(55+11) ergibt CHR$(66) ergibt
B; CHR$(48+4) ergibt CHR$(52) ergibt 4. Dabei wird berücksichtigt, daß die Dezimalziffern im ASCII mit Codezahl 48 beginnen
und die Großbuchstaben mit Codezahl 65. Die Variable CODE enthält deshalb 48 oder aber 55 (55+10 für A ergibt dann 65).

VORGEHEN1: HEX-ZIFFERN FALLEN IN RICHTIGER FOLGE 5C8F AN

                    3   2   1   0
23695 = 5*16   + 12*16   +   8*16   +   15*16 | 5C8F hex
                                                            | abgelesen

       = 5*4096 + 12*256   +   8*16   +   15*1

       = 20480   + 3072   +   128   +   15

VORGEHEN 2: HEX-ZIFFERN FALLEN IN UMGEKEHRTER FOLGE F8C5 AN

 DEZ   = (TEIL=INT(DEZ/16) * 16)   +   HZI=DEZ-(TEIL*16)   HE$

23695 =   (1480   * 16)   +   15   F
 1480 =   (92   * 16)   +   8   8
   92 =   (5   * 16)   +   12   C
    5 =   (0   * 16)   +   5   5

Zwei Vorgehensweisen zur Umwandlung von 23695 dez in 5C8F hex
ohne Anwendung der BASIC-Funktion HEX$

Codierung zu Programm DEZ-HEX1:

```
100 REM ====== Programm DEZ-HEX1
110 CLS: PRINT "Umwandlung dezimal - hexadezimal."
120 INPUT "Welche Zahl";DEZ
130 :
140 PRINT "1. Umwandlung mit HEX$:"
150 PRINT "... ergibt hexadezimal ";HEX$(DEZ)
160 :
170 :
180 PRINT: PRINT "2. Umwandlung schrittweise:"
190 IF DEZ<=0 GOTO 280
200    LET TEIL=INT(DEZ/16)
210    LET HZI=DE-(TEIL*16)
220    IF HZI>9 THEN LET CODE=55 ELSE LET CODE=48
230    LET HZI$=CHR$(CODE+HZI)
240    PRINT " Hex-Ziffer: ";HZI$
250    LET HE$=HZI$+HE$
260    LET DEZ=TEIL
270 GOTO 190
280 PRINT "... ergibt hexadezimal ";HE$
290 PRINT "Ende.": END
```

```
Umwandlung dezimal - hexadezimal.        Umwandlung dezimal - hexadezimal.
Welche Zahl? 23695                       Welche Zahl? 266
1. Umwandlung mit HEX$:                   1. Umwandlung mit HEX$:
... ergibt hexadezimal 5C8F              ... ergibt hexadezimal 10A

2. Umwandlung schrittweise:              2. Umwandlung schrittweise:
 Hex-Ziffer: F                            Hex-Ziffer: A
 Hex-Ziffer: 8                            Hex-Ziffer: 0
 Hex-Ziffer: C                            Hex-Ziffer: 1
 Hex-Ziffer: 5                           ... ergibt hexadezimal 10A
... ergibt hexadezimal 5C8F              Ende.
Ende.
```

3.5.3 Daten bitweise verarbeiten

Ergänzend zu Programm DEZ-BIN1 werden zur "Umwandlung von Dezimalzahlen in Binärzahlen" die Programme DEZ-BIN2, DEZ-BIN3
und DEZ-BIN4 betrachtet. Diese drei Programme zeigen, wie man
den logischen Operator AND zur Verarbeitung einzelner B i t s
verwenden können.
Im Zusammenhang mit dem Verarbeiten e i n z e l n e r Bits
spricht man auch vom B i t m a p p i n g (Map für Karte und
Speicher als Karte mit Bits aufgefaßt).

Im Ausführungsbeispiel zu Programm DEZ-BIN2 wird die Zahl 200
in die Dualzahl 11001000 umgewandelt. Die Codierung zeigt, daß
die Umwandlung in einer IF-Schleife über die Anweisungsfolge

```
170 IF I=1 THEN GOTO 210
180    LET I=I/2
190    PRINT ABS( (I AND D) = I);
200 GOTO 170
```

mit Dezimalzahl D=200 und I=256 als Anfangswerten erfolgt. Die
Anweisung 190 führt mit I AND D eine logische Operation über
"logisch UND" durch. Dabei werden die INTEGER-Zahlen in I und
D binär dargestellt und Bit für Bit mit AND (logisch UND) verknüpft.
Für die Anfangswerte I=128 und D=200 wird demzufolge die Operation (I AND D) bzw. (128 AND 200) computerintern binär als
(10000000 AND 11001000) bitweise ausgeführt. Nur die 8. Stelle
ergibt 1 als Stellenergebnis (1 AND 1 ergibt 1), während alle
anderen Stellenergebnisse 0 ergeben. (10000000 AND 11001000)
ergibt somit 10000000 bzw. 128 als Ergebnis.
In Zeile 190 wird jetzt der Vergleich (128=128)? ausgeführt
mit dem Ergebnis WAHR bzw. TRUE bzw. -1.
Dann wird in 190 der Absolutbetrag ABS(-1) gleich 1 ermittelt
und mit PRINT 1; ausgegeben.

Diese bitweise Manipulation mittels AND wiederholt sich bis
I den Wert 1 erreicht hat. Die ersten drei Schleifendurchläufe
gibt die Abbildung wieder.

```
Schleifendurchlauf:                Bitweise Verknüpfung (I AND D):

1. DURCHLAUF: I=128 und D=200.    1 0 0 0 0 0 0 0      =128
(I AND D) ergibt I                1 1 0 0 1 0 0 0      =200
(I = I) ergibt -1 bzw. TRUE.      --------------------------------
ABS(-1) ergibt 1.                 1 0 0 0 0 0 0 0      =128

2. DURCHLAUF: I=64 und D=200.     0 1 0 0 0 0 0 0      = 64
(I AND D) ergibt I.               1 1 0 0 1 0 0 0      =200
(I = I) ergibt -1 bzw. TRUE.      --------------------------------
ABS(-1) ergibt 1.                 0 1 0 0 0 0 0 0      = 64

3. DURCHLAUF: I=32 und D=200.     0 0 1 0 0 0 0 0      = 32
(I AND D) ergibt 0.               1 1 0 0 1 0 0 0      =200
(0 AND I) ergibt 0 bzw. FALSE.    --------------------------------
ABS(0) ergibt 0.                  0 0 0 0 0 0 0 0      =  0

Anweisung  190 PRINT ABS((I AND D)=I);  von Programm DEZ-BIN2
```

Beispiel zur bitweisen Verknüpfung mittels AND

Die Variable I wird als F i l t e r oder als M a s k e bezeichnet:
Die logische Operation (I AND D) wird in einer Schleife wiederholt ausgeführt. Dabei bleibt D=200 konstant, während I die
8 Werte 128=10000000, 64=01000000, 32=00100000, 16=00010000,
8=00001000, 4=00000100, 2=00000010 und 00000001 annimmt.
I wirkt wie ein F i l t e r , der mittels UND bei jedem neuen
Schleifendurchlauf eine gegebenenfalls vorhandene "1" aus einer der Bitpositionen 8, 7, 6, ..., 1 herausfiltert.
Ebenso kann man I als M a s k e auffassen, die über eine zu
prüfende Variable (hier über D) gelegt wird.
Zur Demonstration werden jeweils nur die ersten 8 der von MSX-
BASIC benutzen 16 Bits dargestellt.

Codierung zu Programm DEZ-BIN2:

```
100 REM ====== Programm DEZ-BIN2
110 CLS: PRINT "Umwandlung dezimal-binär nach der"
120 PRINT "Methode 'Vergleichen mit UND'."
130 :
140 INPUT "Ganze Zahl unter 256";D
150 LET I=256
160 PRINT D;"als 8-stellige Binärzahl:"
170 IF I=1 THEN GOTO 210
180    LET I=I/2
190    PRINT ABS((I AND D)=I);
200 GOTO 170
210 PRINT: PRINT "Ende."
```

```
Umwandlung dezimal-binär nach der
Methode 'Vergleichen mit UND'.
Ganze Zahl unter 256? 200
 200 als 8-stellige Binärzahl:
 1  1  0  0  1  0  0  0
Ende.
```

Das Programm DEZ-BIN3 dient demselben Zweck wie das Programm
DEZ-BIN2, nur wird hier die AND-Operation als

```
  180 PRINT SGN(D AND (2 hoch I));
```

geschrieben und innerhalb einer FOR-Schleife anstelle einer
IF-Schleife aufgerufen.
Als Filter bzw. Maske dienen wieder die Variablenwerte 128 (2
hoch 7 ergibt 128), 64 (2 hoch 6 ergibt 64), 32 (2 hoch 5 ergibt 32), ... usw.

```
100 REM ====== Programm DEZ-BIN3
110 CLS: PRINT "Umwandlung dezimal-binär nach der"
120 PRINT "Methode 'Vergleichen mit UND'"
130 PRINT "(Ergebnis: Binärmuster aus 8 Einzelzahlen)."
140 :
150 INPUT "Ganze Zahl unter 256";D
160 PRINT D;"als 8-stellige Binärzahl:"
170 FOR I=7 TO 0 STEP -1
180    PRINT SGN(D AND 2^I);
190 NEXT I
200 PRINT: PRINT "Ende.": END
```

```
Umwandlung dezimal-binär nach der
Methode 'Vergleichen mit UND'
(Ergebnis: Binärmuster aus 8 Einzelzahlen).
Ganze Zahl unter 256? 200
 200 als 8-stellige Binärzahl:
 1  1  0  0  1  0  0  0
Ende.
```

Die Programme DEZ-BIN2 und DEZ-BIN3 konnten nur Dezimalzahlen
bis maximal 256 in Binärzahlen umwandeln. Programm DEZ-BIN4
hebt die Begrenzung auf 256 (=2 hoch 8) auf und wandelt Zahlen
bis maximal 65536 (=2 hoch 16) um.
Dazu wird der Zahlenwert in ein BYTELINKS und ein BYTERECHTS
aufgeteilt.
Auf solche Zwei-Byte-Adressen mit einem niederwertigen Byte
(hier als LINKSBYTE benannt) und einem höherwertigen Byte (als
RECHTSBYTE benannt) wird in Abschnitt 3.5.5 eingegangen.

Codierung zu Programm DEZ-BIN4:

```
100 REM ====== Programm DEZ-BIN4
110 CLS: PRINT "Umwandlung dezimal-binär mit"
120 PRINT "Binärmuster aus 16 Einzelzahlen."
130 :
140 INPUT "Zahl unter 65536";ZAHL
150 LET LINKSBYTE=INT(ZAHL/256)
160 PRINT "Höherwertiges linkes Byte:";LINKSBYTE
170 PRINT "als Binärzahl:";
180   LET D=LINKSBYTE: GOSUB 1000
190 LET RECHTSBYTE=ZAHL-LINKSBYTE*256 : PRINT
200 PRINT "Niederwertiges rechtes Byte";RECHTSBYTE
210 PRINT "als Binärzahl:";
220   LET D=RECHTSBYTE: GOSUB 1000
230 PRINT: PRINT "Ende.": END
240 :
250 :
1000 FOR I=7 TO O STEP -1
1010    PRINT SGN(D AND 2^I);
1020 NEXT I
1030 RETURN
```

```
Umwandlung dezimal-binär mit
Binärmuster aus 16 Einzelzahlen.
Zahl unter 65536? 32267
Höherwertiges linkes Byte: 126
als Binärzahl: 0 1 1 1 1 1 1 0
Niederwertiges rechtes Byte 11
als Binärzahl: 0 0 0 0 1 0 1 1
Ende.

Umwandlung dezimal-binär mit
Binärmuster aus 16 Einzelzahlen.
Zahl unter 65536? 16384
Höherwertiges linkes Byte: 64
als Binärzahl: 0 1 0 0 0 0 0 0
Niederwertiges rechtes Byte 0
als Binärzahl: 0 0 0 0 0 0 0 0
Ende.
```

3.5.4 Unmittelbarer Zugriff auf Speicherinhalte

3.5.4.1 Stufe 1: Freien Speicherplatz überprüfen mit FRE(0)

Der wiedergegebene direkte Dialog gibt ein Beispiel, wie durch
Anwendung der Funktion FRE(0) der noch freie Speicherplatz abgefragt werden kann. Als Beispiel dient das Programm VERBRAU1.
(vgl. Abschnitt 3.1.1). Vor dem Laden sind noch 24455 Bytes
frei, danach nur noch 24341 Bytes. Nach der Ausführung bleiben
noch 24308 Bytes übrig. Die sieben Anweisungen des Programmes
nehmen also 114 Bytes in Anspruch und die drei bei der Ausführung mit den Werten 60, 346 und 17.34104 belegten Variablen T,
K und D beanspruchen 33 (bzw. 3*11) Bytes.

Direkter Dialog zur Demonstration der Funktionen FRE und PEEK:

```
PRINT FRE(0)                    Ok
 24455                          PRINT &HFFFE
Ok                             -2
LOAD "VERBRAU1                  Ok
Ok                             PRINT &HD000
PRINT FRE(0)                   -12288
 24341                          Ok
Ok                             PRINT PEEK(-12288)
RUN                             255
Eingabe: Gefahrene km           Ok
? 346                          PRINT PEEK(&HD000)
Ausgabe: Liter/100 km           255
 17.341                         Ok
Ok                             -12288+65536
PRINT FRE(0)                    Syntax error
 24308                          Ok
Ok                             PRINT -12288+65536
PRINT 121212121                 53248
 121212121                      Ok
Ok                             PRINT PEEK(53248)
PRINT &HE                        255
 14                             Ok
Ok                             PRINT FRE(0)
PRINT &H64                       24308
 100                            Ok
Ok
PRINT &HFFFF
-1
```

Codierung zu Programm VERBRAU1:

```
10 LET T=60                        Eingabe: Gefahrene km
20 PRINT "Eingabe: Gefahrene km"    346
30 INPUT K                         Ausgabe: Liter/100 km
40 LET D = 100 * T / K              17.341040462428
50 PRINT "Ausgabe: Liter/100 km"
60 PRINT D
70 END
```

3.5.4.2 Stufe 2: Speicherplatzinhalte lesen mit PEEK

Die Funktion PEEK(X) kann man im Direkt-Modus eintippen, um
den Inhalt der Speicherstelle X anzeigen zu lassen. Darüberhinaus ist PEEK natürlich auch im Programm-Modus einsetzbar.
PEEK(32800) gibt den Inhalt des Speicherplatzes mit der Adresse 32800 wieder. Mit PRINT PEEK(32800) im Direkt-Modus wie
auch mit 20 PRINT "Inhalt von Adresse 32800: ";PEEK(32800) im
Programm-Modus kann man sich den Inhalt der Adresse am Bildschirm zeigen lassen.

Adresse einer Variablen zuordnen:
Die Anweisung 50 LET F=PEEK(53248) ordnet den Wert der Variablen F zu und 70 IF PEEK(53248)=9 THEN.. fragt ab, ob unter
dieser Adresse eine 0 abgespeichert ist.

Der Dialog zeigt, daß PEEK(53248) die gleiche Bedeutung wie
PEEK(-12288) und wie PEEK(&HD000) hat: in allen drei Fällen
erhält man als Speicherplatzinhalt eine 0.
Warum sind die drei Adressen gleich? &HD000 als Hexadezimal-
konstante (vgl. Abschnitt 2.4.1.1) ergibt -12288 als dezimale
Adresse. -12288 als Komplement zu 65536 ergibt wieder 53248.
Das Prefix "&H" zeigt an, daß die nachfolgende Zahl eine hexa-
dezimale Größe ist.
Negative Adressen legt das Betriebsystem als komplementäre
Zahlen zu 65536 als der größten durch ein Byte (8 Bits) dar-
stellbaren Zahl an.

Zusammengehörige Speicherplatzinhalte am Bildschirm zeigen:
Die einzeilige Zählerschleife

   10 FOR I=32768 TO 32884 : PRINT PEEK(I); : NEXT I

gibt den Inhalt der Speicherplätze 32768 bis 32884 aus. Dieser
dezimalen Adressenangabe entspricht die hexadezimale Angabe
von 8000 bis 8074, die zur Unterscheidung als &H800 bis &H8074
geschrieben wird (vgl. Abschnitt 2.4.1.1). Läßt man die Zählerschleife ablaufen, dann werden ASCII-Codezahlen zwischen 0
und 255 ausgegeben. Warum? 255 dezimal = &HFF ist die größte
in einem Byte bzw. einem Speicherplatz unterzubringende Zahl.

Zusammengehörige Speicherplatzinhalte in einen Array ablegen:
Die Zählerschleife

   30 FOR Z=1 TO 7: LET A(Z)=PEEK(767+Z) : NEXT Z

speichert die Inhalte der Speicherplätze 768, 769, ... in den
Array A() ab.

Zur U m r e c h n u n g s t a b e l l e Hex - Dez:

Die Umrechnung von HEX nach DEZ kann mit der umseitig wiedergegebenen Tabelle wie folgt vorgenommen werden:

1. Beispiel: &HFF69 - dezimal 65385
   FF (Zeile unten, Spalte rechts) ergibt 65280 als unteren
   .Tabellenwert, da FF das 1. Ziffernpaar ist.
   69 (Zeile 6 und Spalte 9) ergibt 105 als oberen Wert,
      da 69 das 2. Paar ist.
   65280+105 ergibt dezimal 65385.

2. Beispiel: &H800 - dezimal 2048
   08 (obere Zeile 0 und Spalte 8) ergibt 2048 als unteren
      Tabellenwert, da 08 das 1. Paar ist.
   00 (obere Zeile und linke Spalte) ergibt 0.
   2048+0 ergibt dezimal 2048.

3.5.4.3 Stufe 3: Speicherplatzinhalte schreiben mit POKE

Die Anweisung POKE stellt die Umkehrung zur Funktion PEEK dar.
PEEKen können wir Speicherplätze des RAM wie des ROM, während
umgekehrt nur Speicherplätze des RAM gePOKEt und damit neu beschrieben werden können.

Direktzugriff auf e i n e n Speicherplatz

POKE ADRESSE,WERT	PEEK (ADRESSE)
Einen ganzzahligen WERT (zwischen 0 und 255) an einer bestimmten ADRESSE (zwischen 0 und 65535) abspeichern.	Den an einer bestimmten ADRESSE abgespeicherten Speicherplatzinhalt angeben.
POKE (32800,87) speichert an Adresse 64984 die ASCII-Codezahl 87 ab. CHR$(87) entspricht dem "W".	PEEK(32800) gibt den Inhalt 87 an. PRINT CHR$(PEEK(32800) zeigt "W" am Bildschirm.

Schreiben mit POKE und Lesen mit PEEK

POKE 768,1 speichert die 1 in den Speicherplatz mit der Adresse 768 ab. Man sagt: "poke die 1 nach 768" (nicht schön, aber
kurz). Das zweite Argument muß zwischen 0 und 255 liegen. Die
Anweisung POKE PLATZ,ZAHL speichert den Inhalt von ZAHL an die
Adresse von PLATZ ab. POKE wird häufig in eine Schleife gestellt, um mehrere Adressen fortlaufend beschreiben zu können.
Dazu die beiden folgenden Beispiele: Die Ausgabeschleife

```
100 FOR I=1 TO 7 : READ C : POKE (33000+I),C : NEXT I
110 DATA 101,6,101,6,133,8,96
```

	0	1	2	3	4	5	6	7	8	9	A	B	C	D	E	F
0	0	1	2	3	4	5	6	7	8	9	10	11	12	13	14	15
	0	256	512	768	1024	1280	1536	1792	2048	2304	2560	2816	3072	3328	3584	3840
1	16	17	18	19	20	21	22	23	24	25	26	27	28	29	30	31
	4096	4352	4608	4864	5120	5376	5632	5888	6144	6400	6656	6912	7168	7424	7680	7936
2	32	33	34	35	36	37	38	39	40	41	42	43	44	45	46	47
	8192	8448	8704	8960	9216	9472	9728	9984	10240	10496	10752	11008	11264	11520	11776	12032
3	48	49	50	51	52	53	54	55	56	57	58	59	60	61	62	63
	12288	12544	12800	13056	13312	13568	13824	14080	14336	14592	14848	15104	15360	15616	15872	16128
4	64	65	66	67	68	69	70	71	72	73	74	75	76	77	78	79
	16384	16640	16896	17152	17408	17664	17920	18176	18432	18688	18944	19200	19456	19712	19968	20224
5	80	81	82	83	84	85	86	87	88	89	90	91	92	93	94	95
	20480	20736	20992	21248	21504	21760	22016	22272	22528	22784	23040	23296	23552	23808	24064	24320
6	96	97	98	99	100	101	102	103	104	105	106	107	108	109	110	111
	24576	24832	25088	25344	25600	25856	26112	26368	26624	26880	27136	27392	27648	27904	28160	28416
7	112	113	114	115	116	117	118	119	120	121	122	123	124	125	126	127
	28672	28928	29184	29440	29696	29952	30208	30464	30720	30976	31232	31488	31744	32000	32256	32512
8	128	129	130	131	132	133	134	135	136	137	138	139	140	141	142	143
	32768	33024	33280	33536	33792	34048	34304	34560	34816	35072	35328	35584	35840	36096	36352	36608
9	144	145	146	147	148	149	150	151	152	153	154	155	156	157	158	159
	36864	37120	37376	37632	37888	38144	38400	38656	38912	39168	39424	39680	39936	40192	40448	40704
A	160	161	162	163	164	165	166	167	168	169	170	171	172	173	174	175
	40960	41216	41472	41728	41984	42240	42496	42752	43008	43264	43520	43776	44032	44288	44544	44800
B	176	177	178	179	180	181	182	183	184	185	186	187	188	189	190	191
	45056	45312	45568	45824	46080	46336	46592	46848	47104	47360	47616	47872	48128	48384	48640	48896
C	192	193	194	195	196	197	198	199	200	201	202	203	204	205	206	207
	49152	49408	49664	49920	50176	50432	50688	50944	51200	51456	51712	51968	52224	52480	52736	52992
D	208	209	210	211	212	213	214	215	216	217	218	219	220	221	222	223
	53248	53504	53760	54016	54272	54528	54784	55040	55296	55552	55808	56064	56320	56576	56832	57088
E	224	225	226	227	228	229	230	231	232	233	234	235	236	237	238	239
	57344	57600	57856	58112	58368	58624	58880	59136	59392	59648	59904	60160	60416	60672	60928	61184
F	240	241	242	243	244	245	246	247	248	249	250	251	252	253	254	255
	61440	61696	61952	62208	62464	62720	62976	63232	63488	63744	64000	64256	64512	64768	65024	65280

speichert die sieben in der DATA-Zeile angegebenen Zahlen in
die Speicherplätze unter den Adressen 33001, 33002, ... ab.

Mit der folgenden Schleife kann man die in der zweiten DATA-
Zeile angegebenen Zahlen ab der in der ersten DATA-Zeile angegebenen Adresse im Benutzer-RAM abspeichern.
Zunächst liest man die Startadresse 34000 nach ADRESSE ein, um
dann die acht Codezahlen in die Variable WERT% zu lesen und an
die nächste ADRESSE zu speichern.
Die im Beispiel in Zeile 210 angeführten ASCII-Codezahlen entsprechen dem String "WEGWEISER" und werden im String-Speicher
(Adreßbereich 34000) abgelegt. In Abschnitt 3.5.6.3 kommen wir
auf derartige Anwendungen zurück (Programm DATPEEK1).

```
200 DATA 34000
210 DATA 87,69,71,87,69,73,83,69,82,-99999
300 READ ADRESSE
310 WHILE WERT%>=0
320    READ WERT%
330    POKE ADRESSE,WERT%
340    LET ADRESSE=ADRESSE+1
350 WEND
```

Vor jedem Poken muß überlegt werden, ob nicht Speicherinhalte
verändert werden, die für die Ablaufsteuerung wichtig sind.

3.5.4.4   Stufe 4: Maschinenroutinen definieren mit DEF USR

Sie haben bereits zwei Arten von selbstdefinierten Funktionen
kennengelernt:

- Funktionen mit REAL-Zahlen als Parametern (Funktion FNERHOEH
  in Abschnitt 3.1.4.2).
- Funktionen mit STRINGs als Parametern (Funktion GROSS$ in
  Abschnitt 3.1.4.2).

Mit der Anweisung DEF USR4 kann man in BASIC eine spezielle
Funktion (z.B. mit Nummer 4) vereinbaren, über die man später
beim Funktionsaufruf mittels USR4 zu der Speicheradresse ver-
verzweigen, die mittels DEF USR4 vereinbart worden ist. Man
geht dabei z.B. folgt vor:
- Mit 100 CLEAR 200,59999 wird die vom System gegebene Größe
  des Stringspeichers mit 200 Bytes beibehalten. Die höchste
  von BASIC adressierbare Stelle wird auf 59999 festgelegt, um
  später zwischen den Adressen 60000 und 62335 bzw. &HF37F ein
  Maschinensprache-Programm ablegen zu können (ab der Adresse
  62336 bzw. &HF380 beginnt der BASIC-Arbeitsspeicher).
- Mittels 110 DEFUSR4=60000 die Anfangsadresse einer Maschi-
  nensprache-Programms USR4 auf 60000 festlegen.
- Maschinensprache-Programm ab Adresse 60000 mittels POKE-An-
  weisungen abspeichern.
- Aufruf des Programms mit LET A=USR4(B).

3.5.5 Memory Map des BASIC-Speicherbereiches

Dem Benutzer eines MSX-Computers stehen in der Grundausbaustu-
fe zumeist ca. 64 KBytes Speicherplatz zur Verfügung. In diesem Benutzerspeicher werden das BASIC-Programm und die zu verarbeitenden Daten (Variablen) zur Ausführungszeit abgelegt.
Eine detaillierte Erklärung der Speicherorganisation würde den
Umfang dieses Buchs sprengen. Gleichwohl soll versucht werden,
anhand des Beispielprogramms VERBRAU1 die folgenden Fragen zu
beantworten:

- Wo ist das BASIC-Programm und wo sind die Variablen gespei-
  chert (Abschnitt 3.5.5)?
- Wie sind die Variablen gespeichert (Abschnitt 3.5.6)?
- Wie sind die BASIC-Anweisungen bzw. Token gespeichert
  (Abschnitt 3.5.7)?
- Was ist eine Garbage Collection (Abschnitt 3.5.8)?

3.5.5.1 Programm-Speicher und Variablen-Speicher

Unter einer M e m o r y   M a p versteht man die Aufteilung
des gesamten von einem Computer adressierbaren Speicherraumes
(Arbeits-, Hauptspeichers, RAM). Für jeden S l o t   bzw. jeden Steckplatz des MSX-Computers kann man eine Memory Map angeben. In der Abbildung wird die Aufteilung des BASIC-Spei-
cherbereiches (auch BASIC-RAM genannt) wiedergegeben.

Der Benutzer-Bereich erstreckt sich von Adresse 0 bis Adresse
62336 bzw. &HF380, d.h. vom Anfang bis zum Beginn des BASIC-
Arbeitsspeichers.
Ein BASIC-Programm wird nach dem Laden mittels LOAD bzw. CLOAD
oder beim Eintippen an der Tastatur ab RAM-Adresse 32768 bzw.
&H8000 abgelegt. Hier ist auch Programm VERBRAU1 gespeichert.

Die drei in diesem Programm verarbeiteten Variablen T, K und
D sind ab Adresse 32885 zu finden, also unmittelbar hinter dem
Programm VERBRAU1. Der Variablen-Speicher schließt sich immer
an den Programm-Speicher an.

3.5.5.2 String-Speicher wächst von oben nach unten

Im Array-Speicher werden numerische Arrays abgespeichert. Von
String-Arrays werden nur die Deskriptoren abgelegt, die Texte
selbst hingegen sind im String-Speicher zu finden.
Hinter dem Array-Speicher beginnt der freie Benutzer-Speicher,
dessen Umfang durch die Anweisung

    PRINT FRE(0)+65536

```
Feste                                          Beispiel-Adressen
Adressen:                                      für VERBRAU1:
        ┌────────────────────────────────────────────┐
        │ Darf nicht benutzt werden                  │
 62336  │ =BASIC-ARBEITSSPEICHER                     │  62336
&HF380  │                                            │ _&HF380
        ├────────────────────────────────────────────┤
        │ Ggf. mit DEF USR reserviert                │
        │ =MASCHINENSPRACHE-PROGRAMME                │
        ├────────────────────────────────────────────┤
        │ Ein-/Ausgabe von Datensätzen (MAXFILES)... │
        │ =DATEI-KONTROLLBEREICH                     │
        ├────────────────────────────────────────────┤
        │ Texte (leer; FRE("") gibt 200 an,          │
        │ wenn nicht mit CLEAR geändert)             │
        │ = STRING-SPEICHER                          │
        ├────────────────────────────────────────────┤
        │ Rückkehradressen stapeln (FOR, GOSUB)      │
        │ = BASIC-STACK                              │
        ├────────────────────────────────────────────┤
        │                                            │
        │ Frei (mit CHR$(255) belegt) und            │
        │ durch FRE(0) mit 24308 angegeben:          │
        │   Stringspeicher von oben nach unten       │
        │   und                                      │
        │   andere Speicher von unten nach oben      │
        │   wachsend                                 │
        │ =FREIER BENUTZER-SPEICHER                  │ __32930
        ├────────────────────────────────────────────┤
        │ Numerische Arrays und Deskriptoren         │
        │ für String-Arrays (hier: leer)             │
        │ =ARRAY-SPEICHER                            │ __32930
        ├────────────────────────────────────────────┤
        │ Einfache numerische Variablen (T,K,D) und  │
        │ String-Deskriptoren                        │
        │ =VARIABLEN-SPEICHER                        │ __32885
        ├────────────────────────────────────────────┤
        │ BASIC-Programm (VERBRAU1 mit 7 Zeilen)     │
        │ =PROGRAMM-SPEICHER                         │  32768
 32768  ├────────────────────────────────────────────┤ _&H8000
&H8000  │                                            │
        │ Freier Speicherplatz                       │
        │                                            │
        └────────────────────────────────────────────┘ _____0
```

Memory Map: Aufteilung des BASIC-Speicherbereichs

angezeigt werden kann. Je größer das Programm und die Daten,
desto kleiner wird der freie Benutzer-Speicher.
Im anschließenden BASIC-Stack werden Rückkehradressen, Adressen für FOR-Schleifen und Unterprogrammaufrufe abgespeichert
bzw. gestapelt.

Der anschließende S t r i n g - S p e i c h e r kann durch
die CLEAR-Anweisung in seinem Umfang verändert werden. Fehlt
die Angabe durch CLEAR, reserviert BASIC automatisch 200 Bytes
für den String-Bereich. Die Eingabe von PRINT FRE("") ergibt
dann 200.

Alle Speicherbereiche werden von 'unten' nach 'oben' aufgebaut, d.h. in Richtung immer höherer Adressen. Eine Ausnahme
bildet der String-Speicher, der von 'oben' nach 'unten' aufgebaut wird.
Zum Aufbauen von 'unten' nach 'oben':
Vergrößert man das Programm VERBRAU1, verschieben sich der Va-
riablen- wie auch der Array-Speicher nach oben. Ist das Programm zuvor bereits gelaufen (RUN), werden damit Speicherbereiche bzw. Daten überschrieben. Versucht man, ein geändertes
Programm mit der Anweisung CONT fortzusetzen, wird ggf. die
Fehlermeldung "can't continue" ausgegeben, da die Grenzen der
Speicherbereiche verschoben wurden.
Weist man im Direkt-Modus einer neuen Variablen einen Wert zu,
verschiebt sich der Arrayspeicher ebenfalls nach oben. In den
beiden Fällen nimmt der durch FRE(0) angezeigte freie Speicherplatz natürlich ab.

Zum Aufbauen von 'oben' nach 'unten':
Mit der Einführung zusätzlicher Strings wächst der Stringspeicher mehr und mehr nach unten in Richtung kleinerer Adressen.
Schwierigkeiten ergeben sich, wenn das untere Ende des Stringspeichers das obere Ende des Arrayspeichers berührt. Man erhält dann ggf. Fehlermeldungen wie "Out of string space" oder
oder "Out of memory".

3.5.5.3 Speicher für Maschinensprache-Programme

Ab Adresse 62336 bzw. &HF380 beginnt der Arbeitsspeicher von
BASIC, der nicht benutzt werden darf. Unterhalb dieses Speichers befindet sich der Datei-Kontrollbereich (File Control
Block), über den MSX-BASIC die Diskette bedient und sämtliche
Ein- und Ausgaben in externe Dateien zwischenspeichert. Durch
die MAXFILES-Anweisung wird dieser Speicher begrenzt. Mit der
CLEAR-Anweisung kann man die Adresse 62336 weiter nach unten
verschieben, um damit Platz für Maschinensprache-Programme zu
schaffen. Mittels

   100 CLEAR 200,59999

wird das obere Ende des Datei-Kontrollbereichs z.B. von 62335
auf 59999 heruntergesetzt, um einen sicheren Platz für die Ablage von Maschinenroutinen zu reservieren.
Auf das Programmieren in Maschinensprache (Assembler) kann in
diesem Buch nicht eingegangen werden.

3.5.6 Speicherung von Daten (Variablen)

3.5.6.1 Variablen stehen hintereinander im Variablen-Speicher

Im Variablen-Speicher ab der Adresse 32885 sind die drei REAL-
Variablen T,K und D des Programms VERBRAU1 unmittelbar hintereinander gespeichert. Im Direkt-Modus kann man sich die Ablage
dieser Variablen ansehen:

```
FOR I=32885 TO 32929: PRINT PEEK(I);: NEXT I  /RET/

 8 84 0 66 96 0 0 0 0 0 0 8 75 0 67 96 0 0 0 0 0 0
  (T)                        (K)

 8 68 0 66 16 0 0 0 0 0 0 8 73 0 69 50 64 0 0 0 0 0
  (D)                        (I)
Ok
```

Die FOR-Schleife zeigt sämtliche Codezahlen am Bildschirm, die
in den Adressen 32885 (Beginn des Variablenspeichers) bis hin
zu 32929 abgespeichert sind. Die Variablennamen T, K, D und I
erscheinen nicht; sie wurden nur zur Erklärung eingefügt. Nach
der Adresse 32929 stehen mit den Codezahlen 255 lauter Blanks
in den Speicherstellen: sie sind leer.

In Adresse 32886 steht die ASCII-Codezahl 84 bzw. das Zeichen
"T": CHR$(84) ergibt T. In den Adressen 32897, 32908 und 32919
finden sich die Variablennamen K, D und I (I als Laufvariable
der im Direkt-Modus eingetippten FOR-Schleife).
Man erkennt, daß für jede Variable 11 Bytes reserviert sind,
die nach einem einheitlichen Format aufgebaut sind. Jede Zahl
vom Typ 'REAL bzw. Dezimalzahl mit doppelter Genauigkeit' wird
in einem in der Abbildung wiedergegebenen Format gespeichert.

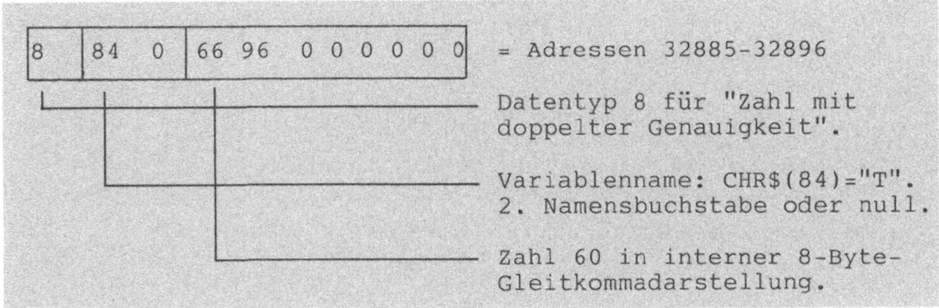

Speicherung der REAL-Variablen T im 8-Byte-Format


```
10 LET T=60
20 PRINT "Eingabe: Gefahrene km"
30 INPUT K                          Codierung zu
40 LET D = 100 * T / K              Programm VERBRAU1
50 PRINT "Ausgabe: Liter/100 km"
60 PRINT D
70 END
```

3.5.6.2 Format zur Speicherung von Variablen

Wie die Variable T werden alle Variablen nach einem einheitlichen Format abgespeichert.
Das 1. Byte gibt den Datentyp an. Variablennamen werden in der vollen Länge gespeichert: das 2. und 3. Byte enthält die beiden ersten Zeichen, weitere Namenszeichen sind von Byte 4 an gespeichert bei Angabe der Länge in Byte 3.
Numerische Daten sind in den letzten Bytes gespeichert. Die Speicherung von Strings vollzieht sich vollkommen anders. In den letzten drei Bytes steht ein D e s k r i p t o r , der auf eine Adresse im String-Speicher zeigt. Die Speicherung eines Strings berührt stets einen Variablenspeicher u n d den Stringspeicher gleichermaßen.
Der String-Deskriptor ist immer 3 Bytes lang: ein Byte für die Stringlänge und zwei Bytes für die Adresse im Stringspeicher. Der Deskriptor wird auch S t r i n g h o l d e r genannt.

Typ	Name		Zahlen
	Zeichen	Zeichen	2,3,4,8 Bytes
0	1	2	3 4 ... (max. 10)

Typ: 2=Ganzzahl, 3=String, 4=Einfache, 8=Doppelte Genauigkeit

Name: Die ersten beiden Zeichen des Variablennamens.

Zahlen: Typ 2: Zwei Bytes für Ganzzahl mit LowByte, HighByte.
        Typ 4: Vier Bytes für Zahl in Gleitkommadarstellung.
        Typ 8: Acht Bytes für Zahl in Gleitkommadarstellung.
        Typ 3: Drei Bytes für String-Deskriptor mit:
               -Byte 1: Stringlänge 0-255
               -Byte 2: LowByte der Adresse im String-Speicher
               -Byte 3: HighByte der Adresse

Numerische Variablen: Im Feld 'Zahlen' sind die Daten abgelegt
Stringvariablen: Feld 'Zahlen' enthält nur den Deskriptor
Funktion VARPTR: Direktzugriff auf den Anfang des Feldes
                      'Zahlen'

         Allgemeines Format zur Speicherung von Variablen

Zur Speicherung von Arrays:
Numerische Arrays und Stringarrays sind im Arrayspeicher abgelegt. Die dabei verwendeten Speicherformate entsprechen denen der einfachen numerischen Variablen und Strings. Zusätzlich zu den Formatfeldern 'Datentyp', 'Name' und 'Zahlen' haben Arrays die Felder 'Länge' (Größe des Arrays in Bytes) und 'Dimension' (Anzahl der Dimensionen und Tiefe jeder Dimension).

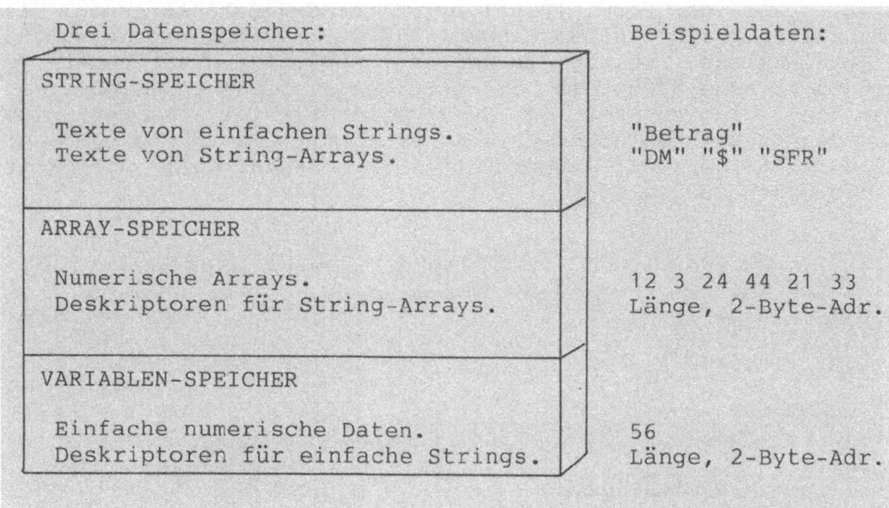

Speicherung von numerischen Daten und Textdaten (Strings)

3.5.6.3   Zeiger als 2-Byte-Adressen

Bei der Darstellung des Variablen-Formates wurden die Begriffe
LowByte (niedrigwertiges Byte) und HighByte (höherwertiges Byte) angeführt. Was bedeutet dies?
Angenommen, in den Adressen 33000 und 33001 stehen als LowByte
12 und als Highbyte 224. Durch die Berechnung

```
PRINT 12 + 256*224   /RET/
 57356
```

erfährt man, daß mit den zwei Bytes die Adresse 57356 gespeichert ist. Ab Adresse 57356 kann z.B. der Text einer Stringvariablen beginnen. Mit der Eingabe von

```
PRINT PEEK(33000) + 256*PEEK(33001) /RET/
 57356
```

gelangt man direkt zur Ausgabe der Adresse.
In den Speicherplätzen bzw. Adressen 33000 und 33001 wird vom
MSX-System ein Hinweis hinterlegt, der den Beginn der Textdaten eines Strings anzeigt. Einen solchen Hinweis auf die Be-
ginnadresse eines Strings nennt man häufig auch Z e i g e r .
Warum wird der Zeiger nicht - wie bislang üblich - in einer,
sondern in den z w e i Adressen (33000,33001) abgespeichert?
Eine mittels PEEK gelesene Adresse kann den Zahlenbereich von
0-255 nicht übersteigen (Byte mit 8 Bits); die ASCII-Codezahlen erstrecken sich von 0 bis 255. Aus diesem Grunde müssen
2 Bytes verwendet werden, um auch auf höhere Adressen als 255
zeigen zu können. Man bezeichnet solche Zeiger deshalb als
2 - B y t e - A d r e s s e n .

Z e i g e r der Form (Byte1,Byte2) sind 2-Byte-Adressen, die
im Zahlenbereich 0-65535 liegen. (33000,33001) ist eine solche
2-Byte-Adresse, bei der in Adresse 33000 die niedrigwertigen
und in Adresse 33001 die höherwertigen Stellen abgelegt sind.
Um den dezimalen Wert der Speicheradresse zu erhalten, muß
man den Inhalt des höherwertigen Bytes mit 256 multiplizieren.
Grund: 256 (dezimal) entspricht &HFF (hexadezimal) und damit
dem binären Maximalwert 11111111 eines Bytes.

```
2-Byte-Adresse (33000,33001) lesen:
-----------------------------------------------------
1. PEEK(33000) ergibt 12 als niedrigwertiges Byte: LowByte LB
2. PEEK(33001) ergibt 224 als höherwertiges Byte: HighByte HB
3. 12 + 256*224 ergibt 57356 als gesuchten Adreßinhalt

in BASIC:
100 LET ZAHL=PEEK(33000)+256*PEEK(33001)
oder:
100 LET LB=PEEK(33000)
110 LET HB=PEEK(33001)
120 LET ZAHL=LB+256*HB


Zahl 57356 als 2-Byte-Adresse schreiben:
-----------------------------------------------------
1. 57356/256 ergibt 224 als HB und den Rest 12 als LB
2. POKE 33000,12  schreibt das LB in Adresse 33000
3. POKE 33001,224 schreibt das HB in Adresse 33001

in BASIC:          100 LET HB=INT(ZAHL/256)
                   110 LET LB=ZAHL-256*HB
                   120 POKE 33000,LB
                   130 POKE 33001,HB
```

Verarbeitung der 2-Byte-Adresse (33000,33001) als Beispiel

3.5.6.4 Daten über die Funktion VARPTR lesen

Die drei Programme DATPEEK1, DATPEEK2 und DATPOKE1 dienen der
Veranschaulichung der Speicherung von Daten im RAM. Das Programm DATPEEK1 nutzt die Funktionen PEEK und VARPTR, um Daten
wie die Ganzzahl 513 und den String "WEGWEISER" nicht wie ge-
wohnt über ihre Variablennamen zu lesen, sondern unmittelbar
über ihre Adressen.

Zum Lesen der Ganzzahl 513 in Z%: Die Anweisung

   160 LET ADR% = VARPTR(Z%)

stellt in ADR% die Adresse 33806 bereit, an der die Zahl 513
im Variablenspeicher abgelegt ist. Die INTEGER-Variable Z% ist
im 5-Byte-Format gespeichert (siehe Format-Abbildung) und die
Funktion VARPTR greift auf dessen Feld 'Zahlen' zu, in dem die

Codierung zu Programm DATPEEK1:

```
100 REM ====== Programm DATPEEK1
110 CLS: PRINT "Daten nicht über ihren Namen lesen,"
120 PRINT "sondern direkt über ihre Adressen."
130 :
140 PRINT: PRINT "1. Variablenspeicher lesen *********"
150 INPUT "Welche ganze Zahl (Datentyp INTEGER)";Z%
160 LET ADR=VARPTR(Z%)
170 IF ADR²0 THEN LET ADR=ADR+65536!
180 PRINT "Ganzzahl Z% belegt 2 Bytes ab Adresse";ADR
190 LET D1=PEEK(ADR): LET D2=PEEK(ADR+1)
200 PRINT "Unter Adresse ";ADR;"gespeichert:";D1
210 PRINT "Unter Adresse ";ADR+1;"gespeichert:";D2
220 :
230 PRINT: PRINT "2. Stringspeicher lesen ***********"
240 PRINT: INPUT "Welcher Text (Datentyp STRING)";T$
250 LET ADR=VARPTR(T$)
260 IF ADR²0 THEN LET ADR=ADR+65536!
270 LET LAENG%=PEEK(ADR)
280 LET NIEDB%=PEEK(ADR+1)
290 LET HOEHB%=PEEK(ADR+2)
300 PRINT "Unter Adresse";ADR;"als Länge gespeichert:";LAENG%
310 PRINT "Unter Adresse";ADR+1;"als niedriges Adreßbyte:";NIEDB%
320 PRINT "Unter Adresse";ADR+2;"als höheres Adreßbyte:";HOEHB%
330 LET STRINGADR=256*HOEHB%+NIEDB%
340 PRINT "Speicheradresse des Strings:";STRINGADR
350 FOR I=0 TO LAENG%-1
360    PRINT "Unter Adresse";STRINGADR+I;"gespeichert:";CHR$(PEEK(STRINGADR+I))
370 NEXT I
380 PRINT "Ende.": END
```

```
Daten nicht über ihren Namen lesen,
sondern direkt über ihre Adressen.

1. Variablenspeicher lesen *********
Welche ganze Zahl (Datentyp INTEGER)? 513
Ganzzahl Z% belegt 2 Bytes ab Adresse 33806
Unter Adresse  33806 gespeichert: 1
Unter Adresse  33807 gespeichert: 2

2. Stringspeicher lesen ***********

Welcher Text (Datentyp STRING)? WEGWEISER
Unter Adresse 33843 als Länge gespeichert: 9
Unter Adresse 33844 als niedriges Adreßbyte: 88
Unter Adresse 33845 als höheres Adreßbyte: 224
Speicheradresse des Strings: 57432
Unter Adresse 57432 gespeichert:W
Unter Adresse 57433 gespeichert:E
Unter Adresse 57434 gespeichert:G
Unter Adresse 57435 gespeichert:W
Unter Adresse 57436 gespeichert:E
Unter Adresse 57437 gespeichert:I
Unter Adresse 57438 gespeichert:S
Unter Adresse 57439 gespeichert:E
Unter Adresse 57449 gespeichert:R
Ende.
```

Zahl als 2-Byte-Adresse (1,2) mit 1 als LowByte in DAT1 und 2
als HighByte in DAT2 steht.

Zum Direktzugriff auf e i n e n bestimmten Speicherplatz benutzt man die Funktion VARPTR. Wenn - wie in der Abbildung gezeigt - der Funktionsaufruf VARPTR(T) z.B. die Adresse 34000
als Speicherplatz von T angibt, dann bedeutet dies folgendes:
34000 ist die Adresse des Formatfeldes 'Zahlen' innerhalb des
11-Byte-Formates, in dem die Variable T mit dem Datentyp 'Zahl
mit doppelter Genauigkeit' gespeichert ist.

```
Funktion VARPTR zeigt die Adresse, an der
der Wert einer Variablen gespeichert ist:
------------------------------------------------

  PRINT VARPTR(T)        Der Inhalt von Variable T ist ab
  34000                  Adresse 34000 gespeichert.


Funktion PEEK zeigt Wert, Datentyp und Namen:
------------------------------------------------

  PRINT PEEK(34000)
  66                     Erster Wert der Gleitkommazahl.

  PRINT PEEK(34000-3)
  8                      Datentyp 'Zahl doppelt genau'.

  PRINT PEEK(34000-2)
  84                     1. Namensbuchstabe: CHR$(84) für "T".

  PRINT PEEK(34000-1)
  0                      2. Namensbuchstabe nicht vorhanden.
```

Funktion VARPTR an einem Beispiel

Zum Lesen des Strings "WEGWEISER" in T$ (Programm DATPEEK1):
Im Gegensatz zur 513 als numerischen Datum läuft das Lesen des
Textdatums "WEGWEISER" in zwei Schritten ab.
- Zunächst wird in den Zeilen 250 - 290 auf den Deskriptor des
  Strings im Variablenspeicher zugegriffen. Der String hat die
  Länge von 9 Zeichen und die Zeichen sind unter der 2-Byte-
  Adresse (88,224) zu finden.
- Dann wird aus dieser 2-Byte-Adresse 57432 ermittelt und in
  der Variablen STRINGADR abgespeichert (in Zeile 330). Nun
  kann auf den Stringspeicher zugegriffen werden, um in einer
  FOR-Schleife (Zeilen 350-380) den Inhalt der Stringvariablen
  T$ auszugeben.

Über das Programm DATPEEK2 kann man sich das Speicherungsfor-
mat der Zahlenvariablen mit den Datentypen 'ganze Zahl', 'Zahl
einfach genau' und 'Zahl doppelt genau' zeigen lassen.

Codierung zu Programm DATPEEK2:

```
100 REM ====== Programm DATPEEK2
110 CLS:PRINT "Speicherung von numerischen Variablen"
120 PRINT "(Variablen AB%, CD! und EF#).": PRINT
130 :
140 INPUT "Wert der Ganzzahlvariablen AB%";AB%
150 LET ADR=VARPTR(AB%)-3
160 PRINT "Variable AB% im 5-Byte-Format:"
170 GOSUB 1000
180 PRINT "Zeichen 4-5 im Format:"
190 PRINT "In";ADR+3;": niedriger Zahlenwert";PEEK(ADR+3)
200 PRINT "In";ADR+4;": höherer Zahlenwert";PEEK(ADR+4)-
210 PRINT "Probe: 256*";PEEK(ADR+4);"+";PEEK(ADR+3);
220 PRINT "ergibt:";256*PEEK(ADR+4)+PEEK(ADR+3): PRINT
230 :
240 INPUT "Wert von CD! (Einfach genau)";CD!
250 LET ADR=VARPTR(CD!)-3
260 PRINT "Variable CD! im 7-Byte-Format:"
270 GOSUB 1000
280 PRINT "Zeichen 4-7 im Format:"
290 PRINT "Zahlenwert in";ADR+3;"bis";ADR+6;":"
300 FOR I=3 TO 6: PRINT PEEK(ADR+I);: NEXT I: PRINT: PRINT
310 :
320 INPUT "Wert der Variablen EF# (Doppelt genau)";EF#
330 LET ADR=VARPTR(EF#)-3
340 PRINT "EF# (doppelt) im 11-Byte-Format:"
350 GOSUB 1000
360 PRINT "Zeichen 4-11 im Format:"
370 PRINT "Zahlenwert in";ADR+3;"bis";ADR+10;":"
380 FOR I=3 TO 10: PRINT PEEK(ADR+I);: NEXT I: PRINT
390 PRINT "Ende." : END
400 :
410 :
1000 REM ====== Unterprogramm FORMATALLGEMEIN
1010 IF ADR<0 THEN LET ADR=ADR+65536!
1020 PRINT "Zeichen 1-3:"
1030 PRINT "In";ADR;": Typkennzeichen";PEEK(ADR)
1040 PRINT "In";ADR+1;": erstes Namenszeichen";PEEK(ADR+1)
1050 PRINT "In";ADR+2;": zweites Namenszeichen";PEEK(ADR+2)
1060 RETURN
```

Ausführung zu Programm DATPEEK2:

Speicherung von numerischen Variablen
(Variablen AB%, CD! und EF#).

Wert der Ganzzahlvariablen AB% 20
Variable AB% im 5-Byte-Format:
Zeichen 1-3:
In 33976 : Typkennzeichen 2
In 33977 : erstes Namenszeichen 65
In 33978 : zweites Namenszeichen 66
Zeichen 4-5 im Format:
In 33979 : niedriger Zahlenwert 20
In 33980 : höherer Zahlenwert 0
Probe: 256* 0 + 20 ergibt: 20

Ausführung zu Programm DATPEEK2 (Fortsetzung):

Wert von CD! (Einfach genau) 33.5
Variable CD! im 7-Byte-Format:
Zeichen 1-3:
In 33992 : Typkennzeichen 4
In 33993 : erstes Namenszeichen 67
In 33994 : zweites Namenszeichen 68
Zeichen 4-7 im Format:
Zahlenwert in 33995 bis 33998:
 66 51 80 0

Wert der Variablen EF# (Doppelt genau) .5633897
EF# (doppelt) im 11-Byte-Format:
Zeichen 1-3:
In 34010 : Typkennzeichen 8
In 34011 : erstes Namenszeichen 69
In 34012 : zweites Namenszeichen 70
Zeichen 4-11 im Format:
Zahlenwert in 34013 bis 34020:
 64 86 51 137 112 0 0 0
Ende.

3.5.7 Speicherung von Anweisungen (Programm)

3.5.7.1 Anweisungen als Token

Anhand des Programmes VERBRAU1 soll untersucht werden, wie Anweisungen im BASIC-Speicher abgelegt werden. Dazu betrachten
wir das wiedergegebene Dialogprotokoll.

Zunächst wird das Programm VERBRAU1 zur Ausführung gebracht.
BASIC-Programme werden ab der Adresse &H8000 bzw. 32768 abgespeichert, da an dieser Adresse der BASIC-Programm-Speicher
beginnt. Über die Leseschleife

    FOR I=32768 TO 32884: PRINT PEEK(I);: NEXT I

erhält man am Bildschirm eine Folge von anscheinend ungeord-
neten Zahlen. Um erklären zu können, daß die Zahlen sehr wohl
geordnet sind, werden sie in sieben Kolonnen nebeneinander gestellt.

Das wichtigste einer BASIC-Anweisung ist das Anweisungs- bzw.
Schlüsselwort. Der BASIC-Übersetzer hat die Schlüsselwörter in
Zahlen zwischen 128 und 255 übersetzt wie z.B.:

				10 LET T=60
136	für	LET		20 PRINT "Eingabe: Gefahrene km"
145	für	PRINT		30 INPUT K
133	für	INPUT		40 LET D = 100 * T / K
129	für	END		50 PRINT "Ausgabe: Liter/100 km"
239	für	=		60 PRINT D
				70 END

```
FOR I=32768 TO 32884: LPRINT PEEK(I): NEXT I
```

Codezahlen der Zeilen 10,20,30,40,50,60 und 70 in sieben Spalten nebeneinander dargestellt:

10	20	30	40	50	60	70
0	42	50	71	101	109	115
12	128	128	128	128	128	128
128	20	30	40	50	60	70
10	0	0	0	0	0	0
0	145	133	136	145	145	129
136	32	32	32	32	32	0
32	34	75	68	34	68	0
84	69	0.	32	65	0	0
239	105		239	117		
15	110		32	115		
60	103		15	103		
0	97		100	97		
	98		32	98		
	101		243	101		
	58		32	58		
	32		84	32		
	71		32	76		
	101		244	105		
	102		32	116		
	97		75	101		
	104		0	114		
	114			47		
	101			49		
	110			48		
	101			48		
	32			32		
	107			107		
	109			109		
	34			34		
	0			0		

Die acht Codezahlen der Anweisungszeile 30 (oben als 3. Spalte dargestellt), haben die folgenden Bedeutungen:

Adresse:	Token:	Bedeutung:
32810	50	2-Byte-Adresse: 50+256*128=32818 als
32811	128	Anfang der nächsten Anweisung
32812	30	2-Byte-Adresse: 30+256*0 = 30 als
32813	0	Zeilennummer
32814	133	INPUT als Anweisungswort bzw. Token
32815	32	Leerstelle (Blank)
32816	75	"K" als Variablenname
32817	0	Ende der Anweisung durch 0 markiert

Darstellung der Anweisung   "30 INPUT K"

Derart in Zahlen übersetzte BASIC-Schlüsselwörter bezeichnet
man als T o k e n (engl. Kennzeichner). Der BASIC-Interpre-
ter verfügt über eine T o k e n - L i s t e , in der alle
Schlüsselwörter entsprechenden Zahlen zugeordnet sind. Da zur
Darstellung der 'geläufigen' Zeichen die ersten 128 Bytes des
ASCII-Codes ausreichen, stehen die letzten 128 Bytes für die
Token bereit.
In 'tokenisierter' Form kann ein Programm natürlich schneller
ablaufen, da sich der Programmtext verkürzt.

Wie die Abbildung zur Anweisung 30 INPUT K zeigt, hat jede
BASIC-Anweisung die folgenden vier Bestandteile:
In den ersten zwei Bytes steht die Adresse, in der die nächste
Anweisung beginnt (hier: 32818). Dann folgt die Zeilennummer.
Im dritten Teil steht die eigentliche Anweisung (hier: INPUT K
mit 133 als Token für das Anweisungswort INPUT). Jede Anwei-
sung wird von der nächsten Anweisung durch eine Null getrennt.
Am Anfang jeder Anweisung steht eine Adresse, die auf die im
Programm folgende Anweisung z e i g t . Ein BASIC-Programm
wird somit als v e r k e t t e t e L i s t e gespeichert.

Bytes 1,2:   Zeiger auf die nächste Anweisung
               (als 2-Byte-Adresse)

Bytes 3,4:   Zeilennummer der Anweisung
               (als 2-Byte-Adresse)

Bytes 5-n: BASIC-Anweisung Anweisungswort (Token) und
               Argument

Byte n+1:   0 als Trennzeichen zur nächsten Anweisung

Vier Bestandteile einer BASIC-Anweisung im Programm-Speicher

3.5.7.2 Literale im Programm-Speicher

Numerische Daten und Strings werden im entsprechenden Daten-
Speicherbereich abgelegt: im Variablen-, Array- bzw. String-
Speicher. Dabei gibt es eine Ausnahme: Konstante Daten, die
als Argument hinter einem Anweisungswort stehen, werden zusammen mit der Anweisung im Programmspeicher abgelegt. Man bezeichnet solche Daten als L i t e r a l e . In der Anweisung

    20 PRINT "Eingabe: Gefahrene km"

wird das Literal "Eingabe: Gefahrene km" also nicht im String-

speicher, sondern zusammen mit PRINT im Programmspeicher abgelegt. Entsprechend wird in der Anweisung

    10 LET T=60

die Zahl 60 ebenfalls im Programmspeicher (an Adresse 32779)
gespeichert.
Umfangreicher Text sollte nicht als Literal im Programmspeicher abgelegt werden, sondern im Stringspeicher.

3.5.7.3 Ein Programm programmiert sich selbst um

Wir sind jetzt in der Lage, über PEEK und POKE den BASIC-Pro-
grammtext eines im RAM befindlichen Programmes unmittelbar zu
ändern und verwenden dazu das Proramm DATPOKE1. Die erste Anweisung des Programms lautet 100 REM ====== Programm DATPOKE1
und soll in 109 REM ====== Programm DATPOKE1 geändert werden.
Es soll also die Zeilennummer der 1. Programmzeile umprogrammiert werden. Außerdem soll END als das letzte Anweisungswort
(Token 129) durch PRINT (Token 145) ersetzt werden. Die Ausführung zu Programm DATPOKE1 zeigt dazu folgendes Vorgehen:

- Das Programm DATPOKE1 beginnt in Adresse 32768 bzw. &H8000.
  Als 2-Byte-Adresse (32771,32772) ist die Zeilennummer 100 im
  RAM gespeichert.
  Wir rufen das Programm DATPOKE1 auf und ändern die Zeilen-
  nummer 100 in 109 ab.
  Die Kontrolle mit LIST zeigt, daß das Programm jetzt mit der
  Zeilennummer 109 anstelle von 100 beginnt.

- In Adresse 33591 steht END. Wir rufen DATPOKE1 nochmals auf,
  um das Token 145 für PRINT in der Adresse 33591 abzulegen.
  Mittels LIST erscheint nun PRINT als letzte Programmanwei-
  sung.

Die Adresse von END bzw. Token 129 kann man z.B. durch diese
Schleife im Direkt-Modus gefunden werden:

    FOR I=32768 TO 34000: IF (PEEK(I)=129 AND PEEK(I+1)=0)
                    THEN END ELSE NEXT I   /RET/

    Ok
    PRINT I   /RET/
     33591
    Ok

Das Programm DATPOKE1 hat sich damit 'selbst umprogrammiert'.
Mit LIST zeigt sich, daß die erste und die letzte Programmzeile geändert wurden.

Codierung zu Programm DATPOKE1:

```
100 REM ====== Programm DATPOKE1
110 CLS: PRINT "Eine Zahl an eine Adresse POKEn."
120 :
130 REM ====== Vereinbarungsteil
140 'LB:  Lowbyte für niedrigwertige Stellen
150 'HB:  Highbyte für höherwertige Stellen
160 'DEZ: Abzuspeichernde Zahlenwert
170 'ADR: Speicheradresse für DEZ
180 :
190 REM ====== Anweisungsteil
200 INPUT "Zahlenwert (0-65535)";DEZ
210 LET HB=INT(DEZ/256)
220 LET LB=DEZ-256*HB
230 PRINT DEZ;"im Format (Lowbyte,Highbyte):"
240 PRINT "(";LB;",";HB;")"
250 INPUT "... ab welcher Adresse speichern";ADR
260 POKE ADR,LB    'Lowbyte speichern
270 POKE ADR+1,HB    'Highbyte
280 PRINT "Zahl als 2-Byte-Adresse gespeichert."
290 IF INKEY$="" THEN 290
300 :
310 PRINT:PRINT "Lesen von DEZ zur Kontrolle:"
320 LET LB=PEEK(ADR)
330 LET HB=PEEK(ADR+1)
340 LET DEZ = LB + 256*HB
350 PRINT "Unter Adresse (";ADR;",";ADR+1;")"
360 PRINT "steht der Zahlenwert";DEZ
370 PRINT "Ende." : END
```

```
Eine Zahl an eine Adresse POKEn.
Zahlenwert (0-65535)? 109
 109 im Format (Lowbyte,Highbyte):
( 109 , 0 )
... ab welcher Adresse speichern? 32771
Zahl als 2-Byte-Adresse gespeichert.
```

3.5.8 Garbage Collection als Müllbeseitigung

Im Abschnitt 3.5.6 haben Sie die unterschiedliche Speicherung
von numerischen Daten und Strings kennengelernt: Ändert sich
der Wert eines numerischen Datums, wird dieser an denselben
Platz im Formatfeld 'Zahlen' abgelegt. Der Speicherplatzbedarf
bleibt konstant. Ändert sich der Wert eines Strings (z.B. von
"PC" zu "Personalcomputer"), wird in jedem Fall zusätzlicher
Speicherplatz benötigt. Auf die dadurch entstehenden Probleme
gehen wir im folgenden ein.

Im Stringspeicher können sich während der Programmausführung
immer mehr Strings ansammeln und damit den freien Speicherplatz verringern. Warum? Zum einen legt das System die bei ei-

ner Stringoperation gebildeten Zwischenergebnisse im String-
speicher ab. Auch wenn sie nicht mehr gebraucht werden - sie
bleiben im Speicher als 'Müll' liegen. Zum anderen wird eine
Stringvariable nach Zuweisung eines neuen Wertes nicht an den
alten Speicherplatz, sondern an anderer Stelle abgespeichert.
Auch dadurch entsteht 'Müll'. Die Abbildung zeigt dazu ein
Beispiel: Zunächst weisen die Zeiger (2-Byte-Adressen) der
Stringholder von S$ und T$ auf "MS" und "PC". Erweitert man
nun den String "MS" zu "MSX" (Zeile 30), m u ß "MSX" an neuer
Stelle abgespeichert und der Zeiger von S$ abgeändert werden;
'muß' deshalb, da der String T$ von zwei auf drei Zeichen ver-
längert wurde. Der Eintrag von "MS" steht nun als Müll nutzlos
im Stringspeicher. Auf diese Art fällt bei j e d e r String-
zuweisung Müll an. M ü l l ist jeder String im Stringspeicher,
der zu keiner Stringvariablen gehört, auf den also kein Zeiger vom Variablen- bzw. Arrayspeicher her deutet.
Müll muß spätestens dann beseitigt bzw. gelöscht werden, wenn
kein Speicherplatz mehr verfügbar ist, d.h. wenn der von oben
nach unten wachsende Stringspeicher den Arrayspeicher berührt.

PRINT FRE(0)   Anzahl der verfügbaren Benutzerbytes
                       zeigen.

PRINT FRE("")   Eine Garbage Collection durchführen und
                       dann die Anzahl der Benutzerbytes zeigen.

Funktionen FRE(0) und FRE("")

Wie die Abbildung weiter zeigt, können Sie durch Eingabe von

   FRE("")

veranlassen, daß eine G a r b a g e C o l l e c t i o n
(engl. Müllbeseitigung) durchgeführt wird. Danach stehen nur
Nutzdaten im Stringspeicher (im Beispiel "PC" und "MSX", während "MS" beseitigt ist). Der Leerstring "" in FRE("") ist ein
Blindargument (Dummy argument); Sie können auch FRE("M") angeben. Entsprechendes gilt für FRE(0).

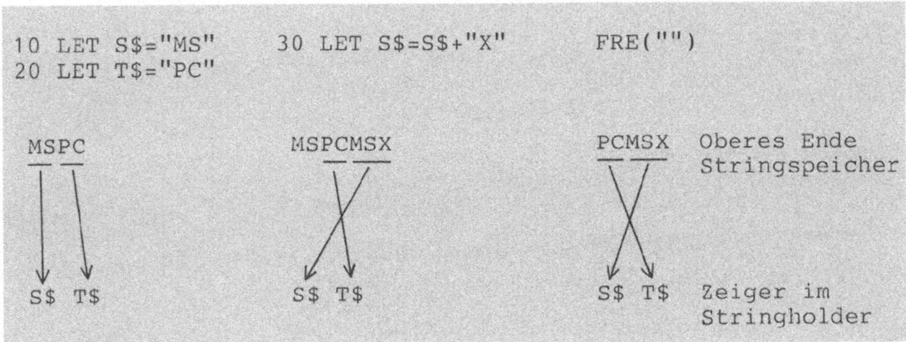

Beispiel: FRE("") löst Garbage Collection bei zwei Strings aus

Eine Garbage Collection kann u.U. einige Zeit dauern. Sie geht
wie folgt vor:
- Suche im Variablenspeicher bzw. im Arrayspeicher nach Daten
  des Typcodes '3', der Strings kennzeichnet.
- Umlagerung der Nutzdaten auf die höheren Adressen im Stringspeicher und Löschen bzw. Überschreiben aller Eintragungen,
  die keinen Stringholder haben.
- Vorgehen in Schritten:
  Suche des Strings mit dem höchsten Zeiger im Variablenspeicher (im Beispiel T$).
  Neuspeicherung ganz oben im Stringspeicher und entsprechende
  Korrektur des Zeigers (im Beispiel: "PC" nun an erster Stelle).
  Variable mit dem nächstkleineren Zeiger (im Beispiel S$) su-
  chen und Speicherung unmittelbar dahinter (im Beispiel "MSX"
  nach "PC").

Die Funktion FRE(0) liefert die Anzahl freier Benutzerbytes
o h n e vorherige Garbage Collection. Oft informiert man sich
durch FRE(0), um dann bei zu kleinem Speicherplatz durch Eingabe von FRE("") den Stringspeicher zu bereinigen.

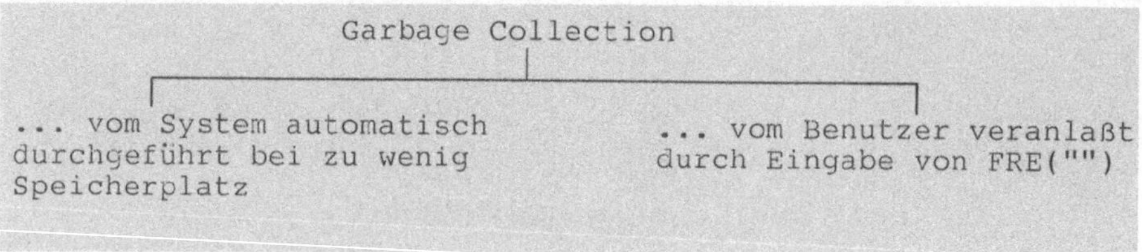

Zwei Auslöser für eine Garbage Collection

Die Ausführung eines Programms wird langsamer, wenn eine Garbage Collection ausgeführt werden muß. Das kann der Fall sein,
wenn viele einzelne Strings oder sehr lange Stringarrays vereinbart sind.
Auch die Programmgröße und die Länge numerischer Arrays beein-
flussen die Ausführungszeit: da Programm- wie Variablen-Speicher nach oben hin anwachsen, engt sich der Platz im String-
Speicher ein. Dadurch aber muß unter Umständen sehr oft eine
Garbage Collection ablaufen.

3.6 Tabellenverarbeitung (Felder, Arrays)

Mit der Tabellenverarbeitung wenden wir uns einer komplexeren
Datenstruktur zu, die als Tabelle, Feld, Array, Bereich, Liste
bzw. Matrix/Vektor bezeichnet wird.

3.6.1 Tabellenverarbeitung im Überblick

In Abschnitt 1.3.2.2 haben wir als wichtige Datenstruktur den
A r r a y kennengelernt. Den Array kann man sich als Regal mit
mehreren Schubfächern als Elementen vorstellen. Je nach Inhalt
der Fächer sind folgende Typen von Arrays zu unterscheiden:

- Integer-Array: Ganzzahlen als Inhalt; Name endet mit dem "%"
  (Beispiel: M%)

- Real-Array: Dezimalzahlen mit doppelter Genauigkeit als
  Inhalt; Name endet mit dem "#" oder ohne Typzeichen
  (Beispiel: M# bzw. M)

- Real-Array: Dezimalzahlen mit einfacher Genauigkeit als
  Inhalt; Name endet mit dem "!"
  (Beispiel: M!)

- String-Array: Text als Inhalt; Name endet mit dem "$"
  (Beispiel: M$).

Wird ein Name o h n e Typzeichen angegeben, wählt MSX-BASIC
den Datentyp 'Dezimalzahl mit doppelter Genauigkeit #'.

D I M - Anweisung zum Dimensionieren:
Eine am Programmbeginn stehende DIM-Anweisung legt den Datentyp (durch "%", "#", "!", "$" bzw. ohne Typzeichen am Namens-
ende) sowie die Ausdehnung des Arrays fest. So richtet die Anweisung

   DIM M(4)

einen Real-Array namens M mit 5 Elementen zur späteren Aufnahme von Dezimalzahlen (doppelt genau) ein, wobei die Fächer mit
M(0), M(1), M(2), M(3), M(4) durchnumeriert sind. Mit der Anweisung DIM M(N) werden somit N+1 Speicherplätze reserviert.
In der Abbildung wird zu jedem Array-Typ ein Beispiel gegeben.

Arrays mit 11 oder weniger als 11 Elementen dimensioniert das
MSX-System automatisch. Gleichwohl sollten auch solche Arrays
der Übersichtlichkeit halber zu Beginn des Programms mit DIM
dimensioniert werden.

Arrays (Felder, Bereiche)

Integer-Array M%:	Real-Array M:	String-Array M$:
DIM M%(4)	DIM M(4)	DIM M$(4)

Eine Dimension:

121	M%(0)	65.01	M(0)	ZANGE	M$(0)
105	M%(1)	3.25	M(1)	HAMMER	M$(1)
199	M%(2)	12.50	M(2)	MEISEL	M$(2)
50	M%(3)	7.752	M(3)	KELLE	M$(3)
2508	M%(4)	99.00	M(4)	BOHRER	M$(4)

DIM M%(3,2)	DIM M(3,2)	DIM M$(3,2)

Zwei Dimensionen:

1	2	3	1.4	2.5	1.1	HANS	MAX	EMIL
9	9	9	17.1	0.7	1.0	EVA	KLAUS	CARLA
34	5	9	0.3	7.5	8.75	ERNST	MARIA	JULIA
1	11	7	11.1	0.1	0.3	MAX	LENA	TILL

Drei Grundtypen von Arrays

3.6.2 Eindimensionale Tabellen

Eine eindimensionale Tabelle kann man sich waagerecht als Zeile o d e r senkrecht als Spalte angeordnet vorstellen, also immer in einer Richtung ausgedehnt. Man spricht dabei auch von Feld, Bereich, Vektor, Liste und natürlich Array. Das Programm LAGREGAL verdeutlicht diese Datenstruktur. Mit der Anweisung

    140 DIM R(7)

vereinbart man ein Regal mit 8 Regalfächern und den Regalnummern 0,1,...,7. Das 0. Fach läßt man unberücksichtigt; man reserviert es - wie später im Programm LAGREGAL gezeigt - oft für ganz besondere Eintragungen. Über die Eingabeschleife von Zeile 210 bis 240 werden über 230 INPUT R(I) der Reihe nach sieben Zahlen in die Fächer 1,2,..,7 eingegeben; dies können z.B. die Absatzmengen an den Wochentagen sein.
Die Variable I bezeichnet man als indizierende Variable oder I n d e x variable, da sie das jeweilige Element des Arrays R anzeigt. R(I) bedeutet: I. Stelle von R, I. Element von R bzw. R an der Stelle I. I ist zugleich auch Laufvariable der Zählerschleife 210 FOR I=1 TO 7.
Über die Schleife von Zeile 280 bis 310 wird als Übersicht die jeweilige Fachnummer (Index) samt der im Fach abgelegten Menge (Inhalt des Array-Elements) ausgegeben, wobei jeder Fachinhalt nach R(0) aufsummiert wird. R(0) (lies: R an der Stelle 0) als besonderes Fach ist hier also für die Summe der anderen Fächer vorgesehen.

```
Index:   R(0)     R(1)     R(2)     R(3)     R(4)     R(5)     R(6)     R(7)

Wert:  |   0   |   12  |   23  |   11  |   88  |   24  |   17  |    5   |

           leer / Fächer 1-7 mit je einer Zahl als Wert (Inhalt)

Beispiele:

 - 140 DIM R(7)       Reserviere 8 Fächer für einen Array R.
 - 149 LET R(2)=23    Weise die Zahl 23 ins 2. Regalfach zu.
 - 159 PRINT R(4)     Gib die 88 als Wert des 4. Faches aus.
 - 169 INPUT R(6)     Weise die Tastatureingabe ins 6. Fach zu.
 - 230 INPUT R(I)     Weise die Tastatureingabe ins I. Fach zu
                      (wenn I den Wert 3 hat, dann ins 3. Fach).
 - 291 LET M=M+R(Z)   Erhöhe M um den Wert des Z. Faches.
```

Eindimensionale Tabelle bzw. Array R() als Beispiel

Codierung zu Programm LAGREGAL:

```
100 REM ====== Programm LAGREGAL
110 CLS: PRINT "Lagerregal als endimensionaler Array."
120 :
130 REM ====== Vereinbarungsteil
140 DIM R(7) 'Array mit Elementen 0-7
150 'I:       Lauf- und Indexvariable
160 'R(0):   Summe der Elemente 1-7
170 :
180 REM ====== Anweisungsteil
190 '*** Tastatureingabe ins Regal ********************************
200 PRINT: PRINT "Eingabe in Regalfächer:"
210 FOR I=1 TO 7
220   PRINT "Menge für Fach";I;": ";
230   INPUT R(I)
240 NEXT I
250 :
260 '*** Verarbeitung des Arrays und Ausgabe ***********************
270 PRINT: PRINT "Fach:       Menge:"
280 FOR I=1 TO 7
290   PRINT I, R(I)
300   LET R(0)=R(0)+R(I)
310 NEXT I
320 PRINT "Summe:";R(0)
330 PRINT "Ende.": END
```

```
Lagerregal als eindimensionaler Array.        Fach:        Menge:
                                                1             12
Eingabe in Regalfächer:                         2             23
Menge für Fach 1 :   12                         3             11
Menge für Fach 2 :   23                         4             88
Menge für Fach 3 :   11                         5             24
Menge für Fach 4 :   88                         6             17
Menge für Fach 5 :   24                         7              5
Menge für Fach 6 :   17                         Summe: 180
Menge für Fach 7 :    5                          Ende.
```

Das folgende Programm VOKABELD weist wie LAGREGAL eine eindimensionale Tabelle auf.
In den Fächern werden keine Zahlen aufbewahrt (Real-Array M),
sondern Vokabeln als Texte (String-Arrays D$ und F$). Außerdem richtet die Anweisung 150 DIM D$(A) keine feste Zahl von
Fächern ein, sondern soviele, wie über die vorausgegangene Anweisung 140 INPUT A durch Tastatureingabe festgelegt wurde.
In der Ausführung sind es A=3 Fächer für je drei deutsche und
französische Vokabeln (Fächer 0 bleiben leer). Man bezeichnet
dies auch als d y n a m i s c h e Dimensionierung.

```
D$ statisch dimensionieren: Anzahl der Elemente ist konstant
-----------------------------------------------------------------

 150 DIM D$(12)              Anzahl der Elemente ist bei jeder
                             Programmausführung gleich 13.


D$ dynamisch dimensionieren: Anzahl der Elemente ist variabel
-----------------------------------------------------------------

  140 INPUT "ANZAHL";A       1. Anzahl der Elemente über Tastatur
                                während der Programmausführung
                                festgelegt.
  150 DIM D$(A)              2. Array D$ erhält A+1 Elemente.
```

Dimensionieren eines Arrays

Das Programm VOKABELD ist natürlich erweiterungsbedürftig (Zu-
fallsauswahl von Vokabeln; Antwortanalyse für Fehlerhinweise
und Ablaufmodifikation; Ablage von Vokabeln in Dateien; ...).
Vielleicht versuchen Sie es einmal mit einer Erweiterung?

Ausführung zu Programm VOKABELD:

Drill Französisch-Deutsch.
Anzahl der Vokabeln? 3
Paarweise tippen: D,F
MANN,HOMME
FRAU,FEMME
KIND,ENFANT

Beginn der Übung:
MANN = HOMME
Gut.
FRAU = FEME
Falsch: FRAU = FEMME
KIND = L ENFANT
Falsch: KIND = ENFANT
Ende.

Codierung zu Programm VOKABELD:

```
100 REM ====== Programm VOKABELD
110 CLS: PRINT "Drill Französisch-Deutsch."
120 :
130 REM ====== Vereinbarungsteil
140 INPUT "Anzahl der Vokabeln";A
150 DIM D$(A)    'Stringarray für D
160 DIM F$(A)    'Stringarray für F
170 'A$          Jeweilige Antwort
180 :
190 REM ====== Anweisungsteil
200 PRINT "Paarweise tippen: D,F"
210 FOR I=1 TO A
220   INPUT D$(I),F$(I)
230 NEXT I
240 PRINT: PRINT "Beginn der Übung:"
250 CLS
260 FOR I=1 TO A
270   PRINT D$(I);" = "; : INPUT A$
280   IF A$=F$(I) THEN PRINT "Gut.": GOTO 300
290   PRINT "Falsch: ";D$(I);" =   ";F$(I)
300 NEXT I
310 PRINT "Ende.": END
```

3.6.3 Zweidimensionale Tabellen

Eine zweidimensionale Tabelle dehnt sich waagerecht in Zeilen
und senkrecht in Spalten aus. Am Beispiel einer durch die Anweisung 170 DIM R(Z,S) dynamisch vereinbarten Tabelle R wird
diese Datenstruktur im Programm ABTABELL näher betrachtet.

Den Array R(5,4) kann man sich als Regalschrank zu Ablage der
Absatzmengen von 5 Kunden (=Zeilen 1 bis 5) in den 4 Quartalen
(=Spalten 1 bis 4) vorstellen. Dabei hat Kunde 5 im 1. Jahres-
quartal z.B. 50 Stk gekauft und Kunde 3 im 3. Quartal 90 Stk.
Die Tastatureingabe der 5*4=20 Absatzmengen vollzieht sich in
den Zeilen 210-270 über zwei geschachtelte Zählerschleifen mit
viermaligem Durchlaufen der inneren Schleife für jeden Kunden.

```
210 FOR I=1 TO Z     Äussere Schleife 'Kunden 1,2,3,4,5'
230   FOR J=1 TO S    Innere Schleife  'Quartale 1,2,3,4'
250     INPUT R(I,J)    Eingabe nach Fach Zeile I, Spalte J
260   NEXT J          Innere Schleife beenden
270 NEXT I           Äussere Schleife beenden
```

 Schachtelung zweier Schleifen zur Verarbeitung einer Tabelle

Das Verarbeiten von zweidimensionalen Tabellen (auch Matrizen
genannt) führt stets zur Schleifenschachtelung .

Die Fächer mit 0 als Index werden häufig zur Ablage besonderer
Werte verwendet. In Programm ABTABELL werden in der Zeile 0
die Quartalssummen 150,300,450,600 abgelegt, also die 4 Spal-
tensummen. In Spalte 0 findet man die Kundenabsatzmengen 100,
200,300,400,500 als die 5 Zeilensummen. Im Fach R(0,0) ist die
Gesamtjahresabsatzmenge 1500 gespeichert. Das zeilen- wie auch
das spaltenweise Summieren läuft wieder über Schleifenschach-
telungen ab.

R(0,0) 1500	R(0,1) 150	R(0,2) 300	R(0,3) 450	R(0,4) 600
R(1,0) 100	R(1,1) 10	R(1,2) 20	R(1,3) 30	R(1,4) 40
R(2,0) 200	R(2,1) 20	R(2,2) 40	R(2,3) 60	R(2,4) 80
R(3,0) 300	R(3,1) 30	R(3,2) 60	R(3,3) 90	R(3,4) 120
R(4,0) 400	R(4,1) 40	R(4,2) 80	R(4,3) 120	R(4,4) 160
R(5,0) 500	R(5,1) 50	R(5,2) 100	R(5,3) 150	R(5,4) 200

DIM R(5,4) richtet
Tabelle mit 6 Zeilen
(waagerecht) und 5
Spalten (senkrecht)
ein, also 30 Fächer.

R als Regalschrank.

LET R(4,3)=120 weist
dem Fach in Zeile 4
und Spalte 3 die 120
zu.

PRINT R(I,2) gibt
Spalte 2 aus, wenn I
von 0 bis 5 läuft.

Gespeichert sind nur die Werte 1500,150,300,... , nicht aber
die Indices R(0,0),R(0,1),R(0,2),... als anzeigende Größen.

Zweidimensionale Tabelle bzw. Matrix R(,) als Beispiel

Ausführung zu Programm ABTABELL:

Tabellenverarbeitung: Absatz-
tabelle als zweidimensionaler Array.
Anzahl der waagerechten Zeilen? 5
Anzahl der senkrechten Spalten? 4

Eingabe zeilenweise:
Nächste Zeile, nächster Kunde:
Kunde 1 , Vierteljahr 1 10
Kunde 1 , Vierteljahr 2 20
Kunde 1 , Vierteljahr 3 30
Kunde 1 , Vierteljahr 4 40
Nächste Zeile, nächster Kunde:
Kunde 2 , Vierteljahr 1 20
Kunde 2 , Vierteljahr 2 40
Kunde 2 , Vierteljahr 3 60
Kunde 2 , Vierteljahr 4 80
Nächste Zeile, nächster Kunde:
Kunde 3 , Vierteljahr 1 30

Kunde 3 , Vierteljahr 2 60
Kunde 3 , Vierteljahr 3 90
Kunde 3 , Vierteljahr 4 120
Nächste Zeile, nächster Kunde:
Kunde 4 , Vierteljahr 1 40
Kunde 4 , Vierteljahr 2 80
Kunde 4 , Vierteljahr 3 120
Kunde 4 , Vierteljahr 4 160
Nächste Zeile, nächster Kunde:
Kunde 5 , Vierteljahr 1 50
Kunde 5 , Vierteljahr 2 100
Kunde 5 , Vierteljahr 3 150
Kunde 5 , Vierteljahr 4 200

Übersicht:
1500 150 300 450 600
 100   10   20   30   40
 200   20   40   60   80
 300   30   60   90 120
 400   40   80 120 160
 500   50 100 150 200
Ende.

Codierung zu Programm ABTABELL:

```
100 REM ====== Programm ABTABELL
110 CLS: PRINT "Tabellenverarbeitung: Absatz-"
120 PRINT "tabelle als zweidimensionaler Array."
130 :
140 REM ====== Vereinbarungsteil
150 INPUT "Anzahl der waagerechten Zeilen";Z
160 INPUT "Anzahl der senkrechten Spalten";S
170 DIM R(Z,S)   'dynamisch vereinbart
180 :
190 REM ====== Anweisungsteil
200 PRINT: PRINT "Eingabe zeilenweise:"
210 FOR I=1 TO Z
220    PRINT "Nächste Zeile, nächster Kunde:"
230    FOR J=1 TO S
240       PRINT "Kunde";I;", Vierteljahr";J;
250       INPUT R(I,J)
260    NEXT J
270 NEXT I
280 :
290 '*** zeilenweise summieren ********************************
300 FOR I=1 TO Z
310    FOR J=1 TO S
320       LET R(I,0)=R(I,0)+R(I,J)
330    NEXT J
340 NEXT I
350 :
360 '*** Gesamtsumme ******************************************
370 FOR I=1 TO Z: LET R(0,0)=R(0,0)+R(I,0): NEXT I
380 :
390 '*** spaltenweise summieren *******************************
400 FOR J=1 TO S
410    FOR I=1 TO Z
420       LET R(0,J)=R(0,J)+R(I,J)
430    NEXT I
440 NEXT J
450 :
460 '*** Ausgabe als Übersicht ********************************
470 PRINT:PRINT "Übersicht:"
480 FOR I=0 TO Z
490    FOR J=0 TO S
500       PRINT USING "#### ";R(I,J);
510    NEXT J
520    PRINT
530 NEXT I
540 PRINT "Ende.": END
```

3.6.4 Mehrdimensionale Tabellen

Neben ein- und zweidimensionalen Tabellen lassen sich auch
Tabellen mit mehr als zwei Ausdehnungen in MSX-BASIC verarbeiten.
Hier ein Beispiel zu einem dreidimensionalen Array:
Bundesligatabelle(n) mit 18 Zeilen (=18 Vereine), 7 Spalten
(=7 Eintragungen je Verein wie Name, Tore, Punkte ...) und mit
34 'Tiefen' (=34 Spieltagen).

Zum R e d i m e n s i o n i e r e n von Arrays:
Unabhängig von der Anzahl seiner Dimensionen kann ein Array im
Zuge der Programmausführung nur e i n m a l mit DIM verein-
bart werden. Somit führt die Ausführung des Ablaufes

```
   100 DIM M(30)
   120 DIM M(30)
```

zum vorzeitigen Abbrechen mit der Fehlermeldung "Redimensioned
array in 120". Durch Einfügen der Anweisung 110 ERASE wird
dieser Fehler abgestellt, da ERASE M den Array M im Hauptspeicher löscht.
Die Anweisungen ERASE und CLEAR dürfen nicht verwechselt werden: ERASE M entfernt die genannte Variable mit Inhalt und Namen aus dem Hauptspeicher, während mit CLEAR der Inhalt aller
Variablen im Hauptspeicher auf 0 (numerische Daten) bzw. " "
(Stringdaten) gesetzt wird.

3.6.5 Tabellen- und Dateiverarbeitung

Die T a b e l l e n v e r a r b e i t u n g wird häufig mit
der D a t e i v e r a r b e i t u n g wie folgt kombiniert:

- Aus einer Datei werden Datensätze in den Hauptspeicher eingelesen und in einem eindimensionalen Array (Vektor) oder
  einem zweidimensionalen Array (Matrix) abgelegt.

- Diese Datensätze können jetzt bequem im Direktzugriff bearbeitet werden. 'Direktzugriff' bedeutet, daß auf jedes Da-
  tenelement eines Arrays über den I n d e x d i r e k t
  zugegriffen werden kann.

- Abschließend schreibt man die Daten aus dem (den) Array(s)
  wieder in die Disketten-Datei zurück.

In Abschnitt 3.9 und 3.10 wird die Verbindung von Tabelle bzw.
Array einerseits und Datei bzw. File andererseits näher erläutert.

3.7 Suchen, Sortieren, Mischen und Gruppieren von Daten

3.7.1 Verfahren im Überblick

Legt man einen größeren Datenbestand als D a t e i auf einem
Externspeicher ab, dann stellen sich immer wieder Probleme des
Suchens, Sortierens, Mischens sowie Gruppierens von at ensät-
zen der Datei. Aus diesem Grund bezeichnet man diese vier Verfahren auch als Hilfmittel der Dateiverarbeitung. Ob man Sätze
einer Datei sortiert oder Komponenten eines Arrays - am jeweiligen zu demonstrierenden Verfahren ändert dies meist nichts.
Aus diesem Grunde verarbeiten die folgenden Beispiele Arrays:
die Abläufe können dabei übersichtlicher dargestellt werden.

```
SUCHEN:       Absatzmengen Mo - So: 45,100,95,78,90,76,80.
              An welchem Tag wurden 78 Stück abgesetzt?

SORTIEREN:    Absatzmengen in aufsteigende Sortierfolge
              45,76,78,80,90,95,100 bringen.

MISCHEN:      Mengen 45,76,78,80,90,95,100 von Filiale 1 und
              Mengen 30,47,55,57,61,80,103 von Filiale 2 zu
              30,45,47,55,57,61,76,78,80,80,90,95,100,103
              als Gesamtliste mischen.

GRUPPIEREN:   Gruppensummen MO-MI=240 und DO-SO=324 bilden.
```

              Vier Hilfsverfahren der Dateiverarbeitung

3.7.2 Suchverfahren

Das einfachste Suchverfahren besteht darin, die Datei Satz für
Satz in der Reihenfolge der Speicherung zu durchsuchen. Dieses
s e r i e l l e Suchen ist typisch für die Datenträger Magnetband bzw. Kassette. Eine Adreßdatei nach ZIMMERMANN zu durchsuchen, kann aber ggf. sehr lange dauern. Im Programm SUCHBIN1
wird das b i n ä r e Suchen als schnelles Suchverfahren dargestellt. Dabei wird wie folgt vorgegangen:·

1. Ein Array namns D wird abhängig von der Anzahl A dimensioniert. Nach Ausführung der Anweisung DIM(A) sind in den A
   Elementen von D jeweils Null gespeichert Zeile (Zeile 210).

2. In den Array D werden A Zahlenwerte eingegeben. Die hierzu
   programmierte FOR-Schleife bezeichnet man aus diesem Grunde
   als E i n g a b e s c h l e i f e (Zeilen 220-230).

3. Über Tastatur wir die später zu suchende Zahl in die Variable S eingegeben (Zeile 250).

4. In einer S u c h s c h l e i f e wird gemäß dem Verfahren
   des b i n ä r e n Suchens im Array D nach dem S gesucht
   (Zeilen 280-360).

5. Ergebnisausgabe "gefunden oder nicht" (ab Zeile 370).

Das b i n ä r e S u c h e n wird sehr häufig angewendet. Es
läßt sich wie folgt kennzeichnen:

- Die Daten müssen stets sortiert und auf einem Direktzugriff-
  speicher vorliegen (hier die 7 Werte 45,76,78,80,90,95,100).

- Das Wort 'binär bzw. zweiwertig' deutet an, daß man stets
  die Hälfte bildet. Um die Menge 90 zu suchen (siehe Ausführungsbeispiel), wird zunächst die Menge 80 als Mitte genommen (7 Mengen, 3.5 ergibt gerundet die 80 als die 4. Menge).

- Der Vergleich 80²90 zeigt, daß in der oberen Hälfte 90 - 100
  weiterzusuchen ist. Man nimmt wieder die Mitte und der Vergleich 95²90 zeigt, daß jetzt in der unteren Hälfte weiterzusuchen ist. Da in dieser Hälfte nur noch der Suchbegriff
  90 steht, wird die Suche als 'positiv' beendet.

In der rechten Hälfte des jeweiligen Suchbereichs wird weiter-
gesucht, indem man die Hälfte-Grenze UNTEN auf die MITTE vorrückt (in Zeile 320).   Die Variable GEFUNDEN dient der Ablaufsteuerung. Ist in Zeile 340 S gleich D(MITTE), dann wird '-1'
als Vergleichsergebnis 'wahr' nach GEFUNDEN zugewiesen. Im anderen Fall behält GEFUNDEN den Wert '0'. Die Suchschleife wird
durch eine IF-Anweisung gesteuert (Zeile 290). Diese Schleife
wird beendet, wenn man mit der unteren Hälfte zur oberen Hälfte vorgerückt ist (UNTEN<OBEN erfüllt) o d e r (OR) wenn der
Suchbegriff in D gefunden worden ist (Variable GEFUNDEN weist
den Wert -1 auf.

Bei diesem kleinen Beispiel mag das binäre Suchen umständlich
wirken. Das Leistungsvermögen dieses Suchverfahrens zeigt das
folgende Beispiel: Um aus den über 60 Millionen Bundesbürgern
e i n e n Namen herauszufinden, werden nur 26 Zugriffe benötigt (6 Zugriffe für 64 Bürger (2 hoch 6 gleich 64) und 26 Zugriffe für über 60 Mio Bürger (2 hoch 26 gleich 67108864)).

Codierung zu Programm SUCHBIN1:


```
100 REM ====== Programm SUCHBIN1
110 PRINT "Binäres Suchen als Suchmethode."
120 :
130 REM ====== Vereinbarungsteil
140 'A:        Anzahl der Daten
150 'D(A):     Array mit A Daten
160 'S:        Suchbegriff
170 'UNTEN,MITTE,OBEN: Suchgrenzen
180 'GEFUNDEN: Suchergebnis -1/0
190 :
```

```
200 REM ====== Anweisungsteil
210 INPUT "Anzahl der Daten";A: DIM D(A)
220 PRINT A;"Daten einzeln tippen:"
230   FOR I=1 TO A: INPUT D(I): NEXT I
240 LET GEFUNDEN=0: UNTEN=1: OBEN=A
250 INPUT "Suchbegriff";S
260 PRINT: PRINT "Suchprotokoll:"
270 :
280 '*** Suchschleife *******************************************
290 IF (UNTEN>OBEN) OR GEFUNDEN THEN 380
300   LET MITTE=INT((UNTEN+OBEN)/2)
310   PRINT "Unten:";UNTEN;",Mitte:";MITTE;",Oben:";OBEN
320   IF S>D(MITTE) THEN LET UNTEN=MITTE+1
330   IF S<D(MITTE) THEN LET OBEN=MITTE-1
340   LET GEFUNDEN = S=D(MITTE)
350 GOTO 290
360 :
370 '*** Ergebnisausgabe ****************************************
380 PRINT:PRINT "Suchergebnis: ";
390 IF GEFUNDEN THEN PRINT "gefunden."
391 REM          ELSE PRINT "nicht gefunden."
400 PRINT "Ende.": END
```

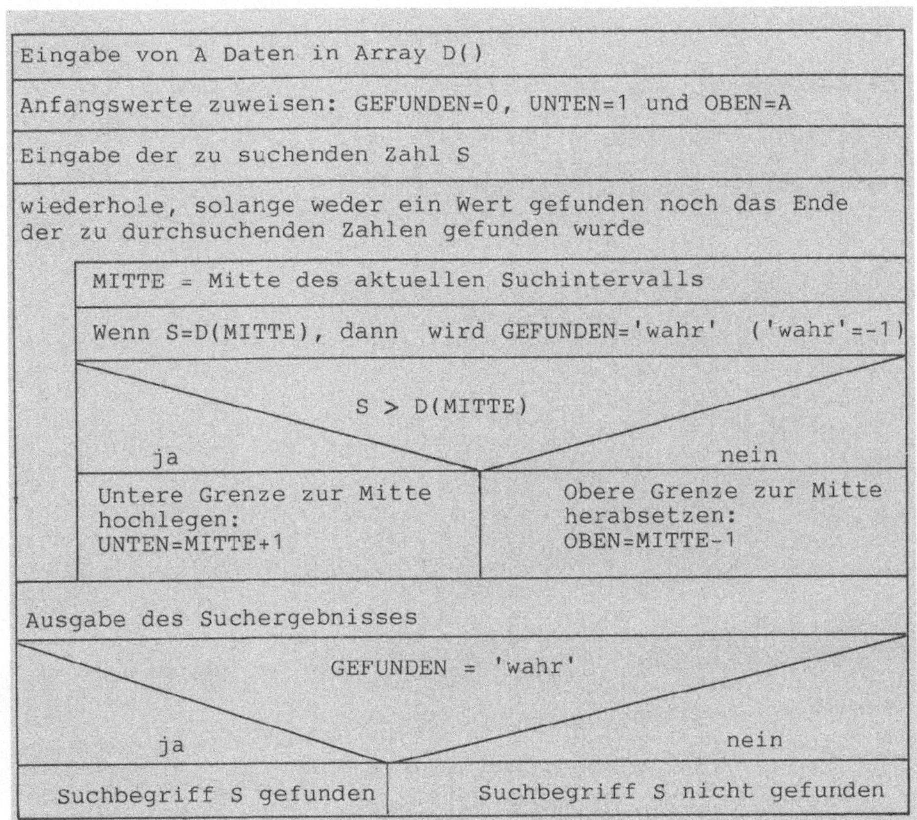

Darstellung des 'binären Suchens' als Struktogramm

Ausführungen zu Programm SUCHBIN1:

Binäres Suchen als Suchmethode.   Binäres Suchen als Suchmethode.
Anzahl der Daten? 5   Anzahl der Daten? 7
 5 Daten einzeln tippen: 7 Daten einzeln tippen:
 100   45
 200   76
 300   78
 500   80
 900   90
Suchbegriff? 100   95
                                          100
Suchprotokoll: Suchbegriff? 90
Unten: 1 ,Mitte: 3 ,Oben: 5
Unten: 1 ,Mitte: 1 ,Oben: 2   Suchprotokoll:
                                          Unten: 1 ,Mitte: 4 ,Oben: 7
Suchergebnis: gefunden.   Unten: 5 ,Mitte: 6 ,Oben: 7
Ende.   Unten: 5 ,Mitte: 5 ,Oben: 5

                                          Suchergebnis: gefunden.
                                          Ende.

3.7.3 Sortierverfahren

Die ersten Programme der Datenverarbeitung sollen Sortierprogramme gewesen sein. Dies unterstreicht die Bedeutung des Sortierens gerade für die kaufmännische DV. Es läßt aber auch er-
ahnen, wie raffiniert heutige Sortieralgorithmen sein können.

Sortieren ...:	... bedeutet:
INTERN - EXTERN	Daten im Internen Speicher oder (auch) auf einem Externen Speicher.
NUMERISCH - STRING	Daten als Zahlen (1 < 4 < 8.5) oder als Text ($ < DM < LIRE).
DATEN - ADRESSEN	Daten selbst sortieren oder nur deren Adressen bzw. Speicherplätze.
EINFACH - KOMPLEX	Einfache Sortierverfahren wie Aus- wahl, Bubble Sort, Einfügen oder komplexe Verfahren wie Sortieren durch Mischen, Binär-Baum-Sort, Quick Sort mittels Rekursion.

                    Vier Begriffspaare zum Sortieren

Die folgenden Beispiele gehen weder auf das Externe Sortieren
ein (erforderlich, wenn Datenumfang den Speicherplatz des In-
ternspeichers übersteigt) noch auf komplexere Sortierverfahren
ein.

3.7.3.1 Zahlen unmittelbar sortieren

'Unmittelbar' heißt, daß wir die zu sortierenden Zahlen selbst
umordnen und nicht - wie im nächsten Abschnitt - ihre Plätze.
Im folgenden Programm SORTDAT1 wird das Sortierverfahren des
"Austausches nach Auswahl" angewendet.

PROBLEM: 6 Zahlen in Array D() sortieren.

ABLAUF:
1) Suche das Minimum in D() und speichere es in MINSTELLE
2) Tausche D(I) mit D(MINSTELLE) aus.
3) Weiter mit 1), aber jetzt mit D(I+1) beginnen.

WERTE IN D():

102		101		109		106		104		105	Beginn: In D() 6 Zahlen
101	I	102		109		106		104		105	I=1: Tausch 102-101
101		102	I	109		106		104		105	I=2: Kein Tausch
101		102		104	I	106		109		105	I=3: Tausch 109 - 104
101		102		104		105	I	109		106	I=4: Tausch 105 - 106
101		102		104		105		106	I	109	I=5: Tausch 109 - 106

Sortierverfahren "Austausch nach Auswahl" ein einem Beispiel

Die Markierung "I" soll anzeigen, daß bei jedem Durchlauf mit
D(I+1) begonnen wird, daß D() also verkürzt wird; programmiert
wird das Verkürzen durch den Anfangswert I+1 in der Anweisung

    190 FOR J = I+1 TO 6 .

Das Tauschen von D(I) mit D(MINSTELLE) vollzieht sich über die
Anweisung

    240 SWAP D(I), D(MINSTELLE) .

Intern tauscht die SWAP-Anweisung den Inhalt beider Variablen
nach der Methode des D r e i e c k s t a u s c h s aus. Dabei vollzieht sich das Austauschen über eine Hilfsvariable wie
z.B. über die Variable H.

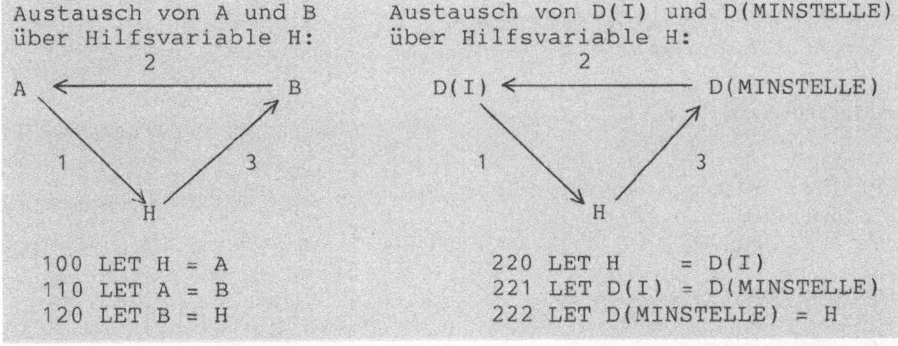

Methode des Dreieckstausches an zwei Beispielen (ohne SWAP)

Struktogramm zu Programm SORTDAT1:

<table>
<tr><td colspan="2">Eingabe: 6 Zahlen nach D() aus DATA-Zeile programmintern</td></tr>
<tr><td colspan="2">Für I von 1 bis 5 wiederhole</td></tr>
<tr><td colspan="2">MINSTELLE = I   als vorläufiges Minimum festlegen</td></tr>
<tr><td colspan="2">Für J von (I+1) bis 6 wiederhole</td></tr>
<tr><td colspan="2" align="center">D(J) < D(MINSTELLE)
nein   ja</td></tr>
<tr><td>./.</td><td>MINSTELLE = J als
neues Minimum</td></tr>
<tr><td colspan="2">Austausch von D(I) und D(MINSTELLE) mittels SWAP</td></tr>
<tr><td colspan="2">Ausgabe der 6 in D() aufsteigend sortierten Zahlen</td></tr>
</table>

Codierung zu Programm SORTDAT1:

```
100 REM ====== Programm SORTDAT1
110 CLS: PRINT "Sortieren durch Austausch nach Auswahl"
120 PRINT "(Sortieren der Daten selbst)."
130 PRINT "DATEN:"
140    FOR I=1 TO 6: READ D(I): PRINT D(I);: NEXT I: PRINT
150 DATA 102,101,109,106,104,105
160 :
170 PRINT: PRINT "Sortierprotokoll:"
180 FOR I=1 TO 5
190    FOR Y=1 TO 6: PRINT D(Y);: NEXT Y: PRINT
200    LET MINSTELLE=I
210    FOR J=I+1 TO 6
220      IF D(J)<D(MINSTELLE) THEN LET MINSTELLE=J
230    NEXT J
240    SWAP D(I),D(MINSTELLE)
250 NEXT I
260 :
270 PRINT: PRINT "Daten sortiert:"
280    FOR I=1 TO 6: PRINT D(I);: NEXT I
290 PRINT: PRINT "Ende.": END
```

Sortieren durch Austausch nach Auswahl
(Sortieren der Daten selbst).
DATEN:
 102 101 109 106 104 105
Sortierprotokoll: Ausführung zu Programm SORTDAT1
 102 101 109 106 104 105
 101 102 109 106 104 105
 101 102 109 106 104 105
 101 102 104 106 109 105
 101 102 104 105 109 106

Daten sortiert:
 101 102 104 105 106 109
Ende.

3.7.3.2 Zahlen über Zeiger sortieren

Im Programm SORTDAT1 wurden die sechs Zahlen selbst mehrfach umgeordnet. Bei umfangreicheren Datenbeständen kann es günstiger sein, nur die Speicherplätze dieser Zahlen über Zeigervariablen bzw. P o i n t e r zu sortieren, die Zahlen selbst aber unbewegt zu lassen. Das folgende Programm SORTZEIG demonstriert dies mit denselben Daten und demselben Sortierverfahren wie in Programm SORTDAT1:

```
Unsortierter Array:                        Sortierter Array:


   D(1) = 102                                 D(1) = 101
   D(2) = 101                                 D(2) = 102
   D(3) = 109        Unmittelbares            D(3) = 104
   D(4) = 106   ──────────────────────────►  D(4) = 105
   D(5) = 104          Sortieren             D(5) = 106
   D(6) = 105                                 D(6) = 109
     │
     │
 Sortierter                                Sortierter Array
 Zeiger-Array:                             (über Zeiger):
     ▼
   Z(1) = 2                                 D(Z(1)) = 101
   Z(2) = 1                                 D(Z(2)) = 102
   Z(3) = 5        Sortieren über           D(Z(3)) = 104
   Z(4) = 6   ──────────────────────────►   D(Z(4)) = 105
   Z(5) = 4      Zeiger indirekt            D(Z(5)) = 106
   Z(6) = 3                                 D(Z(6)) = 109
```

Unmittelbares Sortieren sowie Sortieren über Zeiger

```
100 REM ====== Programm SORTZEIG
110 CLS: PRINT "Sortieren über Austausch nach Auswahl"
120 PRINT "(Sortieren über Zeiger indirekt)."
130 PRINT "Daten:"
140   FOR I=1 TO 6: READ D(I): PRINT D(I);: NEXT I
150 DATA 102,101,109,106,104,105
160 PRINT: PRINT "Zeiger:"
170   FOR I=1 TO 6: LET Z(I)=I: PRINT Z(I);: NEXT I
180 :
190 PRINT:PRINT:PRINT "Sortierprotokoll"
200 FOR I=1 TO 5
210   FOR Y=1 TO 6:PRINT Z(Y);: NEXT Y: PRINT
220   LET MINSTELLE=I
230   FOR J=I+1 TO 6
240     IF D(J)<D(Z(MINSTELLE)) THEN MINSTELLE=J
250   NEXT J
260   SWAP Z(I),Z(MINSTELLE)
270 NEXT I
280 :
290 PRINT: PRINT "Zeiger sortiert:"
300   FOR I=1 TO 6: PRINT Z(I);: NEXT I
310 PRINT: PRINT "Daten sortiert:"
320   FOR I=1 TO 6: PRINT D(Z(I));: NEXT I
330 PRINT: PRINT "Ende.": END
```

Ausführung zu Programm SORTZEIG:

Sortieren über Austausch nach Auswahl
(Sortieren über Zeiger indirekt).
Daten:
 102 101 109 106 104 105
Zeiger:
 1 2 3 4 5 6

Sortierprotokoll
 1 2 3 4 5 6
 2 1 3 4 5 6
 2 1 3 4 5 6
 2 1 5 4 3 6
 2 1 5 6 3 4

Zeiger sortiert:
 2 1 5 6 4 3
Daten sortiert:
101 102 104 105 106 109
Ende.

Datenflußplan zu Programm SORT:

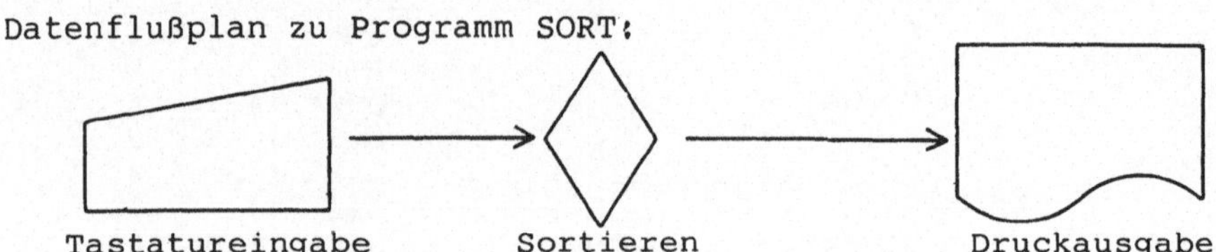

3.7.3.3 Strings unmittelbar sortieren

Das folgende Programm SORTDAT2 sortiert Strings nach dem Verfahren des "Sortierens durch paarweisen Austausch", das auch
B u b b l e - S o r t heißt. Die zu sortierenden Namen sind
im String-Array N$() abgelegt und werden paarweise verglichen,
um bei falscher Sortierfolge ausgetauscht zu werden. Dazu das
erste Ausführungsbeispiel zu SORTDAT2: MAX<MARIA falsch und
Austausch, MAX<TILLMANN wahr, TILLMANN<LENA falsch und Austausch. Jetzt MARIA,MAX,LENA,TILLMANN gespeichert. Wie Blasen
(=bubble) werden Worte 'hochgesprudelt', d.h. an das Ende des
Arrays N$() gerückt.
Die Variable FLAG steuert als Flagge den Sortierlauf innerhalb
der Schleife (280-360): 'Flagge oben bzw. FLAG=-1' heißt 'Wort
ist ausgetauscht worden'. Die Schleife wird solange durchlaufen, bis FLAG unten bleibt. 'Flagge unten bzw. FLAG=0' bedeutet 'Fertig sortiert, weil kein Wort mehr ausgetauscht wurde'.

Wie die Ausführung zu Programm SORTDAT2 zeigt, kann Text mit
beliebigen Zeichen sortiert werden. Aus welchem Grunde kommt
z.B. der String "%-SAETZE" v o r dem String "126 DM"? Da im
ASCII die Codezahl 37 für "%" v o r der Codezahl 49 für "1"
steht.

Codierung zu Programm SORTDAT2:

```
100 REM ====== Programm SORTDAT2
110 CLS: PRINT "Sortieren durch paarweisen Austausch"
120 PRINT "als 'Bubble Sort' (Sortieren"
130 PRINT "von Text bzw. Strings direkt)."
140 :
150 REM ====== Vereinbarungsteil
160 'N$(A)   A Namen im Stringarray N$
170 'FLAG:  Wahrheitswert mit -1=sortiert
180 'i,y:   Laufvariablen
190 :
200 REM ====== Anweisungsteil
210 PRINT: INPUT "Anzahl der Namen";A
220 DIM N$(A)
230 PRINT A;"Namen einzeln tippen:"
240 FOR I=1 TO A: INPUT N$(I): NEXT I
250 PRINT:PRINT "Kontrollausgabe zum Sortiervorgang:"
260 LET FLAG=-1
270 :
280 IF NOT FLAG THEN 380
290    LET FLAG=0
300    FOR Y=1 TO A: PRINT N$(Y);" ";: NEXT Y: PRINT
310    FOR I=1 TO (A-1)
320      IF N$(I)<=N$(I+1) THEN 350 ELSE 330
330      SWAP N$(I),N$(I+1)
340      LET FLAG=-1
350    NEXT I
360 GOTO 280
370 :
380 PRINT "Ende.": END
```

Struktogramm zu Programm SORTDAT2:

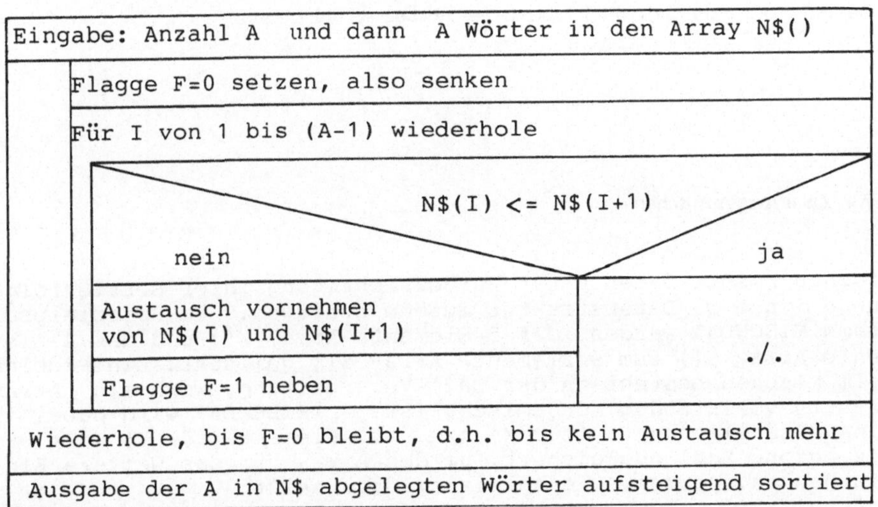

Ausführungen zu Programm SORTDAT2:

Sortieren durch paarweisen Austausch
als 'Bubble Sort' (Sortieren
von Text bzw. Strings direkt).

Anzahl der Namen? 4
 4 Namen einzeln tippen:
MAX
MARIA
TILLMANN
LENA

Kontrollausgabe zum Sortiervorgang:
MAX MARIA TILLMANN LENA
MARIA MAX LENA TILLMANN
MARIA LENA MAX TILLMANN
LENA MARIA MAX TILLMANN
Ende.

Sortieren durch paarweisen Austausch
als 'Bubble Sort' (Sortieren
von Text bzw. Strings direkt).

Anzahl der Namen? 5
 5 Namen einzeln tippen:
126 DM
Filter mit Einsatz
#-Datentyp
25500 Lire
%-Satz

Kontrollausgabe zum Sortiervorgang:
126 DM Filter mit Einsatz #-Datentyp 25500 Lire %-Satz
126 DM #-Datentyp 25500 Lire %-Satz Filter mit Einsatz
#-Datentyp 126 DM %-Satz 25500 Lire Filter mit Einsatz
#-Datentyp %-Satz 126 DM 25500 Lire Filter mit Einsatz
Ende.

3.7.4 Zwei Arrays mischen

Mischen heißt, Daten unter Berücksichtigung ihrer Sortierfolge
zu e i n e r Datenstruktur zusammenzufügen. Im Beispielprogramm MISCHDAT werden der 5-Elemente-Array X() und der 4-Ele-
mente-Array Y() zum 9-Elemente-Array Z() gemischt. Ein Problem
beim Mischen besteht in der Ende-Verarbeitung, wenn ein Array
bereits vollständig eingemischt ist. In MISCHDAT wird dabei in
ein zusätzliches 6. (für X) bzw. 5. Element (für Y) die 999
als große Zahl gespeichert, um den Array für das weitere Einmischen zu sperren. Die Anweisung dazu heißt:

```
 330 LET X(6) = ABS((I=6) * 999 )
```

Hat I den Wert 6, so wird der Vergleich I=6? zu -1 (also wahr)
und X(6) erhält den Wert ABS(999*-1), d.h. 999. Für die übrigen Werte von I bleibt X(6) Null, da der Vergleich I=6? zu 0
(also unwahr) führt.

Datenflußplan zu MISCHDAT: Struktogramm zu MISCHDAT:

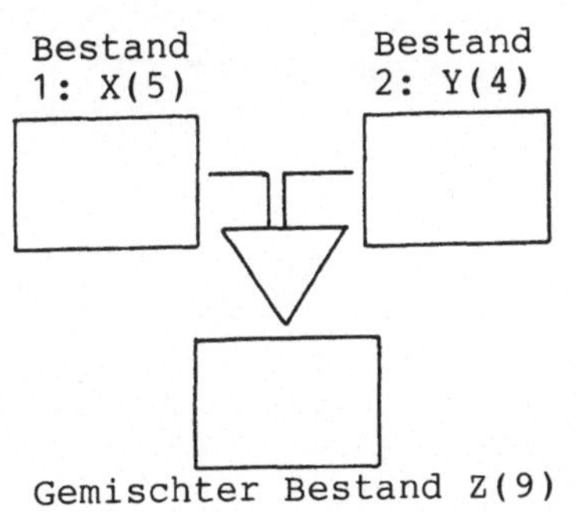

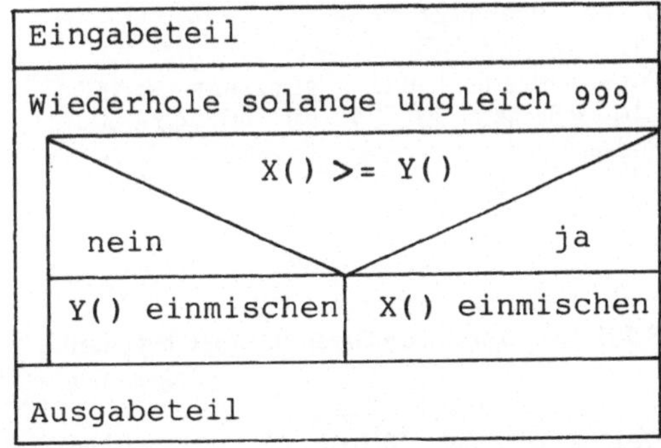

Codierung zu Programm MISCHDAT:

```
100 REM ====== Programm MISCHDAT
110 CLS: PRINT "Arrays X und Y zum Array Z mischen."
120 :
130 REM ====== Vereinbarungsteil
140 DIM X(6)   'Datenbestand 1
150 DIM Y(5)   'Datenbestand 2
160 DIM Z(9)   'Gemischter Bestand
170 'I,J,K      Laufvariablen
180 :
190 REM ====== Anweisungsteil
200 PRINT: PRINT "Datenbestand 1:"
210    FOR I=1 TO 5: READ X(I): PRINT X(I);: NEXT I
220 DATA 10,20,30,40,50
230 PRINT: PRINT "Datenbestand 2:"
240    FOR I=1 TO 4: READ Y(I): PRINT Y(I);: NEXT I
250 DATA 15,20,25,45
260 LET I=1: LET J=1: LET K=1
270 LET WEITER=-1
280 :
290 REM *** Schleifenbeginn zum Mischen *************************
300 IF (X(I)=999) AND (Y(J)=999) THEN 410
310    IF X(I)<=Y(J) THEN 320 ELSE 350
320    LET Z(K)=X(I): LET I=I+1
330    LET X(6)=ABS((I=6)*999)
340    GOTO 370
350      LET Z(K)=Y(J): LET J=J+1
360      LET Y(5)=ABS((J=5)*999)
370    LET K=K+1
380 GOTO 300
390 REM *** Schleifenende ***********************************
400 :
410 PRINT: PRINT "Datenbestand 1 und 2 gemischt:"
420    FOR K=1 TO 9: PRINT Z(K);: NEXT K
430 PRINT: PRINT "Ende.": END
```

Ausführung zu Programm MISCHDAT:

Arrays X und Y zum Array Z mischen.

Datenbestand 1:
 10   20   30   40   50
Datenbestand 2:
 15   20   25   45
Datenbestand 1 und 2 gemischt:
 10   15   20   20   25   30   40   45   50
Ende.

3.7.5 Gruppieren von Daten (Gruppenwechsel)

Das Programm GRUPPDAT erwartet über die Tastatur die Mengen-
angaben zu Aufträgen, um beim Wechsel der Auftragsnummer deren
Summe auszugeben. Daten mit gleichen Merkmalen werden zu Gruppen zusammengefaßt, um dann beim Gruppenwechsel etwas auszugeben. Solche Probleme bezeichnet man als   V e r d i c h t e n
von Daten oder als   G r u p p e n w e c h s e l . Wie wird der
Gruppenwechsel in GRUPPDAT nun festgestellt? Man unterscheidet
A2 für 'Auftrag neu' und A1 für 'Auftrag alt', um für (A2<>A1)
dann die jeweils nach S1 aufaddierte Summe auszugeben und mit
310 LET S1=0 : LET A1=A2   zum nächsten Datensatz überzugehen.

Codierung zu Programm GRUPPDAT:


```
100 REM ====== Programm GRUPPDAT
110 CLS: PRINT "Einstufiger Gruppenwechsel."
120 :
130 REM ====== Vereinbarungsteil
140 'A2,M: Datensatz mit Auftrag, Menge
150 'A1:   Auftrag 'alt'
160 'S1:   Summe von Auftragsmengen
170 :
180 REM ====== Anweisungsteil
190 '*** Erster Satz *********************************
200 INPUT "Auftrag, Menge";A2,M
210 LET A1=A2
220 :
230 IF A2=0 GOTO 330
240   '*** Gleiche Gruppe **********
250   IF A2<>A1 GOTO 300
260   LET S1=S1+M
270   INPUT "Auftrag, Menge";A2,M
280   GOTO 250
290   '*** Gruppenwechsel
300   PRINT A1;"mit Gruppensumme";S1
310   LET S1=0: LET A1=A2
320 GOTO 230
330 PRINT "Ende.": END
```

Ausführung zu Programm GRUPPDAT:

```
Einstufiger Gruppenwechsel.
Auftrag, Menge? 221 , 0
Auftrag, Menge? 221 , 0
Auftrag, Menge? 221 , 0
Auftrag, Menge? 229 , 0
 221 mit Gruppensumme 59
Auftrag, Menge? 230 , 0
 229 mit Gruppensumme 3
Auftrag, Menge? 230 , 0
Auftrag, Menge? 0 , 0
 230 mit Gruppensumme 84
Ende.
```

In dem Programm GRUPPDAT liegt ein einstufiger Gruppenwechsel vor. Gruppenwechsel können auch m e h r s t u f i g sein. Dazu dieses Beispiel: Es wird nicht nur nach Aufträgen gleicher Nummer gruppiert (=Untergruppe), sondern zusätzlich noch nach Vertreternummern (=Hauptgruppe). Auch ein solcher Hauptgruppenwechsel wird durch den Vergleich (V2<>V1) bzw. 'Vertreter neu < > Vertreter alt' festgestellt.

Verfahren des Suchens, Mischens, Sortierens und Gruppierens (Gruppenwechsel) von Daten werden häufig im Zusammenhang mit der Verarbeitung großer Datenbestände in D a t e i e n bzw. F i l e s angewendet. Der D a t e i v e r a r b e i t u n g wenden wir uns in den Abschnitten 3.9 und 3.10 zu.

3.8 Programme überprüfen und Programme verbinden

3.8.1 Programme auf Fehler überprüfen

3.8.1.1 Programmtest mit TRON/TROFF

Es gibt zwei Arten von Programmtests:
Auf der einen Seite den S c h r e i b t i s c h t e s t bzw. 'Trockentest', bei dem der Programmlauf gedanklich ohne Computer durchgespielt wird und bei dem man dabei die Variablenwerte 'auf einem Stück Papier' notiert.
Auf der anderen Seite den C o m p u t e r t e s t , bei dem man das Programm mit Testwerten über RUN laufen läßt. Wir wenden uns dem Computertest zu.

Nach Beendigung eines Testlaufes mittels RUN kann man sich die
Variablenwerte (z.B. die Werte von D und D$) zeigen lassen, in
dem man im Direkt-Modus

     PRINT D, D$

eintippt. Soll während der Ausführung angehalten werden, damit
die Variablenwerte kontrolliert werden können, kann man STOP-
Anweisungen wie folgt einfügen:

     171 STOP
     180 ... Zeile, in der ein Fehler vermutet wird ...
     181 STOP

Die Ausführung hält vor und nach Zeile 180 an: man kann wieder PRINT D,D$ eintippen, um zu sehen, was sich in Zeile 180
ereignet hat. Mit CONT setzt man dann die Ausführung fort.
Auf diese Weise tastet man sich von einem STOP zum anderen vor
(mit /CTRL/+/STOP/ kann abgebrochen werden).

Beim T r a c e - L a u f gibt MSX-BASIC die Zeilennummern
aus, die bei der Ausführung eines Testprogrammes durchlaufen
werden. Mittels TRON (für TRace ON) schaltet man diese Be-
triebsart ein und mittels TROFF (für TRace OFF) wieder aus.
Am Beispiel des Programmes KAPITAL1 (vgl. Abschnitt 3.1.3.1)
soll ein Trace-Lauf durchgeführt werden. Dabei geht man wie
in der Abbildung gezeigt in sechs Schritten vor.

1. Zu testendes Programm mit LOAD "KAPITAL1" in den RAM
   laden.
2. Befehl TRON eintippen: Damit wird der Trace-Modus
   eingeschaltet.
3. Mit RUN die Ausführung starten: die Nummern der gerade
   durchlaufenen Zeilen werden zur Kontrolle am Bildschirm
   gezeigt.
4. Ggf. mit /CTRL/+/STOP/ abbrechen, testen und später mit
   CONT fortsetzen.
5. Mit TROFF den Trace-Modus verlassen.
6. Mit LIST das BASIC-Programm auflisten zwecks Vergleich.
   Mit SAVE "KAPITAL1 das korrigierte Programm abspeichern.

6-Schritt-Vorgehen beim Trace-Lauf

Während des Trace-Laufes kann man sich natürlich auch den Wert
einer Variablen ansehen. Dazu ein Beispiel: Nachdem die Frage
"Jahreszinssatz in % ?" am Bildschirm erscheint, unterbricht
man die Ausführung mit /CTRL/+/STOP/, um sich anschließend mit
PRINT K z.B. den Wert von K zeigen zu lassen. Über CONT setzt
man die unterbrochene Ausführung fort und es erscheint wieder
die Frage "Jahreszinssatz in % ?".

Trace-Lauf zu Programm KAPITAL1 von Abschnitt 3.1.3.1 mit
Zeilennummern in eckigen Klammern:


```
[120][130][140][150][160][170][180][190]Eingesetztes Kapital? 5000
[200]Jahreszinssatz in % ? 20
[210][220][230][240]    60000
[250][220][230][240]    72000
[250][220][230][240]    86400
[250][220][230][240]    103680
[250][220][260]Ende nach Verdopplung.
```


Codierung zu Programm KAPITAL1:


```
100 REM ====== Programm KAPITAL1
110 CLS: PRINT "Kapitalien bis zur Verdopplung."
120 :
130 REM ====== Vereinbarungsteil
140 ' K:  Kapital in DM
150 ' KE: Endkapital in DM
160 ' P:  Zinssatz in %
170 :
180 REM ====== Anweisungsteil
190 INPUT "Eingesetztes Kapital";K
200 INPUT "Jahreszinssatz in % ";P
210 LET KE=2*K        'Schleifenbeginn
220   IF K>=KE THEN GOTO 260
230   LET K = K + K*P/100
240   PRINT " ";K
250   GOTO 220          'Schleifenende
260 PRINT "Ende nach Verdopplung.": END
```


3.8.1.2 Fehlerbehandlung mit ON ERROR GOTO

Tippt man an der Tastatur 20 LET A="100" ein und läßt man
dieses Ein-Zeilen-Programm mit RUN laufen, erscheint am Bildschirm die Fehlermeldung "Type mismatch". Die Ausführung des
Programmes wir sofort abgebrochen. Tippt man dann PRINT ERR,
erscheint als Antwort die Meldung "13" als Fehlernummer bzw.
Fehlercode.
Wir wollen dieses 'Herausfliegen aus dem Programm' verhindern
und den Fehler innerhalb des Programms selbst behandeln. Dazu
stehen die Aweisungen ON ERROR GOTO und RESUME zur Verfügung.
Das Programm FEHLER1 veranschaulicht den Einsatz dieser beiden
Anweisungen.

Codierung zu Programm FEHLER1:


```
1 REM ====== Programm FEHLER1
2 CLS: PRINT "Fehlerbehandlung mit ON ERROR GOTO.": PRINT
3 :
4 :
10 ON ERROR GOTO 500
20 LET A="100"
30 LET A=3/0
31 :
32 :
80 ON ERROR GOTO 0    '(oder CLEAR)
90 PRINT: PRINT "Ende.": END
91 :
92 :
500 REM *** Fehlerroutine 1 **********************************
510 IF ERR<>13 THEN GOTO 600
520 PRINT "Fehler: String in Zahlenvariable."
530 PRINT "Weiter mit Taste";: LET E$=INPUT$(1)
540 RESUME NEXT
550 :
600 REM *** Fehlerroutine 2 **********************************
610 PRINT: PRINT "Fehlercode in ERR:";ERR
620 PRINT "Fehlerzeile:";ERL
630 PRINT "Weiter mit Taste";: LET E$=INPUT$(1)
640 RESUME 80
```


Ausführung zu Programm FEHLER1:

Fehlerbehandlung mit ON ERROR GOTO.
Fehler: String in Zahlenvariable.
Weiter mit Taste

Fehlercode in ERR: 11
Fehlerzeile: 30
Weiter mit Taste
Ende.

Zur Fehlerroutine 1:
Nach Ausführung von 10 ON ERROR GOTO 500 wird beim Auftreten eines Fehlers stets nach Zeile 500 verzweigt, in der eine
Fehlerbehandlungs-Routine beginnt. BASIC stellt in einer Variablen ERR (ERR für ERRor) den jeweiligen Fehlercode zur
Verfügung. Für ERR=13 gibt man in 520-530 eine Mitteilung aus,
um über 540 RESUME NEXT mit der nächsten Zeile nach der Fehlerzeile fortzufahren, also mit Zeile 30.

Zur Fehlerroutine 2:
In Zeile 30 wird mit der Anweisung 30 LET A=3/0 ein "Division
by zero"-Fehler erzeugt und wiederum nach Zeile 500 verzweigt.
ERR ist nun ungleich 13 und die Fehlerroutine 2 in Zeile 600
wird aufgerufen. Der in ERR stehende Fehlercode 11 wird ausgegeben (Zeile 610), ebenso die in ERL stehende Nummer der feh-
lerverursachenden Zeile 30 (Zeile 620). Im Anschluß daran wird
nach Durchlaufen eines Wartepunktes (Zeile 630) mit der Anweisung 640 RESUME 80 der Ablauf in Zeile 80 fortgesetzt.

Zum Beenden der Fehlerbehandlung:
Mittels ON ERROR GOTO wird die Fehlerbehandlung eröffnet. Auch
beim Unterbrechen der Programmausführung bleibt die Behandlung
geöffnet.
Mittels ON ERROR GOTO 0 oder CLEAR wird die Fehlerbehandlung wieder geschlossen (ebenso natürlich auch durch NEW). Im
Programm FEHLER1 geschieht dies in Zeile 80 vor dem END. Entsprechend diesem Beispielprogramm läuft eine Fehlerbehandlung
allgemein in vier Schritten ab (vgl. Abbildung).

```
1. Fehlerbehandlung eröffnen:
   10 ON ERROR GOTO 500

2. Fehlerbehandlungsroutinen ab Zeile 500 und 600 ...
   Fehlercode in ERR abfragen.
   Nummer der fehlerverursachenden Zeile in ERL abfragen.
   Fehlerhinweise ausgeben.

3. Programmablauf fortsetzen mit RESUME:
   RESUME NEXT    Folgezeile nach fehlerverursachender Zeile.
   RESUME 80      Angegebene Zeilennummer.
   RESUME         Fehlerverursachende Zeile selbst.

4. Fehlerbehandlung schließen:
   80 ON ERROR GOTO 0  (oder CLEAR)
```

Fehlerbehandlung über das Anwenderprogramm in vier Schritten

3.8.1.3 Fehlercodes erzeugen mit ERROR

Mit der Anweisung ERROR können eigene Fehlercodes erzeugt
werden. So wird durch die Anweisung

```
300 INPUT E$: IF E$="ja" THEN ERROR 150
```

im Falle der Tastatureingabe von "ja" der Systemvariablen ERR
der Fehlercode 150 zugewiesen und in die Fehlerbehandlungsrou-
tine verzweigt - vorausgesetzt natürlich, daß diese mittels ON
ERROR GOTO ... zuvor eröffnet worden ist.

Das folgende Beispiel zeigt, wie durch den Fehlercode 99 alle
eingetippten Zahlen abgewiesen werden, die unter 500 liegen.
Der Fehlercode 99 wird durch die Anweisung ERROR 99 erzeugt.

Ausführung zu Programm FEHLER2:

Fehlercode 99 erzeugen.
Zahl eingeben (77=Ende)? 600
Gut.
Zahl eingeben (77=Ende)? 4
Zahl unter 500 eingegeben.

Zahl eingeben (77=Ende)? 555
Gut.
Zahl eingeben (77=Ende)? 2
Zahl unter 500 eingegeben.
Zahl eingeben (77=Ende)? 77
Zahl unter 500 eingegeben.

Codierung zu Programm FEHLER2:

```
100 REM ====== Programm FEHLER2
110 PRINT "Fehlercode 99 erzeugen."
120 ON ERROR GOTO 1000
130 IF EIN=77 THEN GOTO 170
140   INPUT "Zahl eingeben (77=Ende)";EIN
150   IF EIN<500 THEN ERROR 99 ELSE PRINT "Gut."
160 GOTO 130
170 ON ERROR GOTO 0
180 END
190 :
1000 REM *** Fehlerbehandlungsroutine *******************
1010 IF ERR=99 THEN PRINT "Zahl unter 500 eingegeben."
1020 IF·ERL=150 THEN RESUME NEXT
1030 REM *************************************************
```

In den beiden Beispielen wurden durch ERROR-Anweisungen eigene Fehlercodes erzeugt: 150 bzw. 99. Da MSX-BASIC die Nummern
1-59 für Systemfehlercodes verwendet, müssen für diese eigenen
Codes die Nummern 60-255 verwendet werden.
Daneben besteht die Möglichkeit, durch ERROR das Auftreten eines BASIC-Fehlers zu s i m u l i e r e n , in dem man hinter
ERROR eine der von BASIC belegten Fehlernummern 0-59 schreibt.

```
                      ERROR-Anweisung
                             |
        ┌────────────────────┴────────────────────┐

EIGENE FEHLER ERZEUGEN:            BASIC-FEHLER SIMULIEREN:

Fehlercodes 60 - 255               Fehlercodes 1 - 59
```

Zwei Anwendungen der ERROR-Anweisung

3.8.2 Programmierhilfen

MSX-BASIC stellt folgende Programmierhilfen zur Verfügung:

```
- AUTO           Automatische Zeilennumerierung
- RENUM          Zeilen neu numerieren
- DELETE         Programmbereiche löschen
- TRON/TROFF     Trace-Lauf in Schritten (Abschnitt 3.8.1.2)
- KEY 3,"..."    Funktionstaste N (N=1-10) belegen
```

3.8.2.1 Automatische Zeilennumerierung mit AUTO

Durch Eingabe des Kommandos AUTO 100,5 wird ab Zeile 100 in
5er-Schritten automatisch durchnumeriert:

```
AUTO 100,5  /RET/        (=Eingabe: Komando AUTO)
100                      (=Ausgabe: Cursor wartet hinter 100)
```

Der MSX-Computer gibt A U T O m a t i s c h die Zeilennummern
100, 105, 110, ... aus, bis durch Eintippen von /CTRL/+C unmittelbar hinter der Zeilennummer dieses Numerieren abgebrochen wird.
Wird allein AUTO 100 eingegeben, nimmt MSX-BASIC die Schrittweite 10 als Default-Wert an. Der Default-Wert für die Beginnzeile ist 0. Hier einige Beispiele:

```
Eingabe des Kommandos:           Zeilennumerierung:

AUTO 100,5                       100,105,110,115,...
AUTO 100                         100,110,120,130,...
AUTO ,4                          0,4,8,12,16,20,...
AUTO 20000,100                   20000,20100,20200,...
AUTO 10                          10,20,30,40,...
AUTO                             10,20,30,40,...
```

Im folgenden Beispiel wird weist das Sternchen darauf hin, daß
die entsprechende Zeile bereits vorliegt. Wird direkt hinter
dem "*" die Taste /RETURN/ getippt, bleibt die alte Zeile erhalten. Andernfalls wird sie durch den neu eingegebenen Text
überschrieben.

```
100 PRINT "Test"         (=Eingabe)
110 PRINT "Test 1"       (=Eingabe)
AUTO 100                 (=Eingabe von AUTO)
100*                     (=Ausgabe; /RET/ oder Text eingeben)
110*                     (=Ausgabe)
```

Vor dem Einschalten von AUTO sollte der Hauptspeicher und der
Bildschirm gelöscht werden: NEW /RET/ sowie CLS /RET/ tippen.

3.8.2.2 Zeilen numerieren mit RENUM

Die Programmierhilfe RENUM wird anhand des kleinen Programmes
RENUM-TE dargestellt.

Im Ausführungsbeispiel werden der Reihe nach die fünf Befehle
- RENUM 100
- RENUM 1000,160,10
- RENUM 2000,1030,10
- RENUM 40000,500
- RENUM 77
eingegeben, um die Codierung des Programms RENUM-TE zu ändern.

RENUM numeriert somit die zu Beginn der Zeile angegebenen Nummern wie auch Sprungadressen (hier hinter GOSUB) um. Oftmals
muß mehrmals nacheinander mittels RENUM gearbeitet werden, wie
z.B. zur 1000er- und 2000er- Numerierung der Unterprogramme im
Programm RENUM-TE.

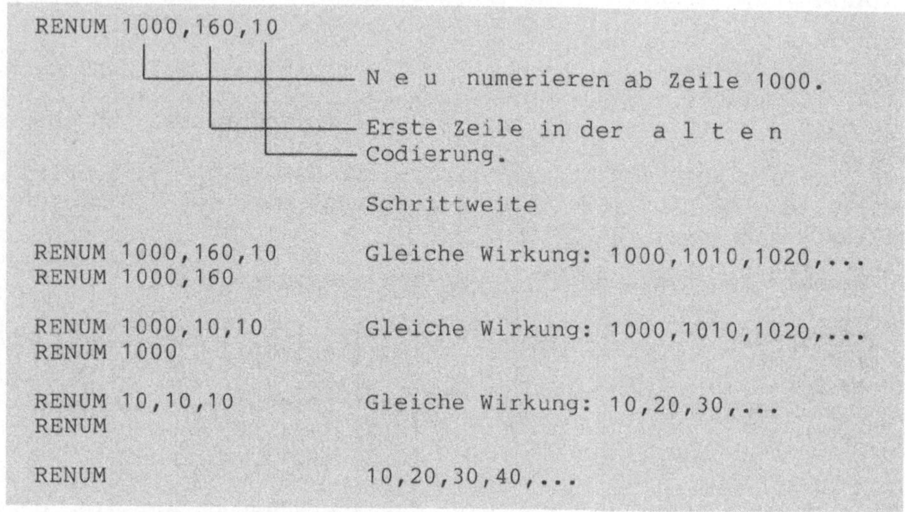

Programmierhilfe RENUM zur Numerierung von Zeilen

Als Schrittweite ist standardmäß die 10 und als Beginnzeile
die erste Zeile eingestellt.

```
100 REM ====== Programm RENUM-TE      100 REM ====== Programm RENUM-TE
101 PRINT "Test zu RENUM."            110 PRINT "Test zu RENUM."
110 GOSUB 150                         120 GOSUB 1000
114 GOSUB 180                         130 GOSUB 1030
130 PRINT "Ende": END                 140 PRINT "Ende": END
140 :                                 150 :
150 REM ====== Unterprogramm 1        1000 REM ====== Unterprogramm 1
160 PRINT "Upro 1"                    1010 PRINT "Upro 1"
165 RETURN                            1020 RETURN
180 REM ====== Unterprogramm 2        1030 REM ====== Unterprogramm 2
190 PRINT "Upro 2"                    1040 PRINT "Upro 2"
200 PRINT "... xxx"                   1050 PRINT "... xxx"
201 RETURN                            1060 RETURN


100 REM ====== Programm RENUM-TE      100 REM ====== Programm RENUM-TE
110 PRINT "Test zu RENUM."            110 PRINT "Test zu RENUM."
120 GOSUB 160                         120 GOSUB 1000
130 GOSUB 190                         130 GOSUB 2000
140 PRINT "Ende": END                 140 PRINT "Ende": END
150 :                                 150 :
160 REM ====== Unterprogramm 1        1000 REM ====== Unterprogramm 1
170 PRINT "Upro 1"                    1010 PRINT "Upro 1"
180 RETURN                            1020 RETURN
190 REM ====== Unterprogramm 2        2000 REM ====== Unterprogramm 2
200 PRINT "Upro 2"                    2010 PRINT "Upro 2"
210 PRINT "... xxx"                   2020 PRINT "... xxx"
220 RETURN                            2030 RETURN
```

3.8.2.3 Programmbereiche löschen mit DELETE

Zum Löschen einer einzelnen Zeile tippt man z.B. mit

   180 /RET/

hinter der Zeilennummer die /RET/-Taste. Programmbereiche, die
mehrere Zeilen umfassen, können vereinfacht mittels DELETE wie
folgt gelöscht werden:

- DELETE -180   Alle Zeilen bis einschließlich 180:
                       10,20,...,170,180.

- DELETE 180-   Alle Zeilen ab einschließlich 180:
                       180,190,200,...,letzte Zeile.

- DELETE 180-230   Alle zwischen 180 und 230 liegenden Zei-
                       len: 180,190,200,210,220,230.
- DELETE 180   Nur die eine Zeile 180.

Ist aufgrund falscher Nummernangabe kein Löschen möglich, meldet MSX-BASIC "Illegal function call (ungültiger Funktionsaufruf)".

3.8.2.4 Funktionstastenbelegung mit KEY

Nach dem Starten des MSX-Computers sind die 10 Funktionstasten
/F1/ bis /F10/ mit Werten belegt, die man sich durch die Anweisung KEY LIST zeigen lassen kann:

```
KEY LIST  /RET/           (=Eingabe)
color                     (=Ausgabe: Aktuelle Belegung der
auto                         Funktionstasten. Drückt man z.B.
goto                         Taste /F4/, wird der LIST-Befehl
list                         ausgeführt)
run
color 15,4,1
cload"
cont
list.
  run
```

Die Funktionstasten sind über die Anweisung KEY frei programmierbar. Durch Eingabe von z.B.

   KEY 1,"FILES" /RET/

wird die Funktionstaste 1 mit dem String "FILES" belegt. Das
bedeutet, daß nun nach jedem Drücken der Taste /F1/ der Befehl
FILES zur Ausführung gebracht wird (die bisherige Belegung mit
COLOR ist gelöscht). Ändert man die Tastenbelegung durch

   KEY 1,"FILES"+CHR$(13) /RET/

ab, braucht man nach dem Drücken der Taste /F1/ nicht noch die
/RET/-Taste betätigen, da mit CHR$(13) ein 'RET' an den String
angehängt wurde. Belegt man die Taste /F3/ mit

```
   KEY 3,"FILES"+CHR$(34)+"*.GRA"+CHR$(34)+CHR$(13)      /RET/ ,
```

werden über die Funktionstaste 3 alle die Diskettendateien gezeigt, die den Dateityp GRA haben. Mit dem Drücken der Taste
/F3/ wird also der Befehl FILES "*.GRA" ausgeführt (das Gänsefüßchen wird durch CHR$(34) dargestellt). Die Belegung

```
   KEY 4,"PLAY "+CHR$(34)+"CDEFGAB"+CHR$(34)+CHR$(13)   /RET/
```

bewirkt, daß beim Drücken von Taste /F4/ die Tonleiter abge-
spielt wird.
Die Belegung der Funktionstasten kann also frei gewählt werden
bei einer Stringlänge von maximal 255 Zeichen. Wichtig dabei
ist, daß die " " mittels CHR$(34) übermittelt werden.

3.8.3 Programme zu einem Programm-System verbinden

MSX-BASIC stellt die Anweisungen MERGE, LOAD und RUN bereit,
um Programme zu einem Programm-System bzw. zu einer Programm-
Bibliothek zu verbinden.
Die Grundlagen hierzu werden an einfachen Programmbeispielen
len dargestellt.

3.8.3.1 Programme einmischen mit MERGE

Mit der Anweisung MERGE wird ein im Hauptspeicher befindliches
Programm durch ein auf Diskette abgelegtes Programm wie folgt
überlagert:

- Zeilen mit gleichen Zeilennummern von Hauptspeicher- und
  Diskettenprogramm werden überschrieben, d.h. durch Zeilen
  des Diskettenprogramms ersetzt.

- Zeilen mit ungleichen Nummern werden zum Hauptspeicherpro-
  gramm hinzugefügt.

Zur Anweisung MERGE wurd ein Beispiel mit den beiden Programm-
men MODULALT und MODULNEU betrachtet. Dabei geht man so vor:

1. Sie laden das Programm MODULALT und lassen es ausführen:
die Variablen ALT$, ALT und ZAHL erhalten die Werte "Text alt"
bzw. 111 zugewiesen.

2. Jetzt laden Sie das Programm MODULNEU. Die Ausführung zeigt
auf, daß durch den Ladevorgang alle bislang im Hauptspeicher
verfügbaren Variablenwerte zerstört werden.

3. Nun speichern Sie das Programm MODULNEU mit der Anweisung
SAVE "MODULNEU",A im ASCII-Code (deshalb der Parameter A) ab.
Dann mischen Sie durch die Anweisungsfolge

```
LOAD "MODULALT"
MERGE "MODULNEU"
```

das Programm MODULNEU zusätzlich zum Programm MODULALT in den
Hauptspeicher ein. Die Ausführung zeigt zwei Auswirkungen der
Anweisung MERGE:
- Im Hauptspeicher stehen die Anweisungen 100-160 (MODULALT),
  gefolgt von den Anweisungen 1000-1060 (MODULNEU). Zeilen mit
  ungleichen Zeilennummern werden durch MERGE demnach hinzugefügt.
- Vom Programm MODULALT erzeugte Variablenwerte werden vom da-
  zugemischten Programm MODULNEU 'verstanden'; hier sind dies
  die Variablen ZAHL, ALT$ UND ALT.

Bei gleicher Zeilennumerierung der Programme MODULALT und MO-
DULNEU wäre nach Ausführung von MERGE das gesamte Programm MO-
DULALT überschrieben worden und damit 'verloren' gegangen.

Gemeinsam mit RENUM kann man MERGE benutzen, um oft benötigte Routinen zur Druckersteuerung, Bildschirmgestaltung usw. in
neue Programme hinzuzufügen. Eine Orientierungshilfe dazu gibt
die Abbildung mit den vier wiedergegebenen Schritten.

```
Schritt 1: RENUM
------------------

  Vor dem Speichern einer ROUTINE wird diese z.B. mittels
  RENUM 30000 bewußt 'hoch' durchnumeriert.

Schritt 2: SAVE "...",A
------------------------

  Mittels SAVE "ROUTINE",A speichert man die ROUTINE
  als ASCII-Datei bzw. Text-Datei ab.

Schritt 3: MERGE
------------------

  Laden des rufenden Programms.
  Mittels MERGE "ROUTINE" fügt man die ROUTINE in das
  rufende Programm an.

Schritt 4: GOSUB
------------------

  Durch GOSUB 30000 kann man die ROUTINE jetzt als neues
  Unterprogramm zur Ausführung bringen.
```

Einmischen von Programm(-teilen) in vier Schritten

```
100 REM ====== Programm MODULALT
110 PRINT "Beginn Programm MODULALT."
120 PRINT "ALT$, ALT, ZAHL: ";ALT$;ALT;ZAHL
130 PRINT "Neu$, neu: ";NEU$;NEU
140 LET ALT$="Text alt": LET ALT=111: LET ZAHL=111
150 PRINT "ALT$, ALT, ZAHL: ";ALT$;ALT;ZAHL
160 PRINT "Ende Programm MODULALT."
LOAD "MODULNEU"
LIST
1000 REM ====== Programm MODULNEU
1010 PRINT "Beginn Programm MODULNEU."
1020 PRINT "NEU$, NEU, ZAHL: ";NEU$;NEU;ZAHL
1030 PRINT "ALT$, ALT: ";ALT$;ALT
1040 LET NEU$="Text neu": LET NEU=999: LET ZAHL=999
1050 PRINT "NEU$, NEU, ZAHL: ";NEU$;NEU;ZAHL
1060 PRINT "Ende Programm MODULNEU."
```

```
SAVE "MODULNEU",A                'MODULNEU als ASCII-File ablegen
LOAD "MODULALT"
MERGE "MODULNEU"                  'MODULNEU einmischen

100 REM ====== Programm MODULALT
110 PRINT "Beginn Programm MODULALT."
120 PRINT "ALT$, ALT, ZAHL: ";ALT$;ALT;ZAHL
130 PRINT "Neu$, neu: ";NEU$;NEU
140 LET ALT$="Text alt": LET ALT=111: LET ZAHL=111
150 PRINT "ALT$, ALT, ZAHL: ";ALT$;ALT;ZAHL
160 PRINT "Ende Programm MODULALT."
1000 REM ====== Programm MODULNEU
1010 PRINT "Beginn Programm MODULNEU."
1020 PRINT "NEU$, NEU, ZAHL: ";NEU$;NEU;ZAHL
1030 PRINT "ALT$, ALT: ";ALT$;ALT
1040 LET NEU$="Text neu": LET NEU=999: LET ZAHL=999
1050 PRINT "NEU$, NEU, ZAHL: ";NEU$;NEU;ZAHL
1060 PRINT "Ende Programm MODULNEU."

RUN                              'Programm im Hauptspeicher läuft

Beginn Programm MODULALT.
ALT$, ALT, ZAHL:  0  0
Neu$, neu:  0
ALT$, ALT, ZAHL: Text alt 111   111
Ende Programm MODULALT.
Beginn Programm MODULNEU.
NEU$, NEU, ZAHL:  0  111
ALT$, ALT: Text alt 111
NEU$, NEU, ZAHL: Text neu 999   999
Ende Programm MODULNEU.
```

Dialogprotokoll zum Einmischen mittels MERGE

```
LOAD "MODULALT"                  LOAD "MODULNEU"
RUN                              RUN


Beginn Programm MODULALT.        Beginn Programm MODULNEU.
ALT$, ALT, ZAHL:  0  0           NEU$, NEU, ZAHL:  0  0
Neu$, neu:  0                    ALT$, ALT:  0
ALT$, ALT, ZAHL: Text alt 111  111   NEU$, NEU, ZAHL: Text neu 999   999
Ende Programm MODULALT.          Ende Programm MODULNEU.
```

3.8.3.2   Programme verketten mit RUN

Mittels RUN kann ein Programm während des Programmlaufes ein
anderes Programm von Diskette in den Hauptspeicher laden. Das
Ausführungsbeispiel zeigt, wie durch Ausführung der Anweisung

    170 RUN "MODULNEU"

das Programm MODULNEU geladen, ausgeführt und das rufende Programm MODULALT gelöscht wird. Die Variablen ALT$, ALT und ZAHL
sind im Programm MODULNEU unbekannt. Es findet demnach keine
Ü b e r g a b e   v o n   V a r i a b l e n w e r t e n statt.
Durch die Ausführung von 170 RUN "MODULNEU" wird das Programm
MODULALT im Hauptspeicher durch das geladene Programm MODULNEU
ü b e r l a g e r t (engl. overlay). Man spricht deshalb auch
von einem P r o g r a m m o v e r l a y . Die Overlaytechnik
verwendet man oft bei der M e n ü a u s w a h l ; Abschnitt
3.10 gibt dazu ein Beispiel.

Anstelle von 170 RUN "MODULNEU" kann auch die Anweisung

    170 LOAD "MODULNEU",R

verwendet werden. Ohne Angabe der Option "R" würde das Programm MODULNEU zwar geladen, nicht aber ausgeführt werden.
Das Verketten wird auch als C h a i n i n g bezeichnet.

3.9 Dateiverarbeitung sequentiell

In Abschnitt 1.3.5 wurden vier Formen zur Organisation von Dateien bzw. Files erläutert:

    - sequentielle Datei   (Zugriff in Speicherungsfolge)
    - Direktzugriff-Datei   (Auf den Datensatz direkt)
    - Index-sequentielle Datei   (Inhaltsverzeichnis als Index)
    - Verkettete Dateien   (Zeiger weist auf andere Datei)

In Abschnitt 3.9 wird auf die sequentielle Dateiorganisation
am Beispiel einer Telefondatei eingegangen. In Abschnitt 3.10
wird der Direktzugriff am Beispiel einer Artikeldatei erklärt.

Das Programm TELEFON1.SEQ verwaltet eine sequentielle Telefondatei. Das Programm besteht aus einem Menü-Steuerungsprogramm
(Zeilennummern 100-660) und neun Unterprogrammen für die aus
dem Menü jeweils gewählte Tätigkeit (Zeilennummern 1000-9000).
Das Programm TELEFON1.SEQ wird stets über das Menü beendet
(Zeilennummer 280). Zur Orientierung sehen Sie sich bitte das
wiedergegebene Ausführungsbeispiel an.

3.9.1 Menügesteuerte Dateiverwaltung

Nach Eingabe von RUN wird ein Menü mit zehn Wahlmöglichkeiten
gezeigt. Nach dem Eintippen von 1 als Menüwahl sowie TEL1.DAT
als Dateiname wird die (derzeit nur neun Einträge umfassen-
de) Datei komplett in den Hauptspeicher geladen. Dann werden 3
zusätzliche Einträge eingebenen (Menüwahl 4), der Eintrag von
STROMANN geändert (Menüwahl 6), der Eintrag von RUMMEL aus der
Datei gelöscht (Menüwahl 7), die verbliebenen elf Datensätze
nach Namen sortiert (Menüwahl 9) und ausgegeben (Menüwahl 3).
Abschließend werden die elf Telephoneinträge unter dem Namen
TEL1.DAT auf Diskette abgespeichert.

Die Telephondatei enthält eine zuvor nicht festgelegte Anzahl
von Datensätzen. Jeder Datensatz enthält die beiden Datenfelder NAME und NUMMER. Da jedes Datenfeld (kurz: Feld) verschieden lang sein kann, ist die Datensatzlänge variabel. Die Abbildung verdeutlicht diesen Datei-Aufbau (vgl. auch Abschnitt
1.3.5).

```
Datei (File)                    ... z.B. namens TEL1.DAT

Datensatz (Record)              ... mit jeweils zwei Einträgen
                                    'Name' N$() und 'Nummer' T$()

Datenfeld (Field), Eintrag      ... mit unterschiedlicher Länge,
                                    d.h. Anzahl von Zeichen

Zeichen (Character), Byte       ... beliebige Zeichen, da Daten-
                                    felder vom Datentyp STRING sind.
```

Aufbau der Telephondatei: Datei-Satz-Feld-Zeichen

3.9.2 Dateiweiser Datenverkehr

Die Datei wird komplett in den Hauptspeicher eingelesen (Menüwahl 1), um sie dort in den Arrays N$() (für die Namen) sowie
T$() (für die Telephonnummern) abzulegen und zu verarbeiten
(Menüwahl 3-9). Abschließend werden alle Einträge komplett Datensatz für Datensatz auf Diskette als externe Datei abgespeichert (Menüwahl 2). Der Datentransport zwischen Externspeicher
(Diskette) und Internspeicher (Hauptspeicher) erfaßt immer die
ganze Datei als Einheit. Der sequentielle Dateizugriff erfolgt
somit allein bei Menüwahl 1 und 2. Da er einmalig die komplette Datei umfaßt, spricht man vom d a t e i w e i s e n   Datenverkehr. Dem Vorteil der bequemen, schnellen (da internen)
Verarbeitung steht der Nachteil gegenüber, daß die Datei grö-
ßenmäßig durch den Hauptspeicherplatz begrenzt ist.
Die Direktzugriff-Datei von Abschnitt 3.10 verdeutlicht den
d a t e n s a t z w e i s e n Datenverkehr als Gegenstück zum
dateiweisen Datenverkehr.

Ausführung zur Verwaltung einer Telephondatei über
Programm TELEFON1.SEQ:

Telephonliste als sequentielle Datei.

Menü zur Verwaltung der Telephondatei
----
  0   Beenden
  1   Laden der Datei
  2   Speichern der Datei
  3   Drucken Gesamtverzeichnis
  4   Eingeben von Eintrgen
  5   Suchen   eines Eintrags
  6   Ändern   eines Eintrags
  7   Löschen   eines Eintrags
  8   Einfügen   eines Eintrags
  9   Sortieren der Gesamtdatei

Wahl 0-9? 1
Name der Datei? TEL1.DAT
  9 Einträge von TEL1.DAT im Hauptspeicher
Weiter: Taste
Menü zur Verwaltung der Telephondatei

Wahl 0-9? 3
Name: Telephonnummer:

Stromann   06262/3332
Weber   0721/130165
Treiber   0611/232323
Koepfle   06221/44421
Schoenfelder   06203/5541
Schmidtborn   06221/332000
Rummel   089/4413998
Maucher   06204/1210
Rudolfs   06221/33125
Dateiende nach 9 Einträgen.
Weiter: Taste

Menü zur Verwaltung der Telephondatei
----
  0   Beenden
  1   Laden der Datei
  2   Speichern der Datei
  3   Drucken Gesamtverzeichnis
  4   Eingeben von Eintrgen
  5   Suchen   eines Eintrags
  6   Ändern   eines Eintrags
  7   Löschen   eines Eintrags
  8   Einfügen   eines Eintrags
  9   Sortieren der Gesamtdatei

Wahl 0-9? 4
Name (0=Ende)? Domberg
Telefonnummer? 07622/163390

Name (0=Ende)? 0
Weiter: Taste
Menü zur Verwaltung der Telephondatei

Wiedergabe von:

- Menü
- Datei TEL1.DAT laden
- Menü weggelassen
- Dateiinhalt zeigen
- Menü
- Änderungsdienst

Struktogramm zu Programm TELEFON1.SEQ:

```
┌─────────────────────────────────────────────────────────────────┐
│ Arrays N$() und T$ für Namen und Nummern dimensionieren           │
├─────────────────────────────────────────────────────────────────┤
│ Solange Menüwahl W ungleich 0 ist, wiederhole                     │
│  ┌──────────────────────────────────────────────────────────────┐│
│  │ Menü anbieten und gültige Menüwahl in W speichern             ││
│  ├──────────────────────────────────────────────────────────────┤│
│  │  1 │ 2 │ 3 │ 4 │ 5 │ 6 │ 7 │ 8 │ 9   Fallabfrage zu W         ││
│  ├────┼───┼───┼───┼───┼───┼───┼───┼─────────────────────────────┤│
│  │ La │ S │ D │ E │ S │ A │ L │ E │ S                           ││
│  │ de │ p │ r │ i │ u │ e │ ö │ i │ o                           ││
│  │ n  │ e │ u │ n │ c │ n │ s │ n │ r                           ││
│  │    │ i │ c │ g │ h │ d │ c │ f │ t                           ││
│  │    │ c │ k │ e │ e │ e │ h │ ü │ i                           ││
│  │    │ h │ e │ b │ n │ r │ e │ g │ e                           ││
│  │    │ e │ n │ e │   │ n │ n │ e │ r                           ││
│  │    │ r │   │ n │   │   │   │ n │ e                           ││
│  │    │ n │   │   │   │   │   │   │ n                           ││
│  ├──────────────────────────────────────────────────────────────┤│
│  │ Wartepunkt: Weiter mit RETURN                                 ││
│  └──────────────────────────────────────────────────────────────┘│
└───────────────────────────────────────────────────────────────────┘
```

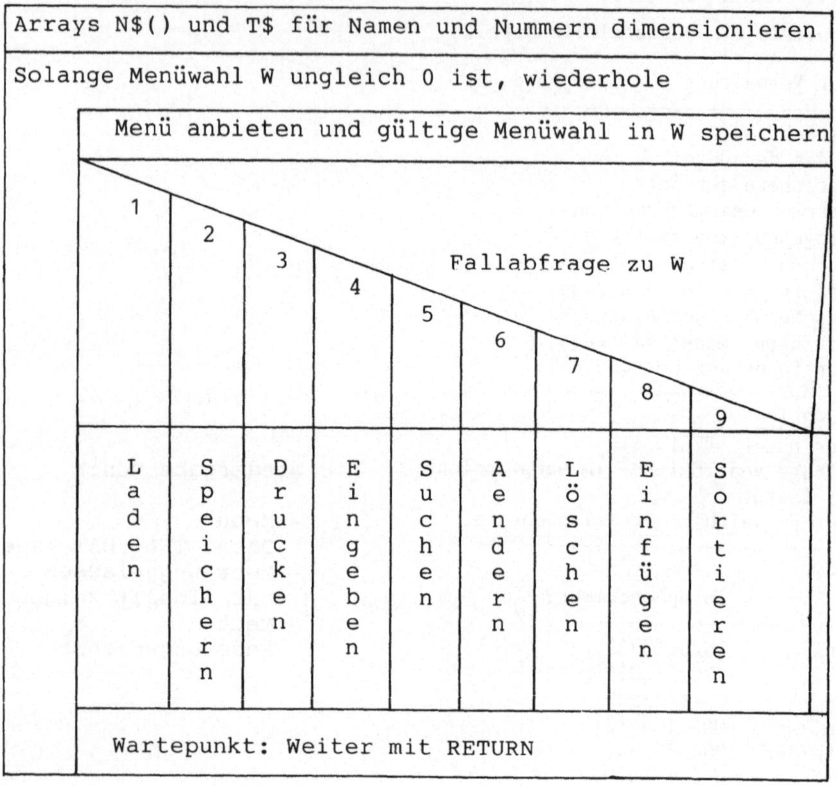

Codierung zu Programm TELEFON1.SEQ:

```
100 REM ====== Programm TELEFON1.SEQ
110 PRINT "Telephonliste als sequentielle Datei.": PRINT
120 :
130 REM ====== Vereinbarungsteil
140 DIM N$(100): '100-Elemente-Array fr die Namen
150 DIM T$(100): '100-Elemente-Array fr die Nummern
160 'W,W$:       Wahl bei Menü
170 'F$:         Dateiname (Diskette)
180 'I,Z,F:      Laufvariable bzw. Flagge
190 :
200 REM ====== Anweisungsteil
210 LET W=1
220 IF W=0 THEN GOTO 280
230    GOSUB 500              'Menüangebot
240    CLS
250    ON W GOSUB 1000,2000,3000,4000,5000,6000,7000,8000,9000
260    PRINT "Weiter: Taste";: LET W$=INPUT$(1): CLS
270 GOTO 220
280 PRINT "Ende.": END
290 :
300 :
```

```
500 PRINT "Men zur Verwaltung der Telephondatei"
510 PRINT "-----------------------------------"
520 PRINT " 0    Beenden"
530 PRINT " 1    Laden der Datei"
540 PRINT " 2    Speichern der Datei"
550 PRINT " 3    Drucken Gesamtverzeichnis"
560 PRINT " 4    Eingeben  von Eintrgen"
570 PRINT " 5    Suchen     eines Eintrags"
580 PRINT " 6    Ändern     eines Eintrags"
590 PRINT " 7    Löschen    eines Eintrags"
600 PRINT " 8    Einfügen   eines Eintrags"
610 PRINT " 9    Sortieren der Gesamtdatei"
620 PRINT "-----------------------------------"
630 INPUT "Wahl 0-9";W$: LET W=VAL(W$)
640 IF W<0 OR W>9 THEN PRINT "Zwischen 0 und 9": GOTO 630
650 IF W<>INT(W) THEN PRINT "Ganzzahlig": GOTO 630
660 RETURN
670 :
680 :
1000 REM ====== Unterprogramm LADEN
1010 INPUT "Name der Datei ";F$
1020 OPEN F$ FOR INPUT AS #1
1030 INPUT #1,N
1040 FOR I=1 TO N: INPUT #1,N$(I),T$(I): NEXT I
1050 PRINT N;"Einträge von ";F$;" im Hauptspeicher"
1060 CLOSE #1
1070 RETURN
1080 :
2000 REM ====== Unterprogramm SPEICHERN
2010 INPUT "Name der Ausgabedatei ";F$
2011 INPUT "Bisherige Datei zerstören (j/n)";W$
2020 IF W$<>"j" THEN 2100
2030 OPEN F$ FOR OUTPUT AS #1
2040 PRINT #1,N
2050 FOR I=1 TO N
2060    PRINT #1, N$(I);",";T$(I)
2070 NEXT I
2080 PRINT N;"Einträge in Datei ";F$
2090 CLOSE #1
2100 RETURN
2110 :
3000 REM ====== Unterprogramm DRUCKEN
3010 PRINT "Name:           Telephonnummer:"
3020 PRINT "-----------------------------"
3030 FOR I=1 TO N
3040    PRINT USING "\            \           \";N$(I),T$(I)
3050    IF INT(I/10)=I/10 THEN LET W$=INPUT$(1)
3060 NEXT I
3070 PRINT "Dateiende nach";N;"Einträgen."
3080 RETURN
3090 :
4000 REM ====== Unterprogramm EINGEBEN
4010 LET N=N+1
4020 INPUT "Name (O=Ende)";N$(N)
4030 IF N$(N)="O" THEN LET N=N-1: GOTO 4060
4040 INPUT "Telefonnummer";T$(N)
4050 GOTO 4010
4060 RETURN
```

Codierung zu Programm TELEFON1.SEQ (zweite Fortsetzung):

```
5000 REM ====== Unterprogramm SUCHEN
5010 INPUT "Zu suchender Name:";W$
5020 LET F=0
5030 FOR I=1 TO N
5040   IF LEFT$(N$(I),LEN(W$))=W$ THEN PRINT "Gefundene Nummer: ";T$(I):
5050 NEXT I                                            LET I=N: LET F=-1
5060 IF NOT F THEN PRINT W$;" nicht gefunden."
5070 RETURN
5080 :
6000 REM ====== Unterprogramm AENDERN
6010 INPUT "Name des zu ändernden Eintrags";W$: LET F=0
6020 FOR I=1 TO N
6030   IF LEFT$(N$(I),LEN(W$))=W$ THEN 6040 ELSE 6090
6040     PRINT N$(I);" ändern in ";: INPUT N$(I)
6050     PRINT T$(I);" ändern in ";: INPUT T$(I)
6060     PRINT N$(I);" ";T$(I);" korrekt (ja/nein) ";: INPUT W$
6070   IF W$<>"ja" GOTO 6040
6080   LET I=N: LET F=-1
6090 NEXT I
6100 IF NOT F THEN PRINT "Eintrag ";W$;" nicht gefunden."
6110 RETURN
6120 :
7000 REM ====== Unterrogramm LOESCHEN
7010 INPUT "Name des zu löschenden Eintrags";W$: LET F=0
7020 FOR I=1 TO N
7030   IF LEFT$(N$(I),LEN(W$))<> W$ THEN 7110
7040   PRINT N$(I);" wirklich löschen (ja/nein)";: INPUT W$
7050   IF W$<>"ja" THEN 7100
7060   FOR Z=I TO N-1
7070     LET N$(Z)=N$(Z+1): LET T$(Z)=T$(Z+1)
7080   NEXT Z
7090   LET N=N-1
7100   LET I=N: LET F=-1
7110 NEXT I
7120 IF NOT F THEN PRINT W$;" nicht gefunden. Kein Löschen möglich."
7130 RETURN
7140 :
8000 REM ====== Unterprogramm ENFUEGEN
8010 PRINT "Datei ";F$;" hat";N;"Einträge. Nach welchem"
8020 INPUT "Eintrag einfügen (Satznummer tippen)";W
8030 LET N=N+1
8040 FOR Z=N TO W+2 STEP -1
8050   LET N$(Z)=N$(Z-1): LET T$(Z)=T$(Z-1)
8060 NEXT Z
8070 PRINT "Nachfolgende Einträge sind verschoben."
8080 INPUT "Einzufügender Name  ";N$(W+1)
8090 INPUT "Einzufügende Nummer ";T$(W+1)
8100 RETURN
8110 :
```

```
9000 REM ====== Unterprogramm SORTIEREN
9010 PRINT "Sortieren von";N;"Datensätzen beginnt."
9020 FOR I=1 TO N-1
9030   LET STELLMIN=I
9040   LET NAMMIN$=N$(I): LET TELMIN$=T$(I)
9050   FOR Z=(I+1) TO N
9060     IF N$(Z)<NAMMIN$ THEN LET STELLMIN=Z: NAMMIN$=N$(Z): TELMIN$=T$(Z)
9070   NEXT Z
9080   LET N$(STELLMIN)=N$(I): LET N$(I)=NAMMIN$
9090   LET T$(STELLMIN)=T$(I): LET T$(I)=TELMIN$
9100 NEXT I
9110 PRINT "Sortieren im Hauptspeicher beendet."
9120 RETURN
```

3.9.3 Datei öffnen, verarbeiten und schließen

Zum Steuerprogramm in den Zeilen 210-280:
Das Programm hat zwei grundlegende Ablaufstrukturen: eine Wiederholungsstruktur (Schleife), in die eine Auswahlstruktur mit der Fallabfrage in Zeile 250 eingeschachtelt ist. Diese Fallabfrage steuert das Aufrufen von neun Unterprogrammen. Die Ablaufstrukturen sind besonders klar aus dem Struktogramm abzulesen.

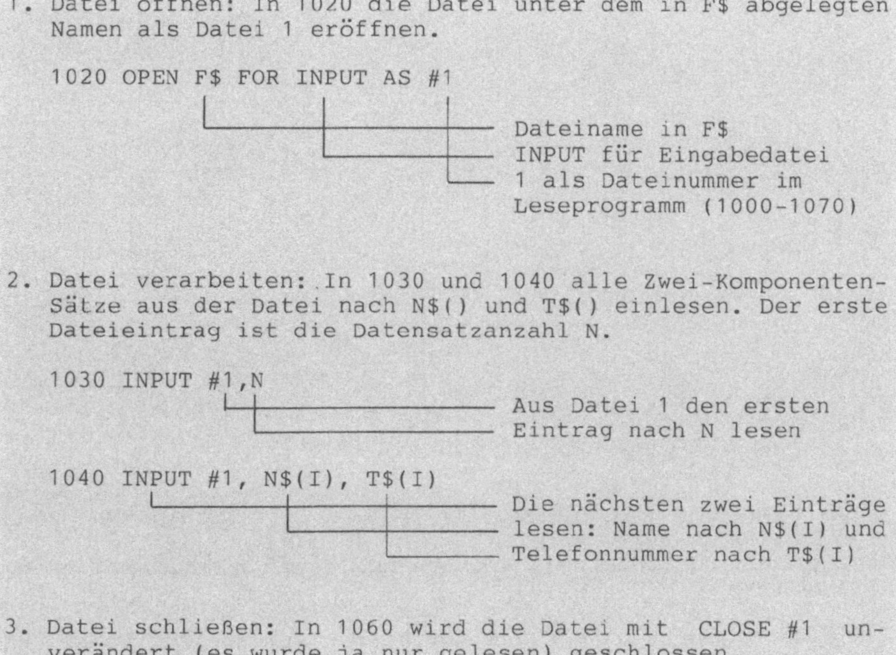

Datei öffnen, Datensätze lesen und Datei wieder schließen

Zum Unterprogramm LADEN in den 1000er Zeilen:
Der für die Dateiverarbeitung typische 3er-Schritt 'Datei
öffnen, Datei verarbeiten und Datei schließen' prägt dieses
Unterprogramm. Zum Öffnen und Schließen der Datei dienen die
Anweisungen OPEN und CLOSE. Mit der INPUT#-Anweisung wird die
Datei im lesenden Zugriff verarbeitet. In der Abbildung wird
gezeigt, wie diese drei Schritte im Programm TELEFON1.SEQ pro-
grammiert sind.

Zum Unterprogramm SPEICHERN in den 2000er Zeilen:
Es wird die Satzanzahl N in die Datei geschrieben, dann die N
Datensätze jeweils mit den zwei Datenfeldern Name und Telefonnummer.
In der OPEN-Anweisung in Zeile 2030 steht nun statt FOR INPUT
die Angabe FOR OUTPUT : An die Stelle des Lesens als Eingabe-
vorgang tritt das Schreiben als Ausgabevorgang. Anstelle der
Leseanweisung INPUT#1 wird die Schreibanweisung PRINT#1 angegeben.

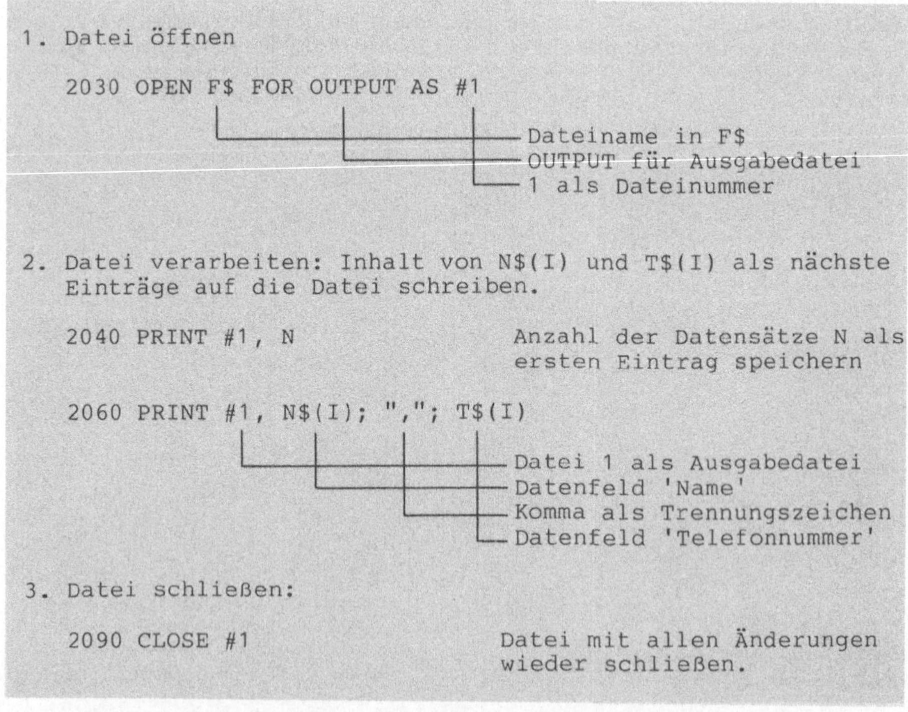

Datei öffnen, Datensätze schreiben und Datei wieder schließen

Da die sämtliche Einträge auf der Disketten-Datei durch RETURN
bzw. CHR$(13) getrennt gespeichert sind, müssen wir die Tren-
nungszeichen über PRINT#1 auch schreiben. Die Abbildung gibt
dazu drei Möglichkeiten an; sie zeigt auch, daß beim Lesen mit
der Anweisung INPUT# kein CHR$(13) angegeben werden.

```
Von Datei in Hauptspeicher lesen:
------------------------------------
  1040 INPUT#1,N$(I),T$(I)   Alle  Zeichen bis zum nächsten RE-
                             TURN nach N$(I) lesen und die Zei-
                             che  bis zum dann folgenden RETURN
                             nach T$(I) lesen.

Vom Hauptspeicher in die Datei schreiben:
------------------------------------------
  2060 PRINT#1,N$(I) : PRINT#1,T$(I)
                             N$(I) speichern, dann RETURN, dann
                             T$(I) und dann RETURN speichern.


  2060 PRINT#1,N$(I);CHR$(13);T$(I)
                             Trennungszeichen CHR$(13)=RETURN.


  2060 PRINT#1,N$(I);CHR$(44);T$(I)
  2060 PRINT#1,N$(I);",";T$(I)
                             Trennungszeichen CHR$(44)=Komma.


  2060 PRINT#1,N$(I),",",T$(I)
                             "," anstelle ";" braucht Platz.
```

         Gegenüberstellung von Lese- und Schreibanweisungen

Bei allen vier Formen der Anweisung 260 PRINT#1 werden die
Datenfelder durch CHR$(13)=RETURN oder CHR$(44)=Komma voneinander getrennt.
Zur letzten Möglichkeit: mit "," anstelle von ";" werden Leerstellen mit abgespeichert, da wie bei der PRINT-Anweisung am
Bildschirm auch bei der PRINT#-Anweisung Ausgabezonen mit einer Länge von 14 Stellen gebildet werden. Das ";" dagegen bewirkt, daß alle Einträge 'dicht an dicht' nebeneinanderstehen.

3.9.4 Verarbeitung von Arrays in Unterprogrammen

Zum Unterprogramm SUCHEN in den 5000er Zeilen:
Hier wird rein sequentiell Satz für Satz bzw. Eintrag für Eintrag in der Datei (im RAM) gesucht. Die Zählerschleife hat nur
einen Ausgang. Die Flagge F dient der Ablaufsteuerung.

Zum Unterprogramm ÄNDERN in den 6000er Zeilen:
Der Ablauf entspricht im wesentlichen dem Unterprogramm SUCHEN
(FOR-Schleife zur Steuerung des sequentiellen Suchens eines
Satzes). Die FOR-Schleife schachtelt eine IF-Schleife ein, die
die Eingabe der Änderung überprüft.

Zum Unterprogramm PHYSISCH LÖSCHEN in den 7000er Zeilen:
Physisch löschen heißt tatsächlich löschen. Die Zählerschleife
7060-7080 bewirkt, daß alle Einträge ab dem zu löschenden Eintrag um eine Position bzw. um ein Element in den Arrays N$()
und T$() v o r g e r ü c k t werden.

Zum Unterprogramm EINFÜGEN in den 8000er Zeilen:
Die Zählerschleife 8040 FOR Z=N TO W+2 STEP -1 rückt Einträge (vom letzten Satz ausgehend) um jeweils eine Position nach
hinten, um in den Zeilen 8080-8090 den neuen Eintrag in die
Arrays N$() und T$() einzufügen.

Zum Unterprogramm SORTIEREN in den 9000er Zeilen:
Wie in Programm SORTDAT1 (siehe in Abschnitt 3.7.3.1) wird das
"Sortieren durch Austausch nach Auswahl" verwendet, jedoch mit
folgenden Abweichungen:
  1) Anstelle von Zahlen werden Strings sortiert.
  2) Die Anzahl der Sortierbegriffe ist mit N variabel.

```
SEQ. TELEPHONDATEI AUF DISKETTE (GGF. AUF KASSETTE):
----------------------------------------------------------------

12,STROMANN,06262/3332,WEBER,0721/1300165,TREIBER,0611/23
2323,KOEPFLE,06221/44421,SCHOENFELDER,06203/5541,SCHMIDTB
ORN,06221/332000,...

- In dieser sequentiellen Datei wird mit "Datensätzen mit
  variabler Satzlänge" gearbeitet.
- Trennungszeichen CHR$(13)=RETURN oder CHR$(44)=","
  zwischen den Datenfeldern.
```

```
SEQ. TELEPHONDATEI INTERN IM HAUPTSPEICHER (ARRAYS N$, T$):
----------------------------------------------------------------
Index:  N$():          T$():              N:  12
  (1)    STROMANN       06262/3332         Im dateiweisen Datenverkehr
  (2)    WEBER          0721/1300165       wird die gesamte Datei kom-
  (3)    TREIBER        0611/232323        plett in die Arrays N$()
  (4)    KOEPFLE        06221/44421        und T$() eingelesen.
  (5)    SCHOENFELDER   06203/5541
  (6)    SCHMIDTBORN    06221/332000       Am Ende wird der Inhalt
  (7)    ...            ...                der Arrays komplett auf
                                           die Datei geschrieben.
```

Dateiweiser Datenverkehr: Gesamtdatei intern in Arrays ablegen

3.9.5 Speicherung einer Datei im Hauptspeicher

Es gibt mehrere Möglichkeiten, eine Datei mit ihren Datenfeldern im RAM bzw. Hauptspeicher zu speichern.

1. Jedes Datenfeld erhält einen eigenen String zugewiesen.
   100 Sätze zu je 2 Feldern beanspruchen 100*2*5=1000 Bytes
   allein zur Speicherorganisation (bei 5 Bytes je Variable).
   Diese Lösung ist nicht ökonomisch.

2. E i n String für die gesamte Datei.
   Kaum möglich, da ein String maximal 255 Zeichen lang sein
   und damit die Datei nicht aufnehmen kann.

3. Ein String mit fester (konstanter) Länge für jeden Satz:
   Das längste Feld der Datei bestimmt die für jedes Feld im
   String zu reservierende Stellenzahl. Dies führt leicht zur
   Verschwendung von Speicherplatz.

4. Ein String mit variabler Länge für jeden Satz:
   Zwischen den Feldern stehen Trennungszeichen (z.B. ",").
   Damit ergibt sich eine gute Speicherausnutzung.

Bei den Möglichkeiten 1, 3 und 4 wird man die Strings zumeist
in einem Array anordnen.

3.10 Dateiverarbeitung im Direktzugriff

Zum Zugriff auf eine s e q u e n t i e l l e Datei sind die
beiden Anweisungen PRINT# und INPUT# verwendet worden. Beim
Zugriff auf eine D i r e k t z u g r i f f - D a t e i verwendet man die Anweisungen PUT# und GET#. Wie in der Abbildung
gezeigt, treten noch weitere Anweisungen auf, da die Datensätze beim Schreiben (PUT#) und beim Lesen (GET#) durch einen
D a t e i p u f f e r als 'Fenster' durchgereicht werden.

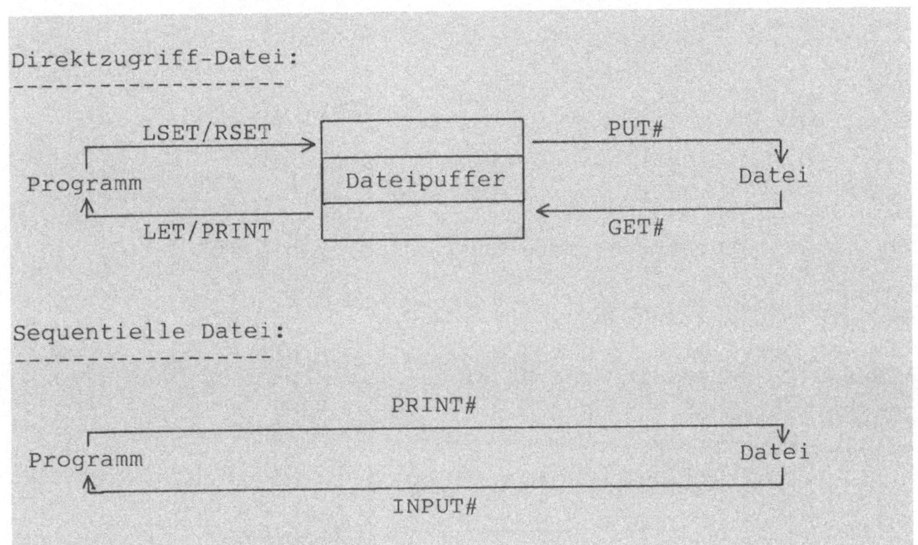

Zugriff auf die sequentielle Datei und die Direktzugriff-Datei

Programm ARTIKELM.DIR verwaltet eine Artikeldatei. Die Ausführung zu diesem Programm ähnelt der von Programm TELEFON1.SEQ,
da beide menügesteuert ablaufen. Dennoch weicht das Programm
ARTIKELM.DIR in einigen Punkten ab:

- Direktzugriff-Datei anstelle einer sequentiellen Datei.
- Artikeldatei weist Datensätze mit konstanter Satzlänge auf.
- Overlay durch Verkettung von fünf eigenständigen Programmen.
- Satzweiser Datenverkehr anstelle dateiweisem Datenverkehr.
- Direkte Adressierung des Datensatzes.

Diese fünf Punkte werden wir nun anhand der vom Menüprogramm
ARTIKELM.DIR aufgerufenen Programme

- ARTIKELA.DIR   (Anlegen einer neuen Datei)
- ARTIKELL.DIR   (Lesen von Sätzen von Datei in den RAM)
- ARTIKELS.DIR   (Schreiben von Sätzen vom RAM in die Datei)
- ARTIKELF.DIR   (Fortschreiben von Lagerbeständen)

betrachten.

3.10.1 Datei mit konstanter Datensatzlänge

Die Datensätze einer Artikeldatei namens ART1.DAT haben alle
die feste Satzlänge von L=23 Stellen und bestehen aus jeweils
vier Datenfeldern.

Inhalt:	Artikelnummer:	Bezeichnung:	Menge:	Stückpreis:
Länge: (DATENTYP)	/ 2 / INTEGER	15 / STRING	2 / INTEGER	4 / REAL-einfach
Variablenname (Name Puffer)	A1 P1$	A2$ P2$	A3 P3$	A4 P4$
Beispiel:	1002	ORCHIDEE	50	27.50

Datensatz-Beschreibung für die ARTDATEI

In BASIC hat die Direktzugriff-Datei im Gegensatz zur sequentiellen Datei eine f e s t e D a t e n s a t z l ä n g e .
MSX-BASIC behandelt jede Datei als Direktzugriff-Datei, wenn
in der OPEN-Anweisung weder die INPUT- noch die OUTPUT-Angabe
steht.

```
210 OPEN "ART1.DAT" AS #1
```

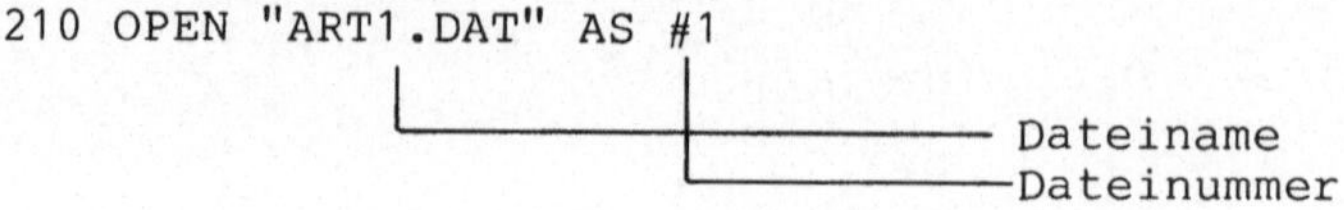

Gibt man die Laufwerkbezeichnung (A oder B) in die Variable
L$ und den Dateinamen in F$ ein, muß man diese Anweisung als

    210 OPEN L$+":"+F$ AS #1

schreiben. Der "+"-Operator dient der Verkettung der Strings.
Die Datensatzlänge einer einmal eingerichteten Datei kann später nicht mehr verändert werden - es sei denn, man richtet eine zweite Datei ein. Im Gegensatz zu der sequentiellen Datei
müssen die Modi INPUT, OUTPUT bzw. APPEND in der OPEN-Anweisung nicht angegeben werden, da der Dateizugriff beliebig erfolgen kann.

3.10.2 Overlay durch Verkettung von Programmen

Als Menüprogramm ruft das Programm ARTIKELM.DIR je nach Menüwahl durch die Anweisungen

    290 ... 320 RUN "Programmname"

eines der vier Programme

    ARTIKELA.DIR   Eine Direktzugriff-Datei leer A)nlegen
    ARTIKELS.DIR   Datensätze direkt auf Datei S)chreiben
    ARTIKELL.DIR   Einen bestimmten Datensatz direkt L)esen
    ARTIKELF.DIR   Den Lagerbestand F)ortschreiben

auf. Durch den Aufruf wird Programm ARTIKELM.DIR überlagert
(Overlay) und im Hauptspeicher wird das Programm ARTIKELM.DIR
durch das jeweils gerufene Programm ersetzt. Nach Ausführung
eines gerufenen Programms lädt dieses durch die Anweisung

    ... RUN "DIREKT-M"

das Menüprogramm wieder in den Hauptspeicher.
Mit dem Overlay werden alle vom rufenden Programm bislang er-
zeugten Variablenwerte zerstört.

3.10.3 Datensatzweiser Datenverkehr

Das Programm TELEFON1.SEQ hatte im dateiweisen Datenverkehr zu
Beginn die gesamte Datei in den Hauptspeicher gelesen und in
Arrays abgelegt. Bei der durch Programm ARTIKELM.DIR verwalte-
ten Artikeldatei hingegen wird jeweils unmittelbar nach der
Anforderung ein e i n z e l n e r Satz gelesen, geschrieben
oder geändert.
Man bezeichnet dies als "datensatzweisen Datenverkehr". Die
Artikeldatei kann damit natürlich größer sein als der verfüg-

bare Hauptspeicherplatz, da zwischen dem externen und dem interne Speicher stets nur ein Datensatz transportiert wird. Wie
zeigt sich der datensatzweise Datenverkehr in der Codierung?
In j e d e m Programm findet sich mindestens eine Anweisung
mit einem Dateizugriff (PUT zum Schreiben oder GET zum Lesen).

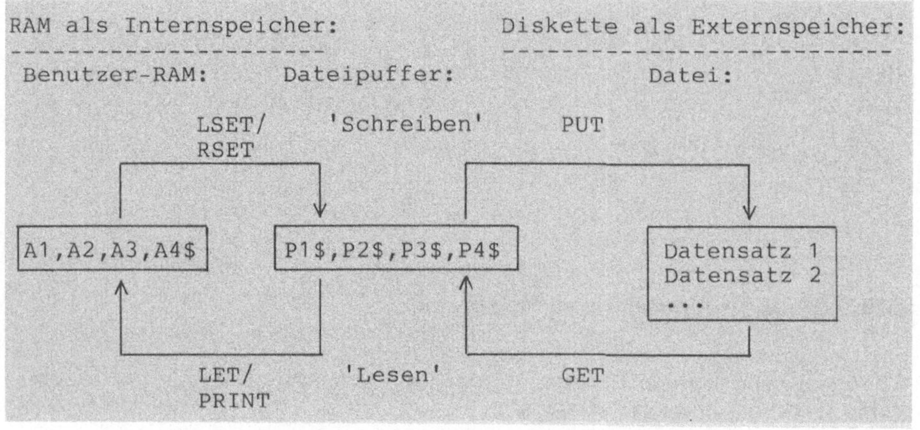

Datensatzweiser Datenverkehr mit GET und PUT

Zum direkten Schreiben mittels P U T :

Die Anweisung PUT schreibt einen Datensatz aus dem sogenannten
D a t e i p u f f e r auf die Datei. Diesen Dateipuffer können
wir uns als Zwischenspeicher und Fenster vorstellen, durch das
die Datensätze formgerecht gereicht werden. Als 'Dateipuffer
für die Direktzugriff-Datei' ist ein Teil des Hauptspeichers
reserviert.
Mit dem Befehl FIELD teilt man den Dateipuffer in Datenfelder (= fields) ein und legt für jedes Datenfeld die Feldlänge
und die Puffervariable fest. 80 FIELD 2 AS P1$ bewirkt, daß
ein zwei Bytes langes Datenfeld für die Puffervariable P2$ re-
serviert wird (Puffervariablen sind stets vom Typ STRING).
Die Anweisung LSET setzt Werte linksbündig (L wie Left) in die
entsprechende Puffervariable. Da Puffervariablen STRINGs sind,
müssen numerische Werte umgewandelt werden. Dazu verwendet man
die Funktionen MKI$, MKS$ und MKD$. 90 LSET P1$=MKI$(1002) be-
wirkt z.B. folgendes: Wandle die INTEGER-Zahl 1002 in einen
STRING der Länge 2 um und setze diesen linksbündig in die Puffervariable P1$ (MKI$ für MaKe Integer bzw. mache ganzzahlig).

Zum direkten Lesen mittels G E T :

Mit der Anweisung GET kann man umgekehrt einen Datensatz aus
der Datei direkt lesen und in den Dateipuffer setzen.
100 GET #1,34 setzt z.B. den 34. Datensatz von Datei 1 in den
Dateipuffer. Bevor man einen Datensatz ausgeben lassen kann,
muß man die Strings in den Puffervariablen natürlich wieder
in numerische Wette zurückverwandeln. Dafür benutzt man die
Funktionen CVI, CVS und CVD. Ein Beispiel: 200 LET A1=CVI(P1$)

wandelt den 2-Zeichen-STRING in der Puffervariablen P1$ in ei-
ne INTEGER-Zahl um.

Fehlt die Datensatznummer hinter GET, wird der Satz in den Dateipuffer gelesen, der dem zuletzt mit GET gelesenen Datensatz
folgt. Durch die Anweisungsfolge

    GET #1,20 : GET #1 : GET #1 : ...

kann eine Direktzugriffdatei somit seriell bzw. starr fortlaufend gelesen werden. Natürlich kann dies auch durch die Anweisung GET #1,S erfolgen, wenn S in einer Schleife jeweils um
1 hochgezählt wird.

```
100 REM ====== Programm ARTIKELA.DIR
110 'Anlegen (A) einer Datei: 'Alte' Datei löschen
120 'und ggf. mit Leersätzen beschreiben
130 :
140 REM ====== Vereinbarungsteil
150 'F$:              Direktzugriff-Datei (Name)
160 'ANZ:             Anzahl der Datensätze
170 'P1$,P2$,P3$,P4$: Datensatz im Dateipuffer
180 'S:               Satznummer zur direkten Adressierung
190 :
200 REM ====== Anweisungsteil
210 INPUT "Dateiname";F$
212 PRINT "Wirklich löschen und anlegen (j/n)?"
214 LET E$=INPUT$(1):LPRINT E$: IF E$<>"j" THEN 380
220   ON ERROR GOTO 240
230   KILL F$
240   IF ERR=53 THEN RESUME 260
250 LPRINT "Datei ";F$;" gelöscht."
260 OPEN F$ AS #1
270 FIELD #1,2 AS P1$,15 AS P2$, 2 AS P3$,4 AS P4$
280 PRINT "Datei ";F$;" neu eröffnet."
281 :
290 PRINT "Leersätze auf Datei schreiben.(j/n)?"
300 LET E$=INPUT$(1): PRINT E$: IF E$²³"j" THEN 370
310 INPUT "Vorgesehene Satzanzahl";ANZ
320 LSET P1$=MKI$(0): LSET P2$=" "
321 LSET P3$=MKI$(0): LSET P4$=MKS$(0)
330 FOR S=1 TO ANZ
340   PUT #1,S
350 NEXT S
360 PRINT ANZ;"Leersätze geschrieben."
370 CLOSE #1
380 RUN "ARTIKELM.DIR"
```

```
Dateiname? ART1.DAT
Wirklich löschen und anlegen (j/n)?
j
Datei ART1.DAT gelöscht.
Datei ART1.DAT neu eröffnet.
Leersätze auf Datei schreiben(j/n)?
j
Vorgesehene Satzanzahl? 20
 20 Leersätze geschrieben.
```

Struktogramm zum Schreibprogramm ARTIKELS.DIR:

Artikeldatei namens ART1.DAT eröffnen
Satz eintippen und den Variablen A1,A2$,A3,A4 zuweisen
Solange Artikelnummer A1 ungleich : ist, wiederhole

Unter "Solange…":

	Satz A1,A2$,A3,A4 in Dateipuffer P1$,P2$,P3$,P4$ setzen
	Adreßrechnung: Satznummer S = Artikelnummer A1 - 1000
	Inhalt des Dateipuffers nach ARTDATEI schreiben
	Datensatz nach A1,A2$,A3,A4 eintippen

ART1.DAT erweitert wieder schließen

Codierung zu Programm ARTIKELS.DIR:

```
100 REM ====== Programm ARTIKELS.DIR
110 'Schreibprogramm (S): einen oder mehrere Sätze
120 'direkt schreiben (Adreßrechnung: SatzNR=ArtNr-1000)
130 :
140 REM ====== Vereinbarungsteil
150 'ART1.DAT:        Direktzugriff-Datei
160 'A1,A2$,A3,A4:    Datensatz mit 4 Feldern im Programm
170 'P1$,P2$,P3$,P4$: Datensatz im Dateipuffer
180 'S:               Satznummer zur direkten Adressierung
190 :
200 REM ====== Anweisungsteil
210 OPEN "ART1.DAT" AS #1
220 FIELD #1,2 AS P1$,15 AS P2$,2 AS P3$,4 AS P4$
230 PRINT "Sätze schreiben (0=Ende)."
240 PRINT "Nummer, Bez., Bestand, Preis:"
250 INPUT A1,A2$,A3,A4

260 IF A1=0 THEN GOTO 340
270    LSET P1$=MKI$(A1): LSET P2$=A2$
280    LSET P3$=MKI$(A3): LSET P4$=MKS$(A4)
290    LET S = A1-1000  'Adreßrechnung
300    PUT #1,S
310    PRINT "Nummer, Bez., Bestand, Preis:"
320    INPUT A1,A2$,A3,A4
330 GOTO 260
340 CLOSE #1
350 RUN "ARTIKELM.DIR"
```

Struktogramm zum Leseprogramm ARTIKELL.DIR:

```
┌─────────────────────────────────────────────────────────┐
│ ART1.DAT eröffnen als Direktzugriff-Datei               │
├─────────────────────────────────────────────────────────┤
│ Zu suchende Artikelnummer SUCH eintippen                │
├─────────────────────────────────────────────────────────┤
│ Solange SUCH größer als 1000 ist, wiederhole            │
│   ┌───────────────────────────────────────────────────┐ │
│   │ Adreßrechnung durchführen: S  =  SUCH - 1000      │ │
│   ├───────────────────────────────────────────────────┤ │
│   │ Artikelsatz mit Satznummer S direkt lesen         │ │
│   ├───────────────────────────────────────────────────┤ │
│   │ \        gefunden (kein ERROR)?          /        │ │
│   │   ja                              nein            │ │
│   ├──────────────────────────┬────────────────────────┤ │
│   │ Satzkomponenten          │ Fehlerhinweis          │ │
│   │ A1,A2$,A3 und A4         │ ausgeben               │ │
│   │ zeigen                   │                        │ │
│   ├──────────────────────────┴────────────────────────┤ │
│   │ Den nächsten Suchbegriff SUCH eintippen           │ │
│   └───────────────────────────────────────────────────┘ │
├─────────────────────────────────────────────────────────┤
│ ART1.DAT unverändert wieder schließen                   │
└─────────────────────────────────────────────────────────┘
```

```basic
100 REM ====== Programm ARTIKELL.DIR
110 'Leseprogramm (L): einen oder mehrere Sätze
120 'direkt lesen (Adreßrechnung: SatzNr=ArtNr-1000)
130 :
140 REM ====== Vereinbarungsteil
150 'ART1.DAT:          Direktzugriff-Datei
160 'A1,A2$,A3,A4:      Datensatz mit 4 Feldern im Programm
170 'P1$,P2$,P3$,P4$: Datensatz im Dateipuffer
180 'S:                Satznummer zur direkten Adressierung
190 'SUCH:             Artikelnummer als Suchbegriff
200 :
210 REM ====== Anweisungsteil
220 OPEN "ART1.DAT" AS #1
230 FIELD #1,2 AS P1$,15 AS P2$,2 AS P3$,4 AS P4$
240 INPUT "Artikelnummer (Ende<=1000)";SUCH
250    IF SUCH <=1000 THEN GOTO 400
260    LET S = SUCH-1000
270    ON ERROR GOTO 370
280    GET #1,S
290    LET A1=CVI(P1$): LET A2$=P2$
300    LET A3=CVI(P3$): LET A4=CVS(P4$)
310    PRINT "Artikelnummer: ";A1
320    PRINT "Bezeichnung:    ";A2$
330    PRINT "Bestandsmenge: ";A3
340    PRINT "Stückpreis:    ";A4
350 GOTO 240
360 :
370 IF ERR=55 THEN PRINT "... nicht gefunden.": RESUME 240
380 ON ERROR GOTO 0
390 :
400 CLOSE #1
410 RUN "ARTIKELM.DIR"
```

```
VOR DEM SCHREIBEN MIT PUT: WERTE IN PUFFERVARIABLEN SETZEN
---
100 LSET P1$=MKI$(1000)       Zahl 1000 vom Datentyp INTEGER
                              in STRING mit Länge 2 Bytes.
110 LSET P2$=MKS$(2.5)        Zahl 2.5 vom Typ REAL-einfach
                              in STRING mit Länge 4 Bytes.
120 LSET P3$=MKD$(0.09)       Zahl 0.09 vom Typ REAL-doppelt
                              in STRING mit Länge 8 Bytes.
130 LSET P4$="ROSE"           STRING "ROSE" nach P4$ zuweisen


NACH DEM LESEN MIT GET: WERTE AUS PUFFERVARIABLEN ENTNEHMEN
----
200 LET A1=CVI(P1$)           P1$ in INTEGER-Zahl A1.

210 LET A2=CVS(P2$)           P2$ in REAL-einfach-Zahl A2.

220 LET A3=CVD(P3$)           P3$ in REAL-doppelt-Zahl A3.

240 LET A4$=P4$               P4$ bleibt STRING A4$ (stets
                              verschiedene Namen verwenden!)
```

Datenfelder in Dateipuffer setzen und aus Dateipuffer nehmen

Ausführung zu Programm ARTIKELM.DIR:

```
*1 = Neue Datei anlegen  *
*2 = Datensätze schreiben*
*3 = Datensätze lesen     *
*4 = Menge fortschreiben *
*5 = Dateizugriff beenden*
Wahl 1-5? 2


Sätze schreiben (0=Ende).
Nummer, Bez., Bestand, Preis:
  1002 ,Orchidee, 50 , 27.5
Nummer, Bez., Bestand, Preis:
  1001 ,Clematis, 30 , 9.55
Nummer, Bez., Bestand, Preis:
  1019 ,Iris, 80 , 9.55
Nummer, Bez., Bestand, Preis:
  1011 ,Lilie, 25 , 14.05
Nummer, Bez., Bestand, Preis:
  0 ,0, 0 , 0


*1 = Neue Datei anlegen  *
*2 = Datensätze schreiben*
*3 = Datensätze lesen     *
*4 = Menge fortschreiben *
*5 = Dateizugriff beenden*
Wahl 1-5? 3
```

```
Artikelnummer (Ende<=1000)?   1011
Artikelnummer:  1011
Bezeichnung:    Lilie
Bestandsmenge:  25
Stückreis:      14.05

*1 = Neue Datei anlegen  *
*2 = Datensätze schreiben*
*3 = Datensätze lesen     *
*4 = Menge fortschreiben *
*5 = Dateizugriff beenden*
Wahl 1-5? 4


Nr. zur Fortschreibung? 1019
Artikelnummer:  1019
Bezeichnung:    Iris
Bestandsmenge:  80
Stückpreis:     9.55
Bestandsänderung +- ?-13
Fortgeschrieben auf 67 .


*1 = Neue Datei anlegen  *
*2 = Datensätze schreiben*
*3 = Datensätze lesen     *
*4 = Menge fortschreiben *
*5 = Dateizugriff beenden*
Wahl 1-5? 5
Ende.
```

Codierung zu Programm ARTIKELM.DIR:

```
100 REM ====== Programm ARTIKELM.DIR
110 'Menüprogramm (M): Verwaltung einer
120 'Artikeldatei als Direktzugriff-Datei
130 :
140 REM ====== Vereinbarungsteil
150 'E$,E:  Eingabe bei Menüauswahl
160 :
170 REM ====== Anweisungsteil
180 PRINT: PRINT "*1 = Neue Datei anlegen  *"
190 PRINT "*2 = Datensätze schreiben*"
200 PRINT "*3 = Datensätze lesen     *"
210 PRINT "*4 = Menge fortschreiben *"
220 PRINT "*5 = Dateizugriff beenden*"
230 INPUT "Wahl 1-5";E$: LET E=VAL(E$)
240 IF E=5 THEN PRINT "Ende.": END
250 :
260 ON E GOTO 290,300,310,320
270 PRINT "Eingabefehler.": GOTO 230
280 :
290 RUN "ARTIKELA.DIR"    'Overlay
300 RUN "ARTIKELS.DIR"
310 RUN "ARTIKELL.DIR"
320 RUN "ARTIKELF.DIR"
```

```
1) DATEI ERÖFFNEN UND DATEIPUFFER AUFTEILEN

190 OPEN "ART1.DAT" AS #1              Datensatzlänge 23 fest.
200 FIELD #1, 2 AS P1$, 15 AS P2$, 2 AS P3$, 4 AS P4$
                                      Dateipuffer mit 4.Feldern.


2) DATENSATZ MIT SATZNUMMER 19 DIREKT SCHREIBEN

300 LSET P1$=MKI$(1019): LSET P2$="Iris"    Satz linksbündig
310 LSET P3$=MKI$(80)  : LSET P4$=MKS$(9.55) in Dateipuffer
320 PUT #1, 19                              setzen und dann
                                            schreiben.


3) DATENSATZ MIT SATZNUMMER 2 DIREKT LESEN

500 GET #1, 2                          Satz lesen und
510 LET A1=CVI(P1$) : LET A2$=P2$      aus Dateipuffer
520 LET A3=CVI(P3$) : LET A4=CVS(P4$)  in die Satzva-
530 PRINT "2. Satz: ";A1,A2$,A3,A4     riablen bringen.
```

        Über den Dateipuffer direkt lesen und direkt schreiben

Einige Anmerkungen zum Dateipuffer bei der Direktzugriffdatei:

- Puffervariablen sind stets Strings. Grund: Die Stringholder
  können vom Variablenspeicher zum Dateipuffer verweisen (vgl.
  dazu Abschnitt 3.5).

- Die maximale Puffergröße liegt bei 256 Bytes.

- Wertzuweisungen zu Puffervariablen müssen durch LSET (linksbündig zuweisen) oder RSET (rechtsbündig) erfolgen, keinesfalls aber durch LET oder INPUT.

- Funktionen MKI\$, MKS\$ und MKD\$ zur Umwandlung einer Zahl des
  Typs Ganzzahl, einfache bzw. doppelte Genauigkeit in einen
  Pufferstring der Länge 2, 4 bzw. 8 Bytes.

- Funktionen CVI, CVS bzw. CVD zur Umwandlung von Strings in
  numerische Werte.

Codierung zu Programm ARTIKELF.DIR:


```
100 REM ====== Programm ARTIKELF.DIR
110 'Fortschreibungsprogramm (F): Einen Satz suchen
120 'und seinen Bestand ändern, d.h. fortschreiben.
130 :
140 REM ====== Vereinbarungsteil
150 'ART1.DAT:          Direktzugriff-Datei
160 'A1,A2$,A3,A4:      Datensatz mit 4 Feldern im Programm
170 'P1$,P2$,P3$,P4$: Datensatz im Dateipuffer
180 'S:                Satznummer zur direkten Adressierung
190 'SUCH:             Artikelnummer als Suchbegriff
200 'ZUAB:             Zu- bzw. Abnahme der Bestandsmenge
210 :
220 REM ====== Anweisungsteil
230 OPEN "ART1.DAT" AS #1
240 FIELD #1,2 AS P1$,15 AS P2$,2 AS P3$,4 AS P4$
250 ON ERROR GOTO 420
260 INPUT "Nr. zur Fortschreibung";SUCH
270 LET S = SUCH-1000
280 GET #1,S
290 LET A1=CVI(P1$): LET A2$=P2$
300 LET A3=CVI(P3$): LET A4=CVS(P4$)
310 PRINT "Artikelnummer: ";A1
320 PRINT "Bezeichnung:    ";A2$
330 PRINT "Bestandsmenge: ";A3
340 PRINT "Stäckpreis:     ";A4
350    INPUT "Bestandsänderung +- ";ZUAB
360    LET A3=A3+ZUAB
370    LSET P3$=MKI$(A3)
380    PUT #1,S
390 PRINT "Fortgeschrieben auf";A3;"."
400 GOTO 450
410 '*** Fehlerroutine ************
420 IF ERR=55 THEN PRINT "... nicht gefunden.": RESUME 260
430 ON ERROR GOTO 0
440 :
450 CLOSE #1
460 RUN "ARTIKELM.DIR"
```

3.10.4 Direkte Adressierung des Datensatzes

Artikel 1019 ist als 19. Satz in der Artikeldatei gespeichert,
Artikel 1001 als 1. Satz, Artikel 1034 als 34. Satz. Die zeit-
liche Reihenfolge der Speicherung spielt keine Rolle. Solange
z.B. für den 'dazwischengehörenden' Artikel 1007 kein Satz gespeichert ist, bleibt der entsprechende Speicherplatz auf der
Diskette eben leer - es entstehen L ü c k e n . Die schlechte
Ausnutzung der Speicherplatzes ist sicher ein Nachteil der Direktzugriff-Datei.

Der Zusammenhang

"Satznummer S ergibt sich aus Artikelnummer A1 minus 1000"

wird als A d r e ß r e c h n u n g bezeichnet. Diese Adreßrechnung stellt einen umkehrbaren Zusammenhang zwischen der
Artikelnummer als Ordnungsbegriff einerseits und der relativen
Satznummer als Speicherort andererseits her. 'Umkehrbar', weil
aus der Satznummer (z.B. 119. Satz) die zugehörige Artikelnummer abgeleitet werden kann (also 1119). Man bezeichnet diese
umkehrbare Adreßrechnung als d i r e k t e Adressierung.

Die Adreßrechnung muß v o r dem Dateizugriff vorgenommen werden, d.h. v o r jeder PUT- oder GET-Anweisung. Dazu folgende
Beispiele:

- In Programm ARTIKELS.DIR bewirken die Anweisungen

```
290 LET S=A1-1000
300 PUT #1, S    ,
```

daß nach Berechnung der Satznummer S in Zeile 290 (für Artikelnummer A1=1019 z.B. wird S=19) der Datensatz als 19. Satz
direkt in die Datei ART1.DAT auf Diskette geschrieben wird.

- In Programm ARTIKELL.DIR bewirkt die Anweisungsfolge

```
260 LET S=SUCH-1000
280 GET #1, S
```

dementsprechend, daß nach Ermittlung der Satzadresse S aus
dem Suchbegriff SUCH der S. Datensatz direkt gelesen wird.

- In Programm ARTIKELF.DIR wird nach der Adreßrechnung in 270
zunächst in 280 ein Satz gelesen, um ihn nach der Bestands-
fortschreibung in 380 an dieselbe Stelle S wieder zurückzu-
schreiben.

- In Programm ARTIKELA.DIR werden zum Schreiben von Leersätzen
die Satznummern nicht über eine Adreßrechnung gewonnen, sondern über die Schleife 330 FOR S=1 TO ANZ mit ANZ als Anzahl der vorgesehenen Datensätze.

3.10.5 Indirekte Adressierung des Datensatzes

Betrachten wir folgendes Planungsbeispiel einer Artikeldatei:

- kleinste Artikelnummer ist 1
- größte Artikelnummer ist 300000
- insgesamt sind 2000 Artikel im Sortiment
- "SatzNr = ArtNr" als Adreßrechnung

Diese Planung hat zur Folge, daß für die nur 2000 Artikel eine
Datei mit 300.000 Sätzen bereitgestellt werden muß. Das Adreß-
rechnungsverfahren der d i r e k t e n Adressierung ist hier
ungeeignet. Aus diesem Grund wird bei Streuung des Ordnungsbe-
griffes ein Verfahren der i n d i r e k t e n Adressierung
gewählt wie z.B. das Divisions-Rest-Verfahren. Dabei entsteht
das Problem, daß für zwei Ordnungbegriffe dieselbe Satznummer
berechnet werden kann. Es kommt ggf. zu Doppelbelegungen bzw.
Ü b e r l ä u f e r n , die natürlich gesondert abgespeichert
werden müssen.
Im Zusammenhang mit der indirekten Adressierung spricht man
auch von H a s h i n g (übersetzt: etwa 'Mischmasch') bzw.
vom Hash-Code.

```
DIREKTE ADRESSIERUNG:

 - Adreßrechnung "SatzNr = ArtNr - 1000" ergibt für die ArtNr
   1010, 1045, 1002, ...  die SatzNr 10, 45, 2 ...

 - Adreßrechnung "SatzNr = PersNr" ergibt für die PersNr
   100187, 6745, 23, ...  die Satznr 100187, 6745, 23, ...

 - Aus dem Ordnungsbegriff läßt sich die Satznummer errechnen
   und umgekehrt aus der Satznummer der Ordnungsbegriff.

 - Lücken im Ordnungsbegriff führen zu Lücken auf der Datei.


INDIREKTE ADRESSIERUNG:

 - Adreßrechnung "Divisions-Rest-Verfahren" als Beispiel:
   Ordnungsbegriff durch Satzanzahl der Datei (=1200) teilen.
   ArtNr 10800 ergibt SatzNr 1 / ArtNr 1453 ergibt SatzNr 254
   10800:1200=9 Rest 0+1 = 1    / 1453:1200=1 Rest 253+1 = 254

 - Aus der Satznummer läßt sich der Ordnungsbegriff nicht
   eindeutig zurückrechnen (Problem der Überläufer).

 - Ziel: Weit verstreute Ordnungsbegriffe (z.B. ArtNr) zu eng
   beieinanderliegenden Satzadressen (SatzNr) verdichten.
```

Zwei Adreßrechnungs-Arten: Direkte und indirekte Adressierung

Die indirekte Adressierung ist auch stets dann angezeigt, wenn
ein k l a s s i f i z i e r e n d e r Ordnungsbegriff angewendet wird; als Beispiel wird in der Abbildung eine Artikelnummer wiedergegeben.

```
Position: Inhalt:    Bedeutung:

 1 - 2    AA-ZZ      Zwei Anfangsbuchstaben des Artikelnamens.
 3 - 4    Zahl       Lagerstelle
 5 - 7    Zahl       Nummer des Lieferanten
 8        Ziffer     Nummer für identische Positionen 1-7
```

Die Artikelnummern HA093320 (Hammer, Lagerstelle 9, Lieferan-
tennummer 332) und ME421000 (Meisel, Lagerstelle 42, Lieferan-
tennummer 100) können nur indirekt adressiert gelesen werden.

Artikelnummer als klassifizierender Ordnungsbegriff

3.11 Grafikverarbeitung

3.11.1 Bildschirm-Modi festlegen mit SCREEN

Bei MSX-BASIC sind zunächst zwei grundsätzlich verschiedene
Grafik-Betriebsarten zu unterscheiden: Auf der einen Seite die
T e x t - G r a f i k , bei der nur Zeichen (Ziffern, Buchstaben, Sonder- und Grafikzeichen) dargestellt werden, und auf
der anderen Seite die P i x e l - G r a f i k zur Darstellung von einzelnen Bildpunkten als sogenannte Pixeln.

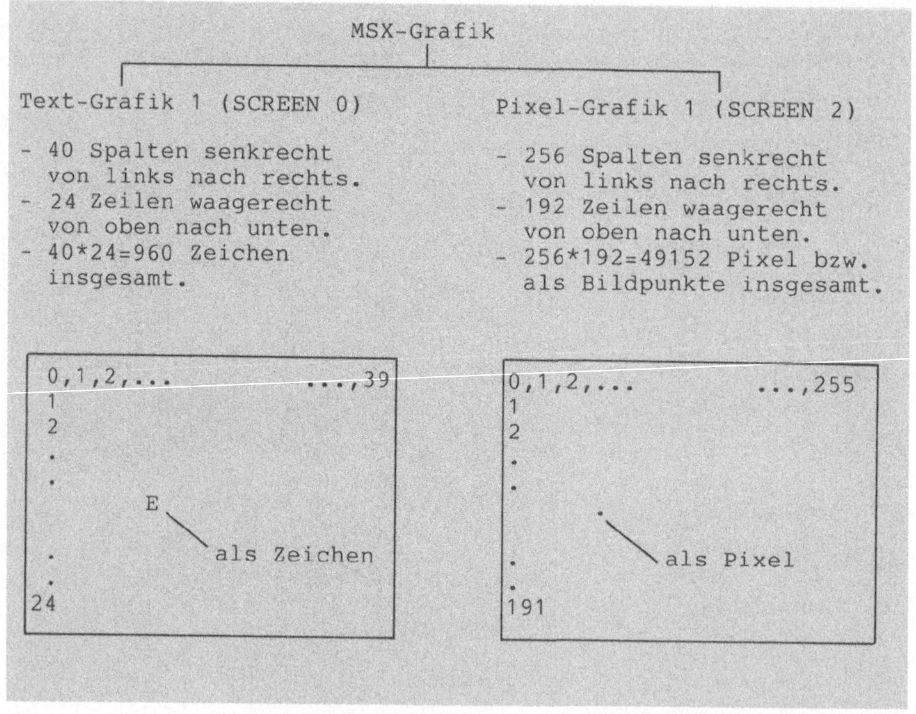

Zeichen bzw. Pixel als kleinste grafische Einheit

Bei der Text-Grafik ist das Zeichen die kleinste programmierbare Einheit. Es kann von uns nicht weiter unterteilt werden.
Jedes Zeichen setzt sich aus 8*8=64 Punkten zusammen. Bei der
Pixel-Grafik 1 kann man jeden kleinen Punkt e i n z e l n an-
sprechen und manipulieren. In jeder Zeile stehen 256 Punkte
nebeneinander (8*32=256). Da genau 192 Punkte untereinander-
stehen (8*24=192), sind insgesamt 49152 Bildpunkte bzw. Pixeln
(256*192=49152) auf dem Bildschirm direkt adressierbar.

Zur Grafikverarbeitung verfügt jeder MSX-Computer über einen
als V D P (Video Display Processor) bezeichneten Grafikpro-
zessor mit einem 16K RAM großen B i l d s p e i c h e r (auch
Grafik- und Videospeicher genannt). Über VPEEK und VPOKE kann
jede Position des Bildspeichers direkt gelesen und abgeändert,

was spezielle Kenntnisse voraussetzt. Bei Verwendung der Aus-
gabe- und Grafikanweisungen wie PRINT und CIRCLE verwaltet das
MSX-System den Bildspeicher automatisch. Dadurch wird das Arbeiten mit Grafik für den Benutzer sehr bequem. Wir wenden uns
den äußerst mächtigen Grafikanweisungen zu.

Mit der Anweisung SCREEN werden die vier Bildschirm-Modi eingestellt: Text-Modi 1 und 2 für die Text-Grafik sowie Grafik-
Modi 1 und 2 für die Pixel-Grafik.

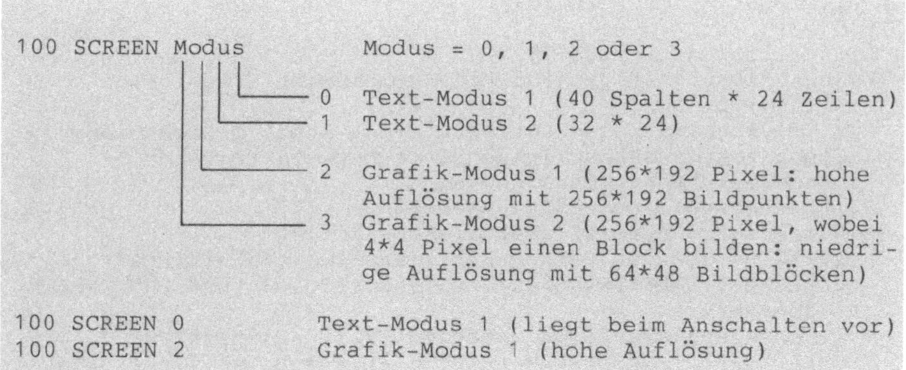

SCREEN-Anweisung zum Einstellen der vier Bildschirm-Modi

Text-Modus 1 im Überblick:

- Einstellen mit SCREEN 0.
- Anweisungen PRINT (Zeichenausgabe), LOCATE (Cursor stellen),
  CLS (Bildschirm löschen), WIDTH (Bildschirmbreite einengen)
  und COLOR (Farbe wählen).
- Von den Grafik-Anweisungen ist nur PUT SPRITE verwendbar.
- Maximal 40 Spalten (=Zeichen) nebeneinander und 23 Zeilen
  (=Zeichen) untereinander.
- Ein Zeichen setzt sich aus 6*8 Punkten zusammen (die beiden
  rechten Spalten -siehe Zeichensatz- werden nicht gezeigt).
- Beim Anschalten des MSX-Computers ist SCREEN 0 mit WIDTH 32
  eingestellt.
- Der ROM-Zeichengenerator sieht 223 Zeichen des normalen
  Zeichensatzes (von CHR$(32) bis CHR$(255)) und 31 Zeichen
  des Alternativ-Zeichensatzes (CHR$(1) + CHR$(65)-CHR$(95))
  vor.
- Farben für Vordergrund (=Zeichen) und Hintergrund, nicht für
  den Rahmen. Voreinstellung ist COLOR 15,4.

Text-Modus 2 im Überblick:

- Einstellen mit SCREEN 1 (dann ist automatisch WIDTH 29).
- Anweisungen wie im Text-Modus 1.
- Maximal 32 Spalten (=Zeichen) nebeneinander bei 23 Zeilen.
- Ein Zeichen setzt sich aus 8*8 Punkten zusammen (dadurch
  bessere Lesbarkeit als bei SCREEN 0).
- Farben für Vorder- und Hintergrund sowie Rahmen mit der
  Voreinstellung COLOR 15,4,7.

Grafik-Modus 1 im Überblick:

- Einstellen mit SCREEN 2.
- Hohe Auflösung (Hires für High Resolution Graphics)
  mit 256*192 B i l d p u n k t e n .
- Nur im Programm-Modus nutzbar, nicht aber im Direkt-Modus.
- Automatische Rückkehr in den Text-Modus 1 bei:
  1. Ende der Programmausführung
  2. Ausführung einer INPUT-Anweisung
- Pixel-Ausgabe erfolgt über die speziellen
  Grafik-Anweisungen PSET/PRESET (Punkt), LINE (Linien und
  Rechtecke), DRAW (Figuren), CIRCLE (Kreise) und PUT SPRITE
  (Bildmuster).
- Zeichen-Ausgabe erfolgt über den Grafik-Bildschirm:
      OPEN "GRP:" FOR OUTPUT AS #1   (Bildschirm = Ausgabedatei)
      PRINT #1, "Text in Grafik"   (Text in Vordergrundfarbe)
      CLOSE #1
- Anweisung CLS zum Löschen des Bildschirmes.
- Acht Bildpunkte (je 1 Pixel) entsprechen einem
  COLOR-Farbblock (je 8 Pixel breit).
- Farb-Voreinstellung entspricht COLOR 15,4,7.

Grafik-Modus 2 im Überblick:

- Einstellen mit SCREEN 3.
- Niedrige Auflösung (LoRes für Low Resolution Graphics)
  mit 64*48 B i l d b l ö c k e n .
- Anweisungen wie Grafik-Modus 1.
- Grafik-Zeichen sind besser lesbar als bei SCREEN 2.
- Zwei Bildblöcke (je 4 Pixel) entsprechen einem
  COLOR-Farbblock (je 8 Pixel).

Wichtig ist, daß der P i x e l - C u r s o r stets unsichtbar bleibt und nur dann in Erscheinung tritt, wenn gerade gezeichnet wird.

3.11.2 Farben festlegen mit COLOR

Durch die Anweisung COLOR (vgl. Abschnitt 2.4.2.4) wird die
Farbe für den Hintergrund, den Vordergrund (Zeichen) und den
Rand bzw. Rahmen des Bildschirmes eingestellt. Dazu stehen 16
Farben zur Verfügung, die von 0 bis 15 numeriert sind. Mit der
Anweisung

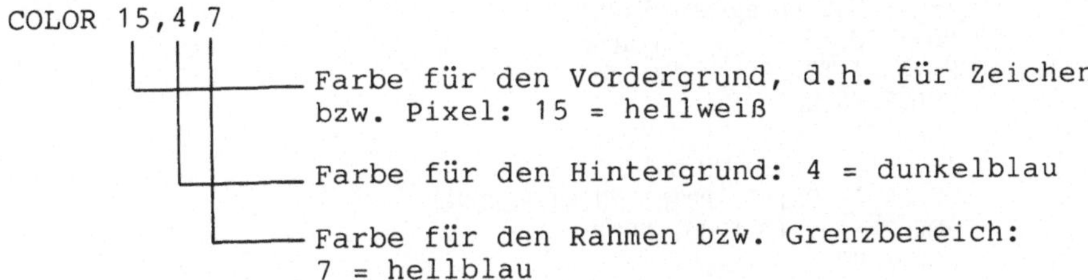

werden weiße Zeichen auf dunkelblauem Hintergrund ausgegeben,
wobei (Ausnahme ist SCREEN 0) ein hellblauer Rahmen erscheint.
Die Farbeinstellung COLOR 15,4,7 liegt beim Einschalten des
MSX-Computers vor. Wie die Abbildung zeigt, können die Farbbe-
reiche mit der COLOR-Anweisung auch getrennt angegeben werden.

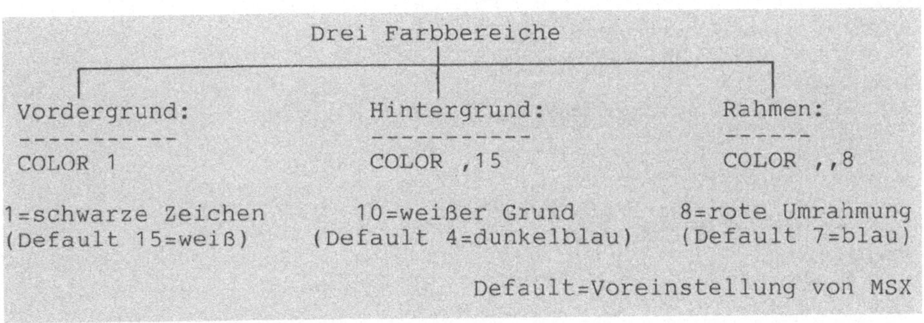

Drei Beispiele zur COLOR-Anweisung

Das Programm FARBEN1.GRA demonstriert die Farben von Hintergrund, Vordergrund und Rahmen. Die Typbezeichnung "GRA" steht
für "GRAfik" und weist das Programm FARBEN1.GRA als Grafikprogramm aus.

Codierung zu Programm FARBEN.GRA:

```
100 REM ====== Programm FARBEN1.GRA
110 SCREEN 1          'Text-Modus 1
120 COLOR 15,4,7      'Farb-Default
130 PRINT "Test der 16 Farben 0-15"
140 RESTORE
150 PRINT "0  Ende"
160 PRINT "1  Test der Farben 1-15"
170 PRINT "2  Hintergrundfarben"
180 PRINT "3  Test Farbe 'transparent'"
190 PRINT "4  Text COLOR-Anweisung"
200 INPUT "Wahl 0-4";E$: LET E=VAL(E$)
```

Codierung zu Programm FARBEN1.GRA (Fortsetzung):

```
210 ON E GOSUB 1000,2000,3000,4000
220 IF E=0 THEN SCREEN 0: PRINT "Ende.": END
230 LET E$=INPUT$(1)
240 GOTO 110
250 :
260 :
1000 REM ===== Unterprogramm FARB1
1010 FOR HG=1 TO 15          'hinten
1020    FOR VG =1 TO 15         'vorne
1030       COLOR VG,HG
1040       READ F$: PRINT F$;" ";
1050       IF HG<>VG THEN GOTO 1090
1060       COLOR 1: PRINT: PRINT "HINTERGRUNDFARBE: ";F$
1070       FOR ZEIT=1 TO 1200: NEXT
1080       COLOR VG
1090       FOR ZEIT=1 TO 600: NEXT
1100    NEXT VG
1110    CLS: RESTORE
1120 NEXT HG
1130 DATA schwarz,grün,hellgrün,dunkelblau,hellblau,dunkelrot,zyanblau
1140 DATA rot,hellrot,braun,gelb,dunkelgrün,magentarot,grau,weiß
1150 RETURN
1160 :
2000 REM ====== Unterprogramm HINTERGRUND
2010 CLS:PRINT "Farbtest Hintergrund."
2020 COLOR 1,1,1
2030 READ F$: 'schwarz auslassen
2040 FOR HG=2 TO 15
2050 COLOR ,HG
2060 READ F$:PRINT: PRINT "Farbe:      ";F$
2070 PRINT "Anweisung: COLOR 1,";HG;",1"
2080 FOR ZEIT=1 TO 1200: NEXT
2090 NEXT HG
2100 RETURN
2110 :
3000 REM ====== Unterrogramm TRANSPARENT
3010 CLS: COLOR 0,15,1
3020 PRINT "COLOR 0,15,1 eingestellt."
3030 FOR ZEIT=1 TO 1200:NEXT
3040 COLOR 0,1,15
3050 PRINT "COLOR 0,1,15 eingestellt."
3060 RETURN
3070 :
4000 REM ====== Unterprogramm COLOR
4010 INPUT "vorne,hinten,Rahmen (0=Ende)";VG,HG,RA
4020    IF VG=0 THEN 4080
4030    SCREEN 3
4040    COLOR VG,HG,RA
4050    LINE (20,95)-(220,95)
4060    IF INKEY$="" THEN 4060
4070 GOTO 4010
4080 RETURN
```

3.11.3 Punkte zeichnen

3.11.3.1 Einzelpunkt plazieren mit PSET

Durch die Anweisung 1040 PSET (20,30) wird ein Punkt in die
Koordinaten (20,30) gezeichnet, also in die Spalte 19 (0,1,2,
3,...,19) von links beginnend und die Zeile 29 (0,1,2,...,29)
von oben beginnend.

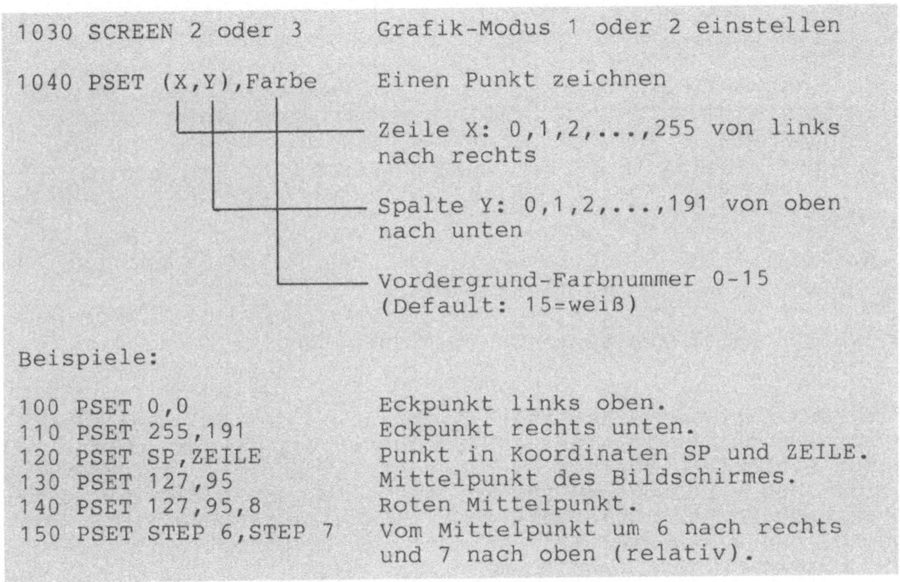

Anweisung PSET zum Zeichnen eines Punktes

Zum Unterprogramm 1000 von Programm PUNKTE.GRA:
Das Programm PUNKTE1.GRA veranschaulicht das Zeichnen von Einzelpunkten mittels PSET. Gibt man als Koordinaten (20,30) ein,
wird 1040 PSET (X,Y),1 zu 1040 PSET (20,30),1 und am Bildschirm erscheint oben links ein schwarzer Punkt. Die Schleife

    1050 IF INKEY$="" THEN 1050   (=Warteschleife)

dient dazu, den Punkt solange am Bildschirm zu belassen, bis
eine Taste gedrückt wird. Danach wird mit 1060 SCREEN 3 zum
Grafik-Modus 2 umgeschaltet und am Bildschirm steht anstelle
des Bildpunktes ein Bildblock, der 4*4=16 Pixel umfaßt und damit wesentlich größer ist als der Bildpunkt mit einem Pixel.

Zum Unterprogramm 2000 von Programm PUNKTE1.GRA:
Durch die Funktion RND werden Zufallspunkte ausgegeben. Läßt
man z.B. die /RET/-Taste gedrückt, erscheinen immer mehr far-
bige Punkte auf dem Bildschirm. Bei genauerem Hinsehen erkennt
man, daß einzelne Punkte mehrfarbig sein können. Dies hat seinen Grund darin, daß bei der Vordergrundfarbe jeder Farbblock
eine Breite von acht Punkten hat.

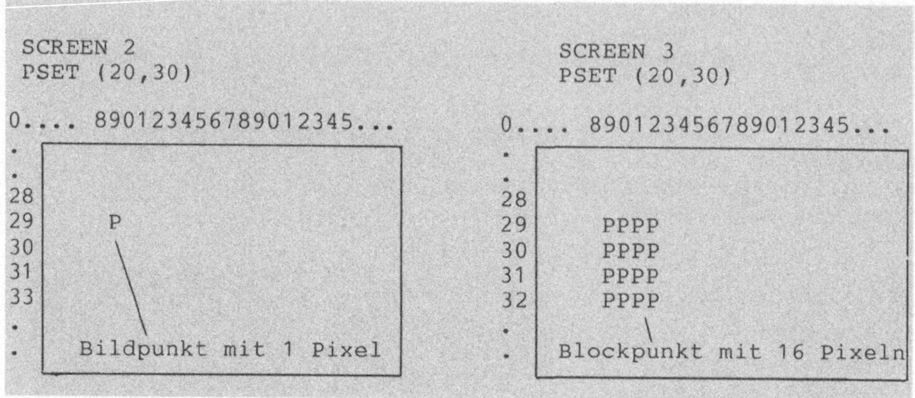

Punkt (20,30) in Grafik-Modi 1 (links) und 2 (rechts)

3.11.3.2 Linie aus Einzelpunkten aufbauen

Mit PSET kann man eine Linie zeichnen, in dem man diese Anweisung wiederholt in einer FOR-Schleife aufruft und dabei bei
jedem Schleifendurchlauf die Koordinaten ändert. Im Unterprogramm 3000 von Programm PUNKTE1.GRA wird eine Linie von links
oben nach rechts unten gezeichnet. Da mit SCREEN 3 die niedrige Auflösung gewählt wird, erscheinen Bildblöcke aus jeweils
4*4 Pixeln.

3.11.3.3 Einzelpunkt löschen mit PRESET

Die Anweisung PRESET (für Point RESET) entspricht der Anweisung PSET mit dem einen Unterschied, daß der Punkt in der Hintergrundfarbe gezeichnet wird. Dadurch eignet sich PRESET zum
L ö s c h e n eines Punktes und zum P o s i t i o n i e r e n
des Pixel-Cursors an eine bestimmte Stelle:

- Mit PRESET (20,30) wird der Punkt (20,30) gelöscht, da diese
  Koordinate mit Hintergrundfarbe gefärbt wird. Bei dunkelblau
  bzw. 4 als Hintergrundfarbe entsprechen sich die Anweisungen
  PRESET (20,30) und PSET (20,30),4 genau.

- Mit PRESET (20,30) wird der Pixel-Cursor auf die Koordinaten
  (20,30) positioniert, um von diesem Punkt aus anschließend
  z.B. eine Linie zu zeichnen oder Zeichen auszugeben. Im folgenden Abschnitt wird ein Beispiel dazu erklärt.

```
100 REM ====== Programm PUNKTE1.GRA
110 CLS: PRINT "Zeichnen von Punkten mittels PSET/PRESET."
120 :
130 PRINT "E   E(nde"
140 PRINT "P   Einen P(unkt zeichnen"
150 PRINT "Z   Z(ufalls-Punkte"
160 PRINT "L   L(inie aus Punkten"
170 PRINT "T   T(ext und Ziffern"
180 LET E$=INKEY$: IF E$="" THEN 180
190 ON INSTR("PZLT",E$) GOSUB 1000,2000,3000,4000
200 IF E$="E" THEN PRINT "Ende": END
210 SCREEN 0: GOTO 130
220 :
230 :
1000 REM ====== Unterprogramm PUNKTE
1010 INPUT "X(0-255), Y(0-191) (0,0=Ende)";X,Y
1020    IF X=0 THEN GOTO 1100
1030    SCREEN 2      'Pixel-Grafik
1040    PSET (X,Y),1
1050    IF INKEY$="" THEN 1050
1060    SCREEN 3      'Block-Grafik
1070    PSET (X,Y),1
1080 IF INKEY$="" THEN 1080
1090 GOTO 1010
1100 RETURN
1110 :
2000 REM ====== Unterprogramm ZUFALLSPUNKT
2010 PRINT "Weiter: irgendeine Taste"
2020 PRINT "Ende:    Leertaste (SPACE)"
2030 IF INKEY$="" THEN 2030
2040 SCREEN 3
2050 LET X=RND(-TIME)
2060    LET X=RND(1)*255: LET Y=RND(1)*191: LET F=INT(RND(1)*16)
2070    PSET (X,Y),F
2080    LET E$=INPUT$(1)
2090    IF E$<>CHR$(32) THEN GOTO 2060
2100 RETURN
2110 :
3000 REM ====== Unterprogramm LINIE
3010 SCREEN 3
3020 FOR Y=0 TO 191     'mit STEP 4 identisch, da 4*4-Block
3030    PSET (Y,Y),1
3040 NEXT Y
3050 IF INKEY$="" THEN 3050
3060 RETURN
3070 :
4000 REM ===== Unterprogramm ZEICHEN
4010 OPEN "GRP:" FOR OUTPUT AS #1
4020 INPUT "Text eingeben (0=Ende)";T$
4030 IF T$="0" THEN 4110
4040 INPUT "SCREEN 2 oder 3";GRAFIK
4050 INPUT "Anfangskoordinaten X,Y";X,Y
4060 SCREEN GRAFIK
4070 PRESET (X,Y)
4080 PRINT #1,T$
4090 IF INKEY$="" THEN 4090
4100 GOTO 4020
4110 CLOSE #1
4120 RETURN
```

3.11.3.4 Ausgabe von Textzeichen in der Grafik

Oft besteht der Wunsch, in eine Grafik erläuternden Text einzufügen. Mit der PRINT-Anweisung geht das nicht, da PRINT den
normalen Bildschirm anspricht, nicht jedoch den Grafik-Bildschirm. Wie das Unterprogramm 4000 von Programm PUNKTE1.GRA
zeigt, muß anstelle von PRINT die Anweisung PRINT #1 verwendet
werden, wobei mit #1 der Grafikbildschirm als Ausgabedatei geöffnet wurde (vgl. Abbildung). Gibt man in Zeile 4020 den Text
"Wegweiser" und in 4050 die Koordinaten (0,30) ein, erscheint
der Text bei SCREEN 2 links oben. Bei SCREEN 3 passen nur die
ersten 8 Buchstaben in eine Bildschirmzeile. Grund: ein Buchstabe umfaßt 8*8 Elemente, jedes Element besteht bei SCREEN 3
aus 4*4 Pixeln. Man erhält 4*8=32 Pixel je Buchstabe und mit
8*32=256 Pixeln ist die volle Breite des Bildschirmes ausge-
nutzt).

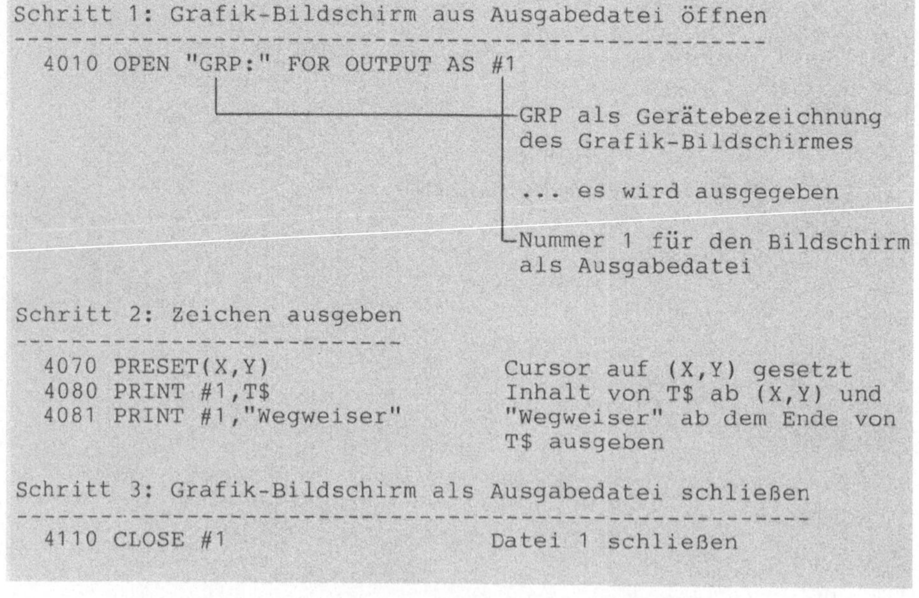

Zeichen zusätzlich in eine Grafik ausgeben

3.11.4 Linien zeichnen mit LINE

Das Programm LINIE1.GRA verdeutlicht das Gliederungsprinzip
zip jedes Grafikprogramms: Vorbereitungen, Grafik-Modus
einschalten, Grafik ausgeben und Rückkehr in den Text-Modus.

```
Schritt 1: Vorbereitungen treffen
-------------------------------------
   - Zeilen 1000-1050
   - Koordinaten der Punkte P1 und P2 festlegen
   - Warteschleife in 1050

Schritt 2: Grafik-Modus einschalten
-------------------------------------
   - 1060 SCREEN 2        (hochauflösende Grafik)

Schritt 2: Grafik ausgeben
-------------------------------------
   - Zeilen 1070-1170
   - Mit LINE: Drei Linien und einen Punkt zeichnen

Schritt 4: Grafik-Modus ausschalten
-------------------------------------
   - 240 SCREEN 0         (Text-Modus 1)
   - 250 COLOR 15,4,7   (Standard-Farbeinstellung)
```

4-Schritte-Gliederung jedes Grafikprogrammes

3.11.4.1 Anfangs- und Endpunkt als Variable

Zum Unterprogramm 1000 von Programm LINIE1.GRA:
Wir lassen das Programm LINIE1.GRA mit den zwei Eingabewerten
P1(20,140) und P2(230,10) laufen. Wo liegt der Punkt P1? Stets
vom Punkt P(0,0) oben links ausgehend geht man 20 Pixel nach
rechts (X1=20) und dann 140 Pixel nach unten (Y1=140). Anders
als in der Mathematik üblich stellt der linke obere Eckpunkt
den Nullpunkt dar, von dem aus nach rechts (X von 0 bis 255)
und nach unten (Y von 0 bis 191) in positiver Richtung gezählt
wird. Am Bildschirm steht dann die in der Abbildung wiedergegebene Information.

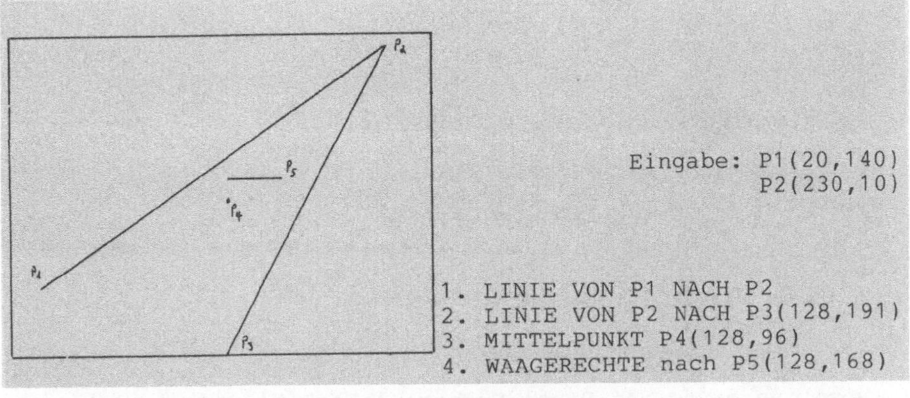

Ausführungsbeispiel zu Unterprogramm 1000 von LINIE1.GRA

Testen Sie das Programm LINIE1.GRA mit folgenden Werten:
- P1(0,100), P2(255,100)   Waagerechte Linie quer.
- P1(0,191), P2(255,0)   Linie von links unten nach rechts
                             oben.
- P1(128,191), P2(128,0)   Senkrechte Linie in der Mitte.


```
LINE-Anweisung:                 Zeichne eine Linie ...:
---------------                 ----------------------

1080 LINE (S1,Z1)-(S2,Z2)    ... vom Anfangspunkt (S1,Z1) zum
                                 zum Endpunkt (S2,Z2)

1110 LINE -(128,191)         ... von der Cursorposition, d.h.
                                 (S2,Z2) zum Endpunkt (128,191)

1140 LINE (128,96)-(128-96)... den einen Punkt (160,80),
                                 da Anfangspunkt = Endpunkt

Ausführung von LINIE1.GRA: (S1,Z1)=(20,140), (S2,Z2)=(230,10)
```

Drei grundlegende Anwendungen der LINE-Anweisung

Mit der LINE-Anweisung kann man eine Linie zwischen zwei angegebenen Punkten, zwischen der aktuellen Cursorposition und
einem Punkt oder einen Einzelpunkt zeichnen. In der Abbildung
werden diese drei Möglichkeiten anhand von Programm LINIE1.GRA
dargestellt.


```
Absolut-Positionierung:
-----------------------
100 LINE 40,20 TO 160,100
         |        |
         |        |____ Startpunkt (40,20)
         |_____________ Endpunkt (160,100)

Relativ-Positionierung:
-----------------------
1170 LINE STEP(0,-10)-STEP(40,0)          (Programm LINIE1.GRA)
          |           |
          |           |_Startpunkt 10 Pixel oberhalb und
          |_____________Endpunkt 40 Pixel rechs von der
                        aktuellen Cursorposition.

Relativ-/Absolut-Positionierung:
--------------------------------
100 LINE STEP(40,-20)-(160,100)
         |            |
         |            |_Startpunkt 40 Pixel rechts und
         |              20 Pixel oberhalb der aktuellen
         |              Cursorposition (=relativ).
         |_____________Endpunkt (160,100) (=absolut).

Bewegungsrichtungen /X: + rechts, - links//Y: + unten, - oben/
```

Positionierung des Pixel-Cursors 'absolut' oder 'relativ'

3.11.4.2 Cursorpositionierung absolut und relativ

In Grafik-Anweisungen kann man Koordinaten a b s o l u t oder
r e l a t i v zur aktuellen Cursorposition angeben. Im Programm LINIE1.GRA wird in Zeile 1170 relativ mittels STEP positioniert.

```
100 REM ===== Programm LINIE1.GRA
110 CLS: PRINT "Linien mittels LINE zeichnen."
120 REM ====== Vereinbarungsteil
130 'S1,S2: Spalten (maximal 256 nebeneinander)
140 'Z1,Z2: Zeilen (maximal 192 untereinander)
150 :
160 REM ====== Anweisungsteil
170 COLOR 15,4,7
180 PRINT "0  Ende"
190 PRINT "1  Drei Linien/ein Punkt"
200 PRINT "2  Parallelen farbig"
210 INPUT "0-2";E$: LET E=VAL(E$)
220 ON E GOSUB 1000,2000
230 IF INKEY$="" THEN 230
240 SCREEN 0: COLOR 15,4,7
250 IF E<>0 THEN GOTO 170
260 PRINT "Ende.": END
270 :                            Codierung zu Programm LINIE1.GRA
280 :
1000 REM ====== Unterprogramm LINIE
1010 PRINT "Kordinaten der Punkte S,Z mit"
1020 PRINT "Spalte S=0-255, Zeile Z=0-191)."
1030 INPUT "Punkt P1(S1,Z1)"; S1,Z1
1040 INPUT "Punkt P2(S2,Z2)"; S2,Z2
1050 PRINT "Weiter?";: LET E$=INPUT$(1)
1060 SCREEN 2
1070 '1. Linie von P1 nach P2 (1=schwarz)
1080 LINE (S1,Z1)-(S2,Z2),1
1090 '2. Linie von P2 nach P3(128,191)
1100 FOR I=1 TO 300: NEXT I
1110 LINE -(128,191)
1120 FOR I=1 TO 300: NEXT I
1130 '3. Mittelpunkt P4(128,96)
1140 LINE (128,96)-(128,96)
1150 FOR I=1 TO 300: NEXT I
1160 '4. Von P4 um 10 hoch und um 40 rechts
1170 LINE STEP(0,-10)-STEP(40,0)
1180 RETURN
1190 :
2000 REM ====== Farblinien senkrecht
2010 INPUT "Länge der Linien (maximal 192)";LAENGE
2020 COLOR 15,1,1
2030 SCREEN 2
2040 FOR X=0 TO 255 STEP 10
2050    LET FARBE=FARBE+1
2060    IF FARBE=15 THEN LET FARBE=1
2070    LINE (X,0)-(X,LAENGE-1),FARBE
2080 NEXT X
2090 RETURN
```

3.11.5 Kurven zeichnen

3.11.5.1 Parabeln zeichnen

Das Programm PARABEL1.GRA zeichnet Parabeln der Form

$$Y = A*X + B*X + C$$

über SCREEN 2. Der Mittelpunkt des Koordinatenkreuzes wird in
den Mittelpunkt des Bildschirmes gelegt (in 210: X0=127, Y0=95
als Spalten- und Zeilenwerte). Das Koordinatenkreuz wird in
den Zeilen 300-310 gezeichnet. Innerhalb einer Schleife in den
Zeilen 240-260 können ANZ Parameterwerte A,B und C eingetippt
werden. Die Arrays A, B und C nehmen diese Werte auf. Man kann
Parabeln je nach Inhalt von E$ auf zwei Arten zeichnen:

- Für E$="n" werden einzelne Punkte gezeichnet. Da diese Punk-
  te nicht unbedingt dicht nebeneinander liegen, erscheint die
  Kurve etwas 'gepünktelt'.
- Für E$="j" werden die Punkte verbunden, wodurch die Kurve
  ein etwas 'treppenartiges' Aussehen erhält.

Ausführung zu Programm PARABEL1.GRA mit vier Kurven:

1. Eingabe für vier Kurven in A   B   C :

A	B	C
0	1	1
1	0	0
-1	0	0
0.25	1	-1

2. Ausgabe auf dem Grafik-Bildschirm:

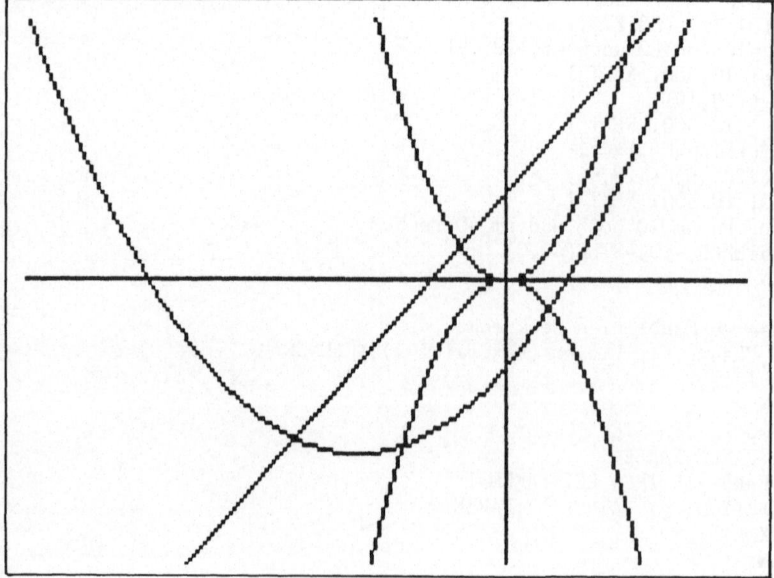

Codierung zu Programm PARABEL1.GRA:

```
100 REM ====== Programm PARABEL1.GRA
110 CLS: PRINT "Parabeln zeichnen im Grafik-Modus 2."
120 :
130 REM ====== Anweisungsteil
140 'A,B,C:      Parameter für Parabel
150 'XO,YO:      Nullpunkt Kordinatenkreuz
160 'X,X1,Y,Y1: Variablen für waagerecht (x) und senkrecht (y)
170 'FLAGGE:     Boolesche Hilfsvariable
180 :
190 REM ====== Anweisungsteil
200 INPUT "Bildpunkte mit LINE verbinden (j/n)?";E$
210 LET YO=95: LET XO=127
220 INPUT "Anzahl der Parabeln";ANZ
230 DIM A(ANZ),B(ANZ),C(ANZ)
240 FOR I=1 TO ANZ
250   PRINT I;". Parameter A,B,C";
260 INPUT A(I),B(I),C(I)
270 NEXT I
280 REM *** Koordinatenkreuz *******************
290 SCREEN 2
300 LINE (0,YO) - (255,YO)
310 LINE (XO,0) - (XO,191)
320 REM *** Kurven zeichnen *******************
330 FOR I=1 TO ANZ
340 LET A(I)=A(I)/20: LET C(I)=C(I)*20 'Ausdehnung anpassen
350   LET FLAGGE=0
360   FOR X=-XO TO XO
370     LET Y=A(I)*X*X + B(I)*X + C(I)
380     IF Y>YO OR Y<-YO THEN 420
390     IF FLAGGE=0 THEN X1=XO+X: Y1=YO-Y: FLAGGE=1
400     IF E$="j" THEN LINE (X1,Y1)-(XO+X,YO-Y) ELSE PSET (X1,Y1)
410     LET X1=XO+X: LET Y1=YO-Y
420   NEXT X
430 NEXT I
440 IF INKEY$="" THEN GOTO 440
450 SCREEN 0
460 PRINT "Ende.": END
```

3.11.5.2 Linie und Bewegung

Im Programm BEWEG1.GRA wird die LINE-Anweisung in eine FOR-
NEXT-Schleife gesetzt, um bei jedem Schleifendurchlauf einen
neuen Punkt zu zeichnen. Löscht man jeden gerade gezeichneten
Punkt wieder, ergibt sich der Effekt eines sich auf dem Bildschirm bewegenden Punktes. Läßt man die Punkte stehen, so entsteht eine immer länger werdende Linie.

```
              LINE bzw. PSET in einer Schleife
                  |
        ┌─────────┴──────────┐              ┌──────────────┐
     Linie zeichnen                        Punkt bewegen
     --------------                        --------------


160 PSET (0,ZEILE)
190 FOR SPALTE=0 TO S1              250 FOR SPALTE=0 TO S1
  200 LINE -(SPALTE,ZEILE)             260 PSET (SPALTE,ZEILE)
210 NEXT SPALTE                        270 PRESET (SPALTE,ZEILE)
                                       280 NEXT SPALTE

Werte in Programm BEWEG1.GRA z.B.: ZEILE=95 und z.B. S1=240
```

               Punkt für Punkt zeichnen mit der DRAW-Anweisung

Im Programm BEWEG1.GRA ändert man die standardmäßig vorgegebene Farbeinstellung ab: Mit 130 COLOR 15,1 wird in weiß=15 auf
schwarzen Hintergrund gezeichnet. Grafische Darstellungen sind
"weiß auf schwarz" häufig besser lesbar.

Zur Ausführung von Programm BEWEG1.GRA:
Nach der Eingabe von z.B. 240 für S1 wird der Bildschirm ganz
gelöscht und zuerst eine waagerechte Linie in Bildschirmmitte
von (0,95) nach (240,95) gezeichnet. Danach bewegt sich ein
Punkt von links nach rechts entlang derselben Linie.
Mit der Anweisung 160 PSET (0,ZEILE) positioniert man den
Pixel-Cursor auf den Punkt (X=0,Y=ZEILE). Dies ist notwendig,
da die LINE-Anweisung in der Zählerschleife 190-210 jeweils
r e l a t i v von der aktuellen Cursorposition ausgeht.

Codierung zu Programm BEWEG1.GRA:


```
100 REM ====== Programm BEWEG1.GRA
110 CLS:PRINT "Linie und Bewegung."
120 INPUT "Entfernung vom linken Rand (z.B. 230)";S1
130 COLOR 15,1   'vorne weiss, hinten schwarz
140 SCREEN 2      'hohe Auflösung
150 LET ZEILE=95
160 PSET (0,ZEILE)
170 :
180 REM *** Eine Linie wird gezeichnet ***
190 FOR SPALTE=0 TO S1
200    LINE -(SPALTE,ZEILE),15
210 NEXT SPALTE
220 LET E$=INPUT$(1)
230 CLS
240 REM *** Ein Punkt bewegt sich ********
250 FOR SPALTE=0 TO S1
260    PSET (SPALTE,ZEILE)
270    PRESET (SPALTE,ZEILE)
280 NEXT SPALTE
290 LET E$=INKEY$: IF E$="" THEN 290
300 COLOR 15,4,7  'Voreinstellung
310 PRINT "Ende.": END
```

3.11.5.3 Punkt durch Cursortasten steuern

Das Programm BILDMAL1.GRA arbeitet im Grafik-Modus 2. Nach der
Eingabe von z.B. Z=2,   FARB=1 und L=0 kann man durch Bewegung
des Pixel-Cursors über die Cursortasten ein 'Bild' aus schwarzen Linien malen.   Durch gleichzeitiges Drücken zweier Cursortasten können 'Treppenstufen' erzeugt werden (z.B. Tasten für
"Cursor unten" und "Cursor rechts": Treppe rechts abwärts). In
den Zeilen 210-240 wird die Bewegung je nach gerade gedrückter
Cursortaste vorgenommen. Die Anweisung

     210 LET X = X + Z * (E$=CHR$(28)) * (X²255)

z.B. arbeitet wie folgt:

- Die Taste "Cursor nach rechts" entspricht CHR$(28). Ist die
  Bedingung E$=CHR$(28) erfüllt, erhält man den Wert WAHR bzw.
  -1.

- Befindet sich der Cursor derzeit noch nicht am rechten Rand,
  wird X²255 ebenfalls zu WAHR bzw. -1.

- Das Produkt (-1)*(-1) ergibt 1 als Zwischenergebnis.

- Soll mit einem Tastendruck der Cursor jeweils um zwei Punkte
  bewegt werden, hat Z den Wert 2; damit ergibt das Produkt
  2*1 ebenfalls 2.

- Die Anweisung in 210 reduziert sich damit zu LET X=X+2, der
  Cursor wird also wie gewünscht um 2 Punkte nach rechts bewegt.

- Wurde die Taste "Cursor nach rechts" überhaupt nicht betätigt, wird E$=CHR$(28) zu UNWAHR bzw. 0. Damit bleibt X unverändert.

Codierung zu Programm BILDMAL1.GRA:

```
100 REM ====== Programm BILDMAL1.GRA
110 CLS: PRINT "Einen Punkt durch die Cursortasten steuern"
120 PRINT "und damit ein 'Bild' malen."
130 INPUT "Wieviele Pixel je Tastendruck";Z
140 INPUT "Farbe 1-15 (weiß=15)";FARB
150 INPUT "Alten Punkt jeweils löschen (1) oder nicht (0)";L
160 SCREEN 3           'Grafik-Modus 2
170 LET X=127: LET Y=95
180 PSET (X,Y),FARB
190   LET E$=INPUT$(1)
200   IF L THEN PRESET (X,Y)
210   LET X=X+Z*(E$=CHR$(28))*(X²255)
220   LET X=X-Z*(E$=CHR$(29))*(X³0)
230   LET Y=Y-Z*(E$=CHR$(30))*(Y³0)
240   LET Y=Y+Z*(E$=CHR$(31))*(Y²191)
250 GOTO 180
260 ' Ende durch /CTRL/+/STOP/
```

3.11.6 Rechtecke zeichnen mit LINE

Mit der Option "B" (für Box bzw. Rechteck) kann die Anweisung
LINE ein Rechteck zeichnen, wobei die Eckpunkte links oben und
rechts unten angegeben werden müssen, also die Diagonale. Wie
die Abbildung zeigt, wird mit der Option "BF" das Rechteck gefärbt.

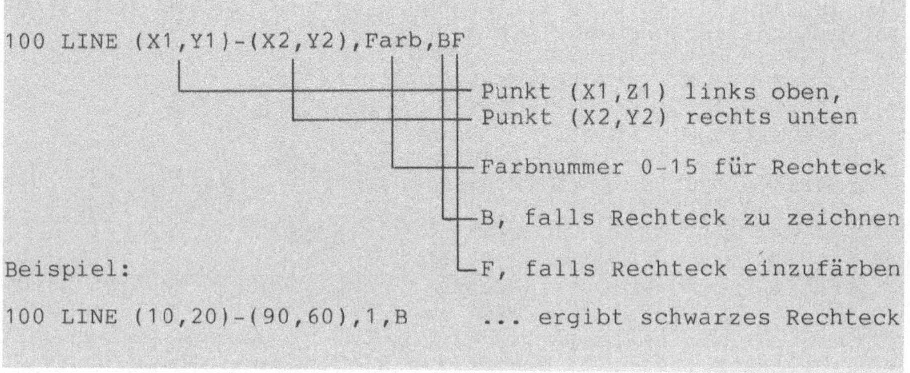

Anweisung LINE zum Zeichnen eines Rechtecks

Zu Unterprogramm 1000 von Programm RECHTECK.GRA:
Für SCHRITT=-3 werden immer kleinere Rechtecke ineinander geschachtelt gezeichnet. Für SCHRITT=-1 liegen die Linien derart
dicht beieinander, daß sie nicht mehr zu unterscheiden sind.

Ausführung zu Unterprogramm 1000
von RECHTECK.GRA:

- Eingabe von SCHRITT=-3
- Ausgabe der Rechtecke von
  außen nach innen

Zu Unterprogramm 2000 von Programm RECHTECK.GRA:
Hier werden Rechtecke zu einer Treppe verbunden. Es erscheinen
jeweils sechs Stufen, wobei die erste Stufe nur halb so groß
ist wie die übrigen fünf. Die größeren Stufen werden mit "BF"
mit der Vordergrundfarbe gefüllt.

Ausführung zu Unterprogramm 3000 von RECHTECK.GRA:

Ausführung zu Unterprogramm 2000 von RECHTECK.GRA:

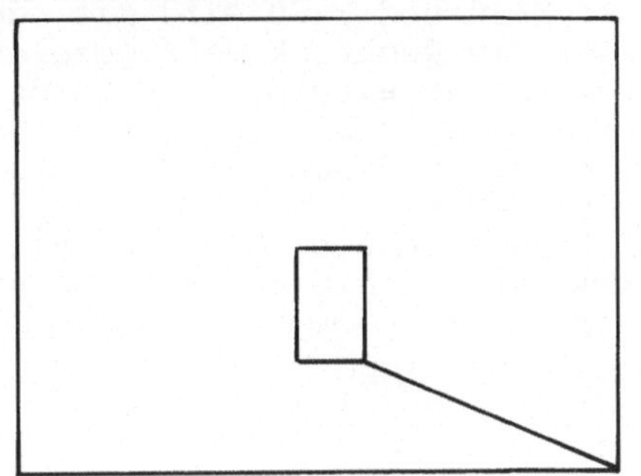

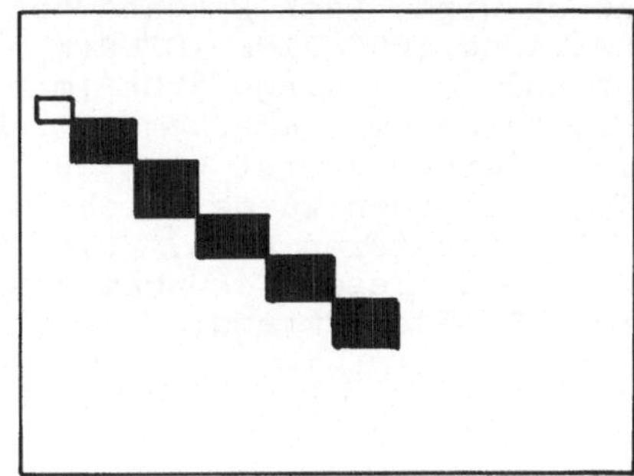

Rechteck weiß, Linie schwarz.

Fünf 'Treppen' doppelt groß.

Codierung zu Programm RECHTECK.GRA:

```
100 REM ====== Programm RECHTECK.GRA
110 CLS: PRINT "Rechtecke mittels LINE zeichnen."
120 PRINT "0  Ende der Demonstration"
130 PRINT "1  Rechtecke einschachteln"
140 PRINT "2  Rechtecke als Treppenstufen"
150 PRINT "3  Rechteck mit Linie vom Endpunkt"
160 INPUT "Wahl 0-3";E$: LET E=VAL(E$)
170 ON E GOSUB 1000,2000,3000
180 IF E=0 THEN PRINT "Ende.": END
190 LET E$=INPUT$(1)
200 SCREEN 0
210 GOTO 110
220 :
230 :
1000 REM ====== Kreise einschachteln
1010 INPUT "Negative Schrittweite"; SCHRITT
1020 SCREEN 2
1030 FOR K=96 TO 0 STEP SCHRITT
1040 LINE (128-K,96-K)-(128+K,96+K),1,B
1050 NEXT K
1060 RETURN
1070 :
2000 REM ====== TREPPENSTUFEN
2010 INPUT "Eckpunkt links oben (z.B. 10,10)";X1,Y1
2020 INPUT "Eckpunkt rechts unten (z.B. 20,20)";X2,Y2
2030 INPUT "Farbnummer (0-15)";FARB
2040 SCREEN 2
2050 LINE (X1,Y1)-(X2,Y2),FARB,B
2060 FOR K=1 TO 5
2070    LINE -STEP(X2,Y2),FARB,BF
2080 NEXT K
2090 RETURN
3000 :
3010 REM ====== RECHTECK MIT LINIE
3020 INPUT "Veränderung fr X,Y";X,Y
3030 SCREEN 2
3040 PSET(127,95)
3050 LINE -STEP(X,Y),,BF
3060 LINE -(255,191),1
3070 RETURN
```

Zu Unterprogramm 3000 von Programm RECHTECK.GRA:
Dieses Programm verdeutlicht, wie der unsichtbare Pixel-Cursor
bewegt wird. Nach Eingabe von z.B. X=30 und Y=60 wird mit der
Anweisung 3050 LINE -STEP(X,Y),,BF ein Rechteck weiß gezeichnet und weiß eingefärbt (mit ,, wird die eingestellte Vordergrundfarbe weiß übernommen). Da über die r e l a t i v e Positionierung zuerst um X=30 nach rechts und dann um Y=60 nach
unten gegangen wurde, steht der Pixel-Cursor unsichtbar in der
rechten unteren Ecke. Die Anweisung 3060 LINE -(255,191),1
zieht von diesem Eckpunkt ausgehend eine Linie zum rechten unteren Bildschirmrand.

3.11.7 Zeichnen mit DRAW

Mit der Anweisung DRAW können unterschiedliche Figuren wie etwa Rechtecke, Linien und Dreiecke gezeichnet werden. Dazu wird
nach dem Anweisungswort DRAW ein K o m m a n d o s t r i n g
angegeben mit den entsprechenden Zeichenkommandos, die häufig
als G r a f i k - M a k r o - S p r a c h e bezeichnet
werden. Draw sieht die Makros U, D, L, R, E, F, G, H, M, A, C,
S, X; und =; vor (siehe umseitige Abbildung).

Das Programm ZEICHNE1.GRA zeigt die grundlegenden Anwendungen
der DRAW-Anweisung. Im Unterprogramm 1000 kann der Kommandostring K$ durch die Tastatureingabe festgelegt und somit über-
prüft werden. Testen Sie folgende Beispiele:

- String "R20U50L20D50F60" in K$ ergibt auf dem Bildschirm ein
  hochstehendes Rechteck mit einer Linie vom linken unteren
  Eckpunkt ausgehend.

- String "A1R20U50L20D50F60" zeigt die Drehung mittels A1: das
  gleiche Rechteck wird um 90 Grad im Gegenuhrzeigersinn gedreht gezeichnet.

- Mit "F50E50" erscheint ein großes "V" auf dem Bildschirm.

- "M255,191" ergibt eine Linie vom Mittelpunkt zum rechten Eck
  des Bildschirmes (=absolute Positionierung des Endpunktes).

- "M-90,+50" zeichnet eine Linie vom Bildschirmmittelpunkt beginnend, wobei der Endpunkt um 90 nach links und um 50 nach
  unten liegt (=relative Positionierung des Endpunktes).

- "C15L127" ergibt eine weiße Linie (Farbe 15) waagerecht zum
  Mittelpunkt.

Allgemein:

DRAW Kommandostring

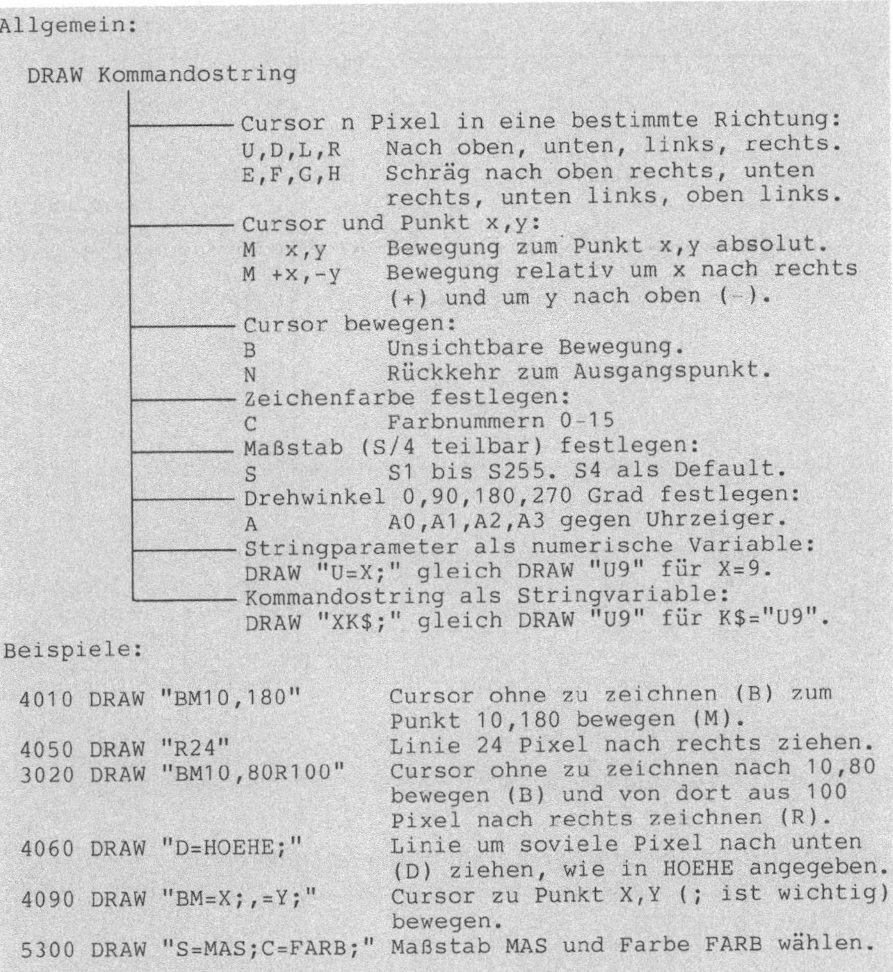

Beispiele:

```
4010 DRAW "BM10,180"        Cursor ohne zu zeichnen (B) zum
                            Punkt 10,180 bewegen (M).
4050 DRAW "R24"             Linie 24 Pixel nach rechts ziehen.
3020 DRAW "BM10,80R100"     Cursor ohne zu zeichnen nach 10,80
                            bewegen (B) und von dort aus 100
                            Pixel nach rechts zeichnen (R).
4060 DRAW "D=HOEHE;"        Linie um soviele Pixel nach unten
                            (D) ziehen, wie in HOEHE angegeben.
4090 DRAW "BM=X;,=Y;"       Cursor zu Punkt X,Y (; ist wichtig)
                            bewegen.
5300 DRAW "S=MAS;C=FARB;"   Maßstab MAS und Farbe FARB wählen.
```

Einige Anwendungen der Anweisung DRAW

Zu Unterprogramm 2000 von Programm ZEICHNE1.GRA:
Zunächst wird ein flachliegendes Rechteck mit dem Anfangspunkt
in (60,80) gezeichnet (A1), das dann um 90 Grad (A1), 180 Grad
(A2) und 270 Grad (A3) links herum gedreht wird. Die Anweisung

    2050 DRAW "S2A=Z; XK$;"

zeigt die Verwendung von Variablen im Kommandostring auf. Die
Angabe "A=Z;" beinhaltet "A1", wenn Z den Wert 1 hat (wichtig
ist das "=" als Beginnzeichen und das ";" als Endezeichen bei
numerischen Variablen).
Die Angabe "XK$;" beinhaltet "R100D20L10U20", da nach K$ diese Makros in Zeile 2040 zugewiesen werden (X als Beginnzeichen
bei Stringvariablen).

Ausführung zu Unterprogramm 2000 von ZEICHNE1.GRA:

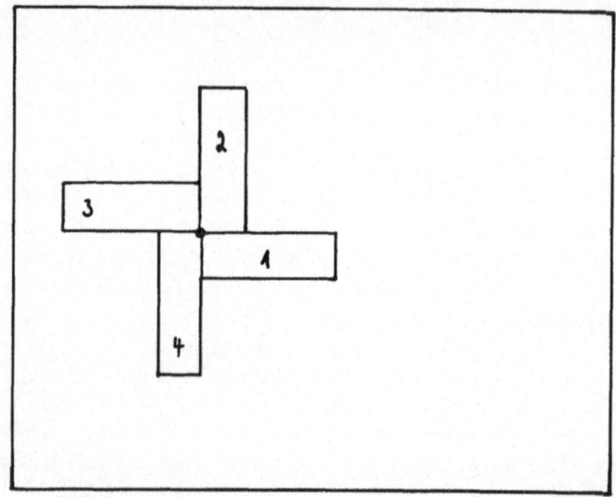

- Beginn mit
  Rechteck 1

- Drehung
  entgegen
  Uhrzeiger

Zu Unterprogramm 3000 von Programm ZEICHNE1.GRA:
Für L=20 und X=3,Y=2 wird ein "V" von der unteren Bildschirmmitte nach rechts oben verschoben; es entsteht eine Figur in
der Art einer 'Rinne'. Der Kommandostring in Zeile 3060 sieht
das Makro "N" vor: "NE" bedeutet "nach Nordosten zeichnen (E)
und dann wieder zum Beginnpunkt zurückkehren (N)". Die Strings

    "NE"+STR$(L)+"NH"+STR$(L)   und   "NE=L;NH=L;"

haben dieselbe Bedeutung (STR$ wandelt in Stringdaten um).

Ausführung zu Unterprogramm 4000 von ZEICHNE1.GRA:

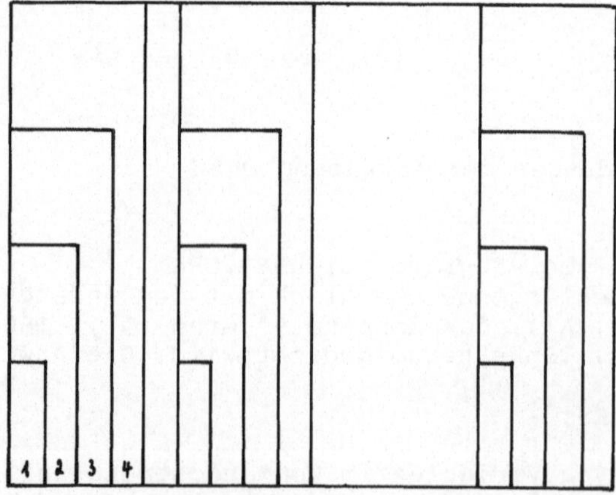

In Unterprogramm 4000 werden Rechtecke gedehnt: nach Rechteck
1 wird Rechteck 2 gezeichnet, dann Rechteck 3 und Rechteck 4.
Dieser Ablauf wird dreimal - jeweils nach rechts verschoben -
wiederholt.

```
100 REM ====== Programm ZEICHNE1.GRA
110 CLS: PRINT "Zeichnen von Figuren mittels DRAW."
120 PRINT "1 Kommandostring testen"
130 PRINT "2 Ein Rechteck drehen"
140 PRINT "3 Ein 'V' verschieben"
150 PRINT "4 Rechtecke dehnen"
160 INPUT "Wahl 0-4";E$: LET E=VAL(E$)
170    ON E GOSUB 1000,2000,3000,4000
180    IF E=0 THEN PRINT "Ende.": END
190 LET E$=INPUT$(1)
200 SCREEN 0                        Codierung zu Programm ZEICHNE1.GRA
210 GOTO 110

1000 REM ====== Unterprogramm KOMMANDOSTRING
1010    PRINT "Kommandostring (z.B. F40; 0=Ende)"
1020    LINE INPUT K$
1030    IF K$="0" THEN GOTO 1100
1040    SCREEN 2
1050    PSET (127,95),1
1060    DRAW "XK$;"
1070    LET E$=INKEY$: IF E$="" THEN 1070
1080    SCREEN 1
1090    GOTO 1010
1100 RETURN
1110 :
2000 REM ====== Unterprogramm DREHWINKEL
2010 SCREEN 2
2020 PSET (60,80)
2030 FOR Z=0 TO 3
2040    LET K$="R100D20L100U20"
2050    DRAW "S2A=Z;XK$;"
2060 NEXT Z
2070 RETURN
2080 :
3000 REM ====== Unterprogramm VERSCHIEBEN
3010 INPUT "Länge der Linie (z.B. 20)";L
3020 INPUT "Änderung rechts,hoch (z.B. 3,2)";X,Y
3030 SCREEN 2
3040 PSET (50,191)
3050 FOR I=1 TO 100
3060    LET K$="NE"+STR$(L)+"NH"+STR$(L)
3070    DRAW "XK$;"
3080    PSET STEP (+X,-Y)
3090 NEXT I
3100 RETURN
3110 :
4000 REM ====== Unterprogramm DEHNEN
4010 SCREEN 2
4020 X=20: Y=190
4030 FOR I=0 TO 2
4040    LET X=X+I*60
4050    DRAW "BM=X;,=Y;"
4060    FOR Z =0 TO 3
4070       LET K$="S"+STR$(Z*5+4)+"U40R10D40L10"
4080       LET F$="C"+STR$(I+1)
4090       DRAW "XF$;XK$;"
4100    NEXT Z
4110 NEXT I
4120 RETURN
```

3.11.8 Kreise zeichnen mit CIRCLE

Das Programm KREIS1.GRA zeigt einige wichtige Anwendungen in
der Pixel-Grafik "hohe Auflösung". Über ein Menü können sechs
Demonstrationen ausgewählt werden. Dabei wird die Anweisung
CIRCLE verwendet.

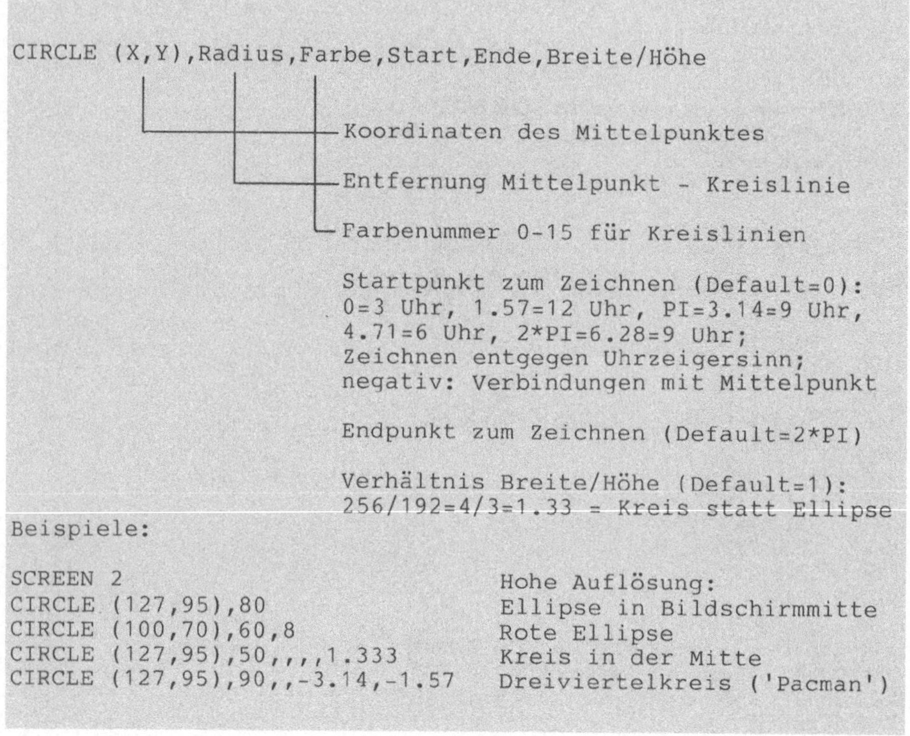

Anweisung CIRCLE zum Zeichnen von Kreisen

Zum Unterprogramm 1000 des Programmes KREISE1.GRA:
Der letzte Parameter YX legt das Seitenverhältnis 'Breite zu
Höhe' fest. Standardmäßig gibt MSX-BASIC einen Wert von genau
1 vor, für den auf den meisten Bildschirmgeräten eine Ellipse
erscheint. Ändert man das Seitenverhältnis ab, werden entsprechend gedehnte Kreise bzw. Ellipsen dargestellt. Bei Eingabe
von ZX=1.333 entsteht annähernd ein 'runder' Kreis. Dabei entspricht der Wert 1.333 dem Verhältnis '256 Spalten/192 Zeilen'
bzw. '256/192 = 4/3'.

Zum Unterprogramm KREIS IM KREIS (Menüwahl 2 von KREISE1.GRA):
In einer FOR-Schleife zeichnet man - vergleichbar mit den Jah-
resringen eines Baumes - mehrere Kreise um denselben Mittelpunkt. Je nach Eingabewert für RADIUS liegen die Kreislinien
verschieden weit auseinander.

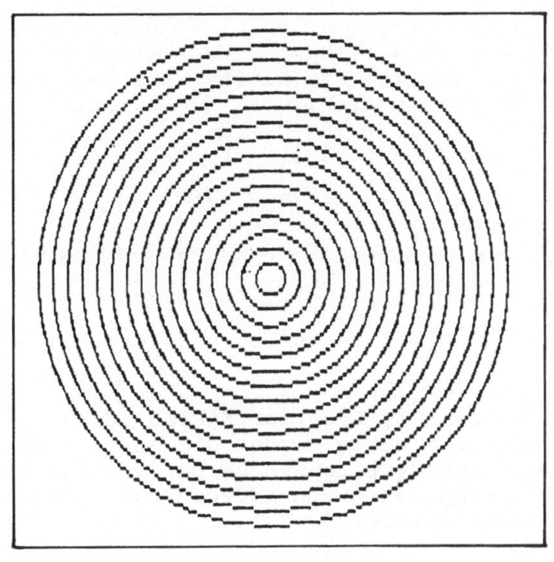

Ausführung zu Unterpro-
gramm KREIS IM KREIS:

- Eingabe von
  SCHRITT = -6

- Zeichnen von
  außen nach innen

Zum Unterprogramm BREITE/HÖHE (Menüwahl 3):
Läßt man dieses Unterprogramm ab Zeile 3000 mit SCHRITT=0.2
und FARB=4 laufen, dann werden immer 'höhere` bzw. 'schmalere'
Ellipsen gezeichnet. In Zeile 3070 löscht man die zuletzt ge-
zeichnete Ellipse (Farbe 4 gleich Hintergrundfarbe). Am Bildschirm steht deshalb immer nur die letzte Ellipse.
Mit "FARB ungleich 4" bleiben alle Ellipsen sichtbar.

Zum Unterprogramm AUSSCHNITTE (Menüwahl 4 von KREISE1.GRA):
In der Anweisung

   4040 CIRCLE (BOGEN,95),BREITE,1,PI,2*PI

erhöht sich der x-Wert BOGEN jeweils um 40; damit wandert der
Mittelpunkt nach rechts. Als Farbe ist mit 1 schwarz gewählt.
Die beiden Parameter PI=3.14 (für Start) und 2*PI (für Ende)
begrenzen den zu zeichnenden Bogen und werden im Bogenmaß angegeben: 3.14 (bzw. Zahl PI) legt den Startpunkt des Bogens in
die 9-Uhr-Position und 2*PI legt den Endpunkt auf 3 Uhr. Damit
wird der untere Halbkreis gezeichnet. Da gegen den Uhrzeigersinn gezeichnet wird, beginnt man mit dem Halbkreis bei 9 Uhr
und endet bei 3 Uhr.
Geben wir für BREITE=20 ein, 'wandert' eine Wellenlinie von
links nach rechts waagerecht über den Bildschirm. BREITE=40
dagegen erzeugt Wellen, deren 'Kämme' sich überkreuzen. Die
BREITE=10 ergibt genau 6 1/2 Wellen.

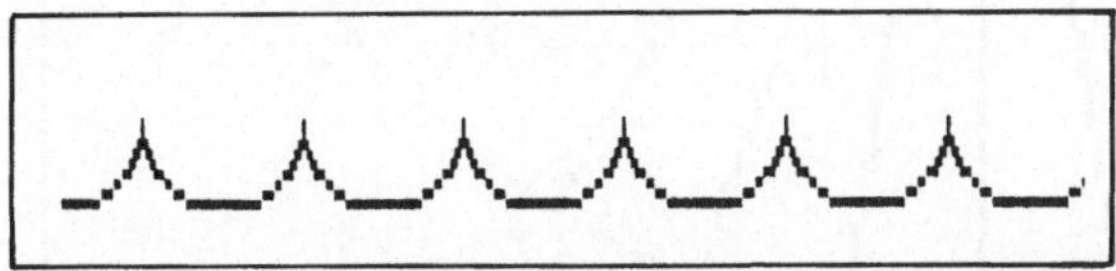

Ausführung zu
Unterprogramm
AUSSCHNITTE
mit BREITE = 20

```
Vollkreis              CIRCLE (127,95),80 oder       Start je-
                       CIRCLE (127,95),80,,0,6.28    weils bei
Halbkreis              CIRCLE (127,95),80,,0,3.14    3 Uhr.
Viertelkreis           CIRCLE (127,95),80,,0,1.57
Drittelkreis           CIRCLE (127,95),80,,0,2.09

Dreiviertelkreis       CIRCLE (127,95),80,,0,4.71

Halbkreis als Torte    CIRCLE (127,95),80,,-0,-3.14
```

Einige Angaben im Bogenmaß für Kreislinien (+) und Torten (-)

Zum Unterprogramm TORTEN (Menüwahl 5, Programm KREISE1.GRA):
Bei Angabe der Winkel als negative Werte werden die jeweiligen
Punkte auf der Kreisinie mit dem Mittelpunkt verbunden. Damit
erhalten die Kreissegmente das Aussehen von Kuchen bzw.   Torten. Für GRAD=40 entstehen 9 Einzeltorten.

Ausführung zu Unterprogramm TORTEN mit GRAD=10:

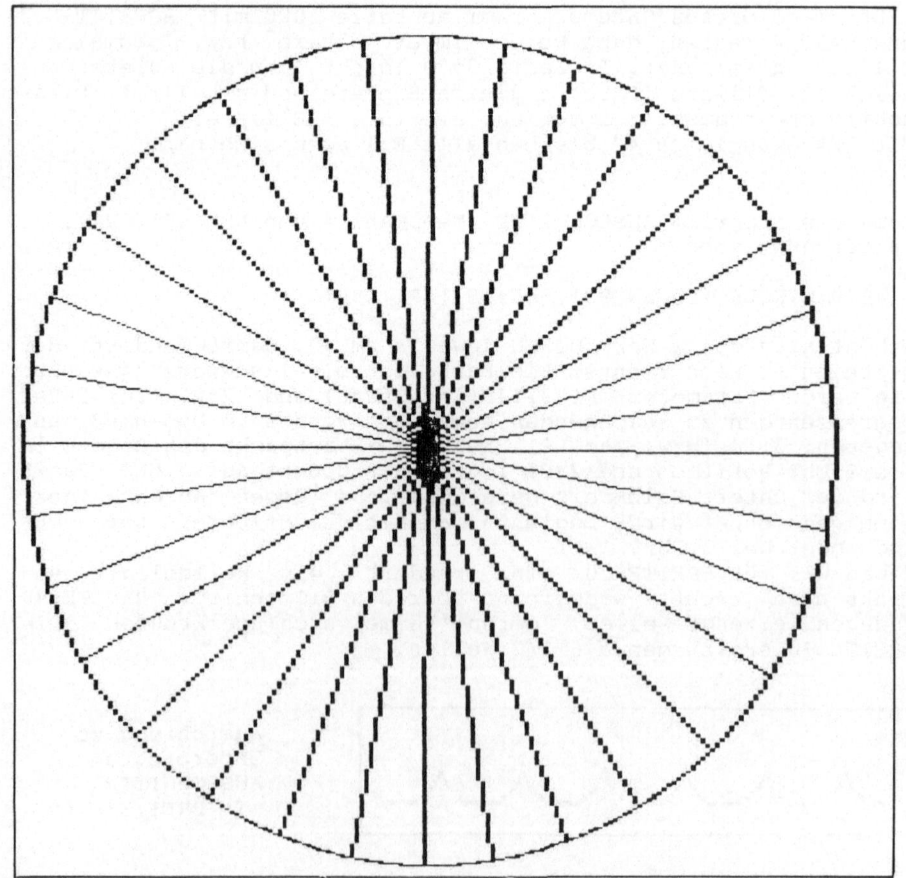

Zum Unterprogramm EINZELTORTE (Menüwahl 6):
Hier wird die Anweisung PAINT zum Ausmalen von Flächen eingesetzt. PAINT beginnt bei Punkt (x,y), der i n n e r h a l b
der auszumalenden Fläche liegen muß, und beendet das Ausmalen
bei Erreichen der Grenzfarbe bzw. Umrandung. Zwei Beispiele:

```
RADIUS:    G1:     G2:     FARB:      ... Resultat:
  60       45      270      1         Schwarz gefärbter 5/4-Kreis.
  90       330     360      8         1/12-Kreis, wobei nur dessen
                                      Umgebung rot eingefärbt ist
```

Zweimalige Ausführung zu Unterprogramm EINZELTORTE:

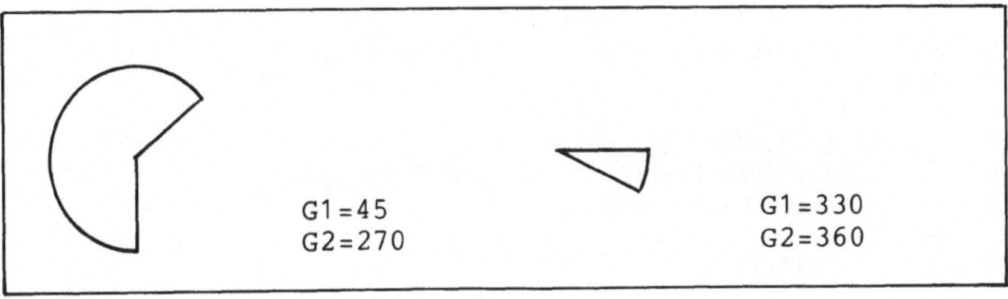

Codierung zu Programm KREISE1.GRA:

```
100 REM ====== Programm KREISE1.GRA
110 CLS: PRINT "Test zur Anweisung CIRCLE."
120 LET PI=3.1415926535898#
130 CLS:PRINT "0 Ende"
140 PRINT "1 Einzelner Kreis"
150 PRINT "2 Eingeschachtelte Kreise"
160 PRINT "3 Verhältnis Breite zu Hhe"
170 PRINT "4 Kreisausschnitte"
180 PRINT "5 Torten "
190 PRINT "6 Einzelne Torte eingefärbt"
200 INPUT "Wahl 0-6";E$: LET E=VAL(E$)
210 ON E GOSUB 1000,2000,3000,4000,5000,6000
220 IF E=0 THEN PRINT "Ende.": END
230 SCREEN 0: GOTO 130
240 :
250 :
1000 REM ====== Unterprogramm KREIS
1010 INPUT "Verhältnis X/Y(0=Ende)";YX
1020    IF YX=0 THEN 1090
1030    INPUT "Koordinaten X,Y(127,95=Mitte)";X,Y
1040    INPUT "Radius";RADIUS
1050    SCREEN 2
1060    CIRCLE (X,Y),RADIUS,,,,YX
1070    LET E$=INPUT$(1)
1080 GOTO 1010
1090 RETURN
1100 :
```

Codierung zu Programm KREISE1.GRA (1. Fortsetzung):

```
2000 REM ====== Unterprogramm KREIS IM KREIS
2010 INPUT "Radien von 95 bis 1 mit Schritt (z.B. -10)";SCHRITT
2020 INPUT "Farbe 0-15";FARB
2030 SCREEN 2
2040 FOR RADIUS=95 TO 1 STEP SCHRITT
2050    CIRCLE (127,95),RADIUS,FARB
2060 NEXT RADIUS
2070 LET E$=INPUT$(1)
2080 RETURN
2090 :
3000 REM ====== Unterprogramm BREITE/HÖHE
3010 PRINT "Verhältnis Breite/Höhe von 0.1 bis 1.33"
3020 INPUT "mit Schrittweite";SCHRITT
3030 INPUT "Farbnummer zum Löschen (4=gelöscht)";FARB
3040 SCREEN 2
3050 FOR YX=.1 TO 1.33 STEP SCHRITT
3060    CIRCLE (127,95),90,1,,,YX
3070    IF FARB<>1 THEN CIRCLE (127,95),90,FARB,,,YX
3080    FOR ZEIT=1 TO 100: NEXT ZEIT
3090 NEXT YX
3100 LET E$=INPUT$(1)
3110 RETURN
3120 :
4000 REM ====== Unterprogramm AUSSCHNITTE
4010 INPUT "Breite der Welle (z.B. 20)";BREITE
4020 SCREEN 2
4030 FOR BOGEN=0 TO 255 STEP 40
4040    CIRCLE (BOGEN,95),BREITE,1,PI,2*PI
4050 NEXT BOGEN
4060 LET E$=INPUT$(1)
4070 RETURN
4080 :
5000 REM ===== Unterprogramm TORTEN
5010 INPUT "Tortenbreite in Grad (z.B. 40)";GRAD
5020 LET B1=2*PI*GRAD/360
5030 SCREEN 2
5040 FOR BOGEN=0 TO (2*PI) STEP B1
5050    CIRCLE (127,95),95,1,-BOGEN,-BOGEN+B1,4/3
5060 NEXT BOGEN
5070 LET E$=INPUT$(1)
5080 RETURN
5090 :
6000 REM ====== Unterprogramm EINZELTORTE
6010 INPUT "Radius (z.B. 60; 0=Ende)";RADIUS
6020    IF RADIUS=0 THEN GOTO 6130
6030    INPUT "Anfangspunkt in Grad (z.B. 45)";G1
6040    INPUT "Endpunkt in Grad (z.B. 270)";G2
6050    INPUT "Randlinie (0) oder einfärben (²³0)";FARB
6060    LET B1=2*PI*G1/360
6070    LET B2=2*PI*G2/360
6080    SCREEN 2
6090    CIRCLE (127,95),RADIUS,1,-B1,-B2,4/3
6100    IF FARB THEN PAINT (100,100),1
6110    LET E$=INPUT$(1)
6120 GOTO 6010
6130 RETURN
```

3.11.9 Diagramme zeichnen

3.11.9.1 Balkendiagramm

Das Programm BALKEN1.GRA dient der Erstellung eines Balkendia-
grammes und ist in vier Unterprogramme gegliedert:

- In Unterprogramm 1000 werden die Meßwerte für 12 Monate dem
  String WERT zugewiesen.

- Im Unterprogramm 2000 wird der maximale Meßwert gesucht und
  nach GROSS gespeichert.

- Unterprogramm 3000 dient dem Zeichnen des Koordinatenkreuzes
  (Nullpunkt ganz links unten). Zur Textausgabe wird der Grafikbildschirm als Ausgabedatei verwendet (Anweisung PRINT #1
  in Zeilen 3110-3120).

- In Unterprogramm 4000 werden die 12 Balken je 20 Pixel breit
  gezeichnet. Die maximale Balkenhöhe wird durch

      4010 LET EINHEIT = 175/WERT(GROSS)

  nach EINHEIT als Normierungseinheit ausgerichtet.

Ausführung zu Programm
BALKEN1.GRA mit den
Eingabewerten (Januar
bis Dezember)
123, 133, 145, 98,
105, 88, 120, 100,
121, 115, 89, 95

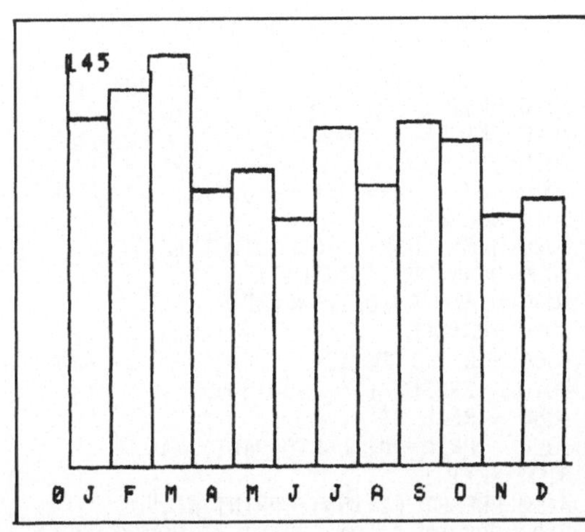


```
100 REM ====== Programm BALKEN1.GRA
110 PRINT "Grafik-Modus 1 / Bildschirmdatei:"
120 PRINT "Balkendiagramm für 12 Monate zeichnen."
121 :
130 REM ====== VEREINBARUNGSTEIL
140 DIM M$(12)          'Array 12 Monatsnamen
150   FOR I=1 TO 12: READ M$(I): NEXT I
160   DATA Januar,Februar,März,April,Mai,Juni,Juli
170   DATA August,September,Oktober,November, Dezember
180 DIM WERT(12)        'Array 12 Meßwerte
190 'GROSS              'Maximaler Meßwert
200 'HOEHE              'Balkenhöhe
210 'EINHEIT            'Einheit zum Zeichnen (abhängig von GROSS)
```

```
220 REM ====== Anweisungsteil
230 PRINT "Weiter: Taste";: LET E$=INPUT$(1)
240 KEY OFF        '24. Zeile löschen
250 CLS            'Bildschirm sauber
260 GOSUB 1000     'Tastatureingabe der 12 Meßwerte
270 GOSUB 2000     'Maximaler Meßwert
280 GOSUB 3000     'Koordinaten
290 IF INKEY$="" THEN 290
300 GOSUB 4000     '12 Balken senkrecht ziehen
310 IF INKEY$="" THEN 310
320 SCREEN 0
330 CLOSE #1       'Bildschirmdatei schließen
340 PRINT "Ende.": END
350 :
1000 REM ====== Unterprogramm EINGABE
1010 PRINT "Eingabe von 12 Meßwerten:"
1020 FOR I=1 TO 12
1030    LOCATE 5,I+6
1040    PRINT "Wert im ";M$(I);SPACE$(20)
1050    LOCATE 25,I+6 : INPUT E$
1060    LET WERT(I)=VAL(E$)
1070    IF WERT(I)<0 THEN BEEP: LOCATE 25,I+6: PRINT SPACE$(2): GOTO 1050
1080 NEXT I
1090 LOCATE 1,21: PRINT "Weiter: Taste": LET E$=INPUT$(1)
1100 RETURN
1110 :
2000 REM ====== Unterprogramm MAXIMUM
2010 FOR I=1 TO 12
2020    IF WERT(I)³WERT(GROSS) THEN LET GROSS=I
2030 NEXT I
2040 RETURN
2050 :
3000 REM ====== Unterprogramm KOORDINATENKREUZ
3010 SCREEN 2
3020 OPEN "GRP:" FOR OUTPUT AS #1
3030 DRAW "BM10,175U175"
3040 DRAW "BM10,175R245"
3050 RESTORE
3060 FOR I=1 TO 12
3070    PRESET (I*20-3,183)
3080    READ M$
3090    PRINT #1,LEFT$(M$(I),1)
3100 NEXT I
3110 PRESET (2,183): PRINT #1,"0"
3120 PRESET (2,0): PRINT #1,WERT(GROSS)
3130 RETURN
3140 :
4000 REM ====== Unterprogramm BALKEN
4010 LET EINHEIT=175/WERT(GROSS)
4020 DRAW "BM10,175"     'Nullpunkt
4030 FOR I=1 TO 12       '12 Balken
4040 LET HOEHE=INT(WERT(I)*EINHEIT)
4050    DRAW "U=HOEHE;"
4060    DRAW "R20"            '20 Pixel breit
4070    DRAW "D=HOEHE;"
4080 NEXT I
4090 RETURN
```

Codierung zu Programm BALKEN1.GRA
(1. Fortsetzung)

3.11.9.2 Tortendiagramm

Das folgende Programm TORTEN1.GRA zeichnet ein Tortendiagramm.
Für eine beliebige Anzahl von Artikeln (ANZ) werden die Absatzmengen (MAB) in einem Tortendiagramm grafisch dargestellt.
Dabei geht man wie folgt vor:

- Nach Eingabe der absoluten Mengen im Array MAB werden in den
  Array MREL die relativen Mengenanteile abgespeichert (Zeile
  220).

- Mit 250 LET BANFANG=0 wird der Anfang der ersten Torte auf
  die 3-Uhr-Position festgelegt. Von diesem Punkt aus wird anschließend entgegen' dem Uhrzeigersinn gezeichnet.

- Die Zählerschleife 270 FOR Z=1 TO ANZ steuert das Zeichnen
  der ANZ einzelnen Torten im Diagramm.

- In 280 LET BOGEN=MREL(Z)*6.28 ermittelt man jeweils die Bogenlänge der Z. Torte. 6.28 entspricht im Bogenmaß der ganzen Kreislinie; 0.5*6.28 würde somit einen Halbkreis beinhalten.

- Zeichnen der nächsten Torte mittels CIRCLE in der Zeile 300.

- Mit 310 LET BOGENANFANG=BE wird entgegen dem Uhrzeigersinn
  der Anfang für die nächste Torte festgelegt.

Codierung zu Programm TORTEN1.GRA:

```
100 REM ====== Programm TORTEN1.GRA
110 CLS: PRINT "Zeichnen eines Tortendiagrammes."
120 :
130 '*** Eingabe der Werte *****************************************
140 INPUT "Anzahl der Artikel";ANZ
150 DIM MAB(ANZ),MREL(ANZ)
160 FOR Z=1 TO ANZ
170    PRINT Z;".Artikel: Anzahl";:INPUT MAB(Z)
180 LET MAB(0)=MAB(0)+MAB(Z)
190 NEXT Z
200 '*** Vorbereitung ***********************************************
210 FOR Z=1 TO ANZ
220    LET MREL(Z)=MAB(Z)/MAB(0)
230 NEXT Z
240 KEY OFF: SCREEN 2
250 LET BANFANG=0
260 '*** Diagramm zeichnen ******************************************
270 FOR Z=1 TO ANF
280    LET BOGEN=MREL(Z)*6.28
290    LET BE=BANFANG+BOGEN
300    CIRCLE (127,95),90,1,-BANFANG,-BE
310    LET BANFANG=BE
320 NEXT Z
330 '*** Endeverarbeitung *******************************************
340 IF INKEY$="" THEN 340
350 KEY ON: SCREEN 0
360 PRINT "End.": END
```

Ausführung zu Programm TORTEN1.GRA:

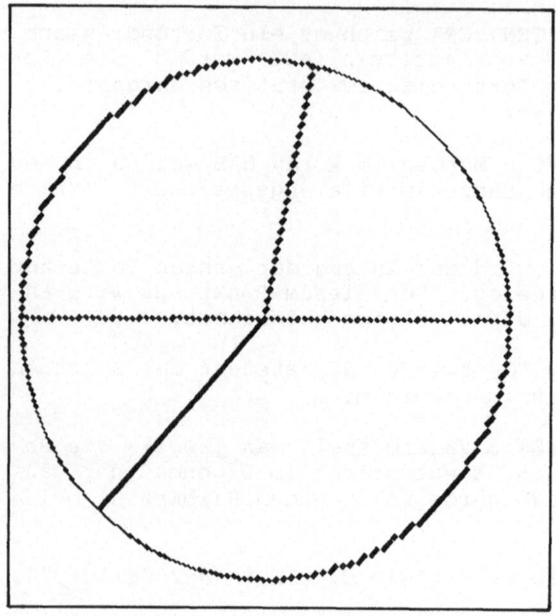

Eingabe der
vier Werte:

1. 12 Stück
2. 15 Stück
3. 7 Stück
4. 20 Stück

3.11.10 Flächen einfärben mit PAINT

Soll nicht nur die Begrenzung einer Fläche eingefärbt werden,
sondern auch die Fläche selbst, kommt die PAINT-Anweisung zur
Anwendung. Mit der Anweisungsfolge

```
100 SCREEN 2
110 CIRCLE (127,95),50
120 PAINT (127,95)            (Startpunkt zum Malen: (127,95))
130 GOTO 130
```

wird ein Kreis mit CIRCLE gezeichnet und dann mit PAINT in der
gerade eingestellten Vordergrundfarbe (Default weiß = 15) gefärbt. An dieser Anweisungsfolge sollen einige Besonderheiten
der PAINT-Anweisung im Grafik-Modus 1 erklärt werden:

- Mit 120 PAINT (0,0) wird nur das Kreisäußere weiß gefärbt,
  da der Startpunkt zum Malen außerhalb des Kreises liegt.

- Ersetzt man die Anweisung 120 durch 120 PAINT (127,95),8 ,
  wird das Ausfüllen mit der Farbe 8=rot vorgenommen. PAINT
  füllt stets so weit aus, bis es an Linien stößt, die dieselbe Farbe aufweisen. Da der Kreis aber in 15=weiß gezeichnet
  wurde, füllt sich der gesamte Bildschirm rot. Schreibt man
  zusätzlich 110 CIRCLE (127,95),50,8 , wird n u r das Innere des Kreises rot eingefärbt.

- Die Endlosschleife in Zeile 130 kann durch /CTRL/+/STOP/ beendet werden.

Im Grafik-Modus 1 müssen die Farbnummern der PAINT-Anweisung
und der entsprechenden Grafik-Anweisung übereinstimmen, nicht
jedoch in Grafik-Modus 2. Das Beispiel

```
100 SCREEN 3
110 CIRCLE (129,95),1
120 PAINT (129,95),8,1
130 GOTO 130
```

ergibt einen schwarz umrandeten Kreis (Farbe 1), der mit roter Farbe eingefärbt ist (Farbe 8). Aus diesem Grunde wird der
Grafik-Modus 2 auch als M e h r f a r b e n g r a f i k bezeichnet. Da dabei in Bildblöcken anstelle von Bildpunkten gezeichnet wird, erscheint der Kreis etwas 'holpriger' als bei
SCREEN 2.

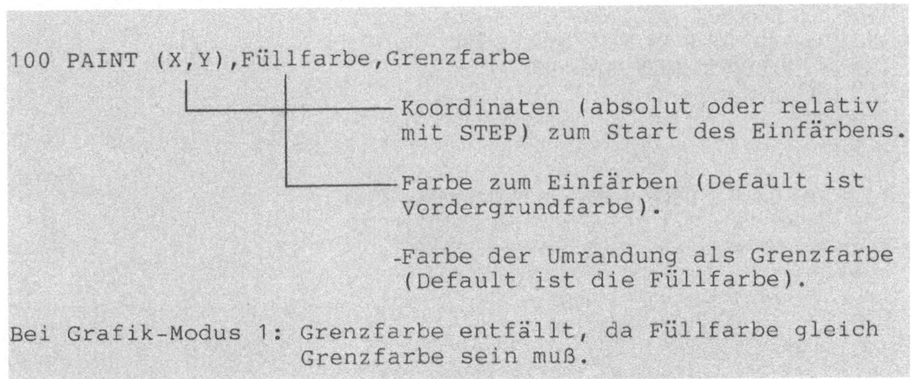

Anweisung PAINT zum Einfärben von Flächen

Im Unterprogramm 1000 von Programm MALEN1.GRA werden Flächen
entsprechend ihrem Prozentanteil gezeichnet und eingefärbt. In
Zeile 1030 wird mit AUSSEN die X-Koordinate des Beginnpunktes
zum Einfärben festlegt. In Zeile 1090 wird mit 3/4 das Seitenverhältnis 'Y/X bzw. 192/256' berücksichtigt, um die Prozent-
fläche rund zu zeichnen.

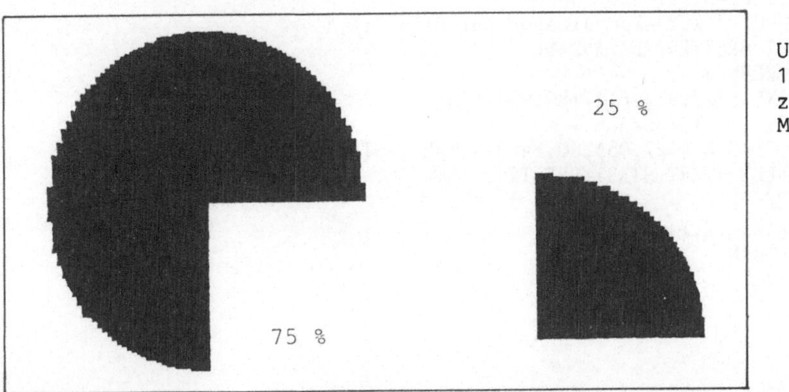

Zum Unterprogramm 2000 von Programm MALEN1.GRA:
Mit der Eingabe von z.B. ANZAHL=4 und FARB=8 werden vier Torten in roter Farbe gezeichnet. Gibt man X=150,Y=100 ein, färbt
sich die Torte rechts unten rot ein. Für X=120,Y=40 färbt sich
die Torte links oben rot ein, während z.B. für X=50,Y=50 keine
Torte, sondern das Kreisäußere rot gefärbt wird.

Codierung zu Programm MALEN1.GRA:

```
100 REM ====== Programm MALEN1.GRA
110 CLS: PRINT "Geschlossene Flächen malen mittels PAINT."
120 :
130 PRINT "0 Ende"
140 PRINT "1 Torten je nach Prozent"
150 PRINT "2 Eine Torte einfärben"
160 INPUT "Wahl 0-2";E$: LET E=VAL(E$)
170    ON E GOSUB 1000,2000
180    IF E=0 THEN PRINT "Ende.": END
190 IF INKEY$="" THEN GOTO 190
200 SCREEN 0
210 GOTO 110
220 :
230 :
1000 REM ====== Unterprogramm PROZENTFLÄCHEN
1010 INPUT "Wieviel Prozent (z.B. 75%)";PROZ
1020 INPUT "Malfarbe (z.B. 8=rot)";FARB
1030 INPUT "Außen (100) oder innen (0) malen";AUSSEN
1040 LET PI=3.1415926535898#
1050 LET BOGEN=PROZ*2*PI/100
1060 SCREEN 2
1070 '*** Torte zeichnen ********************
1080 CIRCLE (127,95),90,FARB,0,-BOGEN,4/3
1090 LINE -STEP(90*3/4,0),FARB
1100 '*** Torte enfärben ********************
1110 PAINT (140+AUSSEN,94),FARB
1120 RETURN
1130 :
1140 :
2000 REM ====== Unterprogramm EINFÄRBEN
2010 INPUT "Anzahl der Torten";ANZAHL
2020 INPUT "Farbe";FARB
2030 LET PI=3.1415926535898#
2040 INPUT "(X,Y)-Koordinaten für PAINT";X,Y
2050 LET BREITE=2*PI/ANZAHL
2060 SCREEN 2
2070 LINE (127,95)-(127+80,95),FARB
2080 FOR I=1 TO ANZAHL
2090    CIRCLE (127,95),80,FARB,-START,-START+BREITE
2100    LET START=START+BREITE
2110 NEXT I
2120 PAINT (X,Y),FARB
2130 RETURN
```

3.11.11 Zeichen auf dem Grafik-Bildschirm

3.11.11.1 Zeichendarstellung im Grafik-Modus 1

Eröffnet man den Grafik-Bildschirm "GRP:" als Ausgabedatei #1,
können über die Anweisung PRINT #1 zusätzlich zu den Pixeln
auch Z e i c h e n auf dem Bildschirm gezeigt werden (siehe
Abschnitt 3.11.3.4). Das folgende Programm BILDDAT1.GRA verdeutlicht dies an Beispielen.

Zum Unterprogramm 1000 von Programm BILDDAT1.GRA:
Für die ASCII-CodeZAHL=65 erscheinen nebeneinander elf "A" am
Bildschirm und darunter der Hinweis "Codezahl 65". Im Falle
von ZAHL=45 erscheinen elf "-". ZAHL=32 bleibt unsichtbar, da
CHR$(32) das Blank darstellt. Codezahlen unter 32 werden abge-
wiesen (in Zeile 1030), da dies nicht druckbare Steuerzeichen
sind. Alle Zeichen werden 'weiß auf schwarz' ausgegeben (Farbeinstellung 120 COLOR 15,1,7). Die PRESET-Anweisung positioniert den Pixel-Cursor unsichtbar auf die angegebenen Koordinaten (20*Z,24), also auf 20, 40, 60, ... Da ein Zeichen nur
8 Pixel breit ist, bleiben Zwischenräume zwischen den Zeichen
von jeweils 12 Pixeln Breite.

Zum Unterprogramm 2000 von Programm BILDDAT1.GRA:
Der Alternativ-Zeichensatz umfaßt die Zeichen von CHR$(65) bis
CHR$(95), wobei jeweils ein CHR$(1) vorangestellt wird.
Gibt man nun ebenfalls ZAHL=65 ein, erscheint nicht das "A",
sondern mit 2120 PRINT #1, CHR$(1)+CHR$(65) das 'Gesicht'.
Rechts oben steht "Codezahl 65", und in einer von links oben
nach rechts unten absteigenden Linie erscheinen 23 verschieden
eingefärbte 'Gesichter'.

Codierung zu Programm BILDDAT1.GRA:


```
100 REM ====== Programm BILDDAT1.GRA
110 CLS: PRINT "Bildschirm als Datei in Grafik-Modus 1:"
120    COLOR 15,1,7  'weiß auf schwarz
130 PRINT "0  Ende"
140 PRINT "1  'Normalen' Zeichensatz testen"
150 PRINT "2  Alternativen Zeichensatz testen"
160 PRINT "3  Zeichen als 8*8-Pixel-Matrix"
170 INPUT "Wahl 0-3";E$: LET E=VAL(E$)
180 ON E GOSUB 1000,2000,3000
190 IF E=0 THEN COLOR 15,4,7: PRINT "Ende.": END
200 GOTO 110
210 :
220 :
```

```
1000 REM ====== Unterprogramm ZEICHENSATZ       Codierung zu Programm
1010 OPEN "GRP:" FOR OUTPUT AS #1                BILDDAT1.GRA
1020 INPUT "Codezahl (32-255; 0=Ende)";ZAHL      (1. Fortsetzung)
1030   IF ZAHL<32 THEN GOTO 1120
1040   SCREEN 2          'Hohe Auflösung
1050   FOR Z=1 TO 11
1060     PRESET (20*Z,24)
1070     PRINT #1,CHR$(ZAHL)
1080   NEXT Z
1090   PRINT #1,"   Codezahl";ZAHL
1100   IF INKEY$="" THEN 1100
1110 GOTO 1020
1120 CLOSE #1
1130 RETURN
1140 :
2000 REM ====== Unterprogramm ALTERNATIVER ZEICHENSATZ
2010 REM *** Bildschirm als Ausgabedatei öffnen **********
2020 OPEN "GRP:" FOR OUTPUT AS #1
2030 INPUT "Alternative Codezahl (65-95; 0=Ende)";ZAHL
2040   IF ZAHL<65 OR ZAHL>95 THEN GOTO 1120
2050 SCREEN 2          'Hohe Auflösung
2060 REM *** 23 Zeichen diagonal/farbig zeigen ********
2070 PRESET (100,8): PRINT #1,"Alternativcode";ZAHL
2080   FOR Z=1 TO 23
2090     PRESET (10*Z,8*Z)
2100     LET FARB=INT(RND(1)*13)+2
2110     COLOR FARB                      'Vordergrundfarbe
2120     PRINT #1,CHR$(1)+CHR$(ZAHL)
2130   NEXT Z
2140   IF INKEY$="" THEN 2140
2150 GOTO 2030
2160 REM *** Bildschirmdatei schließen ****************
2170 CLOSE #1
2180 RETURN
2190 :
3000 REM ====== Unterprogramm ZEICHENMATRIX
3010 INPUT "Welches Zeichen im Alternativcode 65-95";ZAHL
3020 INPUT "Farb-Nr. vorne,hinten,";F1,F2
3030 COLOR F1,F2,7      'Farbwahl für Test
3040 SCREEN 2
3050 OPEN "GRP:" FOR OUTPUT AS #1
3060 PRESET (50,24)
3070 PRINT #1,CHR$(205);" Test-Zeichen ";CHR$(205)
3080 PRESET (100,50)
3090 PRINT #1,CHR$(1)+CHR$(ZAHL)
3100 FOR ZEILE=50 TO 57
3110   FOR SPALTE=100 TO 107
3120     LET FARB=POINT(SPALTE,ZEILE)
3130     PRESET ((SPALTE-99)*24,60+(ZEILE-49)*8)
3140     PRINT #1,USING "##";FARB
3150   NEXT SPALTE
3160 NEXT ZEILE
3170 PRESET (50,170)
3180 PRINT #1,CHR$(206);" Darstellung ";CHR$(206)
3190 IF INKEY$="" THEN 3190
3200 COLOR 15,1,7
3210 CLOSE #1
3220 RETURN
```

Zum Unterprogramm 3000 von Programm BILDDAT1.GRA:
Jedes Zeichen wird als 8*8-Punkte-Matrix dargestellt (schauen
Sie sich dazu bitte den Zeichensatz in Ihrem Handbuch an). Mit
diesem Programm lassen wir uns Zeichen "im Großformat" auf dem
Grafik-Bildschirm zeigen.
Gibt man nun wieder ZAHL=65 ein und z.B. mit F1=8 und F2=1 die
Farben rot auf schwarz, erscheint das 'Gesicht' wie folgt:

```
                         Text - Zeichen


        1    1    8    8    8    8    1    1
        1    8    1    1    1    1    8    1
        8    1    8    1    1    8    1    8 - - - - - -  Augen
        8    1    1    1    1    1    1    8
        8    1    8    1    1    8    1    8 - - - - - -  Nase
        8    1    1    8    8    1    1    8 - - - - - -  Mund
        1    8    1    1    1    1    8    1
        1    1    8    8    8    8    1    1


                         Darstellung
```

Jede "8" symbolisiert ein Pixel mit der Vordergrundfarbe und
jede "1" steht für "kein Zeichen" bzw. Hintergrundfarbe. Ent-
sprechend dieser Darstellung können auch vom Benutzer eigene
Zeichen definiert werden (vgl. Abschnitt 3.12).
Wählt man als Vordergrundfarbe F1=1 und für den Hintergrund
F2=15, erhält man die Ausgabe schwarz auf weiß. Zur Codierung:

- In Zeile 3080 wird der Cursor an den Punkt (100,50) positioniert, um ab dieser Position in Zeile 3090 das 'Gesicht' zu
  zeigen. Das 'Gesicht' steht nun in den Zeilen 50-57 und den
  Spalten 100-107 auf dem Grafik-Bildschirm.

- In den Zählerschleifen 3100-3160 wird durch die Anweisung

```
    3120 LET FARB=POINT(SPALTE,ZEILE)
```

  die POINT-Funktion eingesetzt, um die Farbnummer von Punkt
  (SPALTE,ZEILE) zu lesen und nach FARB zu speichern. FARB erhält somit im obigen Beispiel die Werte 8 oder 1.

- Zeile 3130 stellt den Cursor auf die (entsprechend auf das
  'Großformat') gedehnte Position, um in Zeile 3140 an diese
  Stelle die zugehörige Farbnummer auszugeben.

3.11.11.2 Zeichendarstellung im Grafik-Modus 2

Das Programm BLOCK1.GRA stellt mit SCREEN 3 den Grafik-Modus 2
ein, der auch als Block-Grafik oder Mehrfarben-Grafik bezeichnet wird. Da an die Stelle des Bildpunktes in SCREEN 2 nun der
Bildblock (bestehend aus 4*4 Bildpunkten) tritt, sind Zeichen
aufgrund der niedrigeren Auflösung deutlicher zu lesen.

Zum Unterprogramm 1000 von Programm BLOCK1.GRA:
Gibt man für ZAHL die 65 ein, erscheinen 48 Buchstaben "A" in
6 Zeilen zu je 8 Spalten angeordnet. Wählt man die CodeZAHL
209, erscheint ein 'zaunähnliches Muster'. Jedes Zeichen ist
32 Pixel breit (32*8=256), wobei je 4 Pixel der Breite eines
Blockes und damit einer Spalte der 8*8-Zeichen-Matrix (siehe
Zeichensatz) entsprechen.
Bei CHR$(209) erscheinen Zeichen neben Zeichen, während bei
CHR$(65) anscheinend Zwischenräume entstehen. 'Anscheinend'
deshalb, da bei den Buchstaben A-Z die rechten beiden Spalten
unbelegt sind (siehe Zeichensatz im Handbuch).

Zum Unterprogramm 2000 von Programm BLOCK1.GRA:
Auf dem Bildschirm erscheinen in fünf Zeilen untereinander:
- 1. Zeile: Zahlen 1-7 (Programmzeile 2060).
- 2. Zeile: 'Geist' (Zeile 2080).
- 3. Zeile: Balken aus 6 Blöcken CHR$(219) (Zeile 2100).
- 4. Zeile: Durchgezogene Linie (Zeile 2120).
- 5. Zeile: Rechts nebeneinander die Alternativzeichen 'Karo'
  und 'Pik' (Zeilen 2130-2140).
Im Unterprogramm 4000 wird jeweils eine neue Farbe ausgewählt
und nach FARB zugewiesen.

Zum Unterprogramm 3000 von Programm BLOCK1.GRA:
Gibt man den Text "Wegweiser" in T$ ein, erscheinen die Buch-
staben "Wegweise" in der ersten und "r" in der zweiten Zeile.
Dabei wird jeder Buchstabe anders eingefärbt. Die Anweisung
3070 PRINT #1,MID$(T$,I,1); gibt bei jedem Schleifendurchlauf
das nächste Zeichen aus.

```
100 REM ====== Programm BLOCK1.GRA
110 REM Test zum Grafik-Modus 2 (Block-Grafik).
111 :
120 OPEN "GRP:" FOR OUTPUT AS #1
130 CLS: PRINT "Auswahlmenü:"
140 PRINT "0  Ende"
150 PRINT "1  'Normaler' Zeichensatz"
160 PRINT "2  Alternatv-Zeichensatz/Farbe"
170 PRINT "3  Text farbig zeigen"
180 INPUT "Wahl (0-3)";E$: LET E=VAL(E$)
190 ON E GOSUB 1000,2000,3000
200 IF E=0 THEN CLOSE#1: PRINT "Ende." : END
210 IF INKEY$="" THEN 210
220 SCREEN 0: COLOR 15,4,7
230 GOTO 130
```

Codierung zu Programm BLOCK1.GRA (Fortsetzung):

```
1000 REM ====== Unterprogramm ZEICHENSATZ
1010 INPUT "Codezahl 32-254 (z.B. 209)";ZAHL
1020 SCREEN 3
1030 FOR Y=0 TO 191 STEP 32
1040   FOR X=0 TO 255 STEP 32
1050     PRESET(X,Y)
1060     PRINT #1,CHR$(ZAHL)
1070   NEXT X
1080 NEXT Y
1090 RETURN
1100 :
2000 REM ====== Unterprogramm ALTERNATIVZEICHEN
2010 INPUT "Hintergrundfarbe (z.B. 1)";HIN
2020 COLOR ,HIN
2030 SCREEN 3
2040 PRESET (0,0)
2050 GOSUB 4000  'Zufallsfarbe
2060 PRINT #1, "1234567"
2070 GOSUB 4000
2080 PRINT #1,CHR$(1)+CHR$(65)
2090 GOSUB 4000
2100 FOR I=1 TO 6: PRINT #1, CHR$(219);: NEXT I
2110 GOSUB 4000
2120   LINE (0,3*32)-(255,3*32)
2130 PRESET (6*32,4*32): GOSUB 4000: PRINT#1,CHR$(1)+CHR$(68)
2140 PRESET (7*32,4*32): GOSUB 4000: PRINT#1,CHR$(1)+CHR$(70)
2150 RETURN
2160 :
3000 REM ====== Unterprogramm FARBTEXT
3010 INPUT "Eingabe eines Textes (max. 48 Zeichen)";T$
3020 LET N=LEN(T$)
3030 SCREEN 3
3040 PRESET (0,0)
3050 FOR I=1 TO N
3060   GOSUB 4000     'Zufallsfarbe
3070   PRINT #1,MID$(T$,I,1);
3080 NEXT I
3090 RETURN
3100 :
4000 REM ====== Unterprogramm ZUFALLSFARBE
4010 LET FARB=INT(RND(1)*15)+1
4020 COLOR FARB
4030 RETURN
```

3.12 Verarbeitung von Sprites als Bildmuster

3.12.1 Sprites im Überblick

Ein S p r i t e ist ein Bildmuster, das vom Benutzer entworfen und am Bildschirm als eine Einheit bewegt werden kann. Bei
dem Entwurf bzw. der Definition eines Sprites ist zu beachten,
daß MSX-BASIC Muster vorsieht, die aus 8*8 Punkten oder aber
aus 16*16 Punkten bestehen. Hier sind zwei Sprites, die beide
als 8*8-Punkte-Muster definiert wurden und - mit etwas Phanta-
sie - wie 'Geister' aussehen:

                Geist 1:   Geist 2:

          8 4 2 1 8 4 2 1   8 4 2 1 8 4 2 1

     0   1 1 1 1 1 1 1 1   0   0 0 1 1 1 1 0 0
     1   1 0 0 0 0 0 0 1   1   0 1 0 0 0 0 1 0
     2   1 0 1 0 0 1 0 1   2   1 0 0 0 0 0 0 1
     3   1 0 0 0 0 0 0 1   3   1 0 1 0 0 1 0 1
     4   1 0 0 1 1 0 0 1   4   1 0 0 0 0 0 0 1
     5   0 0 1 1 1 1 0 0   5   1 0 0 1 1 0 0 1
     6   1 0 0 0 0 0 0 0   6   0 1 0 1 1 0 1 0
     7   1 1 1 1 1 1 1 1   7   0 0 1 1 1 1 0 0

Beim Verarbeiten von Sprites geht man immer in vier Schritten
vor: Zunächst wird der Sprite definiert, d.h. sein 'Aussehen'
wird entworfen und gespeichert. Zum Speichern benutzt man zumeist DATA-Zeilen.
In einem zweiten Schritt wird das definierte Bildmuster über
eine FOR-Schleife in eine Systemvariable namens SPRITE#(n)
eingelesen. Beim 8*8-Spriteformat ist n=0,1,2,...,255 und beim
16*16-Spriteformat ist n=0,1,2,...,63. n wird als Spritenummer
bezeichnet.
In einem dritten Schritt wird der Sprite auf den Bildschirm
plaziert. Der Bildschirm besteht aus 32 hintereinanderliegen-
den S c h i c h t e n , die von 0 (vorne) bis 31 (hinten) numeriert sind. In jeder Schicht kann sich nur ein Sprite bewegen. Die Anweisung PUT SPRITE s,(X,Y),,n plaziert den Sprite
mit Nummer n an die Position (X,Y) in Schicht s.
Im letzten Schritt 4 vollzieht sich das eigentliche 'Spielen':
ein Sprite wird bewegt und eingefärbt, er verschwindet, taucht
wieder auf und blinkt ... Wenn sich Sprites in ihren Schichten
überlagern, kann man mit den Anweisungen ON SPRITE GOSUB und
SPRITE ON/OFF/STOP den Ablauf unterbrechen und als Zusammen-
stoß bzw. Kollision gesondert verarbeiten (es 'kracht' demnach
niemals tatsächlich, sondern jede Kollision wird simuliert).

Sprites werden auf dem Bildschirm in 32 hintereinanderliegen-
den Schichten bewegt, die man sich als Ebenen wie in der Abbildung gezeigt vorstellen kann. Die Schichtnummern s = 0-31
legen die P r i o r i t ä t e n der Sprites fest: werden zwei
Sprites an denselben Koordinaten positioniert, hat der Sprite
mit der niedrigeren Schichtnummer Vorrang vor dem Sprite mit
der höheren Schichtnummer , der überlagert wird.

```
Schritt 1: Sprite definieren
--------------------------------
- Sprite in DATA-Zeilen programmintern bzw.
  in eine Datei programmextern abspeichern
- Sprite dezimal, binär oder hexadezimal definieren
- ERGEBNIS: der Sprite ist auf einer Diskette oder
  Kassette gespeichert

Schritt 2: Sprite in eine SPRITE$-Variable ablegen
--------------------------------------------------
- Spriteformat 8*8 oder 16*16 mit SCREEN festlegen
- Sprite aus DATA in einen Spritestring (z.B. in S$) einlesen
- Sprite mit  SPRITE$(n)=S$  in die Variable SPRITE$(n)
  ablegen. Der Sprite hat die Nummer n (n=0,1,2,...,255).
- ERGEBNIS: der Sprite ist in einer Systemvariablen SPRITE$
  abgelegtund numeriert

Schritt 3: Sprite auf dem Bildschirm plazieren
-----------------------------------------------
- Sprite mit der Anweisung  PUT SPRITE s  in die Schicht s
  plazieren (maximal 32 Schichten mit s=0,1,2,...,31)
- ERGEBNIS: der Sprite erscheint auf dem Bildschirm
  in der Schicht s

Schritt 4: Sprite bewegen und kollidieren
------------------------------------------
- Sprite durch fortlaufendes Ändern der Koordinaten X,Y in
  der Anweisung  PUT SPRITE s,(X,Y)      bewegen
- Mit den Anweisungen  ON SPRITE GOSUB ... : SPRITE ON
  das Kollidieren (Überlagern zweier Sprites in zwei
  Schichten) verarbeiten
- ERGEBNIS: Spielablauf
```

Verarbeitung von Sprites in vier Schritten

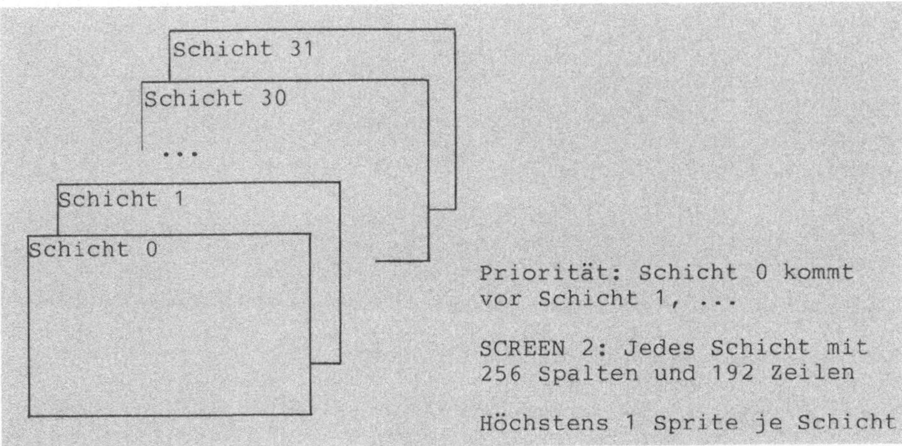

Bildschirm mit 32 Schichten bzw. Ebenen

3.12.2 Spriteverarbeitung in vier Schritten

3.12.2.1 Sprite definieren

Zunächst muß der Sprite entworfen werden. Dazu verwendet man
ein Raster, das je nach S p r i t e f o r m a t 8*8=64 oder
16*16=256 Punkte aufweist. In der Abbildung ist im 8*8-Format
links der Entwurf eines Sprites eingezeichnet.

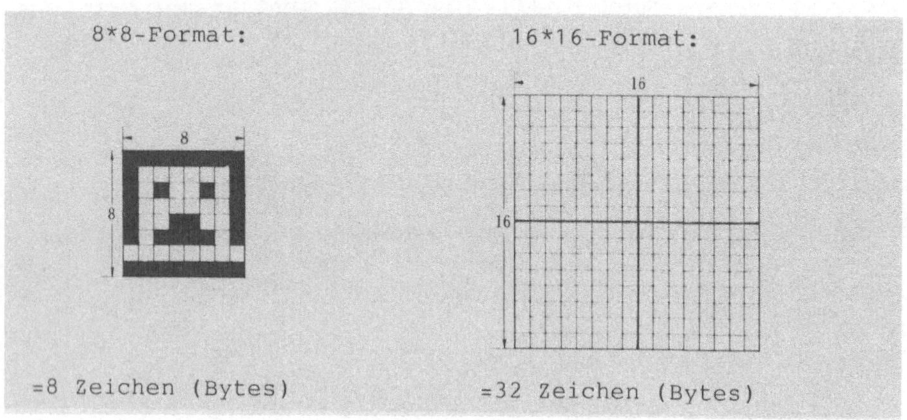

Entwurf eines Sprite im 8*8-Format

Der derart entworfene Sprite liegt schwarz auf weiß auf Papier
vor. Der Entwurf muß nun computerverständlich gespeichert werden; man bezeichnet dies als S p r i t e d e f i n i t i o n.
Ein Sprite kann auf drei Arten definiert werden: binär, dezimal und hexadezimal. Dazu betrachten wir als Beispiel die 3.
der 8 Spritezeilen, bei der mit "10100101" ein Farbpunkt ge-

```
dezimal:                       binär:       hexadezimal:

                               84218421  ────────────────────┐
                                                             ↓
128+64+32+16+8+4+2+1=255       11111111   FF= 8+4+2+1=F  8+4+2+1=F
128+0+0+0+0+0+0+1   =129       10000001   81  8+0+0+0=8  0+0+0+1=1
128+0+32+0+0+4+0+1  =165       10100101   A5  8+0+2+0=A  0+4+0+1=5
128+0+0+0+0+0+0+1   =129       10000001   81  8+0+0+0=8  0+0+0+1=1
128+0+0+16+8+0+0+1  =153       10011001   99  8+0+0+1=9  8+0+0+1=9
0+0+32+16+8+4+0+0   = 60       00111100   3C  0+0+2+1=3  8+4+0+0=C
129+0+0+0+0+0+0+1   =129       10000001   81  8+0+0+0=8  0+0+0+1=1
128+64+32+16+8+4+2+1=255       11111111   FF  8+4+2+1=F  8+4+2+1=F
       ↑
    ┌──┘
    └──────────────┐
                    84268421
```

Sprite-Definition dezimal, binär und hexadezimal

zeigt werden soll (1), dann ein farbloser Punkt in der Hintergrundfarbe (0), dann wieder ein Farbpunkt (1) usw..

- binär: 10100101 = Vorstellung "1=Farbe", "0=farblos"

- dezimal: 165   = 1*128+0*64+1*32+0*16+0*8+1*4+0*2+1*1

- hexadezimal: A5   = 1*8+0*4+1*2+0*1 ergibt A
                               0*8+1*4+0*2+1*1 ergibt 5

In der Abbildung ist der Sprite dezimal, binär und hexadezimal
vollständig definiert, d.h. mit allen acht Spritezeilen. Die
oben dargestellte Zeile "10100101" findet sich als 3. Zeile.

Zur   b i n ä r e n   Spritedefinition:
Jede Spritezeile wird als ein Byte gespeichert, das aus 8 Bits
besteht. 'Binär' heißt zweiwertig, d.h. entweder "1" für Punkt
oder "0" für kein Punkt. Im Programm DEFINIT1.SPR wird die binäre Definition im Unterprogramm 2000 vorgenommen:

- In den DATA-Zeilen 2050 und 2060 werden die 8 Spritezeilen
  als Bytes in 0 1-Form abgelegt und zusammen mit dem Programm
  gespeichert.

- Bei Bedarf können die 8 Bytes über die For-Schleife in den
  Zeilen 2020-2040 in den S p r i t e s t r i n g S$ gelesen
  werden. Die Anweisung

    2030 READ Z$:   LET S$ = S$ + CHR$(VAL("&B"+Z$))

  liest das nächste Byte in eine Stringvariable Z$ ein. In Z$
  befindet sich dann z.B. "10100101". Mit &B10100101 erhält
  man die Codezahl 165. Da "10100101" als String vorliegt, muß
  dieser mit der Funktion VAL() zunächst in einen numerischen
  Wert umgewandelt werden. CHR$(165) liefert dann ein Sonder-
  zeichen entsprechend dem MSX-Zeichensatz, der mit der Anweisung LET S$=S$+CHR$(165) an den S p r i t e s t r i n g S$
  angehängt wird.

Zur   d e z i m a l e n   Spritedefinition:
Wie das Unterprogramm 1000 des Programmes DEFINIT1.SPR zeigt,
werden bei dieser zweiten Definitionsform in einer DATA-Zeile
1050 jeweils Dezimalwerte für das Byte gespeichert. Dabei muß
die Berechnung der Dezimalwerte natürlich vom Benutzer selbst
vorgenommen werden. Jedes Bit einer Spritezeile wird gemäß dem
Stellenwert 128, 64, 32, 16, 8, 4, 2 bzw. 1 umgesetzt und auf-
addiert (vgl. Abbildung). Die Anweisung zum Aufbau des Spritestring vereinfacht sich nun zu 1030 LET S$=S$+CHR$(Z) mit Z
als jeweiliger Dezimalzahl.

Zur   h e x a d e z i m a l e n   Spritedefinition:
Diese dritte Definitionsform wird im Unterprogramm 3000 von
Programm DEFINIT1.SPR durchgeführt. In der DATA-Zeile 3040 ist
jede der acht Spritezeilen hexadezimal gespeichert. Die Spri-
tezeile "10100101" (binär) bzw. 165 (dezimal) ist in der Form
"A5" (hexadezimal) angelegt. Die Hex-Ziffer "A" erhält man aus
dem linken Halbbyte "1010" über 1*8+0*4+1*2+0*1=A ; das rechte
Halbbyte "0101" wird über 0*8+1*4+0*2+1*1=5 zu "5".

Codierung zu Programm DEFINIT1.SPR:

```
100 REM ====== Programm DEFINIT1.SPR
110 CLS: PRINT "Drei Arten der Definition eines Sprite."
120 GOSUB 1000     'Dezimale Definition
130 GOSUB 4000     'Ausgabebeispiel
140 GOSUB 2000     'Binäre Definition
150 GOSUB 4000
160 GOSUB 3000     'Hexadezimale Definition
170 GOSUB 4000
180 SCREEN 0: COLOR 15,4,7
190 PRINT "Ende.": END
200 :
210 :
1000 REM ====== Unterprogramm DEZIMAL
1010 LET S$=""
1020 FOR I=1 TO 8
1030    READ Z: LET S$=S$+CHR$(Z)
1040 NEXT I
1050 DATA 255,129,165,129,153,60,129,255
1060 RETURN
1070 :
2000 REM ====== Unterprogramm BINÄR
2010 LET S$=""
2020 FOR I=1 TO 8
2030    READ Z$: LET S$=S$+CHR$(VAL("&B"+Z$))
2040 NEXT I
2050 DATA 11111111,10000001,10100101,10000001
2060 DATA 10011001,00111100,10000001,11111111
2070 RETURN
2080 :
3000 REM ====== Unterprogramm HEXADEZIMAL
3010 FOR I=1 TO 8
3020    READ Z$: LET S$=S$+CHR$(VAL("&H"+Z$))
3030 NEXT I
3040 DATA FF,81,A5,81,99,3C,81,FF
3050 RETURN
3060 :
4000 REM ====== Unterprogramm SPRITEAUSGABE
4010 INPUT "Schnell (1), mittel (2) oder langsam (3)";V
4020 INPUT "8*8-Sprite normal (0) oder vergrößert (1)";N
4030 SCREEN 2,N
4040 SPRITE$(0)=S$ : SPRITE$(1)=S$
4050 LET Y=191
4060 FOR X=-32 TO 255
4070    PUT SPRITE 0,(X,Y),15
4080    PUT SPRITE 1,(255-X,Y),1
4090    FOR ZEIT=1 TO V^3: NEXT ZEIT
4100    LET Y=Y-1
4110 NEXT X
4120 LET E$=INKEY$
4130 IF E$="" GOTO 4050
4140 RETURN
```

3.12.2.2   Sprite in SPRITE$-Variable ablegen

Nachdem der Sprite definiert ist, wird er im zweiten Schritt
in eine der Systemvariablen

    SPRITE$(0), SPRITE$(1), ..., SPRITE$(255)   (8*8-Format)

abgelegt. Da die Anzahl der SPRITE$-Variablen vom Spriteformat
abhängt (beim 16*16-Format sind nur 64 Spritenummern 0,1,..,63
erlaubt), muß dem MSX-System mitgeteilt werden, welches Format
verwendet werden soll. Dies geschieht mit der SCREEN-Anweisung
z.B. wie folgt:

    4030 SCREEN 2,0
    4040 SPRITE$(0)=S$

In 4030 wird mit 2 der Grafik-Modus 1 eingeschaltet und mit 0
das Spriteformat '8*8 normal' ausgewählt. In 4040 wird nun der
Spritestring S$ in der Variablen SPRITE$(0) abgelegt und 0 als
Spritenummer festgelegt. Im Programm DEFINIT1.SPR werden durch
die Anweisungsfolge

    4030 SCREEN 2,N
    4040 SPRITE$(0)=S$: SPRITE$(1)=S$

mit den Variablen SPRITE$(0) und SPRITE$(1) z w e i Sprites
abgelegt. Diese haben verschiedene Spritenummern (sie werden
später als Sprite 1 und Sprite 2 angesprochen), aber gleiche
Spritemuster S$ (sie werden später gleich aussehen).

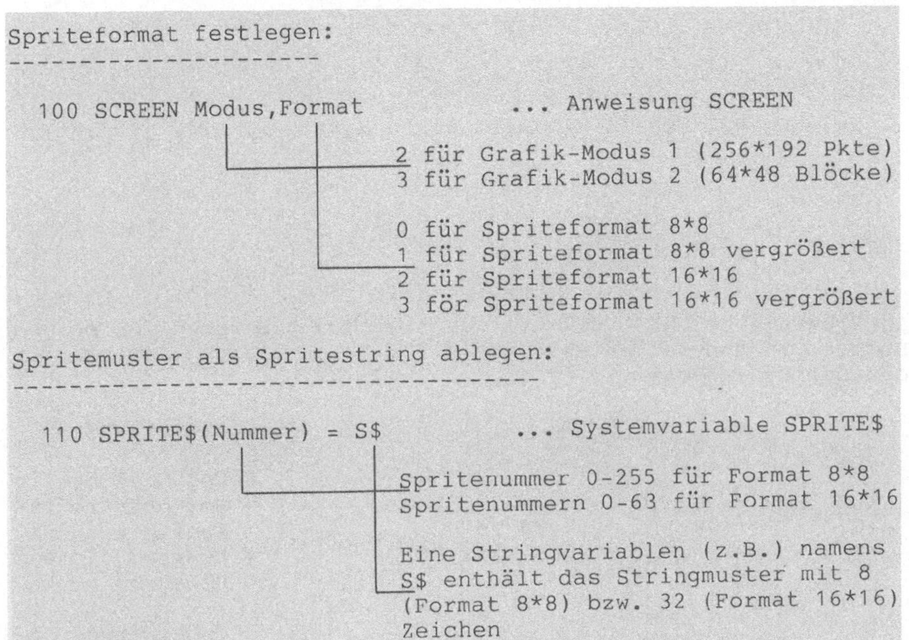

Spriteformat festlegen und Spritemuster ablegen

3.12.2.3 Sprite auf dem Bildschirm plazieren

Nun endlich kann der Sprite am Bildschirm gezeigt werden. Mit

```
4070 PUT SPRITE 0,(X,Y),15
4080 PUT SPRITE 1,(255-X,Y),1
```

wird der Sprite 0 in der Schicht 0 in weißer Farbe gezeigt. Er
erscheint im Punkt (X,Y). Der Sprite 1 erscheint in Schicht 1
in schwarzer Farbe im Punkt (255-X,Y). Sprite 1 steht in gleicher Höhe Y rechts neben Sprite 0. Beide Sprites haben dasselbe Aussehen (Spritemuster in S$ gleich), aber unterschiedliche
Farben. Der weiße Sprite bewegt sich von links unten nach
rechts hoch, während der schwarze Sprite umgekehrt von rechts
unten nach links oben wandert. Beim Kreuzen der beiden Sprites
verschwindet der schwarze Sprite 1, da der weiße Sprite 0 mit
Schicht 0 die höhere Priorität hat.

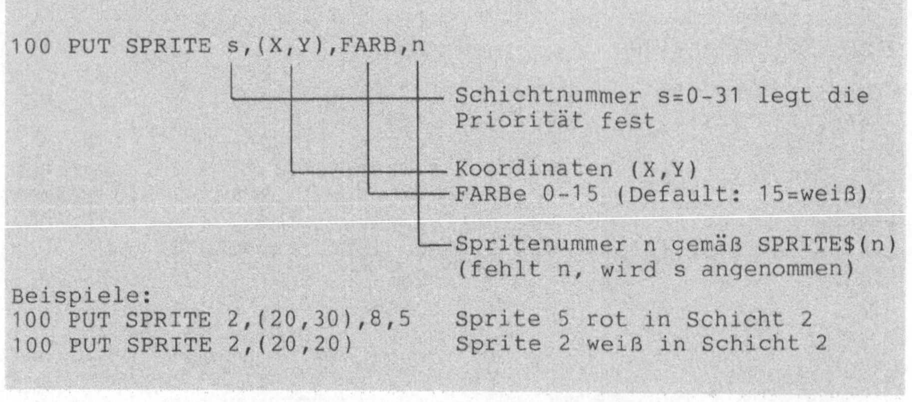

Anweisung PUT SPRITE plaziert einen Sprite in eine Schicht

3.12.2.4 Sprite bewegen

In Programm DEFINIT1.SPR vollzieht sich das Bewegen der beiden
Sprites in den Zeilen 4050 bis 4110. Zur Erklärung lassen wir
den Sprite 1 weg:

```
                                        1. Vorbereitung
    4050 LET Y=191

                                        2. Bewegungsschleife
    4060 FOR X=-32 TO 255                 - Bewegung rechts
    4070    PUT SPRITE 0,(X,Y),15         - Sprite zeigen
    4090    FOR ZEIT=1 TO 30: NEXT ZEIT   - Geschwindigkeit
    4100    LET Y=Y+1                      - Bewegung hoch
    4110 NEXT X

                                        3. Nachbereitung
    4120 LET E$=INKEY$                     Bild erhalten
```

Wie hier läuft das Bewegen immer in drei Schritten ab:
- Im Vorbereitungsteil wird mit 4050 LET Y=191 die untere
  Bildschirmzeile als Startkoordinate angenommen.
- In der FOR-Schleife 4060-4110 vollzieht sich das eigentliche
  Bewegen. Da sowohl X (in 4060) als auch Y (in 4100) geändert
  wird, ergibt sich eine 'schräge' Bewegungsrichtung.
- Im Nachbereitungsteil wird mit LET E$=INKEY$ das Bild er-
  halten, bis eine Taste gedrückt wird.

Erklärung zur Bewegungsschleife:
Da X Werte zwischen -32 und 255 bzw. Y zwischen -32 und 191
annehmen kann, besteht die Möglichkeit, Sprites außerhalb des
Bildschirmes 'verschwinden' zu lassen. Nach jedem Zeigen des
Sprite wird in 4090 eine Warteschleife durchlaufen: je größer
der Endwert, desto langsamer bewegt sich das Muster. In Zeile
4100 wird mit LET Y=Y-1 in die nächsthöhere Zeile gegangen.
Da in Zeile 4060 X jeweils um 1 erhöht wird, bewegt sich der
Sprite nach rechts oben.
Auf das Bewegen dieses Sprite hat der Benutzer keinen Einfluß.
Im folgenden wird gezeigt, wie der Benutzer Spritebewegungen
selbst steuern kann.

3.12.3 Bewegung durch Programm vorgeben

Im Programm GEIST1.SPR wird gezeigt, wie ein Sprite durch das
Programm bewegt werden kann. Der in den 500er Zeilen definierte 8*8-Sprite hat dasselbe Muster wie in Programm DEFINIT1.SPR
(dezimale Definition). Mit der Anweisung 1010 SCREEN 2,1 wird
das Spriteformat '8*8 vergrößert' (=1) im Grafik-Modus 1 (=2)
gewählt.

3.12.3.1 Geschwindigkeit und Warten

Zu Unterprogramm EIN SPRITE von Programm GEIST1.SPR:
Über die FOR-Schleife in Zeile 1040 wird ein schwarzer Sprite
waagerecht von links nach rechts bewegt, um am rechten Rand
eine Weile stehen zu bleiben. Dieses W a r t e n des Sprite
wird durch die Zeitschleife in Zeile 1070 bewirkt.
Dann wird der Sprite über die FOR-Schleife in Zeile 1100 nach
rechts oben bewegt. Die Geschwindigkeit ist nun weit geringer
(Schleife in 1120). Der Sprite bleibt oben am Bildschirmrand
stehen, wobei man nur noch 'das Kinn' sieht. Der Grund liegt
darin, daß über die relative Positionierung STEP(+2,-1) der
Y-Wert von 191 ausgehend 200 mal um -1 verändert wird.

Zu Unterprogramm ZWEI SPRITES von Programm GEIST1.SPR:
In den Zeilen 2050-2060 werden zwei 40 Pixel lange senkrechte
Linien gezeichnet, zwischen denen sich dann ein schwarzer und
ein weißer Sprite je drei Mal hin- und herbewegen. Schwarz
in der v o r d e r e n S c h i c h t 1 hat Priorität vor
Weiß in Schicht 2 (Weiß wird bei jeder Begegnung überdeckt).
Am Ende wartet Schwarz am Ausgangspunkt links und Weiß am Aus-
gangspunkt rechts.

3.12.3.2 Kollision von zwei Sprites

In Abschnitt 3.12.1 wurde bereits erläutert, daß Sprites nicht
tatsächlich zusammenstoßen können. Kollision bedeutet, daß bei
Überlagerung zweier Sprites mit der Anweisung ON SPRITE GOSUB
das Programm unterbrechen werden kann, um dann eine Tätigkeit
durchzuführen (wie z.B. den einen Sprite zu löschen). Mit dem
Begriff der Ü b e r l a g e r u n g wird die Situation bezeichnet, bei der sich Sprites in denselben Koordinaten befinden, aber auf verschiedenen Schichten. In Unterprogramm 3000
von Programm GEIST1.SPR wird ein Beispiel dazu gezeigt:

- Ein schwarzer und ein weißer Sprite bewegen sich von links
  bzw. rechts zur Mitte hin aufeinander zu. Sobald sie sich
  überlagern, flüchtet der weiße Geist schräg nach rechts oben
  und verschwindet. Währenddessen wartet der schwarze Geist.
  Anschließend setzt der schwarze Geist seinen Weg fort und
  wartet dann am rechten Bildschirmrand.

- Mit der Anweisung 3020 ON SPRITE GOSUB 3130 wird bei einer
  Überlagerung zur Zeile 3130 verzweigt. Über 3030 SPRITE ON
  wird dann die Kollisionsfunktion aktiviert: das beinhaltet,
  daß von diesem Zeitpunkt an MSX-BASIC immer wieder abfragt,
  ob sich Sprites überlagern.

- Im Unterprogramm ab Zeile 3130 wird angegeben, was im Falle
  einer Kollision zu tun ist. Die Anweisung 3190 SPRITE OFF
  schaltet die Kollisionsabfrage wieder aus. Über 3200 RETURN
  wird zur Zeile 3090 zurückgekehrt. Da der weiße Geist durch
  3180 LET WEG=209 den Y-Wert 209 hat, bleibt er verschwunden.

Die in der Anweisung PUT SPRITE angegebene Y-Koordinate hat
zwei besondere Werte:
- Für Y=209 verschwindet der entsprechende Sprite vom Bild-
  schirm.
- Für Y=208 verschwinden alle Sprites mit g e r i n g e r e r
  Priorität, d.h. mit größerer Schichtnummer s.
- Für Y zwischen -32 und 191 wird der Sprite gezeigt (für ne-
  gative Werte 'oben hinter dem Bildschirmrand versteckt').

Codierung zu Programm GEIST1.SPR:

```
100 REM ====== Programm GEIST1.SPR
110 CLS: PRINT "Geistergesicht als 8*8-Sprite:"
120 GOSUB 500   'Sprite definieren
130 PRINT "0  Ende"
140 PRINT "1  Einen Sprite bewegen"
150 PRINT "2  Sprite und Priorität"
160 PRINT "3  Sprites kollidieren"
170 INPUT "Wahl 0-3";E$: LET E=VAL(E$)
180 ON E GOSUB 1000,2000,3000
190 IF E=0 THEN PRINT "Ende." : END
200 IF INKEY$="" THEN 200
210 SCREEN 0: CLS: GOTO 130
220 :
230 :
500 REM ====== Unterprogramm DEFINITION
510 DATA 102,102,0,24,24,0,60,60
520 LET S$=""        'Leerstring
530 FOR I=1 TO 8
540   READ Z: LET S$=S$+CHR$(Z)
550 NEXT I
560 RETURN
570 :
1000 REM ====== Unterprogramm EIN SPRITE
1010 SCREEN 2,1     '1=8*8-Sprite vergröaert
1020 SPRITE$(1)=S$
1030 REM *** Sprite waagerecht bewegen *****************
1040 FOR X=-32 TO 239
1050   PUT SPRITE 1,(X,100),1,1
1060 NEXT X
1070 FOR ZEIT=1 TO 800: NEXT ZEIT
1080 REM *** Sprite rechts hoch bewegen ****************
1090 PRESET (-32,191)
1100 FOR X=1 TO 200
1110   PUT SPRITE 1,STEP(+2,-1),1,1
1120 FOR ZEIT=1 TO 30: NEXT ZEIT
1130 NEXT X
1140 RETURN
1150 :
2000 REM ====== Unterprogramm ZWEI SPRITES
2010 SCREEN 2,1
2020 SPRITE$(1)=S$
2030 SPRITE$(2)=S$
2040 LET X1=50: LET X2=190: LET X3=1
2050 LINE (X1,120)-(X1,80),1
2060 LINE (X2+16,120)-(X2+16,80),1
2070 FOR BEWEG=1 TO 6
2080   FOR X=X1 TO X2 STEP X3
2090     PUT SPRITE 1,(X,100),1,1
2100     PUT SPRITE 2,(239-X,100),15,2
2110     FOR ZEIT=1 TO 8: NEXT ZEIT
2120   NEXT X
2130   SWAP X1,X2 : LET X3=X3*(-1)
2140 NEXT BEWEG
2150 RETURN
2160 :
```

Codierung zu Programm GEIST1.SPR (Fortsetzung):

```
3000 REM ====== Unterprogramm KOLLISION
3010 SCREEN 2,1
3020 ON SPRITE GOSUB 3130
3030 SPRITE ON       'Kollisionsfunktion aktiviert
3040 SPRITE$(1)=S$
3050 SPRITE$(2)=S$
3060 LET WEG=100     'später weggehen
3070 FOR X=0 TO 239
3080    PUT SPRITE 1,(X,100),1,1
3090    PUT SPRITE 2,(239-X,WEG),15,2
3100    FOR ZEIT=1 TO 10: NEXT ZEIT
3110 NEXT X
3120 GOTO 3220
3130    REM *** Flucht von Sprite 2 **
3140    FOR FLUCHT=1 TO 130
3150       PUT SPRITE 2,STEP(+1,-1),15,2
3160       FOR ZEIT=1 TO 10: NEXT ZEIT
3170    NEXT FLUCHT
3180    LET WEG=209
3190    SPRITE OFF
3200    RETURN
3210    REM *** Ende der Flucht ******
3220 RETURN
```

```
100  ON SPRITE GOSUB 1000                (=Behandlung "ja")
...
200  SPRITE ON                           (=Kollisionsabfrage
...                                        aktivieren)
...  REM Beginn Bewegungsschleife
....
490     'Kollision der Sprites
500     'Rückkehr von Unterprogramm      (=von 1100 zurück)
...

...
600  REM Ende Bewegungsschleife
...
...  SPRITE OFF                          (=Kollisionsabfrage
...                                        ausschalten)
700  END
...
1000 REM Beginn Kollisionsbehandlung     (=von 490)
....

....
1100 RETURN                              (=nach 500)
1110 REM Ende Kollisionsbehandlung
```

Typischer Ablauf zur Kollision von Sprites

3.12.4 Bewegung über Funktionstasten steuern

Im Programm AUFUNDAB.SPR taucht ein weißer SPRITE auf, der un-
bewegt an einer zufällig gewählten Position (X1,Y1) erscheint.
(Unterprogramm 3000).
Ein schwarzer Sprite mit demselben Aussehen ('Geistergesicht'
in Spritestring S$) erscheint links oben auf dem am Bildschirm
Unterprogram 2000).

Zur Bewegung der Sprites:
Der schwarze Sprite bewegt sich dann von oben nach unten wiederholt in einer bestimmten Bildschirmspalte (Unterprogramm
5000). Die zugehörige B e w e g u n g s s c h l e i f e   ist
in den Zeilen 5050-5080 programmiert. Der stetige Abwärtstrend
des schwarzen Geistes wird mit 5050 LET Y=Y+1 bewirkt. Diese
Schleife kann nur im Falle einer Spritekollision über

```
    5030 ON SPRITE GOSUB 5090        'Verzweigen bei Kollision
    5040 SPRITE ON                   'Abfrage aktivieren
```

verlassen werden, also über die Zeile 5090. Zu beachten ist,
daß das Unterprogramm 5090 nicht über RETURN verlassen wird.

Zur Steuerung des schwarzen Sprite:
Der Benutzer kann in den Abwärtstrend des schwarzen Sprite mit
den vier F u n k t i o n s t a s t e n /F1/, /F2/, /F4/ und
/F5/ wie folgt steuernd eingreifen:

- Durch die Anweisung   5010 ON KEY GOSUB 5120,5150,5180,5210
  wird bei Betätigung einer der vier Funktionstasten entsprechend verzweigt.

- Durch 5020 KEY(1) ON: KEY(2) ON: KEY(4) ON: KEY(5) ON wird
  die Abfrage der vier Funktionstasten aktiviert. Von jetzt an
  fragt MSX-BASIC wiederholt ab, ob eine dieser Tasten inzwi-
  schen gedrückt worden ist.

- In den Zeilen 5120-5230 werden die X- und Y-Koordinaten entsprechend der gerade gedrückten Funktionstaste verändert.

Läßt man eine bestimmte Funktionstaste gedrückt, wiederholt
sich die entsprechende Steuerungsrichtung aufgrund der Repeat-
funktion. Wird durch Drücken anderer Tasten der Tastaturspeicher gefüllt (er kann 39 Zeichen aufnehmen), wird die Repeat-
funktion außer Kraft gesetzt; zur Steuerung muß die Taste immer wieder gedrückt werden.

Zu den KEY-Anweisungen:
Mit den   obigen KEY-Anweisungen dürfen die Anweisungen zur Belegung der Funktionstasten (z.B. 129 KEZ 1,"links") nicht verwechselt werden (Abschnitt 3.8.2.4). In der Abbildung werden
beide Anweisungstypen gegenübergestellt.

```
                          KEY-Anweisungen


Funktionstastenbelegung:              Funktionstastenabfrage:
-----------------------               -----------------------

- 120 KEY 1,"links" belegt            - 5010 ON KEY GOSUB 5120
  /F1/ mit dem String "links"           5020 KEY(1) ON
                                             geht bei /F1/ nach 5120


- KEY LIST   zeigt die Belegung       - 5100 KEY(1) OFF
  aller Funktionstasten                    schaltet /F1/-Abfrage aus


- KEY ON/OFF  Tastenbelegung
  in 24. Bildschirmzeile zeigen
```

Zwei Typen von KEY-Anweisungen

Codierung zu Programm AUFUNDAB.SPR:


```
100 REM ====== Programm AUFUNDAB.SPR
110 COLOR 15,4,1
120 KEY 1,"links"    'Funktionstastenbelegung
130 KEY 2,"hoch"
140 KEY 4,"runter"
150 KEY 5,"rechts"
160 CLS: PRINT "Einen Sprite per Tastatur bewegen."
170 PRINT "Ziel: der dunkle Sprite muß den hellen Sprite treffen."
180 PRINT "Steuerung über Funktionstasten:"
190 PRINT "/F1/ links"
200 PRINT "/F2/ hoch"
210 PRINT "/F4/ runter"
220 PRINT "/F5/ rechts"
230 IF INKEY$="" THEN 230
240 GOSUB 1000       'Sprite definieren
250   GOSUB 2000   'Sprite erscheint
260   GOSUB 3000   'Zielsprite erscheint
270   GOSUB 4000   'Befehlszeile unten
280   GOSUB 5000   'Steuerung per Funktionstasten
290   PLAY "L4CDEFL2GG"
300   SCREEN 3: COLOR 1,15,1
310   PRESET (0,0): PRINT #1,"   Ende!"
320   FOR ZEIT=1 TO 400: NEXT ZEIT
330   FOR I=1 TO 32: PRINT #1,CHR$(1)+CHR$(65);: NEXT I
340   FOR ZEIT=1 TO 2000: NEXT ZEIT
350   SCREEN 0
360   INPUT "Nochmals (j/n)";JN$
370   COLOR 15,4,1
380   IF JN$<>"n" THEN 250
390 PRINT "Ende.": END
400 :
410 :
```

Codierung zu Programm AUFUNDAB.SPR (Fortsetzung):

```
1000 REM ====== Unterprogramm DEFINITION
1010 OPEN "GRP:" FOR OUTPUT AS #1
1020 DATA 102,102,0,24,24,0,60,60
1030 LET S$=""        'Leerstring
1040 FOR I=1 TO 8
1050    READ Z: LET S$=S$+CHR$(Z)
1060 NEXT I
1070 RETURN
1080 :
2000 REM ====== Unterprogrammn SPRITE AKTIVIEREN
2010 SCREEN 2,1      '1=8*8-Sprite vergrößert
2020 SPRITE$(1)=S$
2030 REM *** Sprite erscheint **************************
2040 LET X=22: LET Y=-32
2050 PUT SPRITE 1,(X,Y),1,1
2060 RETURN
2070 :
3000 REM ====== Unterprogramm ZIELSPRITE
3010 SPRITE$(2)=S$
3020 LET X1=INT(RND(1)*200)+20
3030 LET Y1=INT(RND(1)*150)
3040 PUT SPRITE 2,(X1,Y1),15,2
3050 RETURN
3060 :
4000 REM ====== Unterprogramm BEFEHLSZEILE
4010 PRESET (0,183)
4020 PRINT #1,"1=links 2=hoch 4=runter 5=rechts"
4030 RETURN
4040 :
5000 REM ====== Unterprogramm STEUERUNG
5010 ON KEY GOSUB 5120,5150,,5180,5210
5020 KEY(1) ON: KEY(2) ON: KEY(4) ON: KEY(5) ON
5030 ON SPRITE GOSUB 5090
5040 SPRITE ON
5050    LET Y=Y+1      'Sprite fällt
5060    PUT SPRITE 1,(X,Y),1,1
5070    FOR ZEIT=1 TO 7 : NEXT ZEIT
5080    GOTO 5050
5090 ' *** Sprite-Kollision
5100 SPRITE OFF
5110 GOTO 290
5120 ' *** Funktionstaste 1: links
5130 LET X=X-3: LET Y=Y-1
5140 RETURN
5150 ' *** Funktionstaste 2: hoch
5160 LET Y=Y-3
5170 RETURN
5180 ' *** Funktionstaste 4: runter
5190 LET Y=Y+3
5200 RETURN
5210 ' *** Funktionstaste 5: rechts
5220 LET X=X+3: LET Y=Y-1
5230 RETURN
```

3.12.5 Bewegung über Cursortasten steuern

Im Programm VIER-EIN.SPR bewegen sich vier 'Geister mit rundem Gesicht' wiederholt von oben nach unten. Ein schwarzer 'Geist mit rundem Gesicht' taucht an unterschiedlichen Positionen auf und sollte vom Benutzer so gesteuert werden, daß möglichst wenig Kollisionen zustande kommen. Die Anzahl der Kollisionen wird unten links in weißer Schrift angegeben (Zeile 3050). Der schwarze Geist bewegt sich immer in der vordersten Schicht 0 und hat deshalb die höchste Priorität. Er kann vom Benutzer über die C u r s o r t a s t e n gesteuert werden. Die Steuerung geschieht über das Unterprogramm in den 4000er-Zeilen:

- In Zeile 4010 wird abgefragt, ob eine Taste gedrückt worden ist. Falls nein, wird das Unterprogramm verlassen.

- Die Cursortasten haben die ASCII-Zahlen 28-31. In Zeile 4040 wird je nach Cursortaste verzweigt.

- Wurde die Taste 'rechts' gedrückt, wird der Pixel-Cursor um zwei Positionen nach rechts gerückt: 4050 LET X=X+2. Die Abfrage in 4050 bewirkt, daß der Cursor nicht über den rechten Grenzwert von X=255 gerückt wird.

- Das Unterprogramm 4000 wird bei j e d e m Durchlauf der Bewegungsschleife 2140 FOR I=0 TO 191 aufgerufen.

Bei MSX-BASIC können nur bis zu vier Sprites in einer Linie auf dem Bildschirm erscheinen. Aus diesem Grunde verschwindet der jeweils am weitesten rechts stehende Sprite stets in dem Augenblick, in dem sich der schwarze Geist auf derselben Höhe befindet.

Codierung zu Programm VIER-EIN.SPR:

```
100 REM ====== Programm VIER-EIN.SPR
110 PRINT "Vier Sprites gegen einen Sprite."
120 IF INKEY$="" THEN 120
130 ON STOP GOSUB 170
140 STOP ON
150 GOSUB 1000     'Definitionen
160 GOSUB 2000     'Spiel
170 SCREEN 0: COLOR 15,4,7
180 PRINT "Anzahl der Kollisionen:";KOLL
190 PRINT "Ende." : END
200 :
210 :
1000 REM ====== Unterprogramm SPRITEDEFINITION
1010 DIM S$(4)   'Array für 5 Sprites
1020 OPEN "GRP:" FOR OUTPUT AS #1
1030 DATA 255,129,165,129,153,189,129,255
1040 DATA 60,66,165,129,165,153,66,60
1050 DATA 60,66,165,129,165,153,66,60
1060 DATA 60,120,219,255,255,219,102,60
1070 DATA 60,120,219,255,255,219,102,60
```

Codierung zu Programm VIER-EIN.SPR (Fortsetzung):

```
1080 FOR I=0 TO 4
1090    FOR J=1 TO 8
1100       READ Z: LET S$(I)=S$(I)+CHR$(Z)
1110    NEXT J
1120 NEXT I
1130 RETURN
1140 :
2000 REM ====== Unterprogramm SPIEL
2010 SCREEN 2,1: COLOR 15,4,1
2020 ON SPRITE GOSUB 3000
2030 FOR I=0 TO 4
2040    SPRITE$(I)=S$(I)
2050 NEXT I
2060 '*** Schleifenbeginn ********************
2070    SPRITE ON
2080    LET X=INT(RND(1)*256): LET Y=100
2090    LET X1=INT(RND(1)*60)
2100    LET X2=INT(RND(1)*60)+60
2110    LET X3=INT(RND(1)*60)+120
2120    LET X4=INT(RND(1)*60)+180
2130    PUT SPRITE 0,(X,Y),1,0
2140    FOR I=0 TO 191
2150       PUT SPRITE 1,(X1,I),15,1
2160       PUT SPRITE 2,(X2,I),6,2
2170       PUT SPRITE 3,(X3,I),10,3
2180       PUT SPRITE 4,(X4,I),12,4
2190       GOSUB 4000
2200       PUT SPRITE 0,(X,Y),1,0
2210    NEXT I : CLS
2220    GOTO 2070
2230 '*** Schleifenende **********************
2240 :
3000 REM ====== Unterprogramm KOLLISION
3010 SPRITE OFF
3020 BEEP
3030 LET KOLL=KOLL+1
3040 PRESET (0,173)
3050 PRINT #1,KOLL
3060 PUT SPRITE 0,(0,209)
3070 FOR ZEIT=1 TO 100 : NEXT ZEIT
3080 RETURN
3090 :
4000 REM ====== Unterprogramm CURSORSTEUERUNG
4010 LET E$=INKEY$: IF E$="" GOTO 4120
4020 LET CODE=ASC(E$)
4030 IF CODE<28 OR CODE>31 THEN 4010
4040 ON (CODE-27) GOTO 4050,4070,4090,4110
4050 LET X=X+2: IF X>255 THEN LET X=255
4060 GOTO 4120
4070 LET X=X-2: IF X<-32 THEN LET X=-32
4080 GOTO 4120
4090 LET Y=Y-1: IF Y<-32 THEN LET Y=-32
4100 GOTO 4120
4110 LET Y=Y+1: IF Y>191 THEN LET Y=191
4120 RETURN
```

3.13 Verarbeitung von Musik

3.13.1 Musik spielen mit PLAY

MSX-BASIC kennt zwei Anweisungen zum Verarbeitung von Musik:
PLAY zum Spielen von Noten und SOUND, um den Klang einzustel-
len. Zum Spielen m e h r e r e r Töne hintereinander eignet
sich PLAY. Die Anweisung

    200 PLAY "O4 CDEFGAB O5C"

z.B. spielt die acht Töne "CDEFGABC" der mittleren Tonleiter
(ein Hinweis: anstelle unseres 'H' muß 'B' abgegeben werden).
"O4" stellt die 4. bzw. mittlere Oktave ein, in der die nach-
folgenden Töne "CDEFGAB" gespielt werden. "O5" stellt dann die
nächsthöhere 5. Oktave ein, in der das anschließende "C" gespielt wird.
Natürlich können durch SOUND auch Tonfolgen programmiert werden; dabei muß man jedoch für jeden einzelnen Ton eine gesonderte SOUND-Anweisung vorsehen. Mit der SOUND-Anweisung werden
einzelne Werte in die Register 0-13 des Sound Chips übertragen
(auf die Programmierung des Sound Chips kann in diesem Buch
nicht eingegangen werden).

3.13.1.1 Musik-Makro-Sprache

Die Anweisung PLAY weist als Argument stets einen String auf,
der die zu spielende Tonfolge enthält. Der String kann die Parameter A-G, L, M..., N, O, R, S, T, V, X und = in beliebiger
Reihenfolge enthalten (siehe die Abbildung). Diese Parameter
bilden eine M u s i k - M a k r o - S p r a c h e , entsprechend der Grafik-Makro-Sprache bei Anweisungen wie CIRCLE
und DRAW (vgl. Abschnitt 3.11).

Die Anweisung 100 PLAY "O4 CDEFGAB" stimmt mit PLAY "CDEFGAB"
überein, da MSX-BASIC die mittlere Oktave "O4" (O niemals mit
0 verwechseln) als Default-Wert annimmt. Die Anweisung

    150 PLAY "O4 L1C L2DE L4F L8G L16A L2BC"

spielt das "C" als Ganznote, das "D" und "E" als halbe Noten,
das "F" als Viertelsnote usw. Die mit dem L-Parameter vorgegebene Länge gilt solange, bis sie durch einen neuen L-Parameter
geändert wird. Diese Regel gilt auch für die anderen Parameter
der PLAY-Anweisung.
Die Leerstellen können zwecks Übersichtlichkeit eingefügt werden und werden häufig zur Trennung von Takten verwendet.

C,D,E,F,G,A,B	Noten (C# oder C+ und C- für Halbtöne)
Ln	Länge (z.B. L1=Ganz-, L2=Halb-, L4=Viertel-, L8=Achtel und L16=Sechzehntel-Note), Default ist L4. Bsp.: C. multipliziert Länge von C mit 3/2 und C... für Länge von C mal 27/8.
Mn	Länge der Klangform (Shape-Modulation) mit n von 1 bis 65535 und Default=255.
Nn	Notennummer N0 - N95 gemäß Klaviertastatur (N1=C in Oktave 1, N95=B in Oktave 8, N0 für kein Ton bzw. kurze Pause).
On	Oktave von O1 (Oktave 1) bis O8 (Oktave 8) mit O4 als mittlerer Oktave des Klaviers (Default ist O4).
Rn	Rest (Pause) mit Konstanten wie bei Ln: R4 für 1/4-Notenlänge Pause.
Sn	Klangform eines Tones (shape of sound envelope) mit S0-3 und S9, S4-7 und S15 sowie S8, S10, S11, S12, S13, S14.
Tn	Tempo T32 (langsam) bis T255 (schnell) und T120 als Default (T=Anzahl von L4-Noten in der Minute).
Vn	Lautstärke von 0 bis 15 mit Default=8.
Xstring	Ausführung des angegebenen Noten-Strings: M$="CD"": PLAY "XM$;" gleich PLAY "CD"
=	Numerische Variablen ersetzen: LAENG=16: PLAY "L=LAENG;" gleich PLAY "L16"

Musik-Makro-Sprache: Parameterangaben der PLAY-Anweisung

3.13.1.2 Notenstring als Variable

Mit dem Parameter X ist es möglich, Noten einer Stringvariablen zuzuweisen und diese Variable dann in der PLAY-Anweisung anzugeben. Die Notenstringvariable (in der Abbildung M$) wird dabei durch "X" und ";" eingerahmt.

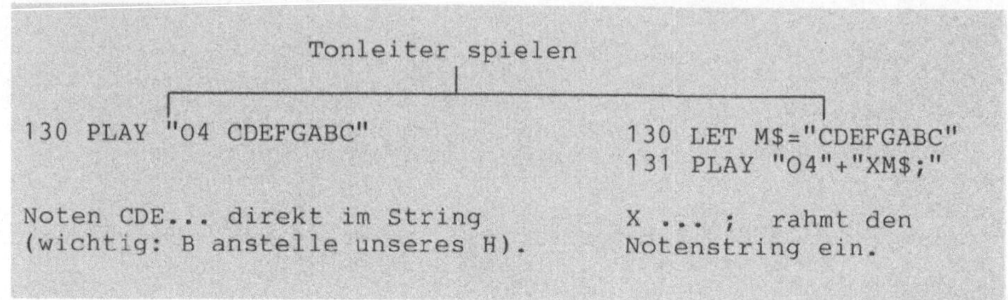

Noten direkt oder indirekt über X (Execute) angeben

3.13.1.3 Musikkonstante als Variable

Die Anweisungen 140 PLAY "N30" und 140 LET T=40: PLAY "N=T;"
stimmen in ihren Ausführungen überein und spielen den Ton mit
der Tonnummer 40. Dabei wird die Konstante 40 in die Variable
T gebracht und mittels "N=T;" gespielt. Die Variable wird somit durch "=" und ";" eingerahmt.
Diese Möglichkeit verwendet man häufig, um in einer Schleife
den Variablenwert zu verändern. Das Programm TONTEST1.MUS gibt
dazu folgende Beispiele:

- In der FOR-Schleife 130-170 werden alle Töne mit den Tonnum-
  mern 0 (=Pause) bis (95 (=höchster Ton) durch die Anweisung
  140 PLAY "N=T;" gespielt. Die Abfrage der Funktion PLAY(1)
  dient dazu, die Textausgabe in Zeile 160 nicht 'davonlaufen
  zu lassen'. Solange PLAY(1)=-1 ist, wird über den Tonkanal A
  gespielt und in der Schleife 150 verblieben.

- Läßt man das Programm TONTEST1.MUS mittels RUN 1000 laufen,
  wird ein Ton T immer leiser gespielt.

3.13.1.4 Hüllkurve und Modulation

Der Tongenerator vom MSX-BASIC verwaltet fünf Hüllkurven (vgl.
deren Darstellung im Handbuch Ihres Computers), die jeweils
einen bestimmten Klang ergeben, während mit der Modulation die
Länge einer Klangform eingestellt wird. Läßt man das Programm
TONTEST1.MUS mittels RUN 2000 und den in Klammern gesetzten
Beispielwerten für Hüllkurve (Parameter S(hape) und Modulation
(Parameter M) laufen, erkennt man die Wirkung dieser zwei Pa-
rameter.

Codierung zu Programm TONTEST1.MUS:

```
100 REM ====== Programm TONTEST1.MUS
110 :
120 PRINT "Alle Töne spielen:"
130 FOR T=0 TO 95
140    PLAY "N=T;"
150    IF PLAY(1)=-1 THEN 150
160    PRINT T;
170 NEXT T
180 END
190 :
200 :
1000 PRINT "Ton wird immer leiser."
1010 INPUT "Tonnummer 1-95";T
1020 FOR LAUT=15 TO 0 STEP -1
1030    PLAY "V=LAUT;N=T;"
1040 NEXT LAUT
1050 END
1060 :
1070 :
2000 PRINT "Hüllkurve und Modulation."
2010 INPUT "Modulation von,bis,Schritt (z.B. 500,2000,200)";M1,M2,M3
2020 FOR HUELL=1 TO 15
2030    PRINT "HÜllkurve";HUELL;", Modulation:"
2040    FOR MO=M1 TO M2 STEP M3
2050       PLAY "S=HUELL; M=MO; G"
2060       IF PLAY(1)=-1 THEN 2060
2070       PRINT MO;
2080    NEXT MO
2090       PRINT
2100 NEXT HUELL
2110 END
```

3.13.2 Programmierung eines Liedes

Das Programm NOTEN1.MUS erklärt die wichtigsten Anwendungen
der Anweisung PLAY. Wenden wir uns zunächst dem Spielen eines
Liedes mittels PLAY zu, also der im Programm NOTEN1.MUS vorgesehenen Menüwahl 1.
Es wird das Lied "Der Mond ist aufgegangen" gespielt. Die Codierung (Zeilen 1000-1230) ist dabei in drei Teile gegliedert:

1. Aufbau des Typstrings TYP$ (Zeilen 1030-1080), um den
   'Musiktyp' für das Lied festzulegen.

2. Aufbau des Notenstrings MUS$ (Zeilen 1100-1150), der die
   Noten des Liedes enthält. Der Notenstring wird aus den
   Teilstrings M0$-M4$ aufgebaut.

3. Spielen des Liedes mit der Anweisung PLAY (1179-1180) und
   der Funktion PLAY().

Dieser   3-Schritt-Ablauf ist typisch für j e d e s   Lied,   das
auf einem MSX-Computer gespielt wird.

```
   1. Aufbau des Typstrings:
      ----------------------
        - Oktave      (hier: Variable OKT$)      ⎡Vorgabe
        - Tempo       (hier: Variable TEMPO$)    ⎢durch
        - Lautstärke  (hier: VOLUME$)            ┤die
        - Klangform   (hier: SHAPE$)             ⎢Tastatur-
        - Modulation  (hier: MD$)                ⎣eingabe.
        - Wertzuweisung des Typstrings (hier: Variable TYP$)


   2. Zuweisung der Notenstrings:
      --------------------------
        - Notenstrings enthalten die Notenfolge des Liedes
          und die Steuerungsparameter der Makro-Sprache
        - Sinnvoll: mehrere Teilstrings, falls Teile mehrmals
          zu spielen sind
        - Hier: Notenstrings M0$, M1$, ..., M4$


   3. Spielen des Liedes mittels PLAY:
      -------------------------------
        - PLAY TYP$ führt den Typstring aus (stellt Tempo
          ein usw.)
        - PLAY "XMUS$;" führt den Notenstrings aus, d.h.
          spielt das Lied
        - In  1190 IF PLAY(0)=-1 GOTO 1190  ergibt PAY(0) den
          Wert -1, solange das Lied gespielt wird
```

     3-Schritt-Ablauf von Programmen zum Spielen eines Liedes

3.13.2.1 Typstring des Liedes festlegen

Die allgemeine Form der PLAY-Anweisung lautet ... PLAY String,
wobei unter String alle Angaben zum jeweiligen Lied vorgegeben
werden. Das Argument von PLAY kann man zuvor einer Variablen
zuweisen:

```
   ... LET ZZ$=String
   ... PLAY "XZZ$;"
```

Der Übersichtlichkeit halber unterteilt man ZZ$ oft in einen
Typstring TYP$ und einen Notenstring MUS$:

```
   ... LET TYP$ = ...
   ... LET MUS$ = ...
   ... PLAY TYP$+"XNOTEN$;"      oder      ... PLAY "XTYP$;XMUS$;"
```

Wichtig dabei ist, daß vor dem jeweiligen String ein "X" und
danach ein ";" steht.

Im Programm NOTEN1.MUS wird der Typstring TYP$ in Zeile 1030
aufgebaut. Da die einzelnen Parameterwerte über die Tastatureingabe eingestellt werden, sind die Teilstrings dann mit "+"
zu verknüpfen. Die Anweisung

    1030 LET TYP$ = "O4 T120 V8 S1 M255"   (Blanks überflüssig)

würde dabei der 'Normaleinstellung (Defaults)' entsprechen.

3.13.2.2 Notenstring des Liedes festlegen

Häufig werden bei Liedern bestimmte Liedpassagen (Strophen)
mehrmals gespielt. Teilt man den Notenstring MUS$ in mehrere
Teilstrings auf, dann müssen diese Liedpassagen nur einmal codiert bzw. zugewiesen werden. Im Unterprogramm 1000 von Programm NOTEN1.MUS werden fünf Teilstrings M0$ - M4$ aufgebaut.
Die Leerstellen in den Strings markieren die Takte (hier liegt
ein 4/4-Takt vor: so entsprechen z.B. L1 und L2L2 und L2L4L4
einer Taktlänge). Die Leerstellen kann man auch weglassen. Mit

    1040 LET M0$="R2R4"

kann man einen 3/4-Auftakt mit R2 für eine halbe und R4 für
eine Viertel-Note als Pause angeben.
Die 4 Strings M1$, M2$, M3$ und M4$ enthalten das eigentliche
Lied "Der Mond ist aufgegangen". In Zeile 1150 werden alle 5
Strings als Argument der PLAY-Anweisung geschrieben, wobei M1$
und M2$ zweimal aufgerufen werden. Die alternative Codierung

    1170 LET MUS$=M0$+M1$+M2$+M3$+M1$+M2$+M4$
    1180 PLAY "XMUS$;"

ist ebenso möglich.

3.13.2.3 Lied mittels PLAY spielen

Im Programm NOTEN1.MUS werden zwei PLAY-Anweisungen zum Spielen von "Der Mond ist aufgegangen": 1170 PLAY TYP$ führt den
Typstring aus und 1180 PLAY "XMUS$;" spielt die Noten ab. Man
kann das Lied auch zusammenfassend in einer Zeile als

    1170 PLAY "XTYP$;XMUS$"

schreiben.

```
100 REM ====== Programm NOTEN1.MUS
110 CLS:PRINT "Noten für Lieder speichern und wiedergeben mit PLAY."
111 :
120 PRINT "0    Ende."
130 PRINT "1    Der Mond ist aufgegangen"
140 PRINT "2    Test zur Hüllkurve"
150 PRINT "3    Wahre Freundschaft"
160 INPUT "Wahl 0-3";E$: LET E=VAL(E$)
170 ON E GOSUB 1000,2000,3000
180 IF E=0 THEN PRINT "Ende.": END
190 CLS: GOTO 120
200 :
210 :
1000 REM ====== Unterprogramm DER MOND
1010 ' *** Liedtyp festlegen ******************
1020 CLEAR
1030 INPUT "Oktave (1-8; Voreinstellung 4)";OKT$
1040 INPUT "Tempo (32-255; Vorenstellung=120)";TEMPO$
1050 INPUT "Lautstärke 0-15(8=Voreinstellung)";VOLUME$
1060 INPUT "Hüllkurvenform 0-15 (Shape-Voreinst.=1)";SHAPE$
1070 INPUT "Modulation der Hüllkurve 1-65535 (255=Voreinstellung)";MD$
1080 LET TYP$="O"+OKT$+"T"+TEMO$+"V"+VOLUME$+"S"+SHAPE$+"M"+MD$
1090 ' *** Notenstrings aufbauen **************
1100 LET MO$="R2R4"            '3/4 Auftakt
1110 LET M1$="L4C DCFE L2DL4C"
1120 LET M2$="E EEAG L2FL4E"
1130 LET M3$="E EEFE L2DR4"
1140 LET M4$="L4E EEFE DDCR4"
1150 LET MUS$=M1$+M2$+M3$+M1$+M2$+M4$
1160 '*** 3. Lied spielen ********************
1170 PLAY TYP$
1180 PLAY "XMUS$;"
1190 IF PLAY(0)=-1 GOTO 1190
1200 INPUT "... nochmals (j/n)";E$
1210 IF E$="j" THEN 1020
1220 RETURN
1230 :
2000 REM ====== Unterprogramm HUELLKURVEN
2010 INPUT "Form der Hüllkurve 0-15 (Default=1)";SHAPE$
2020 INPUT "Modulation dieser Form 1-65535 (Default=255)";MD$
2030 LET TYP$="L404T120V8"+"S"+SHAPE$+"M"+MD$
2040 LET M1$="L4CDEECCL2CE"
2050 LET M2$="L4EFGGEEL2EG"
2060 PLAY "XTYP$;"
2070 PLAY "XM1$;", "XM2$;"
2080 RETURN
2090 :
3000 REM ====== Unterprogramm WAHRE FREUNDSCHAFT
3010 INPUT "Tempo (32-255; z.B. 100)";TEMP$
3020 LET T$="T"+TEMP$
3030 LET A1$="L8O4CEL4GEEL8GEEDL4DR4L8CEL4GL8AGL4FL8GFL2E."
3040 LET B1$="L8CCL4AAL8ABO5CO4AAGL4GR4L8EGL4GL8AGL4FL8GFL2E."
3050 LET A2$="O4L8CDL4EDCO3BL2AL4BO4L8CDL4EO3BO4CDCO3BA"
3060 LET M1$=T$+A1$+B1$
3070 LET M2$=T$+A2$
3080 PLAY "XM1$;","XM2$;"
3090 RETURN
```

Programmiert man ohne die Einstellungsmöglichkeiten über Tastatur und ohne Trennung von Typ- und Notenstrings, dann vereinfacht sich die PLAY-Anweisung (entsprechende Default-Werte angenommen) zu:

```
1170 PLAY "L4CDCFEL2DL4CEEEAGL2FL4EEEEFEDP4CDCFEL2DL4C...."
```

Die mehrfach vorkommenden Passagen (in M1$ und M2$ abgelegt) müssen dann natürlich auch mehrfach in den String geschrieben werden.

3.13.3 Über drei Tonkanäle mehrstimmig spielen

Mit der Anweisung

```
100 PLAY "C","E","G"                    (die "," sind wichtig)
```

wird ein Akkord gespielt: die Töne "C", "E" und "G" erklingen gleichzeitig. Im Gegensatz dazu werden über die Musikanweisung 100 PLAY "CEG" die Töne nacheinander hervorgebracht. Das MSX-System verfügt über drei T o n k a n ä l e mit jeweils acht Oktaven, die getrennt voneinander programmiert werden können. Damit besteht die Möglichkeit, mehrstimmige Lieder zu spielen. Die Notenstrings zu den Tonkanälen A, B und C müssen nach dem Anweisungswort PLAY durch Kommata voneinander getrennt werden.

Zum Unterprogramm HUELLKURVEN von Programm NOTEN1.NUS:
Dieses Unterprogramm (ab Zeile 2000) dient dem Testen der Parameter "S" und "M" der Musik-Makro-Sprache, mit der die Hüllkurve (Shape envelope) und deren Modulation eingestellt werden kann. Dabei wird durch die Anweisung

```
2070 PLAY "XM1$;" , "XM2$"
```

bestimmt, daß der Notenstring M1$ durch den Tonkanal A und der Notenstring M2$ durch den Tonkanal B gespielt wird.

Zum Unterprogramm WAHRE FREUNDSCHAFT von Programm NOTEN1.MUS:
Hier werden ebenfalls gleichzeitig die Tonkanäle A und B aktiviert: der Notenstring M1$ für Kanal A und M2$ für Kanal B. Da der Notenstring M1$ länger ist als String M2$, ertönt nur der erste Teil des Liedes zweistimmig.

Verzeichnis der reservierten BASIC-Worte

Die Zeile eines BASIC-Programmes kann bis zu 254 Zeichen lang
sein. BASIC-Worte müssen dabei nicht abgetrennt werden: anstelle von 30 LET AB=2 kann man auch 30 LETAB=2 schreiben.
Aus diesem Grunde dürfen keine reservierten BASIC-Worte in Variablennamen verwendet werden: Variablennamen wie ABS und ABSX
sind nicht erlaubt. MSX-BASIC verwendet die folgenden 127 Worte als reservierte Worte:

ABS	ERASE	LOF	RIGHT$
AND	ERL	LOG	RND
ASC	ERR	LPOS	RSET
ATN	ERROR	LPRINT	RUN
AUTO	END	LSET	SAVE
CALL	EXP	MERGE	SBN
CDBL	FIELD	MID$	SIN
CHAIN	FILES	MKD	SPACE
CHR$	FIX	MKI$	SPC
CINT	FOR	MKS$	SQR
CLEAR	FRE	MOD	STOP
CLOSE	GET	NAME	STR$
COMMON	GOSUB	NEW	STRING$
CONT	HEX$	NOT	SWAP
COS	IF	OCT$	SYSTEM
CSNG	IMP	ON	TAB
CVD	INP	OPENON	TAN
CVI	INPUT	OPTION	THEN
CVS	INKEY$	OR	TO
DATA	INPUT#	PEEK	TROFF
DEFDBL	INPUT$	POKE	TRON
DEFINT	INSTR	POS	
DEFSNG	INT	PPRINT	USR
DEFSTR	KILL	PRINT# USING	VAL
DEF FN	LEFT$	PUT	VARPTR
DEF USR	LEN	RANDOMIZE	WAIT
DELETE	LET	READ	WEND
DIM	LINE	REM	WHILE
EDIT	LIST	RENUM	WRITE
ELSE	LLIST	RESET	WRITE#
END	LOAD	RESTORE	XOR
EOF	LOC	RESUME	

Programmverzeichnis

Alle in diesem Buch dargestellten Programme sind auf Disketten der Formate 3.5" sowie 5.25" gespeichert und können unter MSX-DOS ausgeführt werden.
Die Disketten können vom Verlag über die dem Buch beiliegende Anforderungskarte bestellt werden.
Das folgende Inhaltsverzeichnis zeigt die Namen der über hundert BASIC-Programme und Dateien, die auf der Diskette einen Speicherplatz von ungefähr 1 3 7 K B y t e belegen:

HELLO	MASKE1	TELEFON1.SEQ	FARBEN1 .GRA
VERBRAU1	DEMO-PRI	TEL1 .DAT	PUNKTE1 .GRA
PREIS1	FUELLSTR	ARTIKELS.DIR	LINIE1 .GRA
PREIS2	RUNDZAHL	ARTIKELA.DIR	PARABEL1.GRA
KALKULAT	DEMO-USI	ARTIKELM.DIR	BEWEG1 .GRA
DATENTYP	PERIPHER	ART1 .DAT	BILDMAL1.GRA
SKONTOZ1	CHR$-TE	ARTIKELL.DIR	RECHTECK.GRA
SKONTOZ2	ASCII-TE	ARTIKELF.DIR	ZEICHNE1.GRA
SKONTOE1	DEZ-BIN1	TEST-DIR.SEQ	KREISE1 .GRA
SKONTOE2	BIN-DEZ1		BALKEN1 .GRA
DREIFALL	DEZ-HEX1		TORTEN1 .GRA
KAPITAL1	HEX-DEZ1		MALEN1 .GRA
KAPITAL2	DEZ-BIN2		BILDDAT1.GRA
MWST1	DEZ-BIN3		BLOCK1 .GRA
ZUFALL1	DEZ-BIN4		
BENCHMAR	DATPEEK1		
FAHRTENB	DATPEEK2		DEFINIT1.SPR
RATENSPA	DATPOKE1		GEIST1 .SPR
DEMO-UP1	LAGREGAL		AUFUNDAB.SPR
DEMO-UP2	VOKABELD		VIER-EIN.SPR
DEMO-FUN	ABTABELL		
MENUE1	SUCHBIN1		NOTEN1 .MUS
STANDARD	SORTDAT1		TONTEST1.MUS
BOOLEAN1	SORTZEIG		
BOOLEAN2	SORTDAT2		
BOOLEAN3	MISCHDAT		
ERSETZE1	GRUPPDAT		
ZEISUCH1	FEHLER1		
UMKEHR1	RENUM-TE		
ZIEHEN1	MODULALT		
RECHTS1	MODULNEU		
NULLEN1	FEHLER2		
BLANK1	DRUCKEN1		
BLANK2			
DATUM1			
ETIKETT1			
JOKER1			
SCHUTZ1			
RATSPIEL			
EINGABE1			
CURSOR1			
SICHER1			

Abkürzungen der Filetypen:

```
...  = Grundlagen
SEQ  = Dateiverwaltung sequentiell
DAT  = Daten-Datei
DIR  = Dateiverwaltung im Direktzugriff
GRA  = Grafik
SPR  = Sprites
MUS  = Musik
```

Sachwortverzeichnis

Anleitung zum Erstellen einer Sicherungskopie der Buchdiskette

Alle Programe und Dateien dieses Buches sind auf Diskette erhältlich. Bitte arbeiten Sie nicht mit dem Original, sondern
stets mit einer Kopie. Eine solche Sicherungskopie können Sie
wie folgt in der Betriebssystem-Ebene über MSX-DOS erstellen:

1. Eine leere Diskette mittels FORMAT formatieren.

2. Die Originaldiskette ins Laufwerk A: einlegen und
     COPY A:*.* B:
   eingeben. Die Files HELLO bis ARTIKELS.DIR werden der Reihe
   nach in den RAM eingelesen (Dauer: 1. 1/4 min). Anschließend
   erscheint die folgende Meldung:
     Insert diskette for drive B:
     and strike any key when ready

3. Die Leerdiskette in dasselbe Laufwerk (jetzt vom Computer
   logisch mit B: bezeichnet) einlegen und eine Taste drücken.
   Die Files HELLO bis ARTIKELS.DIR werden auf diese Diskette
   geschrieben (Dauer: 4 min). Dann erscheint die Meldung:
     Insert diskette for drive A:
     and strike any key when ready

4. Die Originaldiskette wieder ins Laufwerk einlegen und eine
   Taste drücken, um nun die restlichen Files ARTIKEL1.DIR bis
   DRUCKEN1 in den RAM zu lesen (Dauer: 1 min). Ausgabe von:
     Insert diskette for drive B:
     and strike any key when ready

5. Leerdiskette in das Laufwerk einlegen und eine Taste drük-
   ken. Die Files werden geschrieben (Dauer: 1 1/2 min). Dann
   erscheint die Meldung
     104 files copied
   und dann wieder das Promptzeichen "A>" von MSX-DOS.

6. Mittels DIR ein Inhaltsverzeichnis der Diskettenkopie ausgeben lassen. Am Ende muß die Meldung
     219136 bytes free
   erscheinen. Die Diskettenkopie enthält alle 104 Files.

Soll das Kopieren nicht in der Betriebssystem-Ebene, sondern
in der Sprachen-Ebene über BASIC vorgenommen werden, sind folgende Befehlsabweichungen zu berücksichtigen:

```
Betriebssystem-Ebene (MSX-DOS):     Sprachen-Ebene (BASIC):
Promptzeichen "A>" bzw. "B>"        Promptzeichen "Ok"
Befehl FORMAT                       Befehl CALL FORMAT
Befehl COPY A:*.* B:                Befehl COPY "A:*.*" TO "B:"
```


Verfügen Sie über zwei Laufwerke, so entfällt das wiederholte
Wechseln von Quelldiskette (gelieferte Buchdiskette) und Zieldiskette (Sicherungskopie).

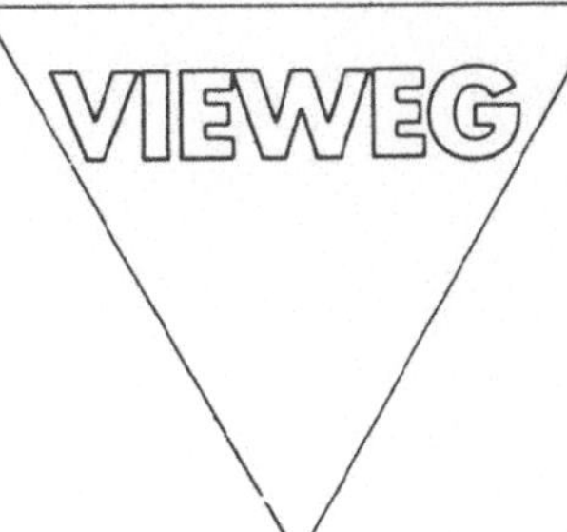

Johann Weilharter

Spaß mit Algorithmen

Einführung in das strukturierte Programmieren mit
42 BASIC-Programmen.

Hrsg. von Harald Schumny. 1984. XIV, 202 S.
16,2 X 22,9 cm. Brosch.

Das von J. Weilharter geschriebene Buch „Spaß mit
Algorithmen" versucht, den Leser auf unterhalt-
same Weise in die „Trockene" Materie des Strukturierten Programmierens einzuführen. Neben lustigen Zeichnungen, die
den Text auflockern, gelingt es dem Autor mit einer großzügigen und
übersichtlichen Kapitelgliederung, dem Leser den Prozeß des Programmierens anschaulich zu machen. In jedem Beispiel wird von der konkreten Problemstellung ausgegangen. Diese Problemstellung wird einer Problemanalyse unterworfen. Dabei wird der übliche mathematische For-
malismus nicht außer acht gelassen. Zusätzlich findet man gut doku-
mentierte Programmabläufe und Struktogramme; daran anschließend
den Programmcode in BASIC und die Druckerausgabe eines Probelaufs.

In der lockeren Art von Weilharters Buch werden diese Eckpfeiler des
Programmierens, wird das Problemlösen zu einer kurzweiligen Ange-
legenheit: Der „Spaß mit Algorithmen" wird zu einem Spaß an der eigenen Fähigkeit, algorithmisch zu denken.

Dieser Text richtet sich an Mikrocomputer-Hobbyisten, Schüler der Se-
kundarstufe II und auch an die Erstsemester der Mathematik und Informatik.

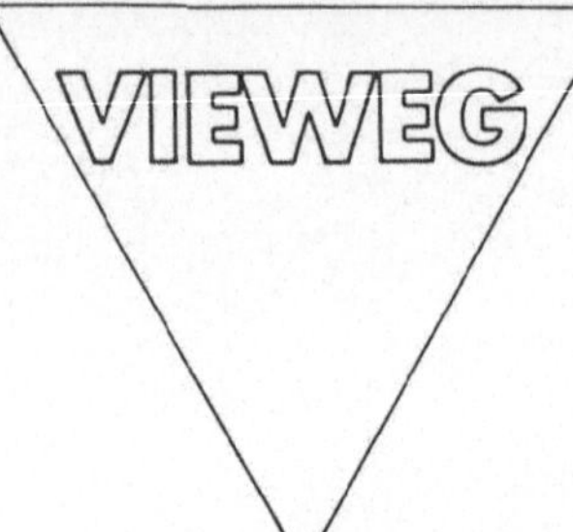

Wolfgang Schneider

Strukturiertes Programmieren in BASIC

Eine Einführung mit zahlreichen Beispielen.
1985. XII, 371 S. 16,2 X 22,9 cm. (Programmieren von Mikrocomputern, Bd. 13.) Brosch.

Die bevorzugte problemorientierte Programmiersprache für Mikrocomputer ist BASIC.

Der Band „Strukturiertes Programmieren in BASIC" in der Reihe Programmieren von Mikrocomputern richtet sich an Leser, die eine grundlegende Einführung in das Strukturierte Programmieren in BASIC wünschen. Vorkenntnisse sind nicht erforderlich.

Eine Vielzahl von Beispielen verdeutlicht die Regeln. Das Wichtigste wird einprägsam durch Merkregeln am Ende eines jeden Kapitals zusammengefaßt. Dies ist hilfreich, wenn sich der Anwender später schnell über Details informieren möchte. Mit Hilfe von selbst zu lösenden Übungsaufgaben in den einzelnen Kapiteln kann der Leser seine Kenntnisse überprüfen. Die richtigen Lösungen findet er am Ende des Buches.

Viele vollkommen programmierte und kommentierte Programme zeigen, wie man das Wissen aus den einzelnen Kapiteln anwendet.